博雅英华  陈来著作集

现代儒家哲学研究

陈来 著

北京大学出版社

图书在版编目（CIP）数据

现代儒家哲学研究／陈来著.—北京：北京大学出版社，2018.5
（博雅英华·陈来著作集）
ISBN 978-7-301-29248-8

Ⅰ.①现…　Ⅱ.①陈…　Ⅲ.①儒家—哲学思想—研究　Ⅳ.①B222.05

中国版本图书馆 CIP 数据核字（2018）第 026887 号

书　　　名	现代儒家哲学研究 XIANDAI RUJIA ZHEXUE YANJIU
著作责任者	陈　来　著
责任编辑	田　炜
标准书号	ISBN 978-7-301-29248-8
出版发行	北京大学出版社
地　　　址	北京市海淀区成府路 205 号　100871
网　　　址	http://www.pku.cn　新浪微博:@北京大学出版社
电子邮箱	编辑部 wsz@pup.cn　总编室 zpup@pup.cn
电　　　话	邮购部 62752015　发行部 62750672　编辑部 62750577
印　刷　者	涿州市星河印刷有限公司
经　销　者	新华书店 880 毫米×1230 毫米　A5 开本　15.875 印张　330 千字 2018 年 5 月第 1 版　2024 年 12 月第 3 次印刷
定　　　价	88.00 元

未经许可，不得以任何方式复制或抄袭本书之部分或全部内容。
版权所有，翻版必究
举报电话：010-62752024　电子邮箱：　fd@pup.cn
图书如有印装质量问题，请与出版部联系，电话：010-62756370

目 录

第一章　现代新儒家的"哲学"观念 …………………… 1

第二章　熊十力《体用论》的宇宙论 …………………… 22

第三章　熊十力《明心篇》的明心论 …………………… 43

第四章　马一浮哲学的理气体用论 ……………………… 72

第五章　马一浮哲学的心物论 …………………………… 88

第六章　梁漱溟的《东西文化及其哲学》与其文化多元
　　　　主义 ……………………………………………… 115

第七章　梁漱溟的中国文化论 …………………………… 157

第八章　梁漱溟《人心与人生》的人心论 ……………… 188

第九章　梁漱溟的儒家伦理观 …………………………… 222

第十章　梁漱溟与修身之学 ……………………………… 249

第十一章　梁漱溟与密宗 ………………………………… 273

第十二章　冯友兰《新理学》的形上学 ………………… 310

第十三章　冯友兰《新事论》的文化观 …………………… 327
第十四章　冯友兰《新世训》的人生论 …………………… 368
第十五章　冯友兰哲学中的神秘主义 ……………………… 398
第十六章　冯友兰论中国哲学中的"有情与无情" ……… 421
第十七章　冯友兰《新原人》的境界伦理学 ……………… 440
"博雅英华·陈来著作集"后记……………………………… 498

第一章　现代新儒家的"哲学"观念

本书所说的"现代新儒家"是指"五四"以后出现的第一代新儒家，而与所谓"当代新儒家"相区别。本书将以熊十力为主，对比熊十力、梁漱溟、马一浮有关"儒学"与"哲学"的观念，以检讨20世纪中国哲学建构的若干基本问题。

一

在20世纪中国文化中，中国古典哲学的继承、发展的重要途径之一是有关哲学重构的努力，即通过对比和吸收西方哲学的理论、观念、方法，重新建构中国哲学的哲学系统，使之成为既具有近代性的哲学体系，又可彰显出中国哲学传统的本体论和宇宙论特色，并使之在世界哲学中占有一席地位。在这个方面，比起有志发扬其他古代思想流派的学者，现代新儒家的成绩可谓卓然有成。当然,每一位现代新儒家对何为儒家思想(儒学)的核心认识不同,由之决定了他们所入手的方向不同,故他们所建构的体系也各不同,而熊十力的哲学体用论,就其继承发展中国哲学而言,是他的同时代人公认最有特色且最为成功的一个体系。

熊十力哲学最突出之处,是他的体大思精的本体—宇宙论。① 但熊十力的这种"哲学"活动并非没有遭遇批评,特别是,对他最严厉的批评来自与他关系最深的另一位现代新儒家的代表人物梁漱溟,而梁漱溟的批评又特别集中在"哲学"的方面。从这里,我们可以看到现代新儒家内部在有关"哲学"问题上的观念差异。

1950 年熊十力与梁漱溟有书云:

> 哲学之义非是爱智,后来还有许多家。而且学术的定义都是你所非衷愿。哲学固不遗理智思辩,要不当限于理智思辩之域。此如要讨论,殊麻烦。中国的学问虽久绝,而儒道诸家倪者,不可谓其非哲学,以其非宗教、非艺术故,以其不遗理智思辩故。但其造诣却不限于理智思辩,此当为哲学正宗。兄如将中国哲学也勾销,中国当有何物事,无乃自毁大甚乎?自弃大甚乎?②

---

① 郭齐勇指出:"熊先生的宇宙论不是一般的宇宙论,而是'本体—宇宙论'。"参看氏著《熊十力思想研究》,天津人民出版社,1993 年,第 52 页。

② 《与梁漱溟》,1950,《十力书简》油印本,景海峰编选,深圳大学国学研究所,1985 年 11 月,第 17 页。

第一章 现代新儒家的"哲学"观念

西方哲学认为哲学只是爱智之学,梁漱溟也以哲学只是爱智,熊十力则认为,其实哲学有许多形式,并非仅仅是爱智之学。爱智体现了哲学的理智思辨的方面,但哲学并不限于理智思辨的方面。可见,从一开始,熊十力就不是仅仅站在西方哲学传统来理解"哲学",而是从世界多元的哲学思想传统来看哲学的"定义"。在熊十力看来,中国哲学的儒家、道家等,其特点是既有理智思辨,更有超出理智思辨的方面。这里熊十力并没有说明超出理智思辨者何指,看起来是指内在体证之学。他认为,这种既有理智思辨而又不限于理智思辨的哲学,才应当被视为哲学的正宗,只有理智思辨,或只有内在体验,都不是完满的哲学形式。熊十力的这种看法,即哲学不应当仅仅被理解为希腊爱智意义上的理论活动,而且应当包含理智思辨以外的其他思想活动,说明他没有盲目接受欧洲中心的哲学观,而且是以一种普遍主义的立场来看待哲学。

1951年他与梁漱溟又一书论此:

> 中国学术,兄又谓其非哲学,或不妨说为主义与思想及艺术,吾亦未敢苟同。夫哲学者,即指其有根据及有体系的思想而言,非空想,非幻想,故曰有根据;实事求是,分析以穷之,由一问题复引出种种问题,千条万绪,杂而不越,会之有元,故云体系;思想之宏博精密如是,故称哲学。……主义者,综其思想之全体系,而或标其宗主之义,以昭示于人,故言主义。孰有不成学术而可言主义乎?

> 艺术毕竟是情趣之境,非由能诠深达所诠(能诠谓智,所诠谓理)。①

固然,中国学术非哲学与中国学术中无哲学是两个不同的命题,观梁漱溟之意,他似乎认为中国的儒家、道家皆非哲学。熊十力则与之不同,他认为中国的儒家、道家是哲学,不仅出于文化民族主义的需要,也和他对哲学的理解有关。在这里,熊十力给出了一个哲学的定义,即哲学是有根据、有体系的思想,其特征是宏博精密,能由智而深达乎理。所以,根据这一看法,他对梁漱溟反对用哲学方法研究中国学术的态度明确表示异议。

事实上,这种讨论并非凭空而发,它正是熊十力对自己理论活动的一种辩护。数年后,他再与梁漱溟书论谈及于此:

> 我喜用西洋旧哲学宇宙论、本体论等论调来说东方古人身心性命切实受用之学,你声明不赞成,这不止你不赞成,欧阳师、一浮向来也不赞成。我所以独喜用者,你们都不了解我的深心。
>
> 在古哲现有的书中,确没有宇宙论的理论。……我的作书,确是要以哲学的方式建立一套宇宙论。这个建立起来,然后好谈身心性命切实功夫。我这个意思,我想你一定认为不必,一浮从前也认为不必要,但他不反对我之作为。你有好多主观太重之病,不察一切事情。我一向感觉

---

① 《与梁漱溟》,1951年5月24日,《十力书简》油印本,景海峰编选,深圳大学国学研究所,1985年11月,第25页。

第一章　现代新儒家的"哲学"观念

> 中国学校的占势力者，都不承认国学的学问，身心性命这些名词他都讨厌，再无可引他作此功夫。我确是病心在此，所以专心闭户，想建立一套理论。①

熊十力直承其喜欢讲本体论、宇宙论。但照这里的说法，他在思想重点上，与梁漱溟、马一浮一样，是以身心性命为中心，宇宙论并非其思想的终极关怀所在。对他来说，一方面，宇宙论是他用以说明身心性命受用之学的一种方式；另一方面，宇宙论只是理论上、逻辑上作为身心性命之学的前提。就动机而言，他之所以构造一套宇宙论，消极地说，是以此得到中国学校的哲学界的承认；积极地说，是为了引导中国学校的哲学家来向身心性命作功夫。其实，虽然熊十力及梁漱溟等近代大学体制外的中国哲学家（尽管熊、梁都在早期的北京大学教过书）与大学的受过西方哲学训练的哲学教授之间存在某种紧张，但他的新唯识论哲学并不可能主要以大学哲学教授为辩论对象而写作。因此，在这一方面，与其说为了引导大学的哲学教授，不如说熊十力欣赏西方哲学本体论的同时，心存回应，要为儒家思想建立一种西方哲学亦可认可的、又不脱儒家根底的本体论哲学。② 因此，其哲学并非对学院哲学家的诱导，而是对西方哲学的回应。这样一种"接着讲"的现代重构，既可以使儒

---

① 《与梁漱溟》，1957 年 6 月 25 日，《十力书简》油印本，景海峰编选，深圳大学国学研究所，1985 年 11 月，第 36 页。此处及下文黑体字均为本书作者所加。

② 熊十力答唐君毅，言《新论》"又其针对西洋哲学思想以立言，而完成东方哲学的骨髓与形貌"。《十力语要》，中华书局，1996 年，第 125 页。

家思想的本体论维度得以显示出来,也可以使儒家作为哲学被受欧洲中心论影响的哲学家所承认。

在同一封信里他还指出:

> 结果我在宇宙论上发挥体用不二,自信可以俟百世而不惑,惜不能运用科学的材料,体用论后面已说过,希望来贤有继此业者。这个成立了,方可讲身心性命。……义理有分际,本体论、宇宙论,这些名词我认为分得好。但西人的讲法,往往把宇宙人生划分了,那就不对。然如柏格森讲的生命,并未划分,可惜他未获得真的生命。《大易》乾坤之义,确是宇宙人生融成一体而谈,我是拿这些来讲宇宙论。①

熊十力认为,只有先立起本体论、宇宙论,才能讲身心性命。但何以必须先讲宇宙论,才能讲人生论,他未加说明。虽然,中国古代哲学中也有由本以推末的讲法,但考虑到熊十力思想的心学特征,在这里,他似乎受到了西方哲学思维的影响,认定宇宙论是人生论的论述前提。在他看来,哲学作为思想体系,其中包含着不同的部分,如何划分这些部分,不必固守中国古代的分类,他认为西方哲学关于本体论、宇宙论的区分甚好,应当吸收和采取。同时,他也指出,西方突出地把本体论和宇宙论区别于哲学的其他部分,加以阐述,大力发展,是其可取

---

① 《十力语要》,第 37 页。

之处；但西方哲学倾向把宇宙论和人生论割裂开来，把万物的存在和人的存在割裂开来，这是不可取处。他的哲学在宇宙论上讲翕辟互发，阳主乎阴，在人生论上讲心主宰物，心主乎物，正是力图以宇宙论和人生论的一体一贯来打通二者，用宇宙论说明人生论，"以宇宙、人生融成一体而谈，此不同于西学者也。"① 因此，他认为，讲宇宙论本身并无错，错在把宇宙论和人生论割裂起来，互无关系。

他在同一天答林宰平书中也说："东方古学除了心，实无根。如科学的哲学自主唯物心之原即是物，古学断其根矣，智慧与道德之原、修养之功，一切一切无往不动摇。……吾现稿只在存心二字上用心。"② 现稿指《明心篇》。存心之说，在同日答梁漱溟书中亦言"习斋四存，吾注重一存，曰存此心，这个不存，古学全崩矣"③。可见，在努力建立本体论宇宙论的同时，熊十力也强调存心之学是东方学术的根柢和基础。

二

这种看法，在承认哲学的积极意义的同时，在哲学内部，熊十力的看法似可以传统的方式表达为：论先后，宇宙论为先；论轻重，人生论为重；论天人，则宇宙人生通体一贯。这个看法在熊十力是一贯的。

---

① 《与梁漱溟》，1957年6月25日，《十力书简》油印本，第38页。
② 《与林宰平》，1957年6月25日，《十力语要》，第34—35页。
③ 《与梁漱溟》，1957年6月25日，《十力书简》油印本，第37页。

按熊十力的思想，所谓人生论的重要，不只是指在哲学的理论体系中，关于身心性命的部分作为理论比宇宙论更为重要，还指身心性命的实践是进入真理的根本途径。①《十力语要》第一篇与张季同书即言："东方学术归本躬行，孟子'践形尽性'之言，斯为极则。"②又一书云："此土先哲深穷宇宙人生真际，其入处要在反之身心践履之间，却不屑衍为理论。虽未始遗弃知识，要其归极，在体真理而与之为一。"③这是说，中国哲学的目的是体认真理，而且在精神和生命上与之为一。所以人生论的重要，不仅是目的的，也是方法的。

在熊十力看来，反身践履为深究宇宙人生真际之要，正是因为宇宙的本体亦即是人生的本体。所以他说："哲学上之宇宙论、人生论、知识论在西洋虽如此区分，而在中国哲学似不合斠划太死。吾心之本体即是天地万物之本体，宇宙、人生宁可析为二片以求之耶？致知之极，以反求默识为归，期与西洋知识论又不可同年而语矣。"④他一方面指出西洋知识论长于发展科学，一方面又强调中国哲学致知论利于贯通宇宙人生，利于亲证本体。可见熊十力的哲学观中预制了他自己的哲学主张，即宇宙本体即吾心本体，反己体认即能证会本体。

熊十力就中西哲学文化问题曾与张东荪多次讨论，他说：

---

① 关于"真理"的意义，熊十力提出玄学的真理义有三，其主要意义为实体；科学的真理义有六，其要义为客观的法则。见其《答唐君毅》书，《十力语要》，第135—137页。
② 《与张季同》，《十力语要》，第2页。
③ 《与张君》，《十力语要》，第3页。
④ 《答谢石麟》，《十力语要》，第61页。

第一章 现代新儒家的"哲学"观念

"(吾)此信以东方之学为哲学,自时贤观之或不必然。但弟素主哲学只有本体论为其本分内事,除此多属理论科学,如今盛行之解析派只是一种逻辑的学问,此固为学者所必资,然要不是哲学底正宗。时贤鄙弃本体论,弟终以为穷极万化之原,乃学问之归墟。……见体则莫切于东方之学。"① 这表明,熊十力了解20世纪初世界哲学的反形上学、反本体论思潮,而他坚持主张哲学要以本体论为主,穷究宇宙万化的根源,并认定东方中国哲学最得见体(识见本体根源)之方,所以东方之学不仅是哲学无疑,而且是哲学的正宗,即代表了哲学的正确方向。他又说:

> 昨宰平过此,谓西人"哲学"一词本为知识的,而弟以中国学问为哲学,却主张知识与修养一致,此恐为治西洋哲学者所不许,盍若不用哲学之名词为得云云。……弟坚决主张划分科哲领域,科学假定外界独存,故理在外物,而穷理必用纯客观的方法,故是知识的学问。哲学通宇宙、生命、真理、知能而为一,本无内外,故道在反躬,非实践无由证见,故是修养的学问。如此说来,则不必于哲学外另立一种非哲学非宗教的名目。……弟以为哲学之领域既经划定,即以本体论为其领域,而中西人对本体底参究,其方法与功夫各因境习而有不同。因之其成就亦各有不同,此足徵夫一致而百虑,终无碍于殊途同归。②

---

① 《与张东荪》,《十力语要》,第71页。
② 《与张东荪》,同上书,第72页。

据林宰平的看法，西洋的哲学包括其形上学，都是知识形态的，无关乎人的身心修养；中国的学问强调修养，主张知识与修养一致，这与西洋单纯强调知识的哲学传统不同；从西洋哲学的角度来看，不易承认中国的学问为哲学，故不必以"哲学"来称指中国或东方思想。张东荪则主张，在宗教和哲学之外，有一种非哲学非宗教的学术，而兼有哲学和宗教的性质，中国学术似有当于此。熊十力的看法则不同，在他看来，学术只有科学和哲学两种，不必在哲学以外另立一种非哲学非宗教的分类。在认识论转向的西方哲学思潮面前，熊十力仍坚持哲学应以本体论为其领域，并指出，西洋以知识求本体，中国以修养见本体，这正是一致而百虑，同归而殊途，故西洋中国的学术皆可通称为哲学。显然，熊十力并不是以西洋哲学的传统为"哲学"的唯一理解，而把西洋和中国看成殊途百虑，把"哲学"作为西方重知识型和东方重修养型思想体系的"通称"。

熊十力又有答意大利人马格里尼的长柬，其中说：

> 真理非他，既是吾人所以生之理，亦即是宇宙所以形成之理。故就真理而言，吾人生命与大自然即宇宙，是互相融入而不能分开，同为此真理之显现故。……盖以为哲学者，所以穷万化而究其原，通众理而会其极，然必实体之身心践履之间，密验之幽独隐微之地。……须知，哲学研究者为真理，而真理必须躬行实践而始显，非可以真理为心外之物，而恃吾人之知解以知之也。质言之，吾人必须有内心的修养，直至明觉澄然，即是真理呈显。如此，

第一章 现代新儒家的"哲学"观念

方见得明觉于真理非二,中国哲学之所昭示者唯此。①

所以,熊十力强调:"哲学所研究者,则为一切事物之根本原理,易言之,即吾人所以生之理与宇宙所以形成之理。夫吾人所以生之理与宇宙所以形成之理本非有二,故此理非客观的,非外在的。如欲穷究此理之实际,自非有内心的涵养工夫不可,唯内心的涵养工夫深纯之候,方得此理透露,而自达于自明自了自证之境地。前所谓体认者即此。故哲学不是知识的学问而是自明自觉的一种学问。"② 这些论述都表明,熊十力把修养作为哲学,并非出于强调精神发展的全面性,其根本原因是认为只有修养才可以亲证本体,在这个意义上,修养不是与本体论无关的道德修为,而成为本体论的重要方面。

当然,这里所涉及的不只是熊十力有关哲学观念的理解,也涉及他自己的哲学倾向。他虽然认为东西方都有哲学,东西方的哲学各有不同特点,但又认为东方的哲学是正宗。从知识和修养并重的立场,他认为:"吾谓西洋学者探究本体之精神固可佩,但其本体论大概是戏论。"③ 又言:"西洋近世罕言本体,其昔之谈本体者,皆以思构而成戏论,良由始终向外推寻,故如盲人摸象耳。《新论》鉴观西洋,无蹈其失,始乎辨析,而终于反己。"④ 总之,他在建立宇宙论、本体论的同时,也处处强

---

① 《答马格里尼》,《十力语要》,第142、144页。
② 《十力语要》,第145页。
③ 《答唐君毅》,《十力语要》,第140页。
④ 《答胡生》,《十力语要》,第278页。

调个人的生命即是宇宙生命，人只有通过内心涵养才能在内心中使真理开显，哲学不是单纯的知识学问，而是涵养澄明的学问。

三

在"哲学"的问题上，梁漱溟与熊十力看法不同。"梁集"（《梁漱溟全集》）中有一《致某先生书》，中云：

> 哲学为西洋产物，对于宇宙根本问题揣测卜度，全出自第六识之所为，圣佛徒末流诸大论师，亦难免落于此途。然在古佛则亲证离言，故转识成智之事，视第六意识之所为，只不过戏论而已，天壤悬殊，岂得相比？尊札云云乃加比较，窃以为根本错误。①

照此看法，哲学只是戏论，只是"识见"，不是"智慧"，真正的智慧是"亲证离言"，即诉诸个人的体验而离弃名言的论说。把东方的智慧之学与哲学相比拟，他以为是根本错误。

梁漱溟《勉仁斋读书录》的《读熊著各书后》之第五，在评论熊十力著述的得失时，更明确地指出不能把儒学等同于哲学，中云：

---

① 《梁漱溟全集》卷八，山东人民出版社，1987年，第315页。

第一章　现代新儒家的"哲学"观念

　　至如儒家身心性命之学,不可等同于今人之所谓"哲学",在熊先生何尝不晓得,却竟随俗漫然亦以哲学称之。这便有意无意地模糊了儒家的特征,没有尽到原儒任务。他不从根本处把学术内涵分类清理一番,彻底纠正近代以来西洋学术风气之浅陋阙失,确当指出东方古人之学在学术上应有的位置,而只不过有时强调说"哲学应该如何如何",这是非常不够的。……既已漫然随俗以儒学归之于西人所谓哲学,完全失掉了自家的立场,却又硬要治哲学者舍其一般通行的研究来从着我作自修的功夫,岂有是处?①

在梁漱溟看来,儒学的基本特征是身心性命之学,儒学不可以叫作哲学或归于一种哲学,如果把儒学叫作哲学,就模糊了儒学的特征。他认为熊十力非不明了此理,但熊十力的策略是,把西方的哲学和东方的学术都称为哲学,把它们看作哲学的不同的具体表现,并由此提出哲学应当以东方哲学为正宗,把知识和修养并重。梁漱溟认为这样的做法是非常不够的。他认为这一方面会使人把儒学当作一般哲学来看,无法了解儒学作为身心性命之学的根本特征;另一方面,用身心修养之学来扩大哲学的内涵,以此要求一般以哲学为理智思辨的人转向身心之学,也是不现实、不恰当的。梁漱溟把熊十力的策略概括为"先混进去,再拖过来",即先把儒学混入哲学,再把一般治哲学者拉向身心之学方面来。可以看出,梁漱溟对"哲学"的理

---

① 《梁漱溟全集》卷七,第755页。

解,完全限止于西方的知识传统,他自己持这样一种胶着的理解,却要求熊十力把学术分类加以清理,来改变西方学术风气之失,这似乎是矛盾的。

从这里,梁漱溟对熊十力的学问提出了严厉的批评,他特别批评熊十力"癖好哲学这把戏",他说:

> 熊先生固自强调其有超知识不尚理论之一面,力斥知见卜度、臆想构画、一切向外寻求之非,——这代表东方理论。但同时又肯定其有恃乎思辨,而且据说是极贵玄想,这意在吸收西方哲学之长,以建立起本体论、宇宙论等等,口口声声以"内证离言""体神化不测于人伦日用之间"为哲学旨归,而实则自己不事修证实践,而癖好着思想把戏。
>
> ……哲学——爱智之学——原倡自古希腊人,而后来西洋人发达了它。东方古人的趣尚却不同,它没有单自成功一门学问来讲求。假如说他们亦有哲学的话,那在印度只是其宗教生活中无意而有的一种副产物;在中国则只是其道德生活中无意而有的一种副产物。如此而已。①

这表明,梁漱溟对熊十力肯定东方身心之学的同时,肯定思辨玄想、吸收西方哲学之长,建立本体论、宇宙论,大为不满,并大加否定。在他看来,对儒学而言,思辨玄想只是其道德生活的副产物。与熊十力知识与修养并重、努力吸收西方哲学的

---

① 《梁漱溟全集》卷七,第757页。

第一章　现代新儒家的"哲学"观念

立场相比,梁氏明显偏向保守,并带有一定的反智倾向。

所以,在此文的第七,梁题为"严重的失败是其本体论、宇宙论",其中指责熊十力:"熊先生菲薄宗教而酷好哲学,其所谓哲学尤在乎本体论,此皆其书中屡屡明白言之者。然而他不晓得本体论早绝了路,除非他结合着宗教。"① 且不说在宗教问题上熊、梁的不同,梁漱溟对熊十力的本体论、宇宙论可以说持完全否定的态度,在他看来,熊十力的本体论、宇宙论的建构不仅是不必要的,而且是一种"严重的失败"。何以熊十力的本体论是严重的失败,推梁漱溟之意,似亦此种理论的阐发背离了"亲证离言"的古学宗旨。事实上梁漱溟自己在其晚年的《人心与人生》中,不仅大量论述科学的心理史,而且阐发个体生命即是宇宙生命的本体宇宙论,他自己也并不能固持"亲证离言"的宗旨。

梁漱溟又指出:"本体论盖盛于从来知识欲强的西洋人。这是对一事一物切与求知的更进一步,冒昧以求知万物内在相通的本体而作的种种设想,却不悟向外求知既已陷于所能对待之间,早与本体无涉。"② 与林宰平、张东荪、欧阳竟无等的看法相近③,梁漱溟认为本体论发于知识欲,西洋人求知欲强,要求在具体事物的知识之上更求万物相通的本体,从而产生本体论的设想。他认为,这种从知识的角度出发所做的对本体的寻

---

① 《梁漱溟全集》卷七,第759页。
② 同上书,第762页。
③ 欧阳竟无之说尚未及见,然吕澂与熊十力书云:"玄哲学、本体论、宇宙论等云云,不过西欧学人,据其所有者分判,逾此范围,宁即无学可以自存。而必推孔、佛之言入其陷阱,此法轫即错也。"转引自郭齐勇《熊十力思想研究》,第36页。

求是不对的，因为本体不是与吾心对待的外在客体。这显然是认为，本体是有的，只是不能用知识论的方法去求；本体与吾人心体不是能与所的对待，本体与本心是一非二。其实，这些讲法与熊十力是一致的，照这里的讲法，合乎逻辑的结论应当是，改变西洋追求本体的知识论方式，建立一种可以切近本体的方式，而不是取消本体论。

梁漱溟认为孔门之学"只是践形尽性而已"，东方古学"反躬于自身生命，其所务在深澈心体"，①认为孔子和儒学非知识之学，非哲学玄想，是"人生实践之学"。②他的这种说法对于儒家之学显然是不周延的，"身心性命之学"的讲法虽不无所见，但在这种说法里，不仅儒学的政治、社会、伦理、知识、超越的层面都被遮蔽，儒学的本体论、宇宙论的发展也被阻断，儒学与佛学、仙学的分别也无法辨别，而唯独突出的只是"身心性命"之学。这种偏重于把儒学了解为一种心性宗教的说法，与梁漱溟自己注重社会改造的新的儒学乡治实践，也不能融通。

四

如熊十力所提及的，马一浮也不赞成他的建立本体论宇宙论的努力方向。

在马一浮的著作中，论"学"是其最主要的特色。其答杨硕井说："夫学以成德，德之不成，学于何有？兄乃仍以见闻知

---

① 《重读马一浮先生濠上杂著》，《梁漱溟全集》卷七，第849页。
② 《东方学术概观》，《梁漱溟全集》卷七，第332页。

解为学,谓其不关践履邪?"① 又说:"近讲《洪范》未毕,诸子似亦只作一种解义看,无甚深益,其实未能切己用力,岂在多言?"② 他反对把"学"只理解为知解、解义,主张为学的目的全在于成德。马一浮指出,古今文人为学,只是"以文为事",而无关义理,"如晚近号称古文家者,专以文为事,虽亦标举义理,意在修饰文辞,冀有文集传世而已也"。③ 他极力批评那种把学术与切己践履分离的倾向。

他在复兴书院学规中开宗明义指出,书院倡学"所以示学者立心之本,用力之要,言下便可持循,终身以为轨范","乃所以弼成其德,使迁善改过而不自知"。④ 他在答人书中说:"近书院所讲,以求己为先,多闻为后","专重知解,不足为学,后此能留意持养,进德可期。讲习只能作助缘,用力全在自己也"。⑤ 这些都是反对专重知解,强调儒学的反己持养,把知解和修养对立起来,与梁漱溟的说法有一致之处。

马一浮对"以近人治哲学之方法及批评态度"研究儒学,颇表不满,认为"中土先哲本其体验所得以为说,初无宇宙论与心论之名目也","好以义理之言比傅西洋哲学,似未免贤智之过"。⑥ 这些虽非针对熊十力而发,但表明他与梁漱溟等一

---

① 《答杨硕井三》,《尔雅台答问》卷一,《马一浮集》第一册,第498页。
② 《答杨硕井四》,同上书,第499页。
③ 《答杨霞峰》,《马一浮集》第一册,第499页。
④ 《复性书院学规》,《复性书院讲录》卷一,《马一浮集》第一册,第105页。
⑤ 《答程溥一、二》,《尔雅台答问》卷一,《马一浮集》第一册,第503—504页。
⑥ 同上书,第503页。

样,也不赞成用宇宙论等西方哲学的范畴研究中国古代先哲的思想。他明确提出书院所学与哲学不同:"书院所讲者,要在本原经术,发明自性本具之义理,与今之治哲学者未可同日而语。贤者之好尚在治哲学,若以今日治哲学者之一般所持客观态度,视此为过去时代之一种哲学思想而研究之,恐未必有深益。""奉劝贤者将此等哲学思想暂时屏却,专读中土圣贤经籍及濂洛关闽诸儒遗书","着实下一番涵养工夫,识得自己心性义理端的。"①在他看来,哲学是外求的、客观的,儒学则是内省的、涵养的。

书院所学的性质是"圣学",他明确提出:"学者所以学为圣人也。穷理尽性即学者分上事","舍穷理尽性而别有学,将所学为何事邪?"②"此须切己体会,久之乃可豁然贯通。徒事涉猎,乃是泛泛读过,于身心无干涉也。"③他更指出:

今时科学、哲学之方法,大致由于经验推想观察事相而加以分析,虽其浅深广狭,所就各有短长,其同为比量而知则一。或因营思力索如鼹鼠之食郊牛,或则影响揣摹如猿狙之求水月。其较胜者,理论组织饶有思致可观,然力假安排,不由自得,以视中土圣人始条理终条理之事,虽霄壤未足以喻。盖类族辨物必资于玄悟,穷神知化乃根于圣证,非可以袭而取之也。足下于时人之书,信能多闻而博采矣,

---

① 《答许君》,《尔雅台答问》卷一,《马一浮集》第一册,第527页。
② 《答吴君》,同上书,第510页。
③ 《答池军》,同上书,第511页。

第一章 现代新儒家的"哲学"观念

独恨于儒家本源之学未尝致力,未有以得之于己。①

梁漱溟以哲学为第六识之学,马一浮也把哲学看作比量之学,比量即是求知识之学。在马一浮看来,儒家之学是"自得"之学,自得即在心性上的体验。因此儒家的圣学是玄悟和体证之学,而不是由乎知识闻见所能达到的。这里所说的玄悟并不是对本体的玄想,而是内在的体悟。

马一浮的上述观点是与其六艺思想相联系的,他认为"一切学术皆统于六艺",认为西洋的学术也统于六艺,全部人类生活都不外于六艺。他特别提出:"故今欲弘六艺之道,并不是狭义的保存国粹,单独的发挥自己民族精神,是要使此种文化普遍的及于全人类。"②

比较熊十力与现代新儒家对哲学的看法,梁漱溟对儒学似乎持一种原教主义(fundamentalism),固守儒学的门户,而把哲学仅仅看作西方文化的特殊传统。另一方面,梁漱溟的看法似乎带有某种特殊主义,而非普遍主义,即他认为东方圣学是一种身心之学,西方哲学是一种知识之学,各自不同,各适应于自己的文化传统,在它们各自学问之上没有也不需要有一种统一的形态。如何在现代学术领域将此两种学问合理安置,他完全没有涉及。这看起来无背于多元文化主义,但容易引向相对主义。单元简易的心态,就不能想象儒学在现代可以有多种存在和发展的方式,比如在现代学术—教育建制中,发展儒学

---

① 《答张君》,同上书,第519页。
② 《泰和宜山会语》,《马一浮集》第一册,第23页。

的哲学向度，可以和儒学的其他传学方式并存，如和书院传统的讲学修养并存。与梁氏相比，马一浮的六艺说则是一种中国本位的普遍主义的说法，他以六艺统一切学术，认为六艺是放之四海而皆准的普遍范畴，一切近代西方发展起来的学术都应归入六艺，这无异于说，中国古代的六艺系统比近代以来西方发展起来的学术体系更具有普遍性。

就其实际所指而言，梁马两人的看法都是比较保守的，不能适应世界文化的发展潮流。与他们相比，熊十力的主张无疑更为合理，熊十力吸收了西方哲学的长处以补中国哲学之短，又把哲学理解为超乎西方传统爱智的意义，在哲学的观念中加入了东方和中国传统的学术意义，力图拓展哲学的世界性。虽然他对中国哲学的理解更多带有其心学主张的色彩，但这种主张符合多元文化的价值，而且在肯定分殊的同时也仍肯定理一。更何况熊十力实际地建立起了他的本体论—宇宙论体系，为20世纪的中国哲学和世界哲学作出了重大贡献。

在西方近代哲学的发展中，认识论的转向标志着本体论不再是哲学的中心，康德、黑格尔之后，本体论渐渐式微，马克思对形上学的颠覆促成了哲学的变革，反形上学成为潮流。到20世纪初，乃出现所谓"哲学革命"，语言学的转向着意消解传统的本体论意义，世纪末则更出现"哲学的终结"的提法。在这样的发展中来看，古代所重视的本体论、宇宙论在现代重建的意义似乎难以成立。但事实上，随着20世纪对西方哲学传统的反思，本体论的复兴也时有出现。从思维的逻辑来看，不论对人的存在还是人的认识，根源性的思考终归是精神的内在要求，世界的统一基础，事物存在变化的根据，在思考的序列上毕竟先于具体的哲学考察。现代科学发展造就着新的宇宙观，物质的基本要素、时间中有广延的微粒，这些观念渐被否定，代之出现的是作为过程至流的变动不居的宇宙场景，宇宙越来越被经验为能动的整体。[①] 在这样的视野中来看，熊十力哲学的本体论、宇宙论确有其重要的意义。

20世纪，不仅中国哲学遭遇强大的颠覆力量，西方哲学传统也受到了根本挑战。在这种情形下，如何在肯定对古代或过去哲学的突破和超越的同时，通过阐释和发展，重新塑造东西方的哲学传统，就成为很重要的课题。近代哲学发展的大势，熊十力亦有了解。他了解本体论是西洋旧哲学所喜谈，而为晚近所忽略；但他坚持本体论对哲学的基础意义，努力发展出一种体现中国哲学精神的近代化的本体—宇宙论。在他的哲学建构中，在总结中国哲学的基础上，吸收了西方唯物、唯心等哲学的思考，致力回应西方哲学对东方哲学的挑战，成功地建立了他富有特色的哲学体系。这一体系的深刻性、独特性、宏大性，使得他的哲学已经无可争辩地成为近代中国哲学走向世界的典范。

（载《玄圃论学续集——熊十力与中国传统文化讨论会论文集》，湖北教育出版社，2003年）

[①] 参看张汝伦：《海德格尔与现代哲学》，复旦大学出版社，1995年，第96页。

第二章 熊十力《体用论》的宇宙论

熊十力先生（1885—1968），湖北黄冈人，原北京大学哲学系教授，现代哲学家。熊氏早年参加辛亥革命，尔后究心哲学，生平著述颇多。熊氏学术，大抵以出入华梵为主，欲冶儒佛于一炉，并受到西方近代哲学的某些影响。当今海内外学者一致认为，熊十力的思想在近现代中国哲学中占有较为重要的地位。

熊十力思想，本"从大乘空有二宗入手"，其由投契佛法，而归宗孔《易》，得力处唯在"体用不二"之论。中岁以后，舍佛学《易》，晚著《体用论》《乾坤衍》诸书，标明以大《易》体用不二之说立宗，其思可谓精且深矣。关于体用的讨论是熊氏哲学中最具特色的内容，本章以《体用论》为主，[①] 拟对熊

[①] 盖熊十力于《体用论》尝言，虽然《体用论》系据旧著《新唯识论》改作，但以宗主易经而言，"与佛氏唯识论根本无相近处，《新论》不须存"（《体用论》，上海龙门书局，1958年，第4页）。《体用论》的思想已与《新论》把心说为宇宙实体的思想有很大不同。

第二章 熊十力《体用论》的宇宙论

十力"全体大用"的哲学作些探讨，而对其早期的《新唯识论》则不予讨论。

一 出入空有

熊十力说："体用二字，从来学人用得很泛滥。本论在宇宙论中谈体用，其义殊特。"① 按照熊十力所作的规定，"宇宙实体，简称体。实体变动，遂成宇宙万象，是为实体之功用，简称用。此中宇宙万象一词，为物质和精神现象之通称"②。这表明在熊十力哲学中的体用论是集中讨论宇宙实体与宇宙万象的关系。在熊十力看来，宇宙论中的实体与功用（现象）的关系是"哲学上从来难获解决之根本问题"③。

熊十力特别注重宇宙本体和宇宙万象的关系，以至提出"体用不二"的思想，与他出入大乘佛教有密切关联。他曾说："余少时好探穷宇宙论，求之宋明儒，无所得。求之道论，喜其旷远，而于思辨术殊少引发。求之六经，当时未能辨正窜乱，略览大《易》之爻象，复莫达神指。余乃专治佛家大乘，旷观空、有。"④"余于佛法所专力者，即在大乘空有二宗。""余所强探力索者，独在其性相之论（佛氏谈性相，犹余之谈体

---

① 《体用论》，第 31 页。
② 同上书，第 1 页。
③ 同上书，第 108 页。
④ 同上书，第 80 页。

用)。"① 他自己说："余之宇宙论主体用不二，盖由不敢苟同佛法。"② 疑而思之，"后乃返求诸己，忽有悟于大易。而体用之义，上考之变经益无疑，余自是知所归矣。然余之思想，确受空有二宗启发之益。倘不由二宗入手，将不知自用思，何从悟入变经乎"③。变经指《周易》，这是说他早年专意佛家性相之论，开始研究体用问题，后由于对佛法有所怀疑，而自悟"体用不二"的主张。他认为这种主张与《易经》的宗旨正好契合。

依照熊十力的理解，大乘佛教特别注重性相之辩。他认为，大乘佛教中，"法性，谓万法实体，是名真如"。"法相一名，是万物诸行之总称"。④ 诸行又称现行，指一切变动不居的现象。这是说，佛教的"法性"指宇宙本体，"法相"指一切精神和物质的现象。他说："大乘法性一名与本论实体一名相当。大乘法相一名，与本论功用一名相当。"⑤

熊十力关于体用的思考，从根源上说，直接受到大乘性相之辩的影响。但熊十力的体用论，对于大乘性（法性）相（法相）之辩，不是"照"着讲的，而是"接"着讲的。熊十力在钻研佛法时对佛教的体用观产生怀疑，"余初研佛法，从大有唯识论入手，核其性相之论，则真如是法性，而说为不生不灭法，现行则是法相，而说为生灭法"。"生灭法与不生不灭法截然分作两重世界，互不相涉，余深不谓然。……未几，详玩《中

---

① 《体用论》，第 30 页。
② 同上。
③ 同上书，第 4 页。
④ 同上书，第 33 页。
⑤ 同上。

第二章 熊十力《体用论》的宇宙论

论》，乃知生灭法与不生不灭法之别，大空学派早已如此。"①熊十力认为，大乘空宗本来以破相显性为目的，即要破除人们对一切现象的执着以体悟本体，但由于空宗把用（法相）说成是"空"而彻底否定，于是体（法性）也就成为空。有宗为纠空宗之偏，强调法性真实，但在有宗，真如、种子与法相仍然划分为两个世界，一个世界生生灭灭，变幻不定；一个世界不生不灭，恒常真实。可见，在思考体用问题时熊十力有一个基本的出发点，这就是反对把体和用看作是性质对立、互不可通的二个不同世界。正是从这里，发展出"体用不二""即体即用"的思想。本文所注重的，即在推原熊十力所谓"体用不二""即体即用"的本意所在。

二 体用皆实

这里先来叙述熊十力体用论的几个基本观点。

1. 体用皆为实有

熊十力体用之论源于佛家性相之说，但熊氏与佛教的一个根本不同点，即佛教以宇宙万物为虚幻，而熊十力肯定宇宙万象为实有，熊十力说："般若家观宇宙，空空寂寂，脱然离系。吾儒观宇宙，生生活跃，充然大有，无滞无尽。"②又说："余深玩孔门惟说思诚、立诚，这一诚字，义蕴无穷尽。诚者，真

---

① 《体用论》，第 98 页。
② 同上书，第 119 页。

实义，宇宙万象真实不虚，人生真实不虚，于此思入，于此立定，则任何邪妄无从起矣。"① 就是说宇宙间一切现象都是实在的、运动的，一切邪说妄行都是起因于对万有实际的否定。他又说："余以为，宇宙万化、万变、万物、万事，真真实实、活活跃跃，宏富无穷。"② 他认为，佛教以万象为幻有，是反人生、毁宇宙的，并说："幻有之说，悖自然之理，废斯人之能，不得不就正于吾儒。"③ 熊氏舍佛归儒，宗本孔子，从根本上说正是由于他把肯定宇宙万有的真实活跃作为他的学说的基本立场。

2. 实体不是万有始因

熊十力说："孔子直接肯定万物为主，不说实体为万物之第一因，……假若说实体为万物之第一因，便是向万物头上安头，即使万物丧失自己，并令人对现实世界发生很坏的观想。"④ 西方哲学中有把上帝作为实体，作为创始万物的主宰，中国哲学家中也有主张本根在万物之先，这些都是把实体看作万物第一因，把用看作实体派生出的东西。依照熊十力的观点，体用无有先后。他把第一因的思想称为"以实体超越万物之上"的思想。他批评那种认为"实体是独立的，功用是从实体上发生出来的"观点，认为"倘以此说为然，则实体乃与造物主不异，

---

① 《体用论》，第119页。
② 同上书，第107页。
③ 同上。
④ 《乾坤衍》下分，中国科学院印刷厂，1961年，第26页。

何可若是迷谬乎！"① 他认为第一因的思想是导致一切荒谬迷信的根源。

3. 实体不在功用以外

熊十力强调实体与现象不是二重世界。主张离用无体，不可用外求体。他说："余尝言之，现象与实体，不是两重世界，此是大源头处。"② 他认为分实体与现象为两重世界，是自古以来哲学的一大弊病："古今学人，在宇宙论中之见地，鲜不以为现象非凭空而突起，必别有不可知之物，超脱现象而独在，是乃现象之根源，……不可知物超脱现象而独在，此物便与现象隔绝，彼一世界，此一世界，互不相通。"③ 他认为，肯定现象有根源是对的，但把现象和根源对立起来是错误的。佛教以"不生不灭、无为，是一重世界；生灭、有为，是另一重世界"④。"西哲以现象是变异，本体是真实，其失与佛法等。"⑤ 他强调："余笃信现象世界定有根源，但根源不是超现象而独在，别为不可知之物，根源不是别一世界。"⑥

在熊十力看来，要纠正古今哲学本体论的错误，必须强调离用无体。他说："功用以外，无有实体。""若彻悟体用不二，

---

① 《体用论》，第124页。
② 《乾坤衍》下分，第11页。
③ 同上书，第12页。
④ 《体用论》，第43页。
⑤ 同上书，第169页。
⑥ 同上书，第12页。

当信离用无体之说。"① 即实体不在现象之外。他说："本论（《体用论》）以体用不二立宗。学者不可向大用流行之外别求实体，余自信此为定案，未堪摇夺。"② "倘不悟此，将求实体于流行之外，是犹求大海水于腾跃的众沤之外。"③ 他说实体如同大海水，功用如同众沤，求实体于功用之外，如同求大海水于众沤之外。他说："实体绝不是潜隐于万有背后或超越万有之上，亦绝不是恒常不变，离物独存。"④ "所谓实体，不是高出乎心物万象之上，不是潜隐于心物万象背后，当知实体即万物万色自身，譬如大海水是无量众沤的自身。"⑤ 由此可见，熊十力所谓体用不二，从否定的方面来说，有三个特征，即实体不是超越万有之上（如上帝）；实体不是与现象并存、而在现象之外的另一世界（如柏拉图的理念界）；实体不是潜隐于现象背后。

由上可知，熊十力体用论的基础是以佛教否认现象真实和西方哲学割裂本体现象为其对立面的。然而，如上所述，体不离用，用外无体，体用不是发生学上的先后关系，这些观点在中国传统哲学的本体论中（如程颐所谓"体用一源"）也并不乏见。熊十力说："《易大传》曰，显诸仁，藏诸用。一言而发体用不二之蕴，深远极矣。显仁者何，生生不息谓之仁，此太极之功用也。藏用者何，即上文所言生生不息之仁，藏者，明太

---

① 《体用论》，第3页。
② 同上书，第32页。
③ 同上书，第125页。
④ 同上书，第150页。
⑤ 同上书，第112页。

第二章　熊十力《体用论》的宇宙论

极非离其功用而独在。"① 将体用思想追溯到《易·系辞》"显诸仁、藏诸用"，清初顾炎武与李二曲的体用之辩已开其端。而以太极在阴阳之中而不在阴阳之外，也是宋明道学本体论者（如朱子）经常强调的，那么，熊十力所说的体用不二，与程朱讲的体用一源是否相同呢？按照程朱理学，虽然体用一源，体不离用，但体与用、太极与阴阳是"不离不杂"的关系。朱子《太极解义》云："太极即所以动而阳静而阴之本体也。然非有以离乎阴阳也。即阴阳而指其本体不杂乎阴阳而为言耳。"可见，程颐朱熹讲的体用一源，虽也肯定体在用中，体不离用，但体是一种存藏于用之中的、与用不离不杂的抽象实体。熊十力说："余读易，至显仁藏用处，深感一藏字下得奇妙。藏之谓言，明示实体不是在功用之外，故曰藏诸用也。藏字只是形容体用不二，不可误解为此藏于彼中，体用哪有彼此。"② 程朱理学的体用观正是以体用分彼此，以每一事物中皆有理（体）藏于其中。如朱子说："理与气此决是二物，但在物上看，则二物混沦，不可分开各在一处，然不害二物各为一物也。"③ 在理学中，理作为体，是和"二五之精"妙合而凝在一起的东西。所以程朱要人"就此上面见得其本体未尝离，亦未尝杂"。所谓"未尝杂"，即藏于用中自为一物。这与熊十力强调实体如大海，功用如众沤的比喻大异其趣。可见熊十力主张的体用不二、离用无体，有其不同于程朱"体用一源"的特定意义。进一步说

---

① 《体用论》，第109页。
② 同上书，第111页。
③ 《朱子文集》四十六，《答刘叔文》。

明这一点，必须深入研究熊十力关于体用不二思想的一些重要的具体表述。

三　即体即用　即用即体

在熊十力对其体用思想的论述中，以下几个命题值得特别注意。

1. 实体是大用的自身

熊十力强调，"实体是大用的自身，譬如大海水是众沤的自身"①。又说："实体是万有的自身，譬如大海水是众沤的自身，学人了悟到此，则绝对相对本来不二。"②他反复申明他"深悟、深信万有之实体即是万有自身"③。按照这个说法，功用（众沤）是实体（大海）的表现形态和存在形式，实体是现象功用的本来存在。

2. 实体变成功用

熊十力在比较他自己的体用不二说和佛教真如为万法实体说法之同异时强调："余玩空宗经论，空宗可以说真如即是万法之实性，而绝不许说真如变成万法。此二种语势不同，其关系

---

① 《体用论》，第149页。
② 同上书，第147页。
③ 同上书，第150页。

第二章　熊十力《体用论》的宇宙论

极重大。"① 这就是说，大乘空宗虽然也讲现象（万法）有实体（实性），但空宗"真如是万法实性"的说法，如同程朱"体用一源"一样，只承认真如是万法的实体，而不能承认万法是真如变成的。熊十力强调，他的体用不二说，关键就在于强调实体变成功用，他说："实体变动而成功用。"② 又说："惟大《易》创明体用不二，所以肯定功用，而不许于功用以外求实体，实体已变成功用故。肯定现象，而不许现象之外寻根，根源已变成现象故。"③ 这表明他主张的用外无体是以功用由实体变成的观点为基础的。

照熊十力的这个说法，功用是由实体变成的，即功用是实体的变形或转化形态。但在这里要注意，第一，不存在没有变成功用的实体，不能说宇宙曾有一个实体尚未变成功用的时期。"实体无有不变动时，即无有不成为功用或现象之时。"④ 实体任何时候都是以功用的形态存在的。第二，实体变成功用不是如母生子。他说："不是由实体变动，又别造出一种世界，名为现象也。"⑤ 又说，不能"以为由实体自身变起一种向外动作的功用"，"如此，则实体如造物主，而不即是功用也"。⑥ 就是说，不是实体变出功用，而是实体自身变成功用。因此，第三，实体变成功用，是实体自身完完全全地变成为功用，他说："须

---

① 《体用论》，第45页。
② 同上书，第3页。
③ 《乾坤衍》下分，第4页。
④ 同上书，第4页。
⑤ 同上书，第11页。
⑥ 《体用论》，第128页。

知实体是完完全全的变成了万有不齐的大用，即大用流行之外无有实体。"① 又说："实体确是将他的自身全变成万物或现象。万物之外，没有独存的实体。譬如大海水，确是将他的自身全变成了众沤。众沤以外，没有独存的大海水。"② 他特别指出他所用"变成"二字确有深意。"成字，则明示实体起变，便将他自身完完全全的变成了翕辟的功用。譬如大海水起变，便将他自身完全变成了翻腾的众沤。这成字，才见体用不二。"③ 照这个说法，实体变成功用，好像水变成了冰，不能说冰以外还有水，因为水自身已完全变成为冰，所以，正是由于功用是实体变成，故说实体是功用的"自身"，如同水是冰的自身一样。

3. 即体即用，即用即体

在上面讨论的基础上，我们就不难进一步探原熊十力所谓即体即用之义。在熊十力哲学中，"体用不二"又叫作"即体即用（即用即体）"，理解即体即用，是把握熊十力哲学的一个非常重要的问题。

熊十力说："当知体用可分，而实不可分。可分者，体无差别（譬如大海水，是浑然的），用乃万殊（譬如众沤，现作各别的）。实不可分者，即体即用（譬如大海水全成为众沤），即用即体（譬如众沤之外，无有大海水）。用以体成（喻如无量众沤相却是大海水所成），体待用存（喻如大海水，非超越无量沤相

---

① 《体用论》，第6页。
② 《乾坤衍》下分，第40页。
③ 《体用论》，第128页。

第二章 熊十力《体用论》的宇宙论

而独在)。王阳明有言:'即体而言用在体,即用而言体在用',此乃证真之谈。"① 他又说:"譬如众沤,各各以大海水为其自身。甲沤的自身是大海水,乙沤的自身亦是大海水,乃至无量数的沤皆然,由此可悟即用即体之理。即用即体者,谓功用即是实体,如众沤自身即是大海水也。""实体变成生生不息的无量功用,譬如大海变成腾跃的众沤,于此可悟即体即用之理。"② 从这些论述来看,大抵说来,在熊十力哲学中,"即体即用"指实体变成功用(在此意义上说实体是功用)。"即用即体"指功用的自身就是实体(在此意义上说功用即是实体)。前者重言其体,后者重言其用。

"即甲即乙"的论述方式在唐代以后的宗教与哲学文献中颇为常见,但其用法意义不一。熊十力所用"即体即用"之说亦须加以具体分析。即体即用的前一个"即",是指"就……而言",也就是王阳明所谓"即……而言"。后一个"即"虽然在笼统的意义上可作"即是"解,但这个"即"并非绝对等同如"孔丘即是仲尼"之意。如熊十力一方面讲"若依我说体用不二,则实体即是现象(譬如大海水即是众沤),现象即是实体(譬如众沤之外无有大海水)"③,批评那种"以实体不即是功用,实体不即是流行"的见解。而另一方面,他又说:"所谓功用,本是精神、质力混然为一之大流,实体不即是功用(易言之,实体不即是精神、质力混然之大流)。譬如大海水不即是众

---

① 《体用论》,第53页。
② 同上书,第110页。
③ 同上书,第148页。

沤（大海水以喻实体，众沤以喻功用或精神质力混然之流）。然功用或精神、质力混然之流以外无有实体。譬如众沤之外无有大海水。"① 这表明在熊十力思想中，实体和功用并不是异名同指，否则就不必于万有之外更肯定实体的存在了。因此，实体即功用，是就实体变成为功用而言，故实体又不即是功用。功用即是实体，是就功用以外无实体而言，故功用又不即是实体。

要把握究竟何谓"即体即用、即用即体"，和究竟何谓"实体是万有自身"，首先必须确定：熊十力是否认为实体即指宇宙万有的总体？用熊十力常用的佛家名相来说，必先辨明，熊十力哲学中的实体，究竟是指万法（现象）的总相（总体），还是指万法的法性（本体）？很明显，在熊十力哲学中，"实体"不是宇宙万有的总相，而是指宇宙万有的法性。熊十力每每指明他的哲学中"实体"一词与大乘宗空的"法性"一名（而不是总相）相当。所以，如果以为熊十力所讲的"实体即是万有自身"是指实体是宇宙万有的现象总体，那就离开了熊氏的本意。

要了解熊十力的思想，还须讨论在熊十力论述中反复运用的譬喻。在《体用论》等书，他每每以大海与众沤的关系来比喻他所主张的实体和现象（功用）的关系。他说："体用不二，以大海水与众沤之喻为恰当。"② 又说："万有之实体即是万有自身，譬如大海水即是众沤的自身，此譬最切，否则很难说明此理。"③ 不过，实际上海沤之喻对熊氏哲学来说也不尽恰切。

---

① 《体用论》，第163页。
② 同上书，第158页。
③ 同上书，第150页。

第二章　熊十力《体用论》的宇宙论

就大海表面来说，固然都是众沤；但就整个大海水言，深层海水并非以众沤形式存在。众沤只是海水表面的一层，只是大海水的一部分，在这个意义上就无法显示出"实体完全变成功用"的理论。但对熊十力来说，这个比喻还是有优于别的比喻的地方，所以他优先采用这一比喻。

依我管见，仅就为理解熊氏即体即用思想而言，应重视被熊氏作为海沤之喻补充的冰水之喻。熊十力在谈到哲学方法的摄用归体（由现象深入到实体）时说："摄，摄入。譬如睹冰而不存冰相，直会入水，即唯是水而已。今在宇宙论中说摄用归体，即是观心物诸行而直会入其本体。"[①] 这就是说，哲学认识要像由冰而识水那样，透过心物现象体认本体。显然，在熊氏哲学中，水和冰的关系也适合于他所理解的实体与现象的关系。在谈到功用是本体发现，但毕竟不是本体时他指出："譬如说冰自水成，而冰却不是水。"[②] 在强调功用的性质即是实体的性质时他也说："譬如冰从水现，而冰毕竟不失水之湿性，是即用即体。"[③]

由此可见，在熊十力哲学中，并不是仅仅肯定宇宙万有的存在。《体用论》的基本前提就是，他首先肯定有宇宙本体的存在。对熊十力来说，宇宙本体与宇宙万有的关系，在一定程度上正如水和冰的关系一样，只有从水是冰的自身、水是冰的真实自身，水变成冰、冰由水成，水即是冰、冰即是水，离水无

---

① 《体用论》，第11页。
② 同上书，第8页。
③ 同上书，第10页。

冰、离冰无水这样的相互关系上，才能理解熊十力哲学"即体即用"的思想，也正是在这样的意义上才能理解"体用不二"与"体用一源"的区别，才能理解"真如变成万法"和"真如是万法实性"的区别。

如上所述，在说明即体即用、即用即体上，冰水之喻与海沤之喻的功能与作用是一致的。但在总体上说，熊氏之所以强调海沤之喻，是因为海沤之喻能够表示功用是由于实体自身的变动而成（海水变动才有众沤），和现象的变动无常（浮沤刹那生灭）。但是必须注意，绝不能由于熊十力采用了大海众沤和水冰之喻，便以为熊氏所理解的实体是一种物质实体，下面我们还会谈到这一点。

通过以上所述，可以看出，熊十力哲学的"实体"范畴，实际上就是旧形而上学（Metaphysics）的实体或本体观念。他所说的体用关系，实际上是用中国传统哲学的范畴讨论旧形而上学本体和现象的关系问题。在这里，他显然受到西方哲学思维方式的影响。旧形而上学认为，一切万有有一个绝对实体作为终极的根源和基础。万有只是实体或本体的表现形态，实体并不是感性的直接存在。照熊十力理解，这种本体或实体不在万有之外，也不是隐藏于万有之中，而是实体自身变现为万有，正如水变成为冰，实体是心物万象的基体或基质。

在万有之外，还肯定有一种非感性存在的实体，这本来是旧形而上学的抽象玄思，熊十力则认为："学人厌闻实体之说，此是大谬。宇宙无根源，人生无根源，断无此理。孔子作《周

第二章 熊十力《体用论》的宇宙论

易》,肯定有实体,然以实体是万物之真实自体,不可逞空想或幻想,以为实体是在万有各自的自体之外。"① 他还说:"许多哲学家承认宇宙万象是客观存在,但不承认有实体,甚至厌闻本体论,此与印度古代无因论者同为浅见。余以为宇宙自有真源,万有非忽然而起。如只承认宇宙万象为实在,而不承认有本体,便如孩儿临海岸,只认众沤为实有,而不知由大海水变成一一沤。"② 他认为,心物万象不是凭空出现的,如果不承认有实体,则一切现象将归为无中生有。不承认实体,则万有现象就没有了内在的运动根源。

可见,熊十力的"即体即用"说,首要前提是肯定宇宙本体的存在。没有这一前提,就无所谓即体即用。

以上说明了什么叫做"实体是万有的自身",这里的"自身"又称"自体"。《乾坤衍》多次强调实体是万有"真实自体",如说:"实体者,本是现象之真实的自身。"③ 实体又称为一元,"一元者,即是宇宙万象之真实自体。"④ 又说:"孔子既主张体用不二,即是以实体为现象之真实自体。"⑤ 真实自体也就是"如",指宇宙万象本来的、统一的存在。从"真实自体"这一概念我们可以更进一步地了解熊十力关于实体的想法。

---

① 《乾坤衍》下分,第 26 页。
② 《体用论》,第 5 页。
③ 《乾坤衍》下分,第 12 页。
④ 同上书,第 36 页。
⑤ 同上书,第 37 页。

四 性与德

在熊十力哲学中，实体是什么？比如是精神，还是物质？反过来说，精神是不是实体？物质是不是实体？熊十力明确声明，实体既非精神、亦非物质，既含精神性、又含物质性。精神和物质都是实体的功用和现象。他说："心是实体之功用，是变动不居；物亦是实体之功用，是变动不居，心物只是功用之两方面，不可破析为二。"① 所谓破析为二，是指把心物中的某一方面作为根源和实体。"余宗大易乾坤之义，说心物是大用之两方面，不是两体。"②

熊十力又认为，实体变动而成大用，大用流行表现为两个基本方面的对立统一。一个是"翕"，一个是"辟"，就是说宇宙中有两种基本势力，翕是物化的趋势和作用，通过凝聚作用，使宇宙成为一些固定不变的物质。辟是神化的趋势和作用，反抗把宇宙凝聚为固定不变的物质，统率、主导物质，能动地促进世界的上升、前进和发展。熊十力借用了清末西方学术输入时"翕以聚质、辟以散力"（《天演论》）的概念，实际上是讨论精神和物质的关系。他明确说："就大用而言，辟是健动、升进、开发之势，所谓精神是也。翕是凝聚、摄聚、而有趋于闭固之势，所谓物质是也。"③ "功用有翕辟两方面，辟为精神，

---

① 《体用论》，第110页。
② 同上书，第111页。
③ 同上书，第113页。

第二章 熊十力《体用论》的宇宙论

翕为物质,故所谓功用,本是精神质力混然为一之大流。"① 熊十力认为,在精神与物质的关系上,精神是主动的,精神在物质中以不同的形式主动地导引物质的改造和进步,从而实现宇宙发展的无穷过程,整个宇宙生生不息的发展正是由于有精神的能动作用。在《乾坤衍》,更以乾为辟,为生命心灵,突出生命、意志作为精神形态的重要作用。

熊十力认为,宇宙的运动发展正是由于发展中的两种势用翕辟的相互作用,他称为"翕辟成变",认为这表现了宇宙发展的根本原则——相反相成。他说:"大化之流,不由反对,无由成变,不极复杂,何有发展。"② 这是说,宇宙的大用流行正是由于有了精神物质的对立统一,所以才有发展,才有变化,而大用流行的对立统一,从根本上说正是根源于实体内部的对立统一。熊十力认为,实体是有性质的,其性质是复杂的,不是单一的,实体复杂性质中的对立统一才是变化发展的决定根源。他指出:"实体变成功用,只有就功用上领会实体的性质,汝今应知,功用有精神质力等性质,此即是实体的性质。何以故,实体是功用的自身故,譬如众沤有湿润与流动等性质,此即大海水的性质,以大海水即是众沤的自身故。"③ 这是说功用的性质即实体的性质,通过了解功用的性质便可了解实体具有的性质。功用具有精神性与物质性,实体亦然。他说:"神质二性,

---

① 《体用论》,第 164 页。
② 同上书,第 128 页。
③ 同上书,第 3 页。

是为实体内含相反之两端，相反所以相成，实体以是变成大用也。"① "精神物质二性，皆实体所固具也。"② "说到变化，必是有对，易言之，即由宇宙实体内部含有两端相反之几，乃得以成变，而遂其发展。"③ 熊十力这些关于两端相反相成，决定和推动变化发展的思想包含了鲜明的辩证法。

熊十力不仅用实体含具神质二端相反之性来说明宇宙变化，他更提出，宇宙发展不已的内在根源乃是由于实体本身是生生、活跃和变动的，而不是恒常静寂的。他所以强调海沤之喻，正是由于众沤及其腾跃根源于大海水的运动。熊十力认为，从宇宙变化而实体之性不变这个方面说，实体之性是可以说有"恒常"的一面，但从总体上说，本体根本的性质是"生生"（生德）。他认为，如果把实体看作是寂静、不生，没有活动的，那么"生生不息、变化不竭之真机"就被遏绝了。所以他批评佛老以空言体，以静言体，主张应当以"生"言体，以"动"言体，批评空有二宗都"以为万法实体无有生生，无有流动，无有变化"④，认为实体本身是生生流动、至健不息的。他说："依我说体用不二，则实体即是现象，现象即是实体，现象起灭无常，正是实体起灭无常，现象动跃不住，正是实体动跃不住。"⑤ 他认为把现象看作是变动的，本体看作是不变动的，正是割裂体用为两重世界的错误。在他看来，确认实体的生生变

---

① 《体用论》，第16页。
② 同上书，第15页。
③ 同上书，第6页。
④ 同上书，第62页。
⑤ 同上书，第148页。

第二章 熊十力《体用论》的宇宙论

动,才能真正说明一切创造活动、一切生生流行的终极根源。

所以,在《体用论》中说到"实体是大用的本体"①,在《乾坤衍》中则反复拈出"内在根源"一词定义实体。他说:"实体是万物各各所本有的、通有的内在根源。"② 又说:"圣人以万物为主,而以实体为万物之内在根源。"③ "孔子大易所以肯定乾坤或万物为真实,而收摄实体以归藏于乾坤万物,易言之,实体是乾坤或万物之内在根源。"④ 他认为他主张即体即用正是为了把事物变化的动源归结到事物内部。他把佛教抹杀功用,只承认不生不灭的本体,称作"摄用归体",他把他自己的思想称作"摄体归用"。他说:"摄体归用,原是反对哲学家妄想超越现象而独存的实体,于是正确阐明实体是现象的真实自体,易言之,实体是万物各个的内在根源,万物所由始、所由生,乃所由发展不已者,此非有外力为其因。摄体归用则万物皆有内在根源,既是真实不虚,自然变异日新,万物所以不倦于创造也。"⑤ 摄体归用就是从万物之中寻找宇宙变化的真正动源。

熊十力哲学,就其论精神物质的关系而言,唯心主义是很明显的,就其主张宇宙大生命而言,受叔本华、柏格森的影响也很突出。在论实体和功用的关系上,虽然他使用了中国传统哲学范畴"体""用"和印度佛教范畴"性""相",而就其理论思维说,不能不说是受到西方哲学关于本体现象问题讨论的影

---

① 《体用论》,第26页。
② 《乾坤衍》下分,第26页。
③ 同上书,第27页。
④ 同上书,第121页。
⑤ 同上书,第38页。

响。还应指出，他的"实体即万有自身"与斯宾诺莎"实体（上帝）即自然"的思想在许多方面有类似。笛卡儿主张有物质实体和精神实体，二者彼此作用。斯宾诺莎则肯定只有一个实体，一切物质、精神的现象都以此为基础，是它的表现。斯宾诺莎认为，世界没有一个外在的超验原因，实体是"在世界之内，是宇宙内在的基质"。世界在实体中，实体也在世界中。实体是一切存在物的泉源。实体和世界是一而二，二而一的。实体是"事物内永恒的实体、基质或本原"，是"一切实在之流动的本原或泉源"。斯宾诺莎还认为，精神与物质、思维与广袤都是"潜在的实体的不同属性"，精神与物质是"同一个万有实在的表现"，"其中一个不是另一个的原因或结果"①，主张自然界种种事物和现象都是万物实体的"变形""相"或"样式"。斯宾诺莎的这些思想与熊十力体用论的大多数基本观点相近或相合。熊十力未必研究过斯宾诺莎哲学，但基本观点确有相近之处。

在基本思想上，熊十力所以坚持实体不在功用之外、肯定精神对于物质的主导、认定实体自身是变动生生的，显然是因为他以儒家世界观为基础。所以，他的体用论可视为儒家刚健、崇德、用世等价值的本体论基础。正是在这一点上与佛教或斯氏都不相同。

熊十力是五四以后中国哲学界的一个颇为特殊的人物，他的哲学思想及其出现的历史背景以及其意义与影响，都是十分复杂的，应当进一步深入地研究、分析，从而恰如其分地评价他所提出的哲学体系。

---

① 以上参见梯利《西方哲学史》下册，商务印书馆，1979年。

第三章　熊十力《明心篇》的明心论

熊十力哲学是五四以来传统色彩甚为浓重的一个体系，这不仅表现在从《新唯识论》到《乾坤衍》的一般文字形式（文言），也更表现在他所使用的主要范畴和思想范型。尽管他在实质上也受到近代西方哲学的刺激与影响，但其体系从思想资料到思想方向都显示出与中国传统哲学（包括佛教）的直接联系。因而，在研究熊十力哲学的过程中，我们不仅要进一步彰显出这种联系，还要由此入手，澄清他对传统究竟做了何种适应现代的调整与转化，从而了解现代新儒家之为"新"的某些特质。

在熊十力的哲学中，体用论与明心论构成了这一体系的主要部分，体用论以"体用不二"立宗，建立了一个有特色的哲学的宇宙论。明心论则以"本习之辨"为中心，他自称之为"哲学的心理学"。就体用论与明心论的关系说，前者是后者的宇宙论基础，后者是前者在人类精神活动的展现，在熊十力早期著作《新唯识论》中已显示出这个二合一的结构及其间的关联。熊十力晚年撰成新著《体用论》，他在书中声明："今得成此小册，《新论》宜废"，表明《体用论》是他用以取代早年《新唯识论》的晚年定论，也宣告了他在晚年完成了对自己的哲学体系的一次重新建构。然而《体用论》在1958年出版时只完成了"明变""佛法上""佛法下""成物"四章，第五章"明心"却有目无文。所以，《体用论》实际上只完成了一个新的宇宙论体系，而以《体用论》全部取代《新唯识论》的任务并未完成。至次年，始出版《明心篇》，整个体系的重新建构才基本完成。

《新唯识论》本有"明心"上下两章，正如《体用论》是用以取代《新唯识论》的体用论（宇宙论）一样，《明心篇》也是熊氏晚年用以取代早期的明心论的。这个被熊氏称为"哲学的心理学"的明心论，与科学的心理学不同，它继承了唯识宗意识分析与儒家心性哲学的双重传统，兼涵知识意义与实践（伦理）意义，实质上相当于宋明理学的心性论与格致论。因此，与《体用论》的宇宙论不同，《明心篇》实际是人生论。这一明心论的主题，从心性的意义上看，是本心习心的问题；从格致的意义上看，是智识的问题；而在总体上，又可归于心物问题。这里所说的心物问题，不是指一般所说的认识论意义上的主体与客体的关系或本体论意义上的精神与物质的关系，它所最终着眼和要解决的是精神生活的开展（返心）与对物质世界的追求和研究（逐物）之间的关系，本

第三章 熊十力《明心篇》的明心论

章是在已有的体用论分析的基础上[①]对熊氏明心论所做的检讨和研究。

一 习染论

熊十力指出,明心论是要继承孔孟"尽心之学"的传统,而"其要旨在究本心习心之大别"[②],本节先来讨论习心与习染的问题。

1. 习染的根源与结构

熊十力在《明心篇》的"自序"中总论其习染说:"人生而含灵禀气,已成独立体,便能以自力造作一切善行与不善行。凡行,从一方言,自其始发以至终了,中经长劫,常在变化密移中,未有暂时停住。从另一方言,行虽不住,而其为后密移,要皆有余势发生,退藏于吾身中某种处所,亦复变动不居而潜流。如吾昔年作一件事,今犹能追忆其甘苦与得失者,足证其事虽逝,而其余势潜流并未曾断绝。"[③]"余"指既往活动遗留的结果,"势"指一种作用,余势指个体的活动在意识结构中遗留下来的一种影响。熊十力又说:"此潜流不绝之余势是为习,习之现起而投入意识界参加新的活动,是为习心。夫人之生也,莫不有本心;生而成为独立体,亦

---

① 见陈来:《熊十力哲学的体用论》,载《哲学研究》1986 年第 1 期。
② 《明心篇》,上海龙门书局,1959 年,第 1 页。
③ 《明心篇》"自序"。

莫不有习心。杂染之习缘小己而起，善习依本心而生。人生既成独立体，则独立体自有权能，故杂染易逞其势。然本心毕竟不可泯灭，则善习亦时为于不容已，人生要在保住本心之明而常创起新的善习，以转化旧的杂染恶习，乃得扩充本心之善端而日益弘大，此人道之所由成，人极之所由立也。"①这一段话提纲挈领地表达出整个《明心篇》的宗旨，并扼要地说明了习染及其根源与作用。

熊十力所说的"独立体"即指个体的生理躯体，即孟子所谓"小体"，亦称小己，着眼于人作为感性的、物质的存在。同时，在独立体中还有"本心"运行其中，即发挥作用。从个体的角度来看，作为思维意识范畴的本心，可以为个体用来作为认知、交往的工具。独立体作为物质性的主体，是感性、经验的主体，它有自己特定的需求和活动方向或趋势，熊十力称之为"权能"。独立体为了自己的需要往往利用作为思维能力的本心去追求、发展自己的权能。熊十力这里所说的权能显然是指感性欲望而言。

按照熊十力的看法，意识的原初状态如同白绢，而人生以后的每次意识的或实践的活动都会对白绢发生浸染的作用，即在意识中留下它们的渍痕，这些痕迹并不仅消极地供作记忆，它们还不断地参与意识活动而对意识主体发生影响。熊十力把这种由以往活动余留意识中并继续发生作用的力量称为"余势"。他认为，每一次意念活动或行为都在意识中留下

---

① 《明心篇》，第1页。

第三章 熊十力《明心篇》的明心论

了它们的残余势能,这些意识储存在人体之中,并且成为一股意识的潜流。这些余势就其为以往经验而言,称为"习",就其退藏潜伏于意识之中,称为"习种"或"种子",就其不断"现起"于意识活动而参与其中,称为"习心"。可见,习心实际是指以往种种经验形成的意识。但须注意,这里所说的由经验形成的意识并不是一般所了解的理性经由对经验的综合、抽象所得到的本质的、规律的认识。对熊十力来说,以往的经验都是以直接性的方式储存下来并发生影响,如一次善的意识活动就会产生善的余势,对主体以后的活动亦不断发生善的影响,恶者亦然。所以,习心不只是一个过去经验的信息库,亦是以往经验积淀而成的意识定势,只是熊十力的理解更加直接、具体罢了。这种过去活动造成的不断影响的观念显然与佛教的"业""种子""熏习"等观念有内在关联,熊十力去除了这些观念的宗教意义,而将这些观念中的其他要素集中到"习"这样一种概括意识活动与心理经验中积淀现象的特殊范畴。

从伦理的意义上说,人的意识活动和实践行为是有善有恶的,因而这些活动的余势或习当然也有善恶之分,即"善习"与"杂染之习"之分。按照熊十力的说法,善习发自本心(大体),杂染之习缘于小己(小体)。习心既然是人的各种活动在心理方面造成的结果(虽然它形成之后也可以参与作为后来行动的动机),它当然是后验的,不是先验的。习心中不善之习来自以往不善的意识活动和实践活动造成的余势,不善之习形成之后,又可作为习心现起于当前的意识活动,成为新的不善之行的动机。那么最初的不善的活动是如何发生的呢？从根源上说，最初的不善之思或行必然根源于人作为感性血肉之躯的自我。熊十力的这些思想，还是认为人既是理性存在（大体）又是感性存在（小体），从熊十力"含灵禀气"以及把本心比作"道心""法性心"，把习心比作"人心""依他心"来看，这些思想与中国固有传统思想中佛教的心二元论与理学的性二元论有直接联系。

2. 习心的类别和作用

但是，熊十力的习心论不限于伦理学意义，事实上，在熊十力晚年撰《明心篇》时，他似乎更注意本习之辨中的认识论问题。

熊十力说："人生而成为有形气的独立体，有实际生活，即此独立体亦自有权能，故本心运行于独立体中，而独立体便可利用本心天然之明，以主动治理当前的事物。……独立体利用天明为工具以交于事物，则有习染发生。习染并不是无有势能的东西，其潜伏吾人内部深处便名为种子，习种又得出现于意识界，所谓习心是也。"① 这里所说的独立体利用天明，即指生命个体凭依天赋的思维能力与外界发生关系。因此，在认识论上，本心往往称天明，指固有的认知能力；习染则指经验在意识中造成的记忆，故说："凡过去的一切经验都是习染，一切习染的余势都潜伏在习藏中成为种子，其

---

① 《明心篇》，第147页。

第三章 熊十力《明心篇》的明心论

从习藏中出现则为记忆。"①

因此,就一般的意识活动而言,天明与习染的共同作用是知识活动得以发生的基本条件。熊氏说:"思维起作用时,虽是天明之动,而习染之余势潜伏,从习藏中跃起,便与天明之动混杂而行。""思维作用起时,若没有记忆,即无所据以作推论,亦无所凭以起想象等。"② 由于认识活动是在内在的思维能力与经验造成的记忆共同作用下实现的,所以习染在这里与其在伦理意义上的纯粹消极性不同,习染在认识意义上是积极的,不可缺少的。这对熊十力自己并不构成矛盾,虽然,习染本质上是一个感性的范畴,但它在伦理意义上指感性欲望,在认识意义上指感性经验,在不同领域里其评价不必统一。

根据上述立场,熊十力把习染区分为两类:第一类为"知见方面的习染",第二类为"情意方面的习染",情意习染指"世间所谓个人主义之名利权威等私欲",由此种习染造成的种子,现起的习心,"其影响最为恶劣",故对此类习染"必克去务尽"。知见习染指记忆等,也包括狭隘经验造成的成见,后者虽也会对思维能力的本然之明构成障蔽,但总体上说,知见习染"须慎于防治而不可去"③。

由此可知,在熊十力哲学中,习染论在认识意义上并不是着眼于气禀的先天作用,而是强调经验作为构成知识的条

---

① 《明心篇》,第118页。
② 同上。
③ 同上书,第120页。

件的意义。他指出:"若离习染,汝得有知识乎?府人送一杯汤与汝,汝不待推考而知为汤,即快饮之。实则汝有过去无量数之汤的习染种子潜在,此刻新的汤来,旧习种同时跃起,汝便知新来者是可饮之汤耳,若否认习心,汝此刻能有汤的知识乎?"① 他认为,如果一切经验都在发生之后立即消失,那就根本无法形成知识,所谓知见习染为习藏种子是指经验能够在意识结构中储存起来并成为进一步认识的基础,所以"记忆作用恒与天明之动合为一,时时唤起已往一切经验,协助而且策动天明,俾解决新接触之许多未知的事物有所依据"②。

上述两种习染,就习心活动的方向而言,若转换为心物问题来了解,都是指追求物质、分别物质。正如对习染需要区别一样,对于追求、分别、执著物质而言,也要分别言之:"就生活而言",求物、执物若出于小己,便为恶;而"就知识而言,逐物、执物及分别物而不厌其细,皆是为格者之学者所必不可缺乏之爱智精神"③,"不如是,又何可穷得万物之理,是故格物、逐物及分别物之一切习染皆是极可宝贵之已往经验"④。熊十力在认识论上对习染的充分肯定与他在伦理学上对于习染的严厉态度形成了明显对照。

熊十力习染论与传统儒学的气质论或习气论的一个很大

---

① 《明心篇》,第148页。
② 同上书,第123页。
③ 同上书,第121页。
④ 同上。

第三章 熊十力《明心篇》的明心论

的不同，是他的习染论不仅是一个伦理学的讨论，而且明确包含着认识论的部分。虽然他仍然采用了传统哲学的范畴，但他明确区别了这些范畴在认识论与伦理学上的不同意义。尽管他的基本立场仍然在强调道德与价值，但他所作的自觉区分正是传统哲学的弱点。熊十力所以如此，一方面是由于唯识宗的意识分析传统中本来包含有说明认识发生的理论，而熊十力受唯识宗影响较大。另一方面更与近代西方科学的长足进步和近代哲学认识论的发展明显相关，熊十力意识到以意识、心理现象为对象的"哲学的心理学"必须涵盖知识活动，给认知活动以重要地位。

严格地说，熊氏习染论中也有一些不明朗的地方，如从伦理的意义上说，习染是否包括五欲或五贪（自体贪、后有贪、嗣续贪、男女贪、资具贪）？按照熊氏的逻辑，情意习染中应包括五贪，而熊十力又认为五贪不可全去，因而在这个意义上就不能说情意习染"必克去务尽"了。其次，善习虽然发自本心，但毕竟也是习染，如果除知见习染外都是情意习染，情意习染中就应包含善习，在这个意义上，习染也不能说"必克去务尽"。此外，伦理意义上的消极性习染及一切现实之恶，在熊十力哲学中基本是个体自身活动的结果，忽视了外部社会的影响，这对于一个现代哲学的体系来说，不能不认为有欠周全。

关于习染的形成机制与结构，熊十力认为："推原习染所由成，盖由物来感而心应之，即通过物质，而于其表里无不洞彻，心与物化，故成习染，故成经验。心通过物时本与物同时迁谢,未尝暂停,然在那时,心经历于物所成之习染却有一种余势,并未和那时的心与物同灭,一切习染都有余势,千条万绪不可穷诘,都潜伏在习藏中,可以名为种子,习种遇机出现于意识界,便是记忆,此吾习染论之大略也。"① 从认识过程说,意识反应、接触、研究外部事物,形成知见习染即经验,每次认识活动完成之后,其经验并不消灭,而是作为信息储藏起来,随时可以作为记忆被提取出来参与新的认识活动。就伦理的意义说,意识与外物交接的过程中会形成各种习种,人必须以本心主宰意识活动,辨清善恶,才能保证习染成为善种,使习心成为智慧的成分。

二 本心论

在熊十力看来,"本心习心之分是中国古代哲学上极重大的问题"②,众所周知,"本心"是心学从孟子到陆王都十分重视的观念③,在禅宗中也常用本心的说法。如果说习染的思想主要是得自佛教思想的资源而加以转化的,那么本心的观念主要是吸收了孟子及王阳明的思想。本心根据不同讨论的需要又称良知、明几、仁心、天明、智等,本心的观念是熊氏明心论的基础。

熊十力多用"明几"指本心的发用,他说:"明者,炤然

---

① 《明心篇》,第122页。
② 同上书,第149页。
③ 古典儒学亦用"习心"的观念,如刘宗周亦以本心习心对言。

第三章 熊十力《明心篇》的明心论

灵明之谓；几者，动之微。灵明之动曰明几，良知发动即此明几。"① 灵明亦称天明，兼有人的固有的思维能力与先验的道德理性两种意义。几表示思维的发动、运作的初始状态。熊十力明确肯定在伦理学意义上明几即是王阳明所说的良知，所以他把"知是知非"作为明几的基本特征。本心是人的先验的知觉能力，与习心为"后起"不同，是"本有"的，所以熊十力说"人之生也莫不有本心"，"本心者是本有，非后起故，遂名本心"，"良知即是本心"②，由于这种本有性质，本心也称为"本明"，在认识论意义上常称为"天明"。

与习心论着重讨论习染的结构与形成机制不同，本心论的特点是熊十力不仅一般地强调本心的先验品性，更强调此种先验品性的宇宙论的根源。他说"明几发于灵性"（《明心篇·自序》），这并不是说人在本心之外还有一个"性"，这里的灵性实即本心在宇宙论方面的根源。我们知道，根据熊十力哲学的"体用论"，他肯定有宇宙实体存在，认为宇宙实体"既非物质性，亦非精神性"，而是"既含物质性，亦含精神性"。他还认为，实体的自身变现为大用流行，大用流行表现为翕辟两方面的对立统一，翕代表物质，辟代表精神。熊十力有时也用乾坤表达辟翕的观念，他认为，在宇宙的大用流行中，坤或翕代表着物化、凝固的趋势，而乾或辟则代表刚健、升进的趋势，其中乾（辟）是主导的方面。正是由于乾的导引、开发作用，宇宙生生不息的发展才得以实现，所以

---

① 《明心篇》，第3页。
② 同上书，第1页。

熊十力实质上是把乾看作宇宙的本性。

乾作为大用流行的精神性，又称为"生命心灵"，表示乾是生命力、思维能力和整个宇宙生生进步的动源。在熊十力哲学中，"生命心灵不可当作两物去想，以其生生不测则称生命，以其为道德智慧或知能等作用之原则号心灵"①，"生命与心灵殆无性质上的区别，惟生命未发展到高级阶段即心灵不能显发盛大。"②"生命"概念的基础无疑是自然界中的生命现象，而在熊十力哲学中则指宇宙万物的生生不息的趋势和属性。从这样的观点来看，生物未出现时，生命力仍潜在地存在，既有生物之后，生命力即运行于、表现于一切有机体中；心灵则是生物进化至人类发展出的生命力的最高形式。因而生命、心灵本来无二，是同一生命力或精神力（乾）的不同表现形式。从而，"生命力"是普遍存在于宇宙万物的品性。宇宙也可以认为有一大生命。体用论与明心论的结合点就在于：本心的根源就是宇宙生命力，就是宇宙实体的乾辟之性。

"生命力"潜运于天地万物之间，构成了一生生大流，因而，虽然宇宙功用有翕辟两方面，但作为辟的生命心灵是主导的方面，"心实流御乎物，遂能转物"，熊十力认为宇宙整个进化过程证明了精神主导物质。当然，晚年熊十力的宇宙论认为实体非心非物，本体变成功用，本体与功用的关系是"即体即用"，功用分为心物，其中心不受物的拘固，主导物质向上发展，所以熊氏的宇宙论可以说是一种功用的唯心论，

---

① 《明心篇》，第2页。
② 同上书，第8页。

第三章　熊十力《明心篇》的明心论

而非实体的唯心论。从这种功用的唯心论出发，人本来与宇宙生生大流为一体，宇宙的乾辟之性体现在人就是本心，本心的种种德用和破除物质锢闭的特性是由整个宇宙实体所决定的。

　　为了进一步展开宇宙乾性体现为人之本心这一论题，熊十力采用了传统的"禀受"说及"万物一体"说。他认为，个体的生命心灵即禀受宇宙的大生命而来，但是，这并不意味着个体只禀受了宇宙生命的一部分。在他看来，宇宙大用流行的大生命与个体具有的生命（心灵）的关系近于佛教的"月印万川"或理学的"一实万分"的关系，他说："万物各有的生命即是宇宙的大生命，宇宙大生命即是万物各有的生命。"① 这表示，一方面，就个体生命而言，个体的本心即禀受宇宙大生命之全。另一方面，就宇宙生命而言，大生命并不在万物之外，万物之外更无大生命。就是说，宇宙大生命与个体本心之间也是一种互即的关系。也是在这个意义上，他赞成"天地万物为一体"的提法。他说："宇宙大生之洪流，是名大生命。但大生命不是超脱万物而独存，如甲物禀大生洪流以生，则大生命固即是甲物之生命，乙物禀大生之洪流以生，则大生命亦是乙物之生命，乃至无量物皆然。"② 因此，熊十力所讲的"天地万物为一体"，其统一基础既不是气，也不是理，而是生命，他指出："人与万物，以形体言则各别，以生命言则浑然为一，人的本心常不为小己之私欲和私意所锢蔽，廓然与万物同休戚。"③ 如前所述，

---

① 《明心篇》，第8页。
② 同上书，第154页。
③ 同上书，第198页。

这里所说的生命与一般用法不同，对人都是指心灵而言。

既然个体的生命即是禀得的宇宙生命，人的本来生命当然具有与宇宙生命相同的性质，故熊十力说："生命心灵固有生生、亨畅、炤明、刚健、升进等德用，而潜驱默运乎物质之中，破除锢闭，是其特性。"① 在伦理学的意义上，体现在个体的生命即是本心，亦称仁心。在宇宙论上乾主导乎坤，在人类则表现为心主宰乎身，不为官能欲望所锢，不为外物所困。熊十力说："仁心即生命力之发现，生命者，大广众生，无穷竭也。《大易》则谓之乾，余在《体用论》则说为辟，辟之为主，潜驱默运乎躯体以及躯体四周之物质宇宙，而为其主导者也。生物未出现以前辟势潜隐于物质层而未得显露；生物初出，生命力只发现为生活机能，而心灵现象犹未著，由高等动物进至人类，心灵始以机体组织完善而得以赫然显露，大显其对治小己私欲之胜能，所谓仁心也。"② 这就说明，本心的根源是作为宇宙生命力的辟势，其基本特性为炤明、刚健、亨畅、升进等，其作用主要是克制独立体的私欲。这样一来，人就是一个小宇宙，他即实体即功用。独立体为物质，本心是精神，本心主导小体，而努力实现生命心灵的固有特性，都有着深刻的宇宙论根源。

与习染论强调"后起"不同，本心论注重其宇宙论意义上的"本有"。然而，按照熊十力的宇宙论，宇宙实体是一元的，一元实体则"本具乾坤二者之性质"，因而从逻辑上说，乾坤两者在人物之生都应有其表现。就是说，乾坤既是实体兼有的两

---

① 《明心篇》，第5页。
② 同上书，第90页。

第三章　熊十力《明心篇》的明心论

种特性，相应地，体现在人也应有乾坤二元之性。不过，熊十力并不认为自己是善恶二元论，虽然他也说："有坤之阴暗，万物禀之以成形；有乾之阳明，万物禀之以成性，性以帅形，是理之大正；形而累性，则事有反常。"① 但他并不认为坤可以构成一个与乾对峙的性。对坤来说，其作用是构成形体，具有物质能力；乾的作用则是作为本性即生命心灵。尽管如此，他的学生还是提出质疑："先生之学宗《易》，乾为心灵，阳明刚健，无有不善；坤为物质，是阴暗性，其动也迷，本来无善，尊论翕辟犹承乾坤，殆有善恶二元之意欤？"对此熊十力回答说："吾子之解似是而非也，乾坤同一乾元实体，譬如众沤同一大海水，不得言二元。乾坤两方面虽有相反之性，而乾实统御坤，相反所以相成，正是全体流行之妙。"② 又说："本体不能只有阳明的性质而无阴暗的性质，故本体法尔有内在的矛盾，否则无可变动成用，老子曰：'反者道之动'，是明于《易》者也。然乾阳毕竟统御坤阴，坤阴毕竟顺承乾阳，矛盾终于化除，而保合太和。"③ "善恶互相违，本于乾之阳明与坤之阴暗两相反也，阳明统御阴暗，则矛盾化除，而乾坤合一矣，人之生也，禀阳明而成性，禀阴暗而成形，存性以帅乎形，是谓立人道以弘天道。"④ 根据这些说法，熊十力的思想可以被表达为：首先，整个宇宙若分别地看，有两种对立的属性，但整体上看，

---

① 《明心篇》，第153页。
② 同上书，第158页。
③ 同上书，第169页。
④ 同上书，第177页。

乾统坤，坤承乾，因而宇宙总体上呈现为善的本性，而不是二元对立的本性。其次，由于熊十力规定实体是一元的，对立的属性表现在功用层面，故在实体意义上不能说是二元论。再次，大用流行中乾坤二性相对，这是相反，而矛盾最终以一方服从于另一方得到化解，这是相成，由于人与宇宙大用为一体，因此人的本性也属于"乾统御坤"的善。

熊十力显然需要处理这个两难：如果乾坤的矛盾最终化除，"反者道之动"作为进一步发展的动源就会遏止；如果乾坤的矛盾不化解，又有可能走向他力图回避的善恶二元论。因此，对熊氏的"化除"说须给予一个适当的诠释，就是说，矛盾的化除不是结构性的，而是功能性的。从结构上说，本体始终法尔有阳明与阴暗两种性质；而从功能上说，两者始终维持着一种阳明统御阴暗的平衡。照熊十力理解，这种功能上的平衡不只是力量对比的一个胜负的结局，实际上是一种协和。在乾的主导下，坤不仅与乾有矛盾，也顺承配合乾的作用，相反又相成地共同实现着宇宙的升进过程。在他看来，相反不等于相仇，无休止的相仇并不能真正提供发展的动源，恰足以闭塞亨畅的大化流行。从辩证法史的意义上说，熊十力的这个思想提供了对矛盾统一性的一种特殊理解。

本心在伦理学的意义指良心、良知，这与传统儒学是一致的。熊十力认为，人的意识中既有仁心发动，又有小己私欲，人应当返己体会本有的仁心，克制私欲。就本心与习心的关系而言，本心是人的先验的自我，习心是人的经验的自我，本心是理性（亦含直觉），习心是感性。人生价值的实现就是仁心的扩充拓展,其基本途径就是保住本心、扩充善端、转化恶习、创养善习。

三 智识论

熊十力的整个明心论,一方面是论证传统的尽心之学具有宇宙论与人类学的根据,因而有永恒普遍的意义;另一方面试图在尽心之学与格物之学之间建立起一种既合于儒学传统又适应社会发展的关系。他所说的"尽心之学"指精神修养之学,"格物之学"指科学研究。尽心要扩充本心,降伏杂染,以充分实现"智"。格物则发挥天明、注重经验,以获得"识"。尽心的方法重在反观体证,格物之学的方法强调实证分析,尽心是"为道",格物是"为学"。熊十力认为对二者的正确处理应是"崇智而不轻知识",以良知为主,达到"智识合一",才能保障精神生活健康地全面开展。

尽心与格物都是人类的精神活动,但二者的作用指向不相同。尽心是主体自身的修养,格物是主体对外部世界的研究,这种不同,从熊十力的观点看,就是对心物关系的了解不同。古代的养心之学"只知有事于心,而无事于物",近代格物之学则"只知有物,不知有心"[1],而在熊十力的本体论立场上,心物本来浑沦为一,因而精神生活对于心物的任一种偏废都是片面的。这里所说格物之学不知有心的"心"是指本心。他认为

---

[1] 《明心篇》,第22页。

科学格物之学从外部事物出发，以主观服从于客观，要求思维与事物自身的规律相符合以形成知识，因此科学活动的特征是"知从物发"。古代心学则强调涵养本心，反对外心逐物，用功于返己照察，转化杂染，以实现人生价值，所以尽心之学的特点是"因心成知"。熊十力认为心学、科学都自有合理性，但科学逐物遗心，心学返心遗物；科学否认本心与本体，心学轻视知识与欲望，故二者都是片面的，他自己的"哲学的心理学"正是企图平章二者，对哲学与科学、道德与知识提供一种他认为完满的互动模式。

作为现代哲学家，熊十力充分肯定了科学与科学方法，他说："自有科学以来，其方法则谨严、精详、周密、准确，与其辅助感官之工具皆与日俱进，强之至也，其成绩则积世积人积智之发见与开辟，累积雄厚、继长增高，将随大自然之无尽而同其无尽，又强之至也，其功效则征服自然利用自然，变化裁成万物乃至大通宇宙，强哉矫也。"① 他完全肯定科学方法对于认识客观世界的有效性、系统性、严密性，承认科学发展所借助的观测工具与实验手段大大提高了人类感知世界的能力，赞美科学在认识世界、改造世界、创造财富方面的巨大力量。科学的进步与力量是使熊十力充分肯定知识的地位而与传统的反智识主义划清界限的重要原因。

另一方面，熊十力也指出，科学只是人类精神活动的一面，科学方法有其适用性，也有其局限性，在他看来，科学方法的

---

① 《明心篇》，第101页。

第三章 熊十力《明心篇》的明心论

特征是"实测为基,分析为要",而这些方法不能用来体认宇宙本体,不能用之发明本心。体认宇宙实体的方法是"思维术",指用本心的天明"洞然旷观",认为由此体认,久之自然体用透彻。发明本心的方法是"返己体认"的"默识法",体会人生本有之仁心,发见内部生活的监督者,这些都是与科学方法不同的。就是说,科学既不能作为哲学的形上学的方法,也不能作为哲学的心理学的方法。就熊十力所强调的哲学方法来看,洞然旷观的思维术是指一种"外向的直观",返己体认的默识法是"内向的直观",由此可见,熊十力哲学在总体上是强调直觉主义的。

科学的局限除了不能作为哲学的方法以外,另一点就是它作为改造自然世界的积极力量并不能自发地增进道德境界与道德生活,他认为庄子批评惠施的两句话"强于物而弱于德"同样适用于科学,正确地揭示了科学在物质文明与精神文明发展方面的作用与局限。熊十力的这些观点显然意在抵制科学主义思潮的蔓延,"强于物"即卓有成效地征服自然,"弱于德"即不能建立人生价值和提高道德意识。这个立场和科学与人生观论战以来的"玄学派"是一致的。

如果晚年的熊十力仍只是重复 20 年代玄学派的立场,那就了无新意,而《明心篇》之不同于《新唯识论》的明心论的地方,是晚年熊十力提出了"智识合一"论。智即智慧,识即知识,前者兼认知理性、实践理性与生存智慧而言,后者主要指科学知识。熊十力既然指出科学的作用不是无限的,认为科学知识的进步并不就能导致哲学睿识与道德智慧的增进,由此引出智识之辨是必然的。

1. 格物本于致知

熊十力认为，分别智与知识是古代哲学的一个重要问题，道家反知归玄，佛家反知观空，虽各有偏，但区分智与知识是实有所见。在熊十力哲学中，智即本心的作用，有四个特点：第一是"凝敛而不外驰""澄明而不杂乱"。第二是"无知无不知"。无知指智的本体无妄思妄想，无不知是指智感物而动可明炫物理。第三，智作为伦理意识活动的主导即是"良知"，以致智为主，可以化灭恶习。第四，智不是静态的知识，而是能动的主体，它作为能知的天明是知识形成过程的基本条件，对知识活动有重要作用。

佛教中本有转识成智的提法，心学中也区分良知与知识，因此就智的前三个特点而言，智的提出显然与佛教的智识之辨及理学的德性之知、闻见之知之辨有继承的关系，熊十力智识论与佛教及理学的不同之处在于，他还强调智作为知性主体对认识活动的意义。一方面，他指出："知识固是客观现实世界的反应，然知识之成毕竟有由内在的主动力深入乎物、了别乎物，方成知识，此主动力即吾人本心之天明，所谓智是也。"[①] 这是指出智性主体对于认识形成的能动性。另一方面，他所说的智的澄明与无不知都包含着智自身具有直觉性的意义，因而智的直觉对知识有重要意义。他说："余相信一切学术上之重大创见

---

① 《明心篇》，第124页。

第三章 熊十力《明心篇》的明心论

皆自天机乍动而来，天机即是一点明几骤然开发"，"此一明几确是吾心天然本有的"，"凡为格物之学者，当其解决重大问题时必先之以假设，作假设时却只靠内心的明几，当下有所启示"，"纯客观的方法在假设作出以后特别重要，而假设造端时确是内心一点明几用事，易言之即智之事"。① 就是说，直觉是智的特有属性，以此论证知识的获得有赖于智，有赖于涵养智慧主体以产生直觉。

熊十力把涵养智性主体并充分发挥智性主体的功能叫作"致智"，把上述取得知识有赖于智性主体及其修养的观点概括为"格物本乎致知（智）"，这里显然应用了阳明"致知"学说的某种模式。所不同者，他认为"致知"的知应当指智，此外良知属于功用，不应视为本体，在这些方面他对阳明有所批评，尽管如此，他承认阳明致知说对他确有较大影响。与阳明对"致"的解释相近，致智就是保养、推扩、充拓、发挥人的固有的先验"智慧"。根据前述"智"的四个基本特点，可以分别引出四种具体的致智之方，这就是："反己""虚静""去私""用物"。反己是反身内观，体证本心之明几；去私是克制种种不善习染以转化为善习；虚静是为了发挥高度直觉能力而进行的一种虚一而静的修养；用物则指致良知必须体现于、展开为认识世界改造世界的活动。反己、虚静、去私这三点表示致智是"主观的方法"，与格物（科学）的"客观的方法"不同，始终着眼在主体修养及发挥主体本有的道德与认识功能，在这些方

---

① 《明心篇》，第129页。

面，我们可以看到与宋明理学"格物是就物言，致知是就心言"的继承关系。

2. 致知必在格物

然而，熊十力的致智说与阳明的致知说确有不同，这不仅在于"智"明确包含着认识主体的意义，更特别表现在"用物"这一点上。他自己说："阳明反对格物，即排斥知识。"① "大学格物，朱子补传，确不失圣人之意，陆王甚误。"② 他认为阳明致知格物只是反己，忽略用物，他主张致智必须落实于知识活动，他说："智不可滞于虚无、沦于寂灭。""必用在万物万事上，发起一切知识，方见其有神龙变化春雷震动之妙。"③ 我们知道，阳明致知学说也讲"在事上为学"，也讲致知"必实有其事""不是悬空的致知，致知在实事上格"，但熊十力的致智必用物与阳明有一种微妙而重要的不同。熊十力虽然在"致知"的解释上与阳明相近，而在"格物"的解释上与阳明不同，熊十力了解的格物就是研究各种事物以获得知识，科学被理解为格物的主要形式。他说："必推动、扩大吾本心之明，用于外在的一切物，穷究事物之规律与其本质，而变化裁成之，以尽物性而利于用，于是吾人始有经验事物、钻入事物、制驭事物、创造事物、利用事物的知识，故曰致知在格物也。"④ "余以为

---

① 《明心篇》，第 137 页。
② 同上书，第 33 页。
③ 同上书，第 123 页。
④ 同上书，第 117 页。

本心是天然一点明几，吾人须以自力利用此明几而努力去逐物、辨物、治理物，才得有精确的认识。"① 可见，用物是指格物，指获取科学知识，阳明哲学中是把格物了解为致良知的具体形式，即在具体事为或通过具体事为存天理去人欲，而不是肯定知识活动的独立的合理地位，如听讼即在听讼上存天理去人欲，读书即在读书上存天理去人欲。熊十力虽在形式上沿袭了"致知在格物"的说法，但他的解释与朱子、阳明皆不同，他是用"良知必发用于事物而开展为知识"② 对《大学》的本文做了合于时代进步的诠释。在这个诠释中他把科学研究规定为致智功夫必要的部分，科学与知识活动不再被认为只有作为道德践履的一种形式才有意义，科学作为致智功夫的一部分是因为智自身含有发展知识、征服自然的要求，在这种诠释中科学无疑较之以往获得了相当程度的独立性。

3. 知识之用必为良知流行

但是，对科学知识的肯定，如前所述，只是熊十力思想的一个方面，事实上，毋宁说对人生与价值的重视更是整个明心论的中心。所谓智识之辨也正是要在肯定科学作用的前提下强调智对于识的引导。用良知与知识的关系来说，一方面致智要使良知发用于事物而展开为知识，另一方面又要使知识运用的过程接受良知的指引。熊十力说："保任良知做主，私欲不得乘

---

① 《明心篇》，第 150 页。
② 同上书，第 133 页。

间窃发,则一切知识之运用莫非良知之流行。"① 又说,良知常昭于日用,以良知主宰"则接触万物、了别万物,裁成变化于万物,无往不是良知之发用"。② 就是说,致智之道既要求良知展开为知识活动,又要求知识活动为良知之发用和流行,这两个方面结合起来,就是"智识合一"的内容,就是说,智不能离识,识也不能离智。熊十力的这些思想,就儒学传统而言,与心学有继承的关系。如王阳明说:"如主意头脑专以致良知为事,则凡多闻多见莫非致良知之功,盖日用之间见闻酬酢,虽千头万绪,莫非良知之发用流行。"③ 王龙溪亦强调知识之辨,且谓:"若果信得良知及时,则知识莫非良知之用。"④ 这些思想对熊氏有较大影响。

熊氏智识论中,"格物本乎致智""致知必在格物""知识必为良知之流行"三个基本命题中,后者是《明心篇》的主导立场。在熊氏智识合一的模式中,一方面致智具有认知的与伦理的双重功能,提出致智必须展开为认识活动;而另一方面,仍坚持智对于识具有优先性,因之尚未充分实现知识的独立性。整个明心论的问题说到底还是一个道德、价值与科学、技术的关系。这个问题不仅可以追溯到中古以还的德性问学之争,也是西学东渐之后科学与人生观论战的中心课题。事实上,用韦伯的话说,现代化的过程就是一个价值理性与工具理性相冲突

---

① 《明心篇》,第175页。
② 同上书,第135页。
③ 《答欧阳崇一》,《阳明全书》卷二。
④ 《答吴悟斋》,《龙溪先生全集》卷十。

第三章 熊十力《明心篇》的明心论

的过程,在这个意义上,熊十力明心论除了承继古典精神传统外,正是面对现代世界与工具理性的极大发展而同样发展着的价值危机。他指出:"近世人类偏向知识发展,知识既成即是权力,权力自是向外界行使的东西,老庄反知,非无故也。……夫反知,非中道也,若只奔逐于知识一途,遂亡失性灵,殉物而丧其生,则道家之旨亦不可不体会也,道家去欲而遗物固不可,然殉物则坠落而丧失生命,人生便无意义与价值,此可愍也。"① 在熊十力看来,科学与知识本身并不是不合理的,但运用知识的主体若无道德价值的制约,知识就会成为助纣为虐的帮凶。就国家说,帝国主义以科学技术侵压落后的国家和人民,就是知识脱离"智"的引导的显例,他说的知识即权力即指此而言。就个人说,丧失了道德观念的指导,有知识者所行之恶往往更甚于无知识者。因此,虽然知识体系本身并无善恶,但从实践的方面了解知识,就不能绝对认定知识的价值中立。在社会生活中实际发生作用的知识都采取一定的实践形态,如律师以法律知识办理诉讼,医生以医学知识医治患者,人利用知识实现一定目的的过程虽然并不等同于知识,但知识显然是这一过程中的重要因素,而这一过程不可能完全脱离价值的意义。因此,智识合一在伦理学的意义上就是指知识运用过程不能背离良知的制约,积极地说,要使知识运用的过程同时成为良知发见流行的过程。熊十力认为,智识合一的这种模式也正是现代社会中哲学与科学之间应有的关系:"智慧主乎知识,则知识

---

① 《明心篇》,第 134 页。

不至用之以为恶，哲学资于科学而不至浮空，科学资于哲学而有其统宗，径路殊而同于大通。"① 智慧既要展开为知识，又要主宰乎知识，哲学既依赖于知识，又要统率乎知识。但须注意，熊十力所说的哲学都是指传统意义上具有尽心养心功能的体系而言。

熊氏"智识合一"论的基本思想是清楚的，但严格地看，其论证及概念的分疏还有欠严密，仍未免传统哲学笼统之嫌。如"致智"之说，就"格物本于致知"来说，致智是就认知主体而言；"致知在于格物"的致知其意义就不清晰。要求致知展开为知识固然较理学为进步，但从自身的理据而言，良知为何要展开为知识，论证并不清楚。就"智与知识合一"而言，其"知识"本意在指知识之运用，但笼统用"识"一词，容易混淆知识体系与知识实践，混淆求知与用知，混淆知识论与伦理学。知识论所研究的知识之起源、发生、发展与道德无关，知识的求取也有其独立运作机制而不依赖于良知，也不需要良知的参与，笼统地倡导知识合一就可能导致良知要参与一切认知活动的误解，使得知识论领域与伦理学领域的界线变得模糊起来。

熊十力明心论以"保住本心、转化习染、以智主识"为宗旨，就其思想与传统儒家的关系而言，颇多心学的特色。但是，熊十力与传统陆王心学也有一些明显的差异。熊十力的本心习心之论是以熊氏自己的体用不二的宇宙论为基础的，不管这个

---

① 《明心篇》，第203页。

第三章 熊十力《明心篇》的明心论

体用论是否为《易传》的本来思想，这一点显然与陆王不同。同时，熊十力的本习之辨等也受到唯识宗的相当影响，吸取了唯识宗的若干思想加以改造。就熊十力的心物论而言，他虽以本心良知为知是知非的先验原理，但他明白表示不赞成心外无理之说，更反对心外无物论，强调心外有理有物，故须科学格物之学，虽然他仍认为理性是一元的、统一的，道德与知识是同一主体（本心、智、天明、良知）的发用，但在其中明确区分了道德与知识两个不同的作用领域。他不再像传统心学那样坚持德性之知与闻见之知的对立，而明确肯定知见习染的积极意义，他的尽心之学已经不是纯粹伦理的修身之心，其自身被赋予了认识的功能。特别是，与传统心学激烈反对朱子完全不同，熊十力肯定了朱子的格物说，而批评阳明的格物说，这意味着他并没有使自己囿于陆王传统的意愿。事实上，熊十力的格致论对朱子与阳明各有所取，亦各有所证。他主张推广良知，是吸取了阳明的致知说，但他同时反对纯粹的反己之功，要求使良知展开为知识。他以科学为格物，是吸收了朱子的格物说，但他并不像朱子企图以格物穷理来增进道德性，而承认科学的独立意义，把格物作为彰显智慧的全部力量的不可或缺的部分。这使得他的"格物本于致知""致知必在格物"无论与朱子或阳明都不相同。

从《明心篇》来看，熊十力与传统心学最大的不同是对于知识的态度。虽然他仍然采取某种价值优先的立场，他的体系中已消解了价值与知识在传统意义上的紧张，使二者在相当程度上获得某种平衡，并摒弃了传统心学通过对"支离外索"的批判而表现的某种反智主义，体现出在坚持儒学价值理性优先的前提下，较大限度地容纳科学与知识地位的努力。在其他方面，如基于生命本体论而对"欲"的肯定和对传统哲学无欲损欲说的批评，基于乾辟主导论而对"刚健进动"的强调和对传统哲学主静修养的批评等，也都体现出他克服传统儒学的弊病的自觉努力。

尽管如此，熊十力似乎仍表现出一种追求一元化功夫的倾向，"智识合一"作为理想人格的目标无疑可以为现代社会的人生奠定一个方向，但如果像传统理学那样，认为可以有一种一元化的"为学之方"，或格物穷理，或致极良知，使人的发展臻于完善，那就还未彻底克服传统儒学内在弊端，无法将儒学真正创造转化为适应现代社会的理论形态。就是说，"智识合一"不能作为一元化的功夫论，必须明确规定"智识合一"的原则不涉入认识论，因为知识的社会应用并不属于认识论的范畴，认识过程、教育过程有其独立的规律，由是才能彻底避免泛道德主义的种种消极效应。应当承认，在这些方面，《明心篇》的解决尚不能说是完善的。

从生命活动和需要层次的观点来看，道德要求获得较知识更高的评价，而知识活动的发展与成就又是推动近代以来历史发展的主要动源。站在儒家强调价值理性取向的立场上，究竟如何在二者之间建立一种恰当的关系，始终是一个富有意义的课题。需要指出的是，近人多批评当代新儒学"开出民主与科学"之说，事实上"开出说"并不表示民主与科学只有在儒家思想的基础上才能开出，只是表示当代儒家自觉地要求传统价值与科学民主在现代社会的结合。而这种结合反映在新儒家的理论上，仍然必须以价值理性为基础的方式来建立，否则，这个理论就不是任何形态的"儒家"了。只有在这个意义上，我们才能避免那种对"开出说"的肤浅批评，而深入到"现代性"的本质课题。

第四章　马一浮哲学的理气体用论

马一浮先生（1883—1967），原名马浮，近代著名学者。光绪戊戌（1898）赴绍兴县试，名列第一，时同考者有周树人、作人昆仲。变法后，与谢无量、马君武共议以学术振兴中华，共同创办《二十世纪翻译世界》。1903年赴美游学，习西方文学历史。1907年东渡日本，习西方哲学。民国六年，蔡元培被任命为教育总长，聘马一浮为秘书长，以世谊勉应，3月即谢去。归居西湖广化寺，彻览四库全书，又遍究道佛，尤留心义学。1918年蔡元培聘先生为北大文科学长，以经不可废而辞。居乡广结方外之友。1938年避寇于江西泰和，应浙大校长竺可桢之邀，讲学于内迁途中之浙大。同年随浙大迁至广西宜山，继续讲学。1939年，讲学于四川乐山复性书院，讲论刻书一归儒宗。1953年受聘为浙江文史馆长，晚年病目，疾革时作诗"乘化吾安适，虚空任所之，形神随聚散，视听总希夷。沤灭全

第四章　马一浮哲学的理气体用论

归海,花开正满枝,临崖挥手罢,落日下崦嵫。"① 学者认为,马一浮思想在 20 世纪中国思想史上有一定地位,贺麟 40 年代曾推称他"可谓代表传统中国文化仅存的硕果",台港新儒家代表之一徐复观以马一浮与熊十力、梁漱溟、张君劢并称为"当代四大儒者"。本章着重叙述马一浮哲学思想的理气体用论,并由此理解他对传统话语的态度及其意义。

一　从体起用

在马一浮思想中,理气问题,正如在宋明理学中一样,仍是他首要关切的哲学思考。马一浮的理气观受程朱学派的影响较大,他认为:

> 理气皆源于孔子"形而上者谓之道,形而下者谓之器",道即言乎理之常在者,器即言乎气之凝成者也。《乾凿度》曰:"太易者未见气也,太初者气之始也,太素者质之始也,太始者形之始也",此言有形必有质,有质必有气,有气必有理。"未见气"即是理,犹程子所谓"冲漠无朕"。理气未分,可说是纯乎理,然非是无气,只是未见,故程子曰"万象森然已具"。理本是寂然的,及动而后始见气,故曰"气之始"。气何以始,始于动,动而后能见也。动由细而渐粗,从微而至著,故由气而质,由质而形。形

---

① 参见马镜泉:《马一浮先生年表》。

而上者即从粗以推至细,从可见者推至不可见者,逐节推上去,即知气未见时纯是理,气见而理即行乎其中,故曰"体用一源、显微无间",不是元初有此两个物事相对出来也。①

马一浮接受了《易纬》关于区分宇宙演化过程的主要范畴,又接受了理学关于宇宙本源的一些说法,认为"太易"就是程颐所说的"冲漠无朕,万象森然已具"的状态或阶段。按照理学传统的解释,冲漠无朕是指纯粹的理世界而言,所以马一浮也用"纯乎理"来表示这个阶段。马一浮指出,万事万物是"形",形由气质即"质"所构成,而气质又是由"气"所构成。气—质—形不只是共时性的不同构成论层次,还是宇宙发展过程的演化程序。在马一浮看来,气并不是像元气论者主张的代表宇宙原始阶段的存在状态,在气的流行活动之前尚有一更为本源性的阶段,其存在状态为"未见气"。这个未见气的存在状态并不是"无",而是"纯乎理",故说"气未见时纯是理"。到了"气见"的阶段上,理并未消失,"气见理即行乎气之中"。同理,形质构成后理即行乎万事万物之中。

但是,承认有"未见气"的阶段,及认定"未见气时纯是理",并不简单地意味着马一浮自然走向理产生气或理在时间上先于气的结论。他说:

"天地设位""乾坤成卦",皆气见以后事,而"易行乎

---

① 《泰和会语》,台湾广文书局,1976年,第45页。

第四章 马一浮哲学的理气体用论

其中""位乎其中",则理也。"乾坤毁则无以见易",离气则无以见理;"易不可见则乾坤或几乎息矣",若无此理则气亦不存。易有太极,是生两仪,两仪生四象,四象生八卦,故曰"生生之谓易"。生之理是无穷的,太极未形以前,冲漠无朕,可说气在理中;太极既形之后,万象森然,可说理在气中。四时行,百物生,逝者如斯夫,不舍昼夜,天地之大化默运潜移,是不息不已的,此所谓易行乎其中也。①

马一浮肯定离气则无以见理,无理则气亦不存,这里说的太极当指元气。所谓"太极未形以前"即"未见气",非是无气,在这个阶段上"可说气在理中";"太极既形之后"即气见之后,可说理在气中。照程颐的说法,冲漠无朕,万象森然已具,纯理的世界中已包含了一切存在,"已具"包括气已具。马一浮的说法虽然脱胎于程颐,但又与之不同。

气是形而下者,理是形而上者,无论说气"在"理中或"具"理中,即使在理学的系统中这样的说法也不是没有困难的。我们不必追问马一浮气如何在理中,事实上,马一浮的这个说法只是表示,气在太易这个阶段上并不是真正的无,太易的阶段上只是"未见气","纯乎理,然非是无气"。所谓"气在理中"也是表示气虽然"未见",但仍是"在","非是无气"。就是说宇宙的原始状态是一种理气都"在"的特殊状态。

---

① 《泰和会语》,第45页。

马一浮进一步指出：

> 邵康节云"流行是气，主宰是理"，不善会者每以理气为二元，不知动静无端阴阳无始，理气同时而具，本无先后，因言说乃有先后（小注：两家不能同时并说）。就其流行之用而言谓之气，就其所以为流行之体而言谓之理。用显而体微，言说可分，实际不可分也。①

这表明，理气在事实上是不可分离的。哲学的"言说"中的"理"是对事实存在的理的抽象，在思想上可以与事物分离，这是逻辑上的分离。在哲学上把理与气作为对待的范畴加以讨论，但理气在实际上是一体的。因此，在实际上理气同时而具，无所先后。理论上理一气的分析及其关联只是从逻辑上进行分析的结果，因为在逻辑上理是气的依据和前提。所以这种因言说而有的先后只是一种逻辑分析上的先后，并不表示事实存在的先后。在实存上，动静无端，阴阳无始，理气同时而具，本无先后。

在理气论的其他方面，马一浮也基本承继了宋明理学的分析，如说"一阴一阳固有个所以然，此便是道"②，"阳明下凝聚二字本来未妥，……才说凝聚，便在气一边。理行乎气中，不可说理凝乎气中也。"③ 又说："天地人物本是一性，换言之

---

① 《泰和会语》，第 44 页。
② 《尔雅台答问续编》卷二，台湾广文书局，1976 年，第 28 页。
③ 同上书，第 24 页。

即是共此一理,共此一气也。理无差别,气有差别。"① 这些说法表明马一浮的理气观受朱熹的影响较大。

马一浮特别反对把古典哲学的理气观看成一种二元论,的确,西方哲学史上典型的二元论是把宇宙归结为两种绝对不同的实体,二者相互独立,不能由一个决定或派生另一个。在这个意义上,以流行为气、主宰为理的理气论并不认为理气为两种独立的实体。中国哲学以气为流行之用,理为所以流行之体,二者体用一源,显微无间,"不是元初有此两个物事相对出来也"。

二 摄用归体

宋明哲学的理气分析本不限于本体论的范围,典型者如朝鲜时代朱子学中四端七情分理气的讨论,便是把理气论贯入到心性论,以情为气,以性为理。所以,广义的理气论不仅具有本体论的意义,而且具有心性论的意义。马一浮也继承了这一传统。

马一浮指出:

> 用理气、道器字要分晓,有时随文不别,少体会便成笼统。今举最浅显而易知者示一例,如耳目口体是器也,其能视听言动者则气也,所以为视听言动之则者理也,视听言动皆应于理则道也。②

---

① 《复性书院讲录》卷五,台湾广文书局,1976年,第173页。
② 《复性书院讲录》卷六,《观象卮言》八,第222页。

这是认为人之生理躯体及器官是"器",器官之功能活动为"气",器官之活动规范为"理",感性生理活动合于理为"道"。马一浮认为理与道有所区别:"凡言理与道有微显之别,理本寂然,但可冥证;道则著察,见之流行。"① 所以理是宇宙的深微原理,道是体现于具体事物之上的合理状态。他又说:

> 须知知觉见闻运动皆气也,其所以为知觉运动见闻者理也。理行乎气中,岂离知觉见闻而别有理?但常人之知觉见闻全是气之作用,理隐而不行耳。……知觉见闻仍只在气边,未有理在,须知圣贤之学乃全气是理,全理是气,不能离理而言气,亦不能离气而言理。所以顺是理而率此气者,工夫唯在一敬字上,甚为简要,不似诸外道之多所造作也。②

身体的活动与知觉情感思虑都属于气的活动,理则指这些活动的当然准则。从本体论上说,太极既形是气,理在气中,气之活动中有理;但人身之理气与天地之理气有所不同。在天地,气之运动为自然,必然者无时不行乎其间。而在人身,知觉见闻运动之理有行与不行之分。知觉运动完全受感性自然所支配,理虽在其中,不离知觉运动,但却"隐而不行";只有以理性服从准则,以统率知觉运动,才能真正实现理行乎气中。马一浮又说:

> 心统性情即统理气,理行乎气中,性行乎情中。但气

---

① 《复性书院讲录》卷六,《观象卮言》八,第18页。
② 《尔雅台答问》卷一,台湾广文书局,1976年,第32页。

第四章　马一浮哲学的理气体用论

有差忒，理有时而不行；情有流失，则性隐而不现尔。故言心即理，则情字没安放处。①

这是说，讲"心统性情"，可以包括理（性）气（情）两个方面，如果讲"心即理"，只能包括理，气（情）的地位就没有了。所以在心性论上，马一浮主张遵循张载、朱熹而不是陆九渊、王阳明的说法，以心为赅括意识活动的全体，这个全体包括理气两个方面。如果知觉运动一任气的作用，气的刚柔善恶的不平衡就会表现为情的流失，其结果是"理有时而不行"。这种情况下是不能说心即理的。气的作用是使视听言动成为可能，理的作用则是提供视听言动的合理规则。因而在伦理学方面，气代表一切感性活动，理代表感性活动所当遵循的理性法则。所以道德行为就是要以心"顺是理而率是气"。严格分疏来看，这个所顺之"理"不是本然具于此心的理或不离知觉运动的理，而是体现为一定原则的东西。所以他又说："视听言动气也，形色也，发用也。礼者理也，天性也，体之充也。发用而不当则为非礼，违性亏礼而其用不全；发用而当为礼，顺性合礼而其用始备。故谓视听言动皆礼为践形之事也，以理率气则此四者皆天理之流行，莫非仁也。"② 这里的以理率气不是指存有的状态，而是心性的工夫；不是指由人人本具的理自然地率导、主宰知觉运动，而是通过理性活动对于一定原则的认同来实现对感性活动的主导。马一浮自己尚未清楚地表达出这一分疏。

---

① 《尔雅台答问续编》卷四，第18页。
② 《宜山会语》，台湾广文书局，1976年，第24页。

三　全体是用、全用是体

马一浮哲学的体用论,与熊十力一样,受到中国佛教传统中体用论说的影响较大,并以此为基础,形成了一个在相当程度上可代表其世界观的体用论,这一体用论也同时作为方法的范式体现于、贯穿于各个具体领域的分析与建构。对其体用论的进一步研究可以使我们更完整地理解马一浮的思想。

马一浮体用论的结构,简单说来就是一个"正、反、合":从体起用—摄用归体—全体是用、全用是体。但是这个模式不是黑格尔历时性的逻辑结构,而是脱胎于佛教的共时性统贯分析。从体起用、摄用归体,是中国佛教特别是华严宗文献中常见的命题形式,不仅是分析的方式,而且具有实践的意义。马一浮以此为形式论述儒学中理气、性情及性修等一切相互性关系及其关系总体,演示出一套有特色的体用论。

《泰和会语》载:

> 或问:既曰气始于动,何以又言动静无端、阴阳无始?答曰:一以从体起用言之,故曰有始;一以摄用归体言之,故曰无始。此须看《太极图说》朱子注可明。①

就体用的逻辑关系而言,体是第一性的,用是派生的,体

---

① 《泰和会语》,第45页。

第四章　马一浮哲学的理气体用论

派生用,这就是从体起用,在这个意义上,被派生的用是"有始"的。另一方面,"定之以五行,统天下之物而无不摄焉。五行一阴阳也,二气即一气也,一气即一理也。"① 从用推溯到体,万物可归为一气,一气又可归为一理,一理即是体,它自身便是本源,所以就体而言是无始的。如果说体也有始,那就成体上有体了。

马一浮说:"从体起用,即本隐之显;摄用归体,即推见至隐。"② 这是说,摄用归体的方法是指由现象(见)推显本体(隐),现象是发见,是流行,本体是隐微。从体起用的方法则是由本体导出现象。前者所直接呈现和直接入手的是用,后者所直接入手和直接提出的是体。从体起用在佛教又叫作"依性说相",摄用归体又叫作"会相归性"。对马一浮来说,从体起用、依性说相和摄用归体、会相归性,既是论述和分析的方式,又是存在的命题,同时也是实践的方法。

这种体用论首先是一种存在的论说,马一浮论易之三义说:

> 易有三义,一变易,二不易,三简易。学者当知气是变易,理是不易,全气是理、全理是气即是简易。只明变易易堕断见,只明不易易堕常见,须知变易元是不易,不易即在变易。双离断常,名为正见,此简易也。③

---

① 《复性书院讲录》卷五,《洪范约义》二,第136页。
② 《复性书院讲录》卷六,《观象卮言》一,第190页。
③ 《泰和会语》,第43页。

断常二见之说本出佛教，佛教所谓断见指坚持宇宙是间断的，个体身心断灭不续；常见指坚持宇宙是连续的，个体身心常住不断。马一浮以为，只明变易，不知变中有常，是断见；只明不易，不知常寓于变，是常见。变易是用，不易是体。"变易元是不易"，说明即用是体；"不易即在变易"，说明即体是用。克服了断常二见才是儒家崇尚的简易之学。他曾以易论《通书》：

> "诚"是不易义，"万物资始""乾道变化"明是变易义，从体起用，依性说相也。曰"诚之源""诚斯立焉"方是易简义，亦即言变易之所以为不易也。①

换言之，只明变易，就是不懂会相归性、摄用归体。只明不易，就是不懂得依性说相、从体起用。只有明白即用是体、即体是用才是全体大用的易简之学。

这种体用论又表明一种方法论和世界观，马一浮强调："体用双离则绝不可说。不易者只是此体，简易者只是此用，变易者只是此相。离体无用，离性无相，但可会相归性、摄用归体，何能并体而离之？"② 又说："显诸仁，从体起用也；藏诸用，摄用归体也。显是于用中见体，藏是于体中见用。"③ 又以易论中庸："不贰正是显，不测乃是藏。无微不显，方识得体。无显

---

① 《尔雅台答问续编》卷一，第 15 页。
② 同上书，第 16 页。
③ 《尔雅台答问续编》卷四，第 6 页。

第四章　马一浮哲学的理气体用论

不藏，方识得用。显微无间，体用一源，所以为不贰不测也。"① 在这种体用论中，体用不是相互独立、互不决定、互不作用的对立二元，而是具有相互作用、密切关联、不可分割的一体两面。所以他在谈到华严宗所谓体用相即相入时指出："相即明即体是用，相入是摄用归体，总显体用不二，非有别也。"② 体外无用，用外无体，这种体用不二的观点是一种对世界的内在联系的看法。

这种体用论更有心性修养论的意义，马一浮说：

> 其（指孟子）言知能，实本孔子易传，在易传谓之易简，在孟子谓之良。就其理之本然则谓之良，就其理气合一则谓之易简，故孟子之言是直指，孔子之言是全提。何谓全提？即体用本末隐显内外，举一全该，圆满周遍，更无渗漏也。盖单提直指，不由思学，不善会者便成执性废修。全提云者，乃明性修不二，全性起修，全修是性，方是易简之教。性修不二是佛氏言，以其与理气合一之旨可以相发，故引之。性以理言，修以气言，知本乎性，能主乎修，性唯是理，修即行事，故知行合一即性修不二，亦即理事双融，亦即全理是气、全气是理也。③

以上表明，在宇宙论方面，变易是气，是现象，是用；不

---

① 《尔雅台答问续编》卷二，第40页。
② 同上书，第46页。
③ 《泰和会语》，第47页。

易是理，是本体，是体；简易是理气合一，体用不二。单提变易或单提不易，会堕入断常二见，理气合一才是全提，全提就是指全面的界说或表述。由此可见，理气合一代表了马一浮哲学的总体立场。理气合一的命题在马一浮的理论中是指，宇宙总体可分析为理气两个方面，理气不是互无干涉的二元实体，比照性修不二的说法，亦可说理气不二。宇宙是一大化流行，理是大化所以流行的常则，气是大化之能流行，理不能离气，气不能离理。

马一浮特别强调，宇宙大化的本然全体是理气合一，这种合一表现为"全理是气，全气是理"。马一浮很欣赏佛教的"全甲是乙，全乙是甲"的模式，就体用论来说，全理是气即全体起用，全气是理即摄用归体，两方面加起来即理气合一。"全气是理"是说气完完全全体现了理，"全理是气"是指理完完全全表现为（于）气。用前述的例子来说，全气是理即"变易元是不易"，全理是气即"不易即在变易"。全气是理、全理是气加起来便是"简易"。

如上节所述，照马一浮看，在宇宙论，"全气是理、全理是气"是本然的、自然的，但在人生论，"全气是理、全理是气"则是人所当努力达到的理想境界。换言之，宇宙是自然理气合一的，但人生论上的理气合一则是经过修养始能达到的境地。他说：

心不为物役而理为主也，心正则气顺，故性得其养。曰性其情者，情皆顺性，则摄用归体、全体起用，全情是

第四章 马一浮哲学的理气体用论

性、全气是理矣。……日情其性者,性即随情,则全真起妄、举体成迷,唯是以气用事,而天理有所不行矣。①

在人生论上,修养的努力是要变化气质,做到全气是理,即使气顺于理。不论是孟子的集义说还是张载的德胜说,对马一浮来说都是达到全气是理的方式。他说:"视听言动皆气也,礼即理之行乎气中也,……四者皆礼,则全气是理,全情是性矣。"②"形而上之谓道,此理也,形而下,亦此理也。于气中见理,则全气皆理也,于器中见道,则离道无气也。"③

从体起用和摄用归体提供了有关本源性分析的两种不同方向的叙述方式。体是形上,用是形下;体是第一性的,用是派生的;体是本体,用是现象。从而,在形上学的意义上,从体起用是自上而下(形上到形下)的叙述方式,从体起用就是说明从体到用的逻辑顺序。摄用归体则是自下而上(形下到形上)的叙述方式,摄用归体就是"于气中见得理,于变易中见得不易,于现象中见得本体"④。用佛教常用的大海与波浪的比喻,湿性是体,波浪是用,海水动而有波,这是从体起用;万沤皆是一水,这是摄用归体。理气论中关于宇宙原始状态是未见气的说法,正是一种从体起用的立场的表现,而心性论的顺理率气的说法,则体现一种摄用归体的模式。

---

① 《宜山会语》,第14页。
② 《复性书院讲录》卷五,《洪范约义》三,第143页。
③ 同上书,《洪范约义》二,第136页。
④ 《宜山会语》,第23页。

"从体起用",是从体上说,而落实到用;"摄用归体"是就用上说,而归结到体。这两种都是马一浮所肯定的"单提"的叙述方式。而在对总体的周全把握上,则须把这一正一反结合起来,以达到合,即"全体大用",亦即全体成用,全用是体。马一浮的"全气是理、全理是气"的本体论突出体现了一种与西方哲学传统中的二元论完全不同的另一种建构方式和理解,在这种理解中,理与气是本体与现象的圆融无间、互不相离的"互全性"的存在。马一浮思想中的全体起用、全用是体,全理是气、全气是理,既是一种对宇宙本然体段的叙述和把握,又是人生的理想境界,他的理气体用论既是存在的表述,又是实践的方式,也是分析的方法。他的全部思想如性修不二、知行合一、理事双融等,都须在此种"全提"的模式下来理解。事实上,他的思想的每一部分都可以从体起用和摄用归体的统一来了解。

应当指出,马一浮思想中即用是体、即体是用的提法,很接近于熊十力即体即用、即用即体的思想。但在宇宙论上,马一浮仍坚持以理气为论说和把握世界的要素,这与熊十力不同。他的全理是气、全气是理说在基本立场上仍未超出理学的范围,而与熊十力"实体自身变成大用"的体用论(实体论)有距离。马一浮仍然更强调摄用归体,而熊十力更提出"摄体归用",在这一点上熊十力更具有突破性。马一浮在概念上虽达到了全体是用、

第四章 马一浮哲学的理气体用论

全用是体,但他的理解仍然是理学的体用一源、显微无间,熊十力的哲学才真正达到了"全体大用"。当然,这并不是思维水平的差异,而是思维视角的差异,换言之,马一浮思想的问题性(理气)仍内在于理学传统之中,而不关注所谓实体的问题。

理气论是宋明哲学中本体论说的主要形式,体现了中国哲学家对基本哲学问题的特殊思考。程颐、朱熹主理的理气论与罗钦顺、王夫之主气的理气论虽然所从出发的立场有所不同,但他们都内在于同一论说(discourse),并以共同确认此种论说的意义为前提。而近代以来,在西方文明的强烈冲击下,在现代白话语文支配全部写作的重大转变之后,体现中国哲学问题性的以古典汉语为范畴形式的传统哲学论说几乎全部成为过去。20世纪的中国哲人们尽力吸取西方哲学,哲学的讨论完全脱离了固有传统,导致了西方哲学的范畴和问题性对现代中国哲学思维的绝对支配。然而,也有屈指可数的几位思想家仍然执著地从内容到形式坚持中国古典哲学的论说传统,颇值得注意和研究。曾游学西方的马一浮对20世纪以现代工具理性扩张为后盾的西方哲学宰制的那种熟视无睹,耐人寻味。究其所以,并不是像梁启超等在第一次世界大战后对西方文明感到失望所引起,更与晚近后殖民论述中对西方文化霸权的挑战不同。看起来,这种态度更多是出于长期沉浸于中国文化(儒佛)所得安身立命的受用而发生的一种高度的文化自信,这使得古典哲学论说的世界对于他仍呈现为一有意义的世界。这提示出,我们对"哲学"也许并不需要只有一种西方中心式的理解,而应依据不同文化中的人的不同需要来发展。

第五章 马一浮哲学的心物论

马一浮为近代国学大师，其思想"双立儒佛"，颇显特色。他的哲学思想，可以说是20世纪中国哲学界最具传统色彩的一个体系。同时，马一浮是20世纪现代中国对中国古典文化体系造诣最深、学识最博的一位学者，在儒、释、道、辞章（诗词）、艺文（书法）诸方面的成就蔚成大家。新儒家早期的代表熊十力、梁漱溟皆曾向他请益，号为一代宗师。

马一浮的哲学思想，就其理气论来说，是利用华严宗理论思维的框架、表述方式论述理学的理气观，可谓以理学为体，以华严为用。他的哲学思想的另一重点是心物论。与其理气论不同，其心物论继承了儒学与佛教的"心学"传统。值得注意的是，如果说马一浮的理气论主要继承了程朱派的理气观和华严宗体用论的理论思维，那么，在心物论上，马一浮则继承了陆象山、王阳明的唯心论和包括禅宗在内的整个佛教的"唯心"

传统。在这个意义上，马一浮的心物论可以看作是中国传统哲学唯"心"论的一个综合。

一 心外无物

马一浮的心物论有一些不同的表述，这些不同的提法虽就所讨论的问题有所差别，但都共同地反映出马一浮心物论的基本立场："心外无物"。以下我们来分别讨论这些由不同背景引发的论述。

1. 宇宙为性分内事

马一浮特别推崇陆九渊把宇宙万事视为自己性分中事的思想，他说：

> 不知分者，由于不知性也。分即是性，离性岂别有分！今人只是求分外事，何尝知有分内事，故无一而可安。只缘不能尽心知性耳。知性则知分矣，未到知性则唤什么作分，纵有言说都无干涉。①

这是说现代人完全追求"分"外之事，而不理会"分"内之事，这都是由于不知"分"，而不知"分"又导源于不知"性"。这里的"分"即指本分，即人所当行当求的范围。马一浮认为，

---

① 《尔雅台答问》卷一，第22页。

人只有做到"尽心知性",充分了解自己的性,才能确定"分",才能使行为与追求合于自性,合于本分。他又说:

> 象山有言,"宇宙内事即吾性分内事,吾性分内事即宇宙内事",此语简要可思。故不明自己性分,而徒以观物为能,万变遍陈于前,众惑交蔽于内,以影响揣度之谈,而自谓发天地万物之秘,执吝既锢,封蔀益深,未见其有当也。①

根据这个说法,所谓正确的知性知分,就是要认识到"宇宙内事即吾性分内事,吾性分内事即宇宙内事"。强调宇宙与自己性分的同一性,从这里看出,对于马一浮而言,这种提法不仅是一个本体论的陈述,更是针对"徒以观物为能"的方法论、工夫论、实践论的令言,这一点我们将在后面详加讨论。

马一浮十分强调"宇宙内事即吾性分内事",这个命题对于他有两方面的主要意义。一方面,是强调宇宙万象即在吾心之内,如他说:

> 仁者究心易象,……中土圣哲皆以宇宙为性分内事,象者象此,爻者效此,非谓心外别有乾坤,与时人所持西方哲学研究方法大异,若以此类方法求之,未免错下名言,失其本旨。②

---

① 《尔雅台答问》卷一,第24页。
② 同上书,第29页。

第五章 马一浮哲学的心物论

可见马一浮是把"宇宙为性分内事"看作与"心外别有乾坤"相对立的命题。"心外别有乾坤"即心外有物,所以"宇宙为性分内事"蕴涵着一种心外无物的立场。

另一方面,以宇宙内事为性分内事,如宋明儒者"仁者以天地万物为一体"一样,同时表示一种伦理学的主张,如马一浮说:

> 今之所谓事者,皆受之于人,若无与于己然。古之所谓事者,皆就己言,自一身而推之天下,皆己事也,故曰己外无物、圣人无己、靡所不己。宇宙内事即吾性分内事,凡言事者皆尽己之事也。性即理也,理事不二,理外无事,亦即性外无事……①

又说:

> 今人不知有自性,亦即不知有天道,视天地万物皆与自己不相干,于是人与人互相贼害,威侮五常,暴殄天物,而天地亦为之不位,万物亦为之不育矣,故天地万物一性,为《洪范》要旨。②

这就是说,从个体的身心乃至天下万事,无不与己有关,都是自己的事,所以宇宙内事都是自己性分之内的事。在这个意义

---

① 《复性书院讲录》卷五,《洪范约义》三,第141页。
② 同上书,《洪范约义》五,第152页。

上说,"己外无物"。而世间一切人与人的相互侵侮,归根到底,都是由于"视天地万物与己不相干"。

这样,马一浮就从"宇宙内事皆性分内事"直接推出"己外无物":

> "大人者与天地合其德",即是以天地为身;"明明德于天下",天下即是身,岂复有物我之间!吾尝谓尽己必尽物,以己外无物也;知性必知天,以性外无天也。圣人无己,靡所不己,故天地万物为一体,此实理也。未证此实理,则犹不免于私小,未出流俗,不可与入于圣贤之域。①

尽己便可以尽物,尽性便可以知天。严格地说,这里的"己""性"都是指个体自己的心性,"物""天"就存在意义上是在己、性之外。但中国哲学的心学传统及马一浮认为,己与物,性与天是"一体""一性"的,即具统一性的,从而知性便能知天,尽己便是尽物。这个意义上的"己外无物",就存在的意义上,是指天人一性、万物一体。马一浮及心学传统所以使用一种强势的陈述"己外无物",主要是要人用功向里,返求体证,所以我们必须具体地而不是从文字表面上去了解心学传统中的强势命题。事实上,对于具有"诗化哲学"特性的中国哲学的多数"本文"的阐释,都须以"以意逆志""心知其意"为首要工夫,这是治中西哲学史的一个重要不同。

---

① 《尔雅台答问》卷一,第2页。

2. 心外无物

"宇宙内事即己性分内事","己外无物",都可看作马一浮心物论的某些方面的表述,虽然其中并未以"心"与"物"直接相对。马一浮另有很多直接讨论心物关系的论述,这些论述可分为两部分加以叙述。

首先,在借鉴传统儒学思想素材的方面,马一浮明确宣称"心外无物",他说:

> 太极以象一心,八卦以象万物,心外无物,故曰阴阳一太极也。①

又说:

> 夫天下之至赜至动者非心乎?心外无物。凡物之赜动,皆心为之也。心本象太极,当其寂然,唯是一理,无象可得;动而后分阴阳,斯命之曰气,而理即行乎其中,故曰一阴一阳之谓道。天地万物由此安立……②

马一浮认为,《易传》中太极与八卦的关系亦即象征心与万物的关系。心与万物的关系是"心外无物"。不过马一浮也承认,"心外无物"并不是认定宇宙中只有心而没有物,照"凡物之赜

---

① 《复性书院讲录》卷六,《观象卮言》一,第189页。
② 同上书,《观象卮言》二,第192页。

动,皆心为之"的提法,他并未完全否认有物的动,在这个解释下面,"心外无物"毋宁说是"物不离心""离心无物"立场的一种表述,即没有独立于心的外物。

另一方面,马一浮也大量借助佛教唯心思想的说法阐述他的心外无物说,如他解释《说卦》:

> "帝出乎震"……又言"万物出乎震",何也？帝者心也,物者法也,帝出则物出,犹言心生则法生也,上言心而下言物也,心外无物,断可识矣。①

他把"万物出乎震"解释为万物出乎心,以之与佛教所说"心生则法生"等同看待,而归结为"心外无物"。在解释《尚书》休咎说时马一浮也是从同样的立场去说明:

> "五事"是心,"五德"是气,休咎全在一心,而五气随之。气即念之所作,故曰"念用"也。休咎如言作德,"心逸曰休","惧以终始","其要无咎",皆以心言;灾祥则以境言。了境唯心,离心无境,故不言灾祥而言休咎也。②

又说:

> 福祸无不自己求之者,此皆明休咎在己而不在物,在

---

① 《复性书院讲录》卷六,《观象卮言》三,第198页。
② 《复性书院讲录》卷五,《洪范约义》九,第171页。

第五章 马一浮哲学的心物论

心而不在境也。①

马一浮主张福祸之来在己不在物，这在常识上也是可以接受的。他又把福祸灾祥归为"境"，进而与佛教"了境唯心，离心无境"等同起来，从而体现出他在心—境问题上的普遍立场。

马一浮曾评论庄子与邵雍的人—物论：

> 邵语本出庄子"物物而不物于物"，谓因物付物，则不为物累耳。庄语无病，邵语却有病，病在"我为物之人、物之物"上。如此，人物总成对待去，须知心外无物，"自心取自心，非幻成幻法"，谓物为人役、人为物役者，只是在人物对待上著倒耳。石头云"回而更相涉，不尔依位住"，人住人位，物住物位，二法不相到，何取之有？孟子谓思则得之者，此也，程子意是如此。人还他人，物还他物，不须说迭为主客，故谓亦不消如此说也。②

邵雍谓"能物物则我为物之人，不能物物则我为物之物"，马一浮评论说，这种说法有毛病，它总是把我和物截然相分，而实际上心外无物。把人与物对立起来，分为主客，这只是妄心的取舍所致。二程曾批评邵雍的这个说法，认为"不消如此，人自人，物自物，道理甚分明"，从马一浮对二程说法的肯定来看，他在这里也还不是认为在个体身心之外无物存在，而是反

---

① 《复性书院讲录》卷五，《洪范约义》九，第 174 页。
② 《尔雅台答问》卷二，第 7 页。

对把人与物看成迭为主客的对待。

马一浮更以他在理气论上常用以论证的"三易"之法论述心物关系：

> 世人迷执心外有物，故见物而不见心，不知物者是心所生，即心之象，汝若无心，安得有物？或若难言"人死无知，是心已灭，而物现在"，此人双堕断常二过。心灭是断，物在是常。不知心本无常，物亦不住，前念灭已，后念续生，方死方生，岂待命断，是汝妄心自为起灭。智者观之，一切诸法以缘生，故皆是无常，是名"变易"；而汝真心能照诸缘，不从缘有，灵光独耀，迥脱根尘，缘起不生，缘离不灭，诸无常法于中显现，犹如明镜，物来即照，物去仍存，是名"不易"。离此不易之心，亦无一切变易之物，喻如无镜，象亦不生，是知变易故非常，不易故非断，非常非断，"简易"明矣。①

马一浮坚持无心则无物，对此，反对者指出，人死之后其心已经消失，而事物依然存在，这说明物是独立于我心之外的实在。马一浮指出，认为心可以死灭，是断见；把外物看成恒常的实在，是常见。心本来是无常的，即使是活人的意识，也是前念刚刚过去，后念又继续产生，并不是在生命结束时才表现为无常。而物更不是恒定的实在，一切事物法相，都是因缘和合所

---

① 《复性书院讲录》卷六，《观象卮言》二，第194页。

第五章 马一浮哲学的心物论

生,缘起为生,缘离为灭。所以"念""物"都是无常,这也就是《周易》的精义"变易"。而另一方面,我们的"真心"不是由缘起而有,也不随缘离而灭,它如同一台明镜,物来可照出映像,物去镜子仍然存在。"真心"这种不依赖其他条件独立自在,便体现了《周易》的"不易"。各种变易无常的法相只是镜中显现的象,本身并无独立的实在,是依赖于镜的,所以如果没有"不易"的真心,就不会有一切"变易"的事象,正如没有镜子也就不会有映像一样。"变易"是对恒常的否定,"不易"是对断灭的否定。宇宙的实在是非常非断的,这种性质便体现了"简易"。马一浮的这些说法显然大部分是取自佛教对心与法的讨论,他甚至提出,佛教的心物(法)论是古今圣贤的共同立场:

> "更无心外法,能与心为缘",是故一切法皆心也。是心能出一切法,是心遍摄一切法,是心即是一切法,圣贤千言万语,只明此义。说性命之理,乃是显此心之本体;说三才之道,乃是显此心之大用。所以作易垂教,只是要人识得此心耳。若不知性命之理,则此心之体不显,寻常日用只是随顺习气,全无自由分,是谓失其本心。①

我们常说的心性,是"此心"的本体,天地万物万事,是"此心"的大用,这个"心"既是一切法象产生的根源,又是包含

---

① 《复性书院讲录》卷六,《观象卮言》八,第223页。

万事万物的实体。用最简洁的话来说，这个心就是一切法。只是现实的人的心的本体被习气所掩，自在的本体不能为人充分自觉其全体大用，人只有知性命之理，主宰形气，才能显现本心。圣贤教人的宗旨，也就是要人识得"此心"。

二　万法唯心

以"心外无物"为主要命题的马一浮心物论，与中国古代哲学思想中的唯心论传统有直接的继承关系。

中国佛教的唯心论传统中，《大乘起信论》的地位十分重要。虽然各种经、论中都有唯心思想，但自《大乘起信论》提出"一心二门"和"不变""随缘"的"真心"论以后，中国佛教各宗无不受其影响。

根据《大乘起信论》的体系，宇宙万法的本体是"真如"，又称"一心"，这表明《大乘起信论》并不是像一般哲学形上学那样设立一种宇宙根源。《大乘起信论》称此本体为"心"，必然意味着这个"心"与个体众生的心有关，且具有心的特质。《大乘起信论》提出：

> 依一心法有二种门。云何为二？一者心真如门，二者心生灭门。是二种门皆各总摄一切法。此义云何？以是二门不相离故。心真如者即是一法界大总相法门体，所谓心性不生不灭。一切诸法唯依妄念而有差别，若离心念，则无一切境界之相。是故一切法从本已来，离名字相，离心

第五章　马一浮哲学的心物论

缘相，毕竟平等，无有变异，不可破坏，唯是一心，故名真如。①

心真如指万法变生的本源，真如本来清静不变，但由于此真如是"心"，故当其不守自性时，便会起念，这些念便是心生灭门，妄念的执著生起生灭变化的万象。所以，虽然在直接的意义上万法是由念起的无明所生起，而无明即念乃是依真如而有，是真如自己的一种势用，无明并无自己的实在本性，所以毕竟说来，真如心才是万法生起的本源。佛教哲学的这种本体论与一般哲学本体论不同，因为佛教哲学中的万法自身并不具有绝对的实在性，这种本体论是要说明这种不具有实在性的万法所以会随缘而起，《大乘起信论》以为这个本源就是"一心"。

这种思想即成了佛教传统中唯心思想的重要理论形态之一，《起信论》说：

> 以一切法本来唯心，实无于念，而有妄心，不觉起念，见诸境界，故说无明。②

因为一切念并无自己的实在性，故称妄念，亦称无明，又说：

> 以一切色法，本来是心，实无外色。若无外色者，则

---

① 《大乘起信论校释》，中华书局，1992年，第17页。
② 同上书，第104页。

无虚空之相。所谓一切境界，唯心妄起故有。若心离于妄动，则一切境界灭，唯一真心无所不偏。①

佛经本云"心生种种法生，心灭种种法灭"，故佛教心物说可谓"心外无法""心外无色"。佛教之唯心说，从修行角度，要人心离于妄动；而从本体意义上说，主张心实法虚。这种思想在马一浮心物论中有明显影响。如《起信论》说：

> 以一切法皆从心起妄念而生。一切分别，即分别自心，心不见心，无相可得。当知世间一切境界，皆依众生无明妄心而得住持，是故一切法，如镜中缘，无体可得，唯心虚妄，以心生则种种法生，心灭则种种法灭故。②

这与前节所述马一浮以镜像喻变易不易，以妄心起灭论证心外无物完全相同。

《起信论》的唯心论，与西洋哲学肯定物的实在性的idealism不同。此种唯心论中的"真心"乃是一种超出个体的普遍性的心，而"生灭心"则多指个体意识之显示具体的心，所以《起信论》的主旨近于西方哲学的客观唯心主义。佛教哲学中的"心"多同时具备此二重性质，唯各家重点不同。唐代的华严宗发展了这种客观唯心论，而禅宗则强调主观唯心论。

"心外无法"本是佛教传统的成说，如《涅槃经》之"离心

---

① 《大乘起信论校释》，第121页。
② 同上书，第59页。

第五章　马一浮哲学的心物论

更无别法",《楞伽经》云"心外无境界,无尘虚妄见",《十地经》"三界虚妄,唯一心作"。但佛教各宗派对"心"的了解不同,《摄大乘论》释为阿赖耶识,《十地论》释为"第一义真心",《起信论》主如来藏说真妄和合缘起。华严宗主法界为说,以法界为身,以缘起为用,依体起用,其"法界"亦释为"真心"。早如智俨亦称"心外无别境,故曰唯心"①,法藏亦云:"三界所有法,唯是一心造,心外更无一法可得,故曰归心。谓一切分别,但由自心,曾无心外境,能与心为缘。何以故,由心不起,外境本空。"② 又说:"终无心外法,能与心为缘,……今尘不自缘,必待于心,心不自心,必待于缘。"③ 华严宗所说的"心"继承了《大乘起信论》所说的一心二门的理论,主要指万法的真理,但也多指个体的意识心。在印度佛学中,本来很重视"识"的观念,以识为心之异名,重其对境的了别义。而后来各家亦多采用"识"的说法,但也常常名"识"以为"心"。佛教中"识"的说法亦多端,如二识、三识、六识、八识等。唯识宗主八识之说,其识论影响最大。而第八识阿赖耶识之名,在楞伽、起信中皆亦有之。这些说法为后来佛教包括禅宗在内所吸取。

弘忍思想强调"识自本心、见自本性",以为"不识本心,学法无益,若识本心,见自本性,即名大夫、天人师、佛"④。

---

① 《华严一乘十玄门》。
② 《修华严奥旨妄尽还源观》。
③ 《华严义海百门》。
④ 《六祖坛经·行由品一》。

后来慧能传宗，亦不强调万法虚妄的哲学论证，力主"各自观心，自见本性""念念无滞""去来自由"。但慧能将迁化时，亦嘱其门下："汝等自心是佛，更莫狐疑。外无一物而能建立，皆是本心生万种法，故经云'心生种种法生，心灭种种法灭'。"[①]但从《六祖坛经》可见，慧能讲的"自心"主要是就个体而言，这与"起信论"及华严宗所讲侧重不同。禅宗心学的这种方向也为马一浮所吸取。

由于佛教中各家所讲"心"义不同，以下略举宗密的分析以见大概。宗密吸取《大乘起信论》与唯识宗说，认为众生自始以来皆有真性，不自觉知，故名如来藏。如来藏一心二门，不生灭真心与生灭妄想和合，名为阿赖耶识。阿赖耶识不自觉知而动念，名为业相。又不觉知此念本无，转成能见之识及所见境界。宗密认为，一切万法无非归结为气，但是：

> 究实言之，心外的无别法，六气亦从心之所变，属前转识似现之境，是阿赖耶识相分所摄，从初一念业相，分为心境之二。心既从细至粗，展转妄计，乃至造业。境亦从微至著，展转变起，乃至天地。[②]

宗密在《原人论》中斥"习佛不了义者"，批评人天教以肉心为心，批评小乘教以思虑以为心，批评大乘有宗只知有识不知有真心，批评大乘空宗以心境皆空，他的立论是围绕着对佛教经

---

① 《六祖坛经·付嘱品十》。
② 《华严原人论·会通本末第四》。

第五章 马一浮哲学的心物论

典中"心"的看法而发,所以他赞许一乘显性教承认有"一真心体",云"心体既显,自觉一切皆是虚妄"。他在谈到华严宗常用的以金性为不变,以工匠为缘,解释不变随缘说的比喻时指出:

> 设有人问,说何物不变?何物随缘?只合答云:金也。……设有人问,说何法不变,何法随缘?只合答云:心也。不变是性,随缘是相,当知性相皆是一心上义。今性相二宗互相非者,良由不识真心。每闻心字,将谓只是八识,不知八识但是真心上随缘之义,故马鸣菩萨以一心为法,以真如生灭二门为义。①

宗密号为华严禅,故其说仍以《起信论》真心随缘说为本。而尤可注意者,是他对佛教传统中的"心"学作了一个分疏:

> 诸经或毁心是贼,制令断除;或赞心是佛,劝令修习。或云善心恶心、净心垢心、贪心嗔心、慈心悲心;或云托境心生,或云心生于境,或云寂灭为心,或云缘虑为心,乃至种种相违。若不以诸宗相对显示,则看经者何以辨之?为当有多种心?为复只是一般心耶?今且略示名体。凡言心者,略有四者,梵语各别,翻译亦殊。②

---

① 《禅源诸诠集都序》。
② 同上。

他指出，佛典经论中说"心"，主要有四种意义，一为肉团心，即身中五脏之一；二为缘虑心，即八识，多指思维作用；三为集起心，指八识中的第八识阿赖耶识，能生起万法；四为坚实心，即是真心，又称真如、如来藏自性清静心。性宗如《起信论》以真如或真心为万法真性，相宗即唯识说则认为生灭万法与真如无关，都是八识所变现。二者虽皆可称唯心，但各自所说心有所不同。唯识说的心只是个体的心，而性宗说的心则是宇宙的心。马一浮的思想中这两方面的影响都有，宗密在《禅源都序》中引用《楞严经》的"自心取自心，非幻成幻法"，以证明真如非境界，不可以照心证，马一浮也引用了这句话证明心外无物。

关于马一浮心物论与儒家思想传统中心学一派的命题的联系则更明显，陆九渊曾说"宇宙内事乃己分内事，己分内事乃宇宙内事"[①]，王守仁则多次宣称"心外无物"，这些命题反复出现在马一浮心物论的陈述之中，成为马一浮心物论的基调。这表明，在心物问题上，马一浮是完全继承了古代心学的遗产的。

三 离心无境

为理解马一浮的心物论，有必要对比同时学者熊十力的心物论。30年代初，马一浮在为熊著《新唯识论》所作序中对该书极口称赞，且谓：

---

① 《陆九渊集》，第483页。

第五章 马一浮哲学的心物论

> 圣证所齐，极于一性，尽己则尽物，己外无物也；知性则知天，性外无天也。斯万物之本命，变化之大原。①

表明二人在"己外无物""性外无天"的立场上是相近的。由于马说载著语录，系统条理不明；而熊说演成专著，论证阐述清晰。故对熊著的了解有助对马说的理会。

《新唯识论》开篇"明宗"指出，这部著作之造，"令知实体非是离自心外在境界，及非知识所行境界，唯是反求实证相应故"②。即主要论述两大问题，一为实体不在自心之外，二为实体不是知识的对象，只有反求体证才能认识。在这两个大问题上，马一浮与熊十力基本上是持相同看法的。只是马一浮不讲实体，只讲心物，马一浮不讲"哲学"，熊十力则以讲"哲学"的面貌出现，这是两人的差别。

熊十力认为，一般人谈实体，"大抵向外寻求"，而实际上：

> 体万物而不遗者，即唯此心，见心乃云见体。③

他自己解释说："体万物者，言即此心偏为万物实体，而无有一物得遗之以成其为物者，故云尔。"④ 这表示，心就是宇宙的实体，这个心又是"此心"，即不是与个体意识心无关的实

---

① 《新唯识论》，中华书局，1985年，第39页。
② 同上书，第43页。
③ 同上书，第44页。
④ 同上。

体；虽是"此心",却又遍为万物实体。对于这一点,语体本中有一段解释:

> 本体非是离我的心而外在者,因为大全(原注:大全即谓本体,此中大字不与小对)不碍显现为一切分,而每一分又各各都是大全的。如张人,本来是有大全,故张人不可离自心而向外去求索大全的。又如李人,亦具有大全,故李人亦不可离自心而向外求索大全的。各人的宇宙都是大全的整体的直接显现。①

这表明,熊十力认为,宇宙的本体是"心",这个"心"是个大心,而这本体又在我们每个人的个体心中得到全部显现。这显然是用古典佛教"一即一切,一切即一"及"月印万川"的特殊逻辑把二者联结起来。不过,这个说法,毕竟比从《起信论》到华严文献中常常把普遍心与个别心混淆不清的做法是一个进步。熊十力进一步指出:

> 然世人颇疑在我之心(原注:本心亦省云心)云何即是万物之本体,此如何开喻?答曰:彼所不喻者,徒以习心虚妄分别,迷执小己而不见性故也(本心即是性,但随义异名耳。以其主乎身曰心,以其为吾人所以生之理曰性)。夫执小己,则歧物我、判内外,故疑我心云何体物。

---

① 《新唯识论》,第 247 页。

第五章　马一浮哲学的心物论

> 若乃廓然忘己，而澈悟寂然非空，生而不有，至诚无息之实理，是为吾与万物所共禀之以有生，即是吾与万物所同具之真性。此真性之存乎吾身，恒是虚灵不昧，即为吾身之主，则亦谓之本心。故此言心，实非吾身之所得私也，乃吾与万物浑然同体之真性也。然则反之吾心，而即已得万物之本体。①

宇宙之真性实理体现在人身即为人之本心，故本心与宇宙之真性实理是一致的，因此可以说心即是宇宙实体。从这个方面来看，心并不是吾身所独有，这样的心"实遍宇宙无有不周"②，人人皆有此心，物物不离此心，合而言之，宇宙实体即是一心。熊十力的这个论证，用宗密的分疏来说，是一个坚实心的论述。

《新唯识论》更有唯识章，破"离心有实外境的见解"。他主张没有离识独存之境。他以瓶为例指出，瓶只是坚白等相之集合，一方面坚白等相只是各识的感觉，另一方面，即使承认坚白等相为独立外物，也只有依意识的综合作用才能有整个的瓶相。这种论证，与先秦公孙龙的《坚白论》一样，是利用感觉论和意识的综合功能加以论证，不同的是，公孙龙承认坚白等相的独立存在，熊十力则否认有独立于意识存在的事相。

熊十力同时强调，反对有离心独在之境，并不是根本不承认有"境"：

---

① 《新唯识论》，第252页。
② 同上书，第43页。

> 心上现坚白等相,必有境界为因,是义可许。但是,这个为因的境,决定不是离心独在的。为什么说境不是离心独在的呢?因为依妄情而说,则离心有实外境;顺正理而谈,则境和心是一个整体的不同两方面。①

这里所说的"心"即指"识",这个论证是一个缘虑心的论证。境与识均是宇宙实体的不同作用的表现,而二者又是不可分离的,所以:

> 综括以前所说,只是不承认有离心独存的外境,却非不承认有境。因为心是对境而彰名的,才说心,便有境,若无境,即心之名也不立了。实则心和境,本是具有内在矛盾的发展底整体。……我们只承认心和境是整体底不同的两方面,不能承认境是离心独在的。我们要知道,从我底身,以迄日星大地,乃至他心,这一切一切,都叫做境。我底身这个境,是不离我底心而存在的,无论何人,都不会否认的。至若日星大地乃至他心等等境,都是我的心所涵摄的,都是我的心所流通的,绝无内外可分的。②

所以,熊十力的"新唯识学",与旧唯识学的不同处在于,"新唯识学"虽然赞成旧唯识学的一般命题"离识无境",但并不把识看作是有终极性的实在,而把识与境皆看作宇宙实体不同的

---

① 《新唯识论》,第260页。
② 同上书,第271页。

作用表现；另一方面，"新唯识学"并不以为境是虚妄之无，"唯识的说法，但斥破执有外境的妄见，并不谓境是无的，因为境非离心独在，故说唯识，唯者特殊义，非唯独义"①。但无论如何，熊十力新心学仍然是采用真心论和唯识论两种方式加以论证的，这一点与传统佛学是一致的。

由以上所述可见，熊十力的离识无境说与马一浮的离心无物说在基本思想上是一致的。而熊十力的新唯识论可以帮助我们了解马一浮"了境唯心，离心无境"思想的具体含义。由上述讨论可见，马一浮主张"一切诸法缘生""真心能照诸缘，不从缘有"，还是偏之于宗密所说的"一乘显性教"或"显示真心即性教"，即不太说缘境分别之识，而强调本觉真心。更多地继承了《起信论》、华严禅的思想，唯识的思想在他的思想中不占主要地位。而强调向心内用功，则是佛教各派和熊、马共同的基本立场。

四 即内在即超越

马一浮的心物论提示出传统中国思想中的唯心传统与西洋所谓"哲学"的关系。马一浮虽然出入义学，归宗六经，但他特别强调心物不分的本体论与明心见性的方法论。这种思想与西洋哲学强调认识功能和主客体分析的路向不同，从而使得马一浮十分注意把传统的"圣贤之学"与"哲学"加以区分。这

---

① 《新唯识论》，第271页。

种区分,在我们看来,并不表示这不能纳入"哲学"的范围加以分析,而是表示他由传统继承而来的对于"学"的看法及本体论的预设,与西方传统的"哲学"具有不同的特色。

当时有一学者主张用科学方法研究儒学,就此请教马一浮,马一浮不以为然,他说:

> 今日科学、哲学之方法,大致由于经验推想、观察事相而加以分析,虽其浅深广狭所就各有短长,其同为比量而知则一。或因苦思力索如鼹鼠之食郊牛,或以影响揣摩如猿狙之求水月,其较胜者,理论组织饶有思致可观,然力假安排,不由自得,以视中土圣人始条理、终条理者,虽霄壤未足以为喻,盖类族辨物必资于玄悟,穷神知化乃根于圣证,非可以袭而取之也。①

在他看来,西方所发展的科学、哲学的方法,是以"情识"和"思量分别之心"追求心外分外之事,而穷神知化并不能依靠感性经验与理性思维,必须依靠内在的体悟、体证。他所以主张"心外无物",以宇宙内事为己分内事,正是要人在自己心上用功,他认为这种学问的性质和路向与西方所谓哲学不同:"中土圣哲皆以宇宙为性分内事,非谓心外别有乾坤,与时人所持西方哲学研究方法大异。"②他认为西方哲学、科学都是"以观物为能",这种学问是以心物相分为基础的,而中土圣贤之学

---

① 《尔雅台答问》卷一,第25页。
② 同上书,第29页。

第五章 马一浮哲学的心物论

则物不离心,重在尽心知性。

时又一学者欲建立人类哲学,问于马一浮,马一浮回答说:

> 书院所讲习者,要在本原经术,发明自性本具之义理,与今之治哲学者,未可同日而语。贤者之好尚在治哲学,若以今日治哲学者一般所持客观态度,视此为过去时代之一种哲学思想而研究之,恐未必有深益……

他指出,一般所谓哲学方法,重"在一种方法之认识研究,若由中土圣贤之学言之,此方法乃不可得者,何以故?因其求之在外也。一任如何安排,如何组织,持之有故,言之成理,却与自性了无干涉"。最后他奉劝此君"将此等哲学思想暂时屏却","虚心涵泳,先将文义理会明白,着实真下一番涵养工夫,认得自己心性义理端的,然后不被此等杂学惑乱,方可得其条理。"① 这就是说,西方哲学的特点一是思量分别,二是认识外物;而中国学术的特点则一为反身涵养,二是发明自性。西方哲学是分析的、向外的认识,中国思想则是整全的、向内的证悟。

马一浮对"哲学"的这种排斥与 20 世纪早期其他新儒学者有所不同。如熊十力也是坚决主张"反求实证""反诸内心",反对用分别事物的理智"一往向外求理""观物",但熊十力认为以慧用外求的错误在于哲学上未能真正了解"实体",而不在

---

① 《尔雅台答问》卷一,第 33 页。

于是否以哲学求之。世人以为外界独存，所以将心力全向外倾，追境逐物，而至物化，只有通过"新唯识论"的理论说明，才能了解境属于心，而心能了别、改造、主宰境，心才能独立、自由而不被物化。① 冯友兰则更以西方哲学为哲学现代化的方向，重视逻辑分析，要由逻辑分析上通人生最高境界。比较起来，马一浮在工夫和方法上，更倾向于禅宗和心学，全力主张反求，而不重论说分析，这与受唯识学训练的熊十力和受逻辑训练的冯友兰注重理论辨析的方向确有不同。

马一浮以及熊十力思想的这种特质，用学界近年流行的词汇来说，属于所谓"内在的超越"一路。中国儒学传统在漫长的历史发展中产生过不少不同的发展方向的学派，并不是整个儒学传统都可归之为"内在的超越"。如古典儒家（先秦）仍在一定程度上保有宗教性的"天"的观念，即使是宋代以后，对"天"的了解虽然已被相当程度地理性化了，但仍然是一个具有本体意义的最高范畴。因而整个地说，儒家并不能仅归为"内在的超越"，而仍有"外在的超越"一方面。

学术界现在常用的"内在的超越"是与基督宗教的"外在的超越"相对而言，而多用以指儒家在宋明发展中心学的一派。就心学传统来说，实际上亦须详加分疏，也不是"内在的超越"一词可完全把握的。如果从明代理学"本体"与"工夫"的区分来看，在本体上，正如本章二、三节所示，从《起信论》到华严和禅宗，其唯心思想的形态与结构呈现为"既超越又内在"

---

① 《新唯识论》，第 257 页。

第五章 马一浮哲学的心物论

的特点。就是说,一方面主张有真如本体的存在,另一方面又认为真如本体亦显现、存在于个体心中。而本体的真如与个体心中的真如二者之关联,则采取"一即一切,一切即一""月印万川"等特殊逻辑营造起来,使得个体心中的真如具有与本体的真如同等的圆满性。在工夫上,由于真如本体同时完整地显现、存在于每个人心中,所以人追求圆满完善,只需向内心用功体悟。禅宗在佛教中将此内在、内向的一面发展至极,慧能《坛经》主张自性三身佛,以为法身、报身、化身佛皆在自性之中,人只须向自性中求佛,更不假外求。从陆象山、王阳明到马一浮、熊十力,近世以来的儒家心学,有意无意地吸收或受到佛教心学的影响,认为宇宙本体为心,即显现、存在于每个人之本心,人只要发明本心,向里用功,便可与本体合而为一,达到最圆满的境界。由此可见,儒家思想中心学的传统,表现在本体上,是"既超越又内在";表现在工夫上,是"由内在而超越"。前者的代表性命题如"即体即用",后者的代表性命题如"尽心知性知天"。严格地说,由于心学中有主张"天人本无二,不必言合""尽心便是天""三事一时并了",内在的真实体悟已经同时就是知天合天,并不意味着需要经过一个过程再去接通超越,从而,在它的本来规定上,是"即内在即超越"的。心学的这样一种本体—工夫的结构,简单地用"内在的超越"这样的说法尚不能完整、准确地表达它。

"外在超越"的信仰不是用知性和理性可以了解的。在这一点上,"内在超越"同样不是知性和理性可以了解的。尽管心学传统"既超越又内在"的本体论亦可借助一种知性结构加以表达，但真正的"证实"则需要工夫的"自证自悟"。所以，无论禅师的棒喝还是心学大师的警醒，都是预设了内在圆满需要人用"自证自悟"的非理性方式去证实，达成这种圆满。当然，这里的"非理性"并无贬义，只是指明此种学问与希腊传统下衍的 philosophy 不同的特质。从同情了解的角度来说，这种证悟虽然不是逻辑分析和理论思维所了解的证明，但内在于心学的立场，心学认定这是唯一的、不言自明、亦不依言说的证实方式。这就是马一浮何以强调与西方"哲学"不同的"圣证"之学。而这样一种思想显然是以一种对心物关系的独特了解，或者说一种即内在即超越的哲学为基础的。

马一浮（同时梁漱溟亦然）所强调的与西方哲学不同的这种圣证之学在现代社会与思想学术界的意义如何，仍值得研究。现代中国社会的结构及要求根本上已不同于传统中国社会，哲学思想工作的开展不太可能离开理论的论说，哲学工作者也往往以讲授学问为职业。在这样一种社会，既超越又内在的学问，如果有赖以依存的外在组织形式（如佛教），仍然可以在现代社会重物不重心的风气下发生积极的作用。而儒家思想系统的内圣之学虽然可以为个人所信持，强调个人内心生活的重要性在现代工业社会也确有意义，但在现代社会已经抛弃了成圣成贤的理想情况下，却容易陷入比较窘迫的境地。在经历了五四文化运动的彻底解构，面临强劲的物质化、庸俗化风潮的冲击和笼罩的当代中国社会，如何摆脱这一困境，可能是儒家传统，特别是即内在即超越的心学一派的一个具有根本性的问题。

第六章　梁漱溟的《东西文化及其哲学》与其文化多元主义

不管我们是否同意梁漱溟的文化哲学，他的著作《东西文化及其哲学》已经成为 20 世纪中国思想学术的经典之一。这一事实，使得我们在讨论 20 世纪中国的现代性经验，特别是五四前后文化运动的知识人的观念时，梁漱溟和陈独秀、胡适一样，成为不可回避的焦点。

即使在《东西文化及其哲学》这本书出版的时代，它就已经成了新文化运动以来最具影响的著作，尽管这种影响更多的来自于它所引起的批评。《东西文化及其哲学》出版后不到一年，引出了近百篇评论、讨论的文章，以及十几本小册子，讨论东西文化，而且在短时间内就被译成十二国文字。这种影响，是 1915 年《新青年》杂志出版以来任何一本其他的著作都不曾有过的。无怪乎当时人们称其为"震古烁今之著作"，说它"把东西两半球的学者,闹个无宁日"①。直到 30 年代,仍有这样的说法:"西洋人以梁氏为中国的唯一哲学家。"②

但是,《东西文化及其哲学》在一般人心中的面目,和梁漱溟此书的本来意向之间,似乎隔了几重公案。如梁漱溟当时被视为"反对欧化"的代表,到 30 年代,郭湛波在其《近五十年中国思想史》中仍然以梁漱溟为反对西洋文化的代表:

> 中国自 1919 年起的新文化运动,是西洋工业资本社会思想输入时期,同时反抗中国固有的农业宗法封建思想及风俗、道德、习惯、伦理,此时之代表思想家即上述者陈(独秀)、胡(适)、李(大钊)、吴(稚晖)诸人。然在此西洋新思想新文化澎湃潮流中,忽起反动的思想,反对西洋文化,崇拜中国固有文化,那就是梁漱溟先生了。③

郭湛波甚至认为梁漱溟"反对科学与民主政治",其思想"仍然是中国农业宗法封建思想"。④

郭氏是站在新派的立场上作此判断,但这其实也是绝大多数新派的共同看法。可是梁漱溟自己却加以否认。在《东西文化及其哲学》一书出版后的两年间,梁漱溟对诸多批评皆未回答;只是在这一拨批评的最后一篇,也就是胡适的批评文章发

---

① 李石岑:《评〈东西文化及其哲学〉》,《民铎》1922 年三卷三号。
② 孙道升:《现代中国哲学界之解剖》,《国闻周报》1935 年十二卷四十五期。
③ 郭湛波:《近五十年中国思想史》,山东人民出版社,1997 年,第 135 页。
④ 同上书,第 138 页。

第六章 梁漱溟的《东西文化及其哲学》与其文化多元主义

表半年之后,他才针对胡适写了一篇长文作为回应。在这篇文章中,他对批评他保守反动的说法提出了明确的反驳:

> 照这样说来,然则我是他们的障碍物了!我是障碍他们思想革新运动的了!这我如何当得起?这岂是我愿意的?这令我很难过。我不觉得我是反对他们的运动!我不觉得我是他们的敌人,……我是没有敌人的![1]

梁漱溟当然坦承他的文化观念与陈、胡不同,但他坚决拒绝把他看作思想革新运动的障碍。我们知道,梁漱溟一向不隐瞒自己的立场观点。因此,他的这些表白,绝不是掩饰自己的立场。改革开放以来的经验告诉我们,在社会文化深刻变动的时代,常常有自封为改革者的人,动辄批评持不同文化观念的人为"反对改革",而事实上,这多半反映了批评者思想简单,而并不能把握被批评者立场的多元性和深刻性。

一部深刻但是复杂的著作,人们往往不能立即理解其复杂的结构,相反,一般人多会以不求甚解的习惯,或简易归约的态度,只关注其一个方面而加以简单化的处理。如果这部书正好产生于文化论争的年代,并且是非主流的话,当时的人们就更难心平气和地进行全面的观照了。梁漱溟的《东西文化及其哲学》可以说就是这样一本著作。

经历了20世纪的起伏曲折,到了今天,也许我们才能心平

---

[1] 《梁漱溟全集》第四卷,山东人民出版社,1990年,第738页。

气和地从比较全面的观点，真正了解具有复杂面向的梁漱溟文化观的本来面目。本章将集中在梁漱溟的中西文化观方面，而不讨论有关印度文化的问题。

一 欧化与世界化

1918年，在《东西文化及其哲学》出版的前三年，梁漱溟在《北京大学日刊》刊登《征求研究东方学者》之后，就被视为反对欧化者，对此，他表示：

> 有以溟为反对欧化者，欧化实世界化，东方亦不能外。然东方亦有其足为世界化而欧土将弗能外者。①

他认为，所谓"欧化"其实就是"世界化"，西方近代文化，照他的理解，并不是一种民族性的文化，而是具有普遍性、可普遍化的文化，也是整个世界共同发展的必然潮流。"欧化即世界化"这一提法本身就不可能是"反对欧化"的，这明确表示，他的立场不是反对欧化。从正面来看，他的立场是，在赞成世界化的同时，肯定东方文化也包含具有普遍性、可普遍化的文化内涵。如果从"反"的方面看其思想，其立场不是反对西方文化，而是反对反东方文化。他在1917年10月初到北大时，对蔡元培、陈独秀说，他是为释迦、孔子打抱不平而来，就是

---

① 梁漱溟：《启事》，《北京大学日刊》1918年10月31日，又载《梁漱溟全集》第四卷，第547页。

第六章　梁漱溟的《东西文化及其哲学》与其文化多元主义

反映了他的反反东方文化论的立场,而绝不是反西洋文化的主张。从今天的观点来看,"东方亦有其足为世界化而欧土将弗能外者",是多元文化主义不可动摇的主张。

1919年夏,梁漱溟写了《东西文化及其哲学》的两章作为《唯识述义》的前录,1920年秋在北大开始讲东西文化问题,《北京大学日刊》自10月至12月分十五次连载了讲演的部分内容。1921年夏,梁漱溟在济南应邀讲东西文化问题,达四十天之久。1920年秋和1921年夏的这两次讲演的记录,在1921年10月出版为《东西文化及其哲学》一书,到1922年10月,短短一年之间,这本书就印到了五版。

《东西文化及其哲学》一开始就对西方文化作了以下描述:

> 我们所看见的,几乎世界上完全是西方化的世界!欧美等国完全是西方化的领域,固然不须说了。就是东方各国,凡能领受接纳西方化而又能运用的,方能使它的民族、国家站得住;凡来不及领受接纳西方化的即被西方化的强力所占领。……中国也为西方化所压迫,差不多西方化撞进门来已竟好几十年,使秉受东方化很久的中国人,也不能不改变生活,采用西方化!几乎我们现在的生活,无论精神方面、社会方面和物质方面,都充满了西方化,这是无法否认的。所以这个问题的现状,并非东方化与西方化对垒的战争,完全是西方化对于东方化绝对的胜利,绝对的压服![1]

---

[1] 《梁漱溟全集》第一卷,第332—333页。

梁漱溟所用的"西方化""东方化"多指"西方文化""东方文化"。这是要说明的。由上可知，梁漱溟看得很清楚：西方化是当今世界的趋势，顺其者昌，逆其者亡，世界上任何地方的人，要生存，就必须采用西方化。而且中国人的生活中已经"充满了西方化"。梁漱溟既然深知"不领纳西方文化立就覆亡"，他当然不会"反对西方文化"了。

梁漱溟说，可以把"文化"理解为"一个民族生活的种种方面"，这种种方面可归为三：精神生活方面，社会生活方面，物质生活方面。从这三个方面比较东西文化，梁漱溟指出，在精神生活方面，"的确是西洋人比我们多进了一步"，"中国人比较起来，明明还在未进状态的"。在社会生活方面，"西洋比中国进步更为显然"。在物质生活方面，"东方之不及西方尤不待言"。作了这三方面的比较以后梁漱溟总结说：

> 由此看来，所谓文化只有此三方面，而此三方面中东方化都不及西方化，那么，东方化明明是未进的文化，而西方化是既进的文化。所谓未进的文化大可以不必提起，单采用既进的文化好了！我记得有一位常乃德先生说西方化与东方化不能相提并论，东方化之与西方化是一古一今的；是一前一后的；一是未进的，一是既进的。照我们从生活三方面观察所得的结果看来，常君这种论调是不错的。我们看东方文化和哲学，都是一成不变的，历久如一的，所有几千年后的文化和哲学，还是几千年前的文化，几千年前的哲学。①

---

① 《梁漱溟全集》第一卷，第340页。

第六章 梁漱溟的《东西文化及其哲学》与其文化多元主义

梁漱溟在这里虽或间用他人的语气,但他所引述的观点是他所认可的。以这样的观点来看,"东方化即古化","西方化就是新化"。东方是未进步的文化,而西方是已经进步的文化,前者不及后者,所有这些都是梁漱溟所坦然承认的。既然如此,他又怎么会反对西方文化呢?

根据梁漱溟的叙述,新文化运动前期国人对东西方文化的对比,多受这样的观点影响:西方人是征服自然,东方人是与自然融合。持这种观点的人,他举出有金子马治、杜威、北聆吉。梁漱溟颇不以此种看法为然,在他看来,此种说法虽是事实,但"对于西方化实在有很大的忽略,不配作我们所要求的答案。我们且举最容易看见的那西方社会上特异的彩色,如所谓'自由'、'平等'——'德谟克拉西'的倾向——也是征服自然可以包括了的么?如果单去看他那物质上的灿烂,而蔑视社会生活的方面,又与同光间'坚甲利兵'的见解有何高下呢?"①

梁漱溟自己对东西文化对比的看法,产生于1918年与张申府的谈论,"我当时叙说我的意见,就是我观察西方化有两样特长,所有西方化的特长都尽于此。我对这两样东西完全承认,所以我的提倡东方化与旧头脑的拒绝西方化不同"②。

请注意,他明确申明他虽然提倡东方文化,但不是拒绝西方文化,更不是反对西方文化。他所完全承认的西方文化的两个特长是什么呢?他说:"所谓两样东西是什么呢?一个便是科

---

① 《梁漱溟全集》第一卷,第347页。
② 同上书,第349页。

学的方法，一个便是人的个性申展、社会性发达。前一个是西方学术上特别的精神，后一个是西方社会上特别的精神。张君听着似乎不甚注意，但我自信甚坚，并且反觉得是独有的见解了。"① 梁漱溟的这个说法，在今天熟知"科学与民主"两大口号的人看来，似无稀奇。然而，我们所注意的是，据梁漱溟说，他之提出这两点，是在陈独秀的总结之前，所以他在前面的话说完后接着说："到民国九年看见《新青年》六卷一号陈独秀君的《本志罪案之答辩书》说他们杂志同仁所有的罪案不过是拥护德赛两位先生罢了。"② 这表明，在 1918 年梁漱溟就已经看到西方文化的重要特点，并且这种看法与新青年派是一致的。尤其是他说"我对这两样东西完全承认"，完全赞成科学与民主，无怪乎艾恺认为，与文化融合派和全盘西化派相比，"梁漱溟的文化观却同陈独秀的持论更为一致"③。

二 科学与民主

在科学与民主这两个方面，梁漱溟将东方文化与西方文化加以比较，我们可以通过这种比较看看梁漱溟对东方文化的认识。

梁漱溟指出，比起西方文化的"科学"来，"我们虽然也会打铁、炼钢、做火药、做木活、做石活、建筑房屋桥梁，以及

---

① 《梁漱溟全集》第一卷，第 349 页。
② 同上书，第 350 页。
③ 艾恺：《最后的儒家》，江苏人民出版社，1993 年，第 80 页。

第六章　梁漱溟的《东西文化及其哲学》与其文化多元主义

种种的制作工程,但是我们的制作工程都靠那工匠心心传授的'手艺'。西方却一切要根据科学——用一种方法把许多零碎的经验,不全的知识,经营成学问,往前探讨,与'手艺'全然分开,而应付一切,解决一切的都凭科学,不在'手艺'。……大约在西方便是艺术也是科学化;而在东方便是科学也是艺术化"[1]。这是他对西方的科学精神的充分肯定。

梁漱溟进而指出:"科学求公例原则,要大家共认证实的;所以前人所有的今人都有得,其所贵便在新发明,而一步一步脚踏实地,逐步前进,当然今胜于古。艺术在乎天才秘巧,是个人独得的,前人的造诣,后人每觉赶不上,其所贵便在祖传秘诀,而自然要叹今不如古。"[2] 他说,中国所讲的道理思想,"句句都带应用意味的道理,只是术,算不得是学。凡是中国的学问大半是术非学,或说学术不分"[3]。这是对中国文化缺乏科学精神的批评。

其次来看中国的政治意识与西方的民主观念的不同。他说,中国人的观念里,国家竟可不要皇帝,这简直是怪事,"他总想天下定要有个作主的人才成,否则岂有不闹哄的?闹哄起来谁能管呢?怎的竟自可不闹哄,这是他不能想象的,闹哄怎的可不必要有个人管,这也是他未从想象的。"[4] 在这里,我们怎么也找不到"崇拜中国固有文化"的影子。

---

[1] 《梁漱溟全集》第一卷,第354—355页。
[2] 同上书,第355页。
[3] 同上书,第356页。
[4] 同上书,第362页。

"中国人看见西方的办法没有一个作主的人,是很惊怪了,还有看见个个人一般大小,全没个尊卑上下之分,也是顶可惊怪的。……几千年来维持中国社会安宁的就是尊卑大小四字。没有尊卑大小的社会,是他从来所没看见过的。"① 他更指出:"照中国所走那条路,其结果是大家不平等,同时在个人也不得自由。因为照那样,虽然原意只是把大家伙一同往前过活的事,由一个人去作主拿主意,但其势必致一个个人的私生活,也由他作主而不由个个人作主了。非只公众的事交给他,我们无过问的权,就是个人的言论行动,也无自由处理的权了。这就叫不自由。虽然事实上尽可自由的很,那是他没管,并非我有权。"② 所以,梁漱溟把中国的政治生活概括为"有权的无限有权,无权的无限无权"。他把西方政治生活的原则概括为"公众的事大家都有参与作主的权","个人的事大家都无过问的权"。③ 这些都体现了他对西方的民主精神发自内心的赞扬和充分肯定。

基于这种看法,他认为对中国人的传统政治意识加以改造,是非常急迫的事情,他指出,辛亥革命建立民国以来,政治问题的原因,是"因为中国人民在此种西方化政治制度之下仍旧保持在东方化的政治制度底下所抱的态度。东方化的态度,根本上与西方化刺谬;此种态度不改,西方化政治制度绝对不会

---

① 《梁漱溟全集》第一卷,第363页。
② 同上书,第364页。
③ 同上书,第365页。

第六章　梁漱溟的《东西文化及其哲学》与其文化多元主义

安设上去！"[1]

由以上可见，说梁漱溟"反对科学与民主"如果不是根本误会了梁漱溟的思想，便是抢占政治制高点，以求在政治上把论辩对手压倒；这差不多成了20世纪文化激进派的常见态度，许多无谓的争论亦由此而起。事实上，梁漱溟不仅完全肯定了西方文化体现出来的科学与民主，而且对自由、平等、权利有着强烈的诉求。同时可以看出，欧化论对中国文化弊病的批评，与梁漱溟对中国文化的批评也是基本一致的。此外，他对西方文化的伦理观念也有不少肯定，如他说："西方人的伦理思想道德观念就与我们很不同了。最昭著的有两点：一则西方人极重对于社会的道德，就是公德，而中国人差不多不讲，所讲的都是这人对那人的道德，就是私德。……一则中国人以服从事奉一个人为道德。"[2]

总而言之，梁漱溟对西方文化的认识是："西方的学术思想，处处看去，都表现一种特别的采色，与我们截然两样，就是所谓'科学的精神'。"[3]"西方人的社会生活处处看去都表现一种特别的采色，与我们截然两样的就是所谓'德谟克拉西'的精神。"[4] 与对西方思想、政治的推崇相联系，我们可以清楚地看到梁漱溟对中国传统学术、政治弊病的明确批评。

---

[1] 《梁漱溟全集》第一卷，第337页。
[2] 同上书，第369页。
[3] 同上书，第362页。
[4] 同上书，第370页。

三 面目与路向

再来看梁漱溟对西方文化特性的认识。他说:"如何是西方化?但是我们假如拿此问题问人,大家仓卒之间一定答不出来;或者答的时候列举许多西方的政治制度、社会风尚、学术思想等等。无奈此种列举很难周备,即使周备,而所举的愈多,愈没有一个明了正确的'西方化'的观念。因为我们所问的,要求把许多说不尽的西方化归缩到一句两句话,可以表的出他来。使那许多东西成了一个很有意思的一个东西,跃然于我们的心目中,才算是将我们的问题答对了。"[1] 和当时许多知识人一样,梁漱溟喜欢把东方文化与西方文化的对比,简化为"一句两句话",从今天来看,这种做法难免不失之于片面,但在当时急欲对文化问题谋一解决的人来说,却成了必然的选择。

梁漱溟指出,以科学与民主为西方文化的特点和长处,"是人人看到的,并非我特有的见地。自这两年来新思想家所反复而道,不厌其详的总不过是这个,也并非我今天才说的"[2]。我们在前面也指出,叙述梁漱溟对西方文化的把握,一方面使人了解他对西方文化确有较深刻的认识,另一方面显示他的立场根本不是反对西方文化。但这还不是梁漱溟文化观的特异之处。

在了解了西方文化的特长在科学与民主之后,梁漱溟与其他文化派别的不同之处在于,他的思考并未到此为止,在后续

---

[1] 《梁漱溟全集》第一卷,第345页。
[2] 同上书,第370页。

第六章 梁漱溟的《东西文化及其哲学》与其文化多元主义

的思考中,他提出,人们都知科学与民主为西方化的特色,却没有人进一步去发问:"西方化——怎么会成功这个样子?……赛恩斯与德谟克拉西——是怎么被他得到的?……这样东西为什么中国不能产出来?"①

首先,他之所以不以将科学与民主作为对西方文化的概括为满足,是因为,在他看来,以"科学与民主"来概括西方文化的提法,并未能把西方文化"征服自然"的特点表示出来,这是一个缺点。② 其次,出于他的"一句话"的思想方式,他希望能把"科学"与"民主"这两点归结为"一种精神",而不是两种彼此关系不清的精神。③

更重要的是,他指出,中国人只是想把这两样东西"科学与民主"引进来,而他则认为在这两样东西后面还有更本质的东西。他说:

> 要知道这只是西方化逐渐开发出来的面目还非他所从来的路向。我们要去学他,虽然不一定照他原路走一遍,但却定要持他那路向走才行,否则单学他的面目绝学不来的。并且要知道西方化之所以为西方化在彼不在此。不能以如此的面目为西方化,要以如彼的路向为西方化的。④

---

① 《梁漱溟全集》第一卷,第370页。
② 同上书,第350页。
③ 同上书,第351页。
④ 同上书,第371页。

这就是说，科学与民主还是属于西方文化的"面目"，而不是"路向"。"此"指面目，"彼"指路向，他强调，西方文化之所以为西方文化者不在其"面目"，而在其"路向"。这"路向"才是西方文化最根本的东西。

梁漱溟为什么会提出这样一个看法呢？照他看来，用科学与民主来概括西方文化，其方法实际上是"从西方各种文物抽出他那共同的特异采色"。而他所采取的方法，则是"从这些特异的采色寻出他那一本的源泉"。这种寻找一种文化的"源泉"的方法，也就是找出此种文化的"路向"，或者说，找出此种文化的"意欲"。①

这就显示出梁漱溟的文化观是一种"深度文化观"，他所追求的不是一个文化外在的、可以归纳出来的"样法"，而是某种内在的、只能体会的"意欲"。从这里也就产生了他的文化哲学。他这样说明他所使用的文化研究方法：

> 我以为我们去求一家文化的根本或源泉有个方法。你且看文化是什么东西呢？不过是那一民族生活的样法罢了。生活又是什么呢？生活就是没尽的意欲（Will）……和那不断的满足与不满足罢了。通是个民族通是个生活，何以他那表现出来的生活样法成了两异的采色？不过是他那为生活样法最初本因的意欲分出两异的方向，所以发挥出来的便两样罢了。然则你要去求一家文化的根本或源泉，你

---

① 《梁漱溟全集》第一卷，第353页。

第六章　梁漱溟的《东西文化及其哲学》与其文化多元主义

只要去看文化的根原的意欲,这家的方向如何与他家的不同。你要去寻这方向怎样不同,你只要[由]他已知的特异采色推他那原出发点,不难一目了然。①

所谓文化的根本或源泉,就是指文化的意欲之方向,由这意欲的方向才产生出生活的样法,不同的生活样法各具不同的色彩。

于是,他最后得出了一个关于"什么是西方文化"的答案,这就是:西方化是以意欲向前要求为其根本精神的,或说:西方化是由意欲向前要求的精神产生"赛恩斯"与"德谟克拉西"两大异彩的文化。②

四　三种路向说

到此为止,梁漱溟的文化观不仅不是反对西方文化的,在某种意义上,仍可以说他是很"西方化"的。他希望中国人不仅要学科学与民主,而且要中国人学习科学与民主所从来的"路向",认为不如此,科学与民主就学不来。这不是比只讲科学与民主的人更西方化吗?照这样一种讲法,他几乎可以说是从外到里的要彻底的"西方化"了。

不止如此,他不仅认为东方文化是未进步的,西方文化是比东方文化进了一大步的,而且他提出,如果没有西方的打入

---

①　《梁漱溟全集》第一卷,第352页。
②　同上书,第353页。

东方,东方是不会自然进步到西方的样子的。他说:

> 我敢说:如果欧亚的交通不打开,中国人的精神还照千年来的样子不变,那中国社会的经济现象断不会有什么变迁,欧洲所谓"工业革新"(Industrial Revolution)的,断不会发生。又如果回族同欧人不去侵入印度,听着印度人去专作他那种精神生活,我们能想象他那经济现象怎样进步么?①

这一段话,也会被理解为梁漱溟认为中国和印度的进步太慢。到以上为止,我们所看到的梁漱溟,和欧化派没有什么分别。然而,正是在这一段话上,梁漱溟开始提出他的惊世之见:

> 我们先来拿西方化的面目同中国化的面目比较着看:第一项,西方化物质生活方面的征服自然,中国是没有的,不及的;第二项,西方化学术思想方面的科学方法,中国又是没有的;第三项,西方化社会生活方面的"德谟克拉西",中国又是没有的。几乎就着三方面看去中国都不济,只露出消极的面目很难寻着积极的面目。
>
> 于是我们就要问:中国文化之根本路向,还是与西方化同路,而因走得慢没得西方的成绩呢?还是与西方各走一路,别有成就,非只这消极的面目而自有其积极的面目呢?有人——大多数的人——就以为中国是单纯的不及西

---

① 《梁漱溟全集》第一卷,第375页。

第六章 梁漱溟的《东西文化及其哲学》与其文化多元主义

方,西方人进化的快,路走出去的远,而中国人迟钝不进化,比人家少走了一大半。我起初看时也是这样想。……但其实不然。①

所有陈独秀等西化派所指列的中国文化的病症,梁漱溟都承认;所有欧化派所主张对西方文化的学习,梁漱溟都赞成。只有一条梁漱溟不能同于欧化派的,那就是他不能承认中国文化彻头彻尾的、全部是无价值的,这是他在理智和感情上都不能同意的。他所心存的,就是在学习西方文化的同时,给东方文化留下一块肯定的空间。

怎么做到这一点呢?他的方法是先承认欧化派的所有文化主张,然后再下一转语。他的第一步,是区分中、西、印三种文化各有其"路向":

差不多人类文化可以看作一条路线,西方人走了八九十里,中国人只到二三十里,这不是很明[显]的吗?但其实不然。我可以断言假使西方化不同我们接触,中国是完全闭关与外间不通风的,就是再走三百年、五百年、一千年也断不会有这些轮船、火车、飞行艇、科学方法和"德谟克拉西"精神产生出来。这句话就是说:中国人不是同西方人走一条路线。因为走的慢,比人家慢了几十里路。若是同一路线而少走些路,那么,慢慢的走终究有一天赶

---

① 《梁漱溟全集》第一卷,第391—392页。

的上；若是各自走到别的路线上去，别一方向上去，那么，无论走好久，也不会走到那西方人所达到的地点上去的！中国实在是如后一说，质而言之，中国人另有他的路向态度与西方人不同的。①

即使从这样的观点，也仍然可以得出西化论的结论，那就是，中国人一开始就走错了路，现在赶快走西方的路罢！换句话说，梁漱溟讲到这里，西方化论者，还是可以不加反对。那么，分歧由何而起呢？

分歧的开始就在于，如果说在新文化运动前期，梁漱溟基本上赞成欧化派的文化分析和政治主张，而唯独不能承认中国文化是全部无价值的话，那么，到了新文化运动的后期，梁漱溟就开始注意对西方文化弊病的批评，并由此对未来世界文化的走势提出大胆的预言，即西方文化在未来将发生改变，东方文化将在未来复兴。所以，简单地说，梁漱溟与欧化派的不同，主要的不是对"过去"的认识，也不是"当下"的选择不同，而是对"未来的发展"预测不同。

现在可以讲到梁漱溟早期文化观的核心——"三种路向说"。他认为，生活中解决问题的方法，也就是生活的样法，归结起来有三种：

第一，遇到问题，向前面下手，改造局面，也就是奋

---

① 《梁漱溟全集》第一卷，第392页。

第六章 梁漱溟的《东西文化及其哲学》与其文化多元主义

斗的态度。

第二，遇到问题，随遇而安，不求奋斗，而是求自我的满足。

第三，遇到问题，就想取消问题和要求。①

梁漱溟认为，西方、中国、印度的文化分别体现了这三种生活的态度，具体说来：

> 西方文化走第一路向，是以意欲向前要求为根本精神的。
>
> 中国文化走第二路向，是以意欲自为、调和、持中为其根本精神的。
>
> 印度文化走第三路向，是以意欲反身向后要求为其根本精神的。②

这种提法，从人格化的方面可以很清楚地区别开来，有的人一心进取、向前追求；有人调和持中，随遇而安；有的人则对生活持否定态度。

上面说过，这三种路向说，一个西化论者也可以赞成，因为从这三种路向说，可以引出以进步观念为基础的彻底西化论的结论，即世界各国要生存，要现代化，都要走第一路向，才能发展经济，实现政治民主和个性发展。事实上梁漱溟也赞成

---

① 《梁漱溟全集》第一卷，第381—382页。
② 同上书，第383页。

走第一路向为今日中国之所急。

如果仅仅是这样，梁漱溟岂不仍与欧化派完全相同了么？梁漱溟与欧化派当然有不同，因为从三种路向说中，他发展出与西化派不同的变化的文化观，一种对三种路向都可有肯定的文化观。质言之，他把对西方文化的肯定置于时间坐标的"现在"时段，而把对中国、印度文化的肯定移置到时间坐标的"未来"时段。简单地说，在他看来，世界文化正在发生大的变化，变化的趋势是，在"现在"，世界都应学习西方，走第一路向；而在"最近的未来"，世界将转向第二路向，即以前中国文化所体现的路向；到了"未来"，世界将转到第三路向，也就是以前印度文化所体现的路向。在这样一种时间的维度里，他使得中国与印度文化的价值仍能获得肯定，而不像西化派想做的那样，把中国与印度的文化在西方化的潮流中永远送回历史的博物馆。此外，除了这种"时间"的处理方式，梁漱溟还采用一种"空间"的方式，来安顿中国文化的位置，他与西化派一样批评、否定中国古代在"文明"方面的落后，如器物、制度、学术等，但不认为中国文化的"人生态度"是落后的，认为人生态度是无所谓进步落后的。事实上，他所谓未来中国文化的复兴，根本不是指器物、制度、学术，而是仅指人生态度的"路向"而言。

五　社会主义

梁漱溟的这种观点的确与众不同，一般的人会对中国、印度文化给以历史的肯定，而认为中国、印度文化虽然在历史上

第六章　梁漱溟的《东西文化及其哲学》与其文化多元主义

有其价值，但在现代化进程中已失去其价值。梁漱溟的看法正好相反，他认为中国、印度的文化属于早熟，所以在历史上不能满足这些民族生活的需要、解决他们在这一段历史发展中遇到的问题；但中国、印度文化的观念、态度是未来世界各民族生活所需要的，将有助于解决世界文化发展在未来遇到的问题。

梁漱溟之所以会做出这样的判断和估计，除了他对东方文化内在价值本来就有的肯定外，正是与这一时期知识分子对西方资本主义文化的弊病之省觉，与西方社会主义思想影响之深入有直接关联。他说明："我们讲未来文化，并不是主张世界未来应当用某种文化，只指示现在的情形正朝着某方面去走。完全就客观的事实来看……我们从客观的观察所得，看出为现在全世界向导的西方文化已经有表著的变迁，世界未来的文化似不难测。"① 这种从实然的事实出发建立的理论，在方法上是以实然的变化趋势来论述的，以实然的为合理的，以必然的为合理的。这体现了近代知识分子的意识受到世界历史推动，并且生怕落后于历史车轮的心态。也说明，梁漱溟的理论并不是以主观的好恶为立论基础，而是根据世界文化或者说西方文化的变化趋势提出来的。

那么西方已经显露出来的变迁是什么呢？梁漱溟指出，西方自中世纪以后，小生产转变为大生产，其主要原因，一是机器的发明，导致资本和劳动力的集中，带来了生产规模的急剧扩大；一是自由竞争，社会对产业不加干涉，人人各竞其利。

---

① 《梁漱溟全集》第一卷，第488页。

他认为这种发展到现在已经是问题百出、矛盾尖锐，资本主义大生产的发展，使社会分化为资产阶级和工人阶级两大阶级，资本家对工人进行压迫，而工人还时时受失业的威胁。一方面是生产的无计划而发生过剩，一方面是生产过剩导致的工人失业。"照现在的办法竟然如此，这样的经济真是再不合理没有了！这种不合理的事决敷衍不下去。这全失我们人的本意，人自然要求改正，归于合理而后已。就是把现在个人本位的、生产本位的经济改正归到社会本位的、分配本位的。这出来要求改正的便是所谓社会主义。西方文化的转变就萌芽于此。"① 梁漱溟所受到的社会主义思想的很大影响，在这里清晰可见。

这表明，在梁漱溟看来，社会主义的出现，使西方文化开始发生一个转变。从这里梁漱溟提出：

> 我们虽不能说现在经济将由如何步骤而得改正，但其必得改正则无疑，且非甚远之事。改正成功什么样子，我们也不便随意设想。但其要必归于合理，以社会为本位、分配为本位是一定的，这样一来就致人类文化要有一根本变革：由第一路向改变为第二路向，亦即由西洋态度改变为中国态度。这是为什么要这个样子呢？不为别的，这只为他由第一种问题转入第二种问题了。②

这也就是说，梁漱溟认为，西方文化，也就是世界文化，将转

---

① 《梁漱溟全集》第一卷，第491页。
② 同上书，第493页。

第六章　梁漱溟的《东西文化及其哲学》与其文化多元主义

向社会主义；而转向社会主义就意味着世界文化由第一种路向转变为第二种路向。换言之，社会主义的文化，在他看来，与中国的文化（在他即孔子思想），是属于同一种"路向"的。所谓第一种问题就是人对自然的关系，而第二种问题则是指人与人的关系。中国文化和社会主义文化都是以致力调整人与人的关系而见长的。

于是，梁漱溟指出："近世以来，西洋的人生都是力持这态度；从这态度就有他那经济竞争……这种人生态度将随生存问题以俱逝。当西洋人力持这态度以来，总是改造外面的环境以求满足，求诸外而不求诸内，求诸人而不求诸己，对着自然界就改造自然界，对着社会就改造社会，于是征服了自然，战胜了权威，器物也日新，制度也日新，改造又改造，日新又日新，改造到这社会大改造一步，理想的世界出现，这条路便走到了尽头处！"① 又说："盖人类将从人对物质的问题之时代而转入人对人的问题之时代，……以物的态度对人，人类渐渐不能承受这态度，随着经济改正而改造得的社会不能不从物的一致而进为心的和同——总要人与人间有真妥洽才行。又以前人类似可说在物质不满足时代，以后似可说转入精神不安宁时代；……凡此种种都是使第一路向，西洋态度不能不转入第二路向。"② 梁漱溟对近代资本主义前途所作的论断，与当时的社会主义者并无二致。当然，梁漱溟的说法也有许多混乱之处，如他有时把中国文化代表的第二路向说成是安分知足，向自我求调节，又说社会主

---

① 《梁漱溟全集》第一卷，第 494 页。
② 同上书，第 495 页。

义也是第二路向，其实社会主义是很难如此刻画的。但是梁漱溟也确有所见，因为儒家与社会主义之间确有一些相似之处。

由此可见，梁漱溟所说的"中国文化"实有二义，一是指中华民族创造的文化整体，其核心为儒家文化；一是指在中国历史文化中所体现出来的一种精神，一种文化的路向。在后者的意义上，"中国文化"并没有中国性，而是代表一种注重协调、平等、人性的文化路向与文化精神，它是可普遍化的。对梁漱溟来说，所谓世界文化将改变为中国文化，并不是说世界各民族都讲中文用中文念中文书，更不是说中国传统的物质文化、政治制度和学术体系将世界化，而是说世界各民族文化都在走向社会主义，而社会主义思想和社会主义运动所体现的生活态度，就是他所理解的中国古代儒家所倡导的人生态度。正是在这个意义上，他说中国文化亦有足为世界化而欧土不能外者。也正是在这个意义上，说梁漱溟是"儒家色彩的社会主义"，并无不当。他所说的未来的中国文化复兴，实是指儒家的人生态度与社会主义的政治经济制度而言。

也由以上可知，梁漱溟与欧化派在社会思想上的不同，在于梁漱溟在与欧化派同样要民主、科学、工业革命、个性发展之外，他还要社会主义。在社会—政治—经济的改造主张方面，梁漱溟前半截是与欧化论一致的，后半截则是社会主义。所以，说梁漱溟是保守主义、是反现代化、是反科学民主，都是不正确的。从社会政治思想来看，在本质上，梁漱溟是一个社会主义者。从文化的整体来看，梁漱溟既要西方化，又要社会主义，也要儒家和东方文化，虽然这三者在他那里处于何种关系，他

第六章 梁漱溟的《东西文化及其哲学》与其文化多元主义

并没有给出清楚的交代，但也许可以说，他所主张的，是政治上的宪政主义、经济上的社会主义、文化上的多元主义。这种复杂的文化结构，是单元简易的心态很难了解的。

六 世界语境

梁漱溟为什么会提出这样的看法？除了他对东方文化中有价值的东西的深刻体认之外，世界变化的影响是一个重要的原因。这就引出一个重要的问题，即中国文化发展的世界语境。中国现代性的发展是在世界现代性的发展中被规定的，受着世界政治经济文化的发展的影响而发展的。单纯的"激进—保守"的解释模式，并不完全能够解释中国近代文化的变迁。"保守"不一定是对"激进"的直接回应，而是产生于世界政治—文化进程中的复杂互动。随着 20 世纪中国与西方交流的日益增多，中国对西方的了解不仅大大进步了，而且更加及时了。西方社会与思想的新的发展，在中国都会很快引起注意。特别是有关东西方文化与人类文化前途方面，西方思想文化界的动向，中国人更为敏感。

所以新文化运动的内部紧张与分歧，新文化运动的变化和发展，并不都是在中国文化语境中独立产生和孤立发展的。决不像郭湛波所说的，是陈独秀等提倡西方文化，然后忽起梁漱溟的反动思想。而是，批评、认识西方文化弊病的知识分子以及他们的批评言论，除了根于中国国内的社会变革的态度外，在很大程度上，是与西方世界的社会状况，与西方知识分子对西方文化的批评，与社会主义思潮和实践的出现有直接的关系。

在这个意义上，中国知识分子对西方文化的批评，也是受西方文化影响而产生的。

众所周知，第一次世界大战和俄国十月革命，是1919年五四运动前最重大的世界历史事件，第一次世界大战和十月革命使得世界历史进入了一个新的时期，不仅对欧洲的历史进程而且对东方各国都产生了巨大的影响。第一次世界大战，标志着资本主义的内在矛盾的激化和爆发，带来了世界范围内的对西方近代资本主义的重新认识与反思。所以十月革命以后，倡导东西文明调和或重新肯定东方文化价值的人，与清末及民初的保守派根本不同的一点是，他们对西方文明认识甚多，对资本主义社会弊病有清楚的了解，他们对西方近代的资本主义文明的揭露批判，受到马克思和其他西方思想家的影响，常常切中其弊。而在此后，不正视资本主义文明危机的事实，照样完全抹杀中国固有文化的全部价值，为西方资本主义制度已经充分暴露的矛盾和弊病加以辩护，再把近代西方文化说成完美无缺，反而是在世界范围内不合潮流的。① 这种世界文化环境对正待大力学习西方近代文明的中国知识分子来说，不啻一种二律背反的宿命。

梁启超1919年赴欧洲，游历一年，在欧洲目睹了大战后欧洲的衰败凄惨，十分震惊，又与欧美的思想家交换意见，得到不少劝告。经过考察思考，归国后写了《欧游心影录》，1920年3月至8月在《晨报》连载，引起一时讨论。

梁启超告诉国人，当时的欧洲充满了"世界末日、文明灭

---

① 参看罗荣渠：《中国近百年来现代化思潮的演变》，《从"西化"到"现代化"》代序，北京大学出版社，1990年。

第六章 梁漱溟的《东西文化及其哲学》与其文化多元主义

绝"的论调,他说:

> 我们自到欧洲以来,这种悲观的论调,着实听得洋洋盈耳。记得一位美国有名的新闻记者赛蒙氏和我闲谈(他作的战史公认是第一部好的),他问我:"你回到中国干什么事,是否要把西洋文明带些回去?"我说:"这个自然。"他叹一口气说:"唉,可怜。西洋文明已经破产了。"我问他:"你回到美国却干什么?"他说:"我回去就关起大门老等,等你们把中国文明输进来救拔我们。"我们初听见这种话,还当他是有心奚落我,后来到处听惯了,才知道他们许多先觉之士,着实怀抱无限忧危,总觉得他们那些物质文明,是制造社会险象的种子,倒不如这世外桃源的中国,还有办法。这就是欧洲多数人心理的一斑了。①

他又说:

> 我在巴黎曾会着大哲学家蒲陀罗(柏格森之师),他告诉我说:"一个国民,最要紧的是把本国文化发挥光大,好像子孙袭了祖父遗产,就要保住他,而且叫他发生功用。就算很浅的文明,发挥出来,都是好的,因为他总有他的特质,把他的特质和别人的特质化合,自然会产生出第三种更好的特质来。你们中国,着实可敬可爱,我们祖宗裹

---

① 引自陈崧编:《五四前后东西文化问题论战文选》,中国社会科学出版社,1985年,第349页。

块鹿皮拿把石刀在野林里打猎的时候，你们不知已出了几多哲人了。我近来读了些译本的中国哲学书，总觉得他精深博大，可惜老了，不能学中国文，我望中国人总不要失掉这分家当才好。"我听着他这番话，觉得登时有几百斤重的担子加在我肩上。

又有一回，和几位社会党名士闲谈，我说起孔子的"四海之内皆兄弟""不患寡而患不均"。跟着又讲到井田制度，又讲些墨子的"兼爱""寝兵"。他们都跳起来说道："你们家里有这些宝贝，却藏起来不分点给我们，真是对不起人啊！"我想我们还够不上说对不起外人，先自对不起祖宗罢了。近来西洋学者，许多都想输入些东方文明，令他们得些调剂。①

梁启超是到欧洲考察学习的，但在欧洲大战之后，他所遇到的欧洲思想家和名士们，却都想着输入东方文明，这种对东西文明的认识，与新文化运动开始时期陈独秀等的绝对欧化论差别甚大。这种西方的情形对一心学习西方文化的先进的中国人来说，不可能不产生影响。

其实，在这一时期，不仅中国人到欧洲听到了这些对西方文明不满和丧失信心的言论，一些著名欧美思想家也到中国来，提出同样的观点。梁漱溟也必然受到这些看法的影响，在《东西文化及其哲学》中他从1919年杜威访问中国说起：

---

① 引自陈崧编：《五四前后东西文化问题论战文选》，第371—372页。

第六章　梁漱溟的《东西文化及其哲学》与其文化多元主义

> 大约自从杜威来到北京，常说东西文化应当调和；他对于北京大学勉励的话，也是如此。后来罗素从欧洲来，本来他自己对于西方文化很有反感，所以难免说中国文化如何的好。……后来梁任公从欧洲回来，也很听到西洋人对于西洋文化反感的结果，对于中国文化有不知其所以然的一种羡慕。①

杜威、罗素，这都是世界第一流的思想家，他们对中国文化的评价有肯定的方面，故认为东西文化应当调和。欧洲最有影响的一流知识分子，往往是对西方文化有严厉批判的人，他们所说的话，特别是他们到中国来对中国人说的话，当然会对中国知识分子发生重大影响。

不仅西方一流的知识分子是如此，东方的情形与19世纪也大不相同。事实上早在中国的变法运动时，托尔斯泰就曾写信给中国人，劝中国人不可变法。印度著名作家泰戈尔，冯友兰当时称他为"东方的一个第一流人物"，他在回答冯友兰问东西文化问题时表示，东西方文化的差异，不是等级的差异，而是种类的差异，"西方的人生目的是'活动'，东方的人生目的是'实现'。西方讲活动进步，而其前无一定目标……现在东方所能济西方的是'智慧'，西方所能济东方的是'活动'"②。他认为真理有两个方面，东方文化与西方文化各强调一面，东西方文化应可调和。

---

① 梁漱溟：《东西文化及其哲学》，《梁漱溟全集》第一卷，第331页。
② 《三松堂学术文集》，第12—13页。

西方思想家当然并非全都持此种看法，但这些一流西方思想家对西方文明的批评和要求东西文化调和的主张，却代表了当时西方文化内部的一个潮流，必然对中国的文化讨论产生影响，这是我们了解20年代初梁漱溟这一类思想家出现的重要背景。

在这种世界性变化中，中国思想与学术界，也逐渐发生与新文化运动初期的绝对欧化主义不同的转折，在新文化运动的中心北京大学，1920年蔡元培赴欧考察，"北大同人为之饯行，席间讲话，多半认为蔡先生此行，于东西洋文化之沟通关系颇大，蔡先生可以将中国文化中之优越者介绍给西方去，将西方文化之优越者带回到中国来"①。此时，东西方文化融合的主张已经成了北大"多半"人的主张了。

七　全盘承受与根本改过

现在来看梁漱溟对中国当时所应走道路的看法。梁漱溟在其书中最后一节"我们现在应持的态度"提出三点：

第一，要排斥印度的态度，丝毫不能容留；
第二，对于西方文化是全盘承受，而根本改过，就是对其态度要改一改；
第三，批评的把中国原来态度重新拿出来。②

---

① 《梁漱溟全集》第二卷，第12页。
② 《梁漱溟全集》第一卷，第523页。

第六章　梁漱溟的《东西文化及其哲学》与其文化多元主义

对于中国人当时应当采取的态度，梁漱溟的意见很明确，就是要学习西方，要奋斗向前：

> 我们此刻无论为眼前急需的护持生命财产个人权利的安全而定乱入治，或促进未来世界文化之开辟而得合理生活，都非参取第一态度，大家奋往向前不可，但又如果不根本的把他含融到第二态度的人生里面，将不能防止他的危险，将不能避免他的错误，将不能适合于今世第一和第二路的过渡时代。①

他又说："我们眼前之所急需的是宁息国内的昏乱，让我们的生命财产和其他个人权利稳固些；但这将从何种态度而得作到？"他说，这必须从第一种态度而来，因为：

> 我们现在所用的政治制度是采自西洋，而西洋则自其人之向前争求态度而得生产的，但我们大多数国民还依然是数千年来旧态度，对于政治不闻不问，对于个人权利绝不要求，与这种制度根本不适合；所以才为少数人互竞的掠取把持，政局就翻覆不已，变乱遂以相寻。故今日之所患，不是争权夺利，而是大家太不争权夺利；只有大多数国民起而与少数人相争，而后可以奠定这种政治制度，……在此处只有赶紧参取西洋态度，那屈己让人的态度方且不合用，何况一

---

① 《梁漱溟全集》第一卷，第537页。

味教人息止向前争求态度的佛教?①

"屈己让人"是第二种态度,"息止向前"是指第三种态度,梁漱溟认为这两种态度在"现在"都不可取。基于这种看法,他批评"旧派"的人不能彻底吸收科学与民主,他说:"这两种精神(指科学和民主)完全是对的;只能为无条件的承认;即我所谓对西方化要'全盘承受'。怎样引进这两种精神实在是当今所急的;否则,我们将永此不配谈人格,我们将永此不配谈学术。你只要细审从来所受病痛是怎样,就知道我这话非激。所以我尝叹这两年杜威、罗素先到中国来,而柏格森、倭铿不曾来,是我们学术思想界的大幸;如果杜威、罗素不曾来,而柏格森、倭铿先来了,你试想于自己从来的痼疾对症否?"②这都明确说明梁漱溟所主张当下中国人的态度,根本不是反对西方文化,而是主张彻底吸收科学与民主,采用奋发向前的人生态度。

与欧化派的不同在于,鉴于当时资本主义的危机重重和矛盾激化显著以及社会主义运动的方兴未艾,梁漱溟主张对西方文化的吸收应当是有修正的吸收,"因为那西洋人从来的人生态度到现在已经见出好多弊病,受了严重的批评,而他们(指陈独秀)还略不知拣择的要原盘拿过来。虽然这种态度于今日的西洋人为更益其痛苦,而于从来的中国人则适可以救其偏,却

---

① 《梁漱溟全集》第一卷,第 534—535 页。
② 同上书,第 532—533 页。

第六章 梁漱溟的《东西文化及其哲学》与其文化多元主义

是要修正过才好。"① 就是说,虽然这第一种态度已经在西方受到批评,但在中国仍然需要采取这种态度,只是应有所修正,因为"要鉴于西洋化弊害而知所戒,并预备促进世界第二路文化之实现"②。这都说明梁漱溟学习西方是坚定的,他提出的修正也是明智的。

如何在吸收的同时有所修正呢?他说:"我意不过提倡一种奋往向前的风气,而同时排斥那向外逐物的颓流。"他认为这也就是孔子所说的"刚"③。"奋往向前"就是第一路向;这里"同时排斥向外逐物",便是"提倡奋往向前"的一种限制和修正,不纯是第一种路向。他说:"现在只有先根本启发一种人生,全超脱了个人的为我,物质的歆慕,处处的算帐,有所为的而为,……只有这样向前的动作可以弥补了中国人夙来缺短,解救了中国人现在的痛苦,又避免了西洋的弊害,应付了世界的需要,完全适合我们从上以来研究三文化之所审度。这就是我所谓刚的态度,我所谓适宜的第二路人生。"④ 这哪里有一点反对西方文化的影子?

所以梁漱溟的主张,其实是"当下的西方化"和"未来的东方化",并且这种思想并非从文化的民族性出发,而是从文化的普遍性出发,是从人类作为整体而面对的问题出发。所以"未来的东方化",并不是他的复古的梦想,而是对人类未来所

---

① 《梁漱溟全集》第一卷,第 531 页。
② 同上书,第 531 页。
③ 同上书,第 537—538 页。
④ 同上书,第 538—539 页。

面对的问题的一种言之成理的预见。所以，他把理想人生归结到孔子的人生态度，根本不意味着他想在政治、经济、学术上"复古"；他所谓未来是中国文化的复兴，并不妨碍他在当下主张全盘承受西方化；而他在当下主张采取第一路向，与他提防资本主义弊害和主张未来实行社会主义亦无矛盾。事实上，从社会主义思想与实践对梁漱溟的影响来看，梁漱溟的思想与其说是"保守"的，更不如说是"进步"的。

八　文化多元主义

回到文化三路向说，梁漱溟认为，三种路向是起于人生所遇到的三种基本问题，这人生的三种问题是，求物质世界的满足，求与他人他心的沟通，求生命的永久。①

在梁漱溟看来，每一文化都是一种人生态度或意欲路向的表现，因此，每一文化的态度总是偏于一个方向，所以每个文化"都有其好的地方，都有其不好的地方"，不能片面地说哪一文化就是好的文化，哪一文化就是不好的文化。其次，文化虽不能说孰好孰坏，但文化有适合不适合人类问题的差异。② 应当说，这是一种多元文化主义的态度。在我看来，以梁漱溟的立场，他的主张应当是，作为结果的文明是可以比较其优劣的，但作为态度的文化并无好坏之分。

在梁漱溟看来，人类面对的问题一方面是普遍的，一方面

---

① 《梁漱溟全集》第一卷，第 379—381 页。
② 同上书，第 525 页。

第六章 梁漱溟的《东西文化及其哲学》与其文化多元主义

又是变迁的。认为人类发展的第一阶段是处在第一问题为主的时期，这个时期以文化的第一路向为适合。当第一问题解决之后，人类便面临第二问题为主的时期，这个时期便以第二路向为适合。第二问题解决之后，人类便面临第三问题为主的时期，文化的第三路向便最为适合了。他显然认为无论任何民族都会遇到这三大问题，而且三大问题是一定按人与物、人与人、生与死这样的序列历史地展开的。如果一个民族的文化在第一阶段时却发展出第二或第三路向的文化并受其支配，则此民族就不能顺利解决第一问题，甚至导致失败。但此文化的价值将在第二阶段或第三阶段时体现出来，将适合于第二或第三阶段的人类问题。

梁漱溟认为，人类生活只有三大根本态度，三大根本态度演为世界三大系的文化，而"这三态度都因人类生活中的三大项问题而各有其必要与不适用"。希腊、中国、印度，"自其成绩论，无所谓谁家的好坏，都是对人类有很伟大的贡献。却自其态度论，则有个合宜不合宜；希腊人态度要对些，因为人类原处在第一项问题之下；中国人态度和印度人态度就嫌拿出的太早了些，因为问题还不到。……西洋文化的胜利，只在其适应人类目前的问题，而中国文化印度文化在今日的失败，也非其本身有什么好坏可言，不过就在不合时宜罢了。人类文化之初，都不能不走第一路，中国人自也这样，却他不待把这条路走完，便中途拐弯到第二路上来；把以后方要走到的提前走了，成为人类文化的早熟。但是明明还在第一问题未了之下，第一路不能不走，那里能容你顺当去走第二路？……并且耽误了第一路的路程，在第一问题之下的世界现出很大的失败"①。所以，"我们东方文化其本身都没有什么是非好坏可说，或什么不及西方之处；所有的不好不对，所有的不及人家之点，就在步骤凌乱，成熟太早，不合时宜。并非这态度不对，是这态度拿出太早不对，这是我们唯一致误所由"②。这种说法正是当今后殖民时代有广泛影响的"文化相对主义"的观点。同时，梁漱溟的这种文化观也是一种多元文化论，与那种把人类文化看成单线发展，而又把西方文化看成这一单线发展的最高成果的看法，是相对立的。单线的文化进化论是与西方文化中心论相结合的，是把东方文化看成是人类幼年的文化；而梁漱溟的文化观，并不妨碍他在政治经济上对西方文化的全盘吸收，但会使他对自己的文化在进行批评的同时，不丧失其文化自信，而获得一种文化心理的平衡。

梁漱溟的思想很清楚，但他的说法也有不少矛盾和不圆通之处。如他说："现在的西方文化，谁都知道其开辟来历是在'文艺复兴'，而所谓'文艺复兴'者更无其他解释，即是西方人从那时代采用我们所说'第一条路向'之谓也。原来西方人的生活，当古希腊罗马时代可以说是走'第一条路向'，到中世纪一千多年则转入'第三条路向'，比及'文艺复兴'乃又明白确定的归到第一条路上来，继续前人未尽之功，于是产生西洋近代之文明。"③

---

① 《梁漱溟全集》第一卷，第 526 页。
② 同上书，第 529 页。
③ 同上书，第 383 页。

第六章 梁漱溟的《东西文化及其哲学》与其文化多元主义

这里的问题首先是，为什么西方文化会从第一路向自发转到第三路向，又自发转回第一路向；而中国和印度要始终在一条路向上走？梁漱溟相信中国、印度如果没有西方介入，必然永远在一条路向上走下去而不改变，这与他讲西方人的路向却能几经变化是不相一致的。事实上任何一个文化在每个阶段都是可以因应所面对的问题而进行选择的。

其次，一种文化在解决征服自然方面工具理性的不发达，不等于这个文化就没有价值，因为它可能发展的是价值理性或生死智慧，在这一点上梁漱溟是正确的；但早熟之说是一种脱离历史的讲法，假如印度古代自然条件优越，人与自然的矛盾不突出，它的不以第一路向为主导的文化，就恰是与它当时所处的历史环境相适宜的，而不能说是不适宜的。

再次，东方文化的价值，不仅在第二或第三问题成为主要问题时才有价值，就是第二、第三问题未成为主要问题时也有其价值。同时，一个大的文化，其中往往包括几个不同的子系统，分别处理不同路向的问题，梁漱溟把西方文化仅仅说成是奋斗向前的，其实不免成为一种归约主义。

在梁漱溟的《东西文化及其哲学》一书中，可以说没有出现"现代""现代化"的观念，现代是相对古代或传统而言，而梁漱溟是把资本主义以前的历史（包括资本主义），统作为人类面对第一种问题的历史阶段。从而，他并不认为东方民族面临的任务是文化的从古代到近代的转型，而是认为东方文化的转型是从早熟的路向改变为正常的路向；即古代东方文化的本质不是"古代性"的，而是"未来性"的。在此意义上，东方文化的问题本质上不是太落后了,反而是太超前了。他的这些独特的文化—历史的说法虽然与近代文化的主流话语不同,但这并不妨碍他在实际的政治、经济道路的选择方面持与西化主义、社会主义相同的主张。

九 进步与保守

在本章结尾的时候,我们简单讨论一下梁漱溟早期文化观提出的心理背景。梁漱溟生于1893年,少年受新式教育,未曾读过四书五经,中学时秘密参加革命组织,青年时代思想激进,他曾说:"我在清末时为一立宪者,其后又转变而为革命论者。"① "我从前是非常之信佩西洋近代政治制度,认为西洋政治制度是非常合理的,其作用是非常巧妙的。我彼时总是梦想着如何而可以使西洋政治制度到中国来实现,自十五岁起一直到二十余岁都是如此。"② 他的父亲生前怀疑共和制度,梁漱溟常常与之发生冲突,"公(指梁漱溟父亲)痛嫉议员并疑其制度,而溟力护国会。语必致忤,诸类于是,不可枚举",梁漱溟与其父政见不合,坚决赞护共和制度,因而每与其父相争相执。③ 与梁漱溟在政治上是共和民主主义相对照,在文化(人生态度)上,在整个20世纪10年代,他都是信奉佛教的。而这二者对于他,并无矛盾。遗憾的是,文化激进主义者似乎永

---

① 《梁漱溟全集》第二卷,第19页。
② 同上书,第18页。
③ 同上书,第17页。

第六章 梁漱溟的《东西文化及其哲学》与其文化多元主义

远不能理解这一点。

他在后来的自述中说:"民国六年,我应北京大学校长蔡子民先生之邀入北大教书,其时校内文科教授有陈独秀、胡适之、李大钊、高一涵、陶孟和诸先生。陈先生任文科学长。兹数先生即彼时所谓新青年派,皆是崇尚西洋思想,反对东方文化。我日夕与之相处,无时不感觉压迫之严重,……非求出一解决的道路不可。"① 他在另一处又说过:"当时的新思潮是既倡导西欧近代思潮(赛恩斯与德谟克拉西),又同时引入各种社会主义学说的。我自己虽然于新思潮莫逆于心,而环境气氛却对我讲东方哲学的无形中有很大压力。就在这压力下产生出来我《东西文化及其哲学》一书。"② 这说得再明白没有了。梁漱溟对新思潮"莫逆于心"!这是他的思想的一个方面,同时,作为一个专讲东方哲学的人,他在当时又受到反东方文化的压力,他的著作的目的,无疑是把其对新思潮的莫逆于心和对东方人生态度的价值肯认加以结合。从个人的方面来看,这种努力是为了解决其文化心理的迷惘和失衡。从时代来看,这体现了当时相当数量的一批知识分子在文化转型时代的自我调适。这也更加证明了我们在上面所说的,梁漱溟早期的文化观不仅不是新青年派和其他新派者当时所使用的什么"反动""保守"可以刻画的;相反,他处理文化问题的方式是当时知识分子多元的"进步"的表现之一。

梁漱溟晚年与艾恺的谈话非常有趣,后者似乎是一个反现

---

① 《梁漱溟全集》第二卷,第 11—12 页。
② 同上书,第 697—698 页。

代化论者和文化保守主义者，所以他总是用这样的问题问梁漱溟。梁漱溟的文化观当然可以说在某方面是文化保守主义，可是在梁漱溟的回答中，却很难看到对艾恺的反现代化和文化保守主义主张的共鸣。结果，至少在一定程度上，艾恺发现他面对面与之谈话的梁漱溟，与他在书中所刻画为"保守主义"的思想面貌，很难一致：

> 梁：……我认为发展总是好的。
> 艾："发展总是好的"这个话，你真是与保守主义的相反。①
> 艾：保守这个词，有的时候很难下定义，我的书的前面也讨论过这个问题。有些中国人、有些外国人把保守主义或者保守加于梁老师的头上了，那你甘心承认？还是反对？
> 梁：我当然不是。我不保守，从刚才的话里头可以看出来我不保守。②

综上所述可见，就其早期文化观来看，梁漱溟根本不是反对西方文化，而是反对反东方文化；不是反对科学民主，而是始终称扬德先生和赛先生；不是代表农业宗法封建思想，而是主张生产社会化的社会主义；他对东方文化的看法与其说是文化保守主义，不如说是文化多元主义；梁漱溟的思想不是站在

---

① 《梁漱溟全集》第八卷，第1168页。
② 同上书，第1175页。

第六章 梁漱溟的《东西文化及其哲学》与其文化多元主义

"过去"而"反现代化",乃是站在"未来"来"修正"资本主义。他的早期文化观既有对文化问题的深刻睿见,又是浸润千年传统文化的知识分子维持文化自信的一种安顿,同时也是世界范围内的现代性经验的一种体现。

通过梁漱溟这个个案来回顾新文化运动十年的历史,我们可以了解,有关中西文化的争论,往往并不是起于对科学与民主的诉求有何对立,而是全盘的反传统主义与其所引起的反反传统主义的论争。在五四文化转型时代,知识分子在政治—社会要求方面基本一致,但转型中的文化矛盾对不同的具体个人具有不同的意义,每个人所需要的处理这一矛盾的方式不可能相同。且不说对文化的价值的体认程度有别,一个明显的事实是,有的人只要把历史的文化传统简单抛开,就可以说服自己投身社会活动;而有的人则需要对文化传统做出较复杂的安顿,才能心安理得地参与进步的潮流。但在推动中国向前进步这一点上则是一致的。这表现出,非西方国家在近代化的进步过程中,妥善处理文化认同的问题始终是一重要课题。站在整个世纪的大历史角度来看,可以这样说,20世纪中国的社会—文化变迁,不仅是一个现代化的过程,也应看作是中国文化"持续"(continuity)—"变化"(change)的过程。从后一点说,这个过程就是既保持文化认同,又致力文化改造和创新的过程。因此,新文化运动中彼此争论的各派,其实都是20世纪中国进步过程的参与者、推动者,各自从不同的方面、在不同的程度上对这一过程做出了贡献。

"五四精神"应当涵盖那一代知识分子努力的"入世使命

感"与民族自强的心灵。① 不能认为只有继续反传统才是继承五四精神。殷海光被认为是中国台湾地区继承五四精神的代表，但他对中国传统文化的态度在其生命最后几年有重大的改变，林毓生曾就此指出："这是激烈的五四反传统思想后期的光荣发展，同时也象征着五四时代趋近结束，一个继承五四自由主义传统，而不受五四反传统思想所囿的新时代的来临。"② 这不仅对自由主义是如此，如果我们不能摆脱那种以为只有继续反传统才是继承五四精神的想法，我们就永远不能迎来文化发展的那个新时代。令人欣慰的是，在五四运动结束八十年之后，我们在中国思想界终于隐约看到了这个时代的来临。

---

① 林毓生：《热烈与冷静》，上海文艺出版社，1998年，第119页。
② 林毓生：《中国传统的创造性转化》，三联书店，1988年，第313页。

第七章 梁漱溟的中国文化论

1920年夏马克斯·韦伯猝然去世。同一年秋天,《北京大学日刊》开始连载梁漱溟"东西文化及其哲学"讲演记录。[①]这两件事并无联系,两人的思想亦不见有相互影响的地方。然而,这两位学者从现代社会发展的立场对中国历史文化所作的透视,在20世纪中国和西方学术界具有代表性,他们讨论的问题也具有密切的关联。

韦伯1916年发表的《中国的宗教:儒教与道教》与梁漱溟1949年出版的《中国文化要义》,在中国大陆曾长期不受重视,直到80年代中期才由海外学界的讨论引起国内知识界的关注。在20世纪西方学界,韦伯的中国文化观在中国研究领域占有重要地位,特别是晚近从事中国研究的学者,鲜有不以韦伯为出

[①] 王宗昱:《梁漱溟年表》,台北东大图书公司,1992年,第308页。

发点的。在 20 世纪中国，梁漱溟对中国文化的看法亦占有一个特殊的地位，他的看法虽然不能代表多数学者，但其深刻性丝毫不逊于韦伯。自从《东西文化及其哲学》发表后，梁漱溟素以文化哲学家知名于学界，他的著作很少被视为社会科学著作。但事实上，代表梁漱溟成熟思想高峰的《中国文化要义》，是一部研究古代中国社会结构与价值取向的专著，① 取径与社会学、文化人类学的关系极为密切，他的讨论和着眼之处更在许多地方与韦伯相近，尤其是，梁漱溟对中国文化的看法和把握在许多地方要比韦伯更为深刻和准确。因此，在研究梁漱溟的时候，将《中国文化要义》作为社会科学著作与《中国的宗教：儒教与道教》作一比较，以重新认识梁漱溟中国文化观的意义和贡献，应是一件有意义的工作。

一　中国文化的特征

梁漱溟在《中国文化要义》（以下简称《要义》）一开始就提出中国文化具有七个特性，这就是：一、独自创发；二、自成体系；三、历久独存；四、同化力最强；五、民族融拓最大；六、文化成熟后 2000 年来不复进步；七、于四周影响既远且大。② 然后，他又将中国文化常常被人指说的特异处加以罗列，

---

①　艾恺也认为，到 40 年代后期，"梁漱溟分析重点的总的方法和观点则从哲学转向了社会学和史学"，"他的文化理论的第二次表述可以取名为'中西文化及其社会'"。见《最后的儒家》，第 182 页。

②　梁漱溟：《中国文化要义》，台北里仁出版社，1982 年，第 3 页。

第七章 梁漱溟的中国文化论

共计十四个特征:

第一,广土众民。
第二,偌大民族之同化融合。
第三,历史长久,并世莫与之比。
第四,中国文化之力量伟大而莫知其所在。
第五,社会历久不变,文化停滞不进。
第六,没有宗教的人生。
第七,家族制度在全部文化中占重要地位。
第八,学术不向科学前进。
第九,缺乏民主、自由、平等的要求与制度。
第十,道德气氛特重。
第十一,不像国家。
第十二,无兵文化。
第十三,孝的文化。
第十四,隐士的文化。[①]

根据我们的看法,这十四个特征可分为三组。第一组为中国文化与中华民族的外在特征,即广土众民、历史长久、文化停滞等;第二组为用正的方法描述的中国文化特征,即家族制度突出、道德气氛特重;第三组为用负的方法描述的中国文化特征,即缺乏宗教、缺乏科学、缺乏民主、不像国家。第一组的特征

---

① 《中国文化要义》,第3页。

与前面说的七个特征相当,重在文化现象;第二三组的特征则指向社会文化的结构特色,是中国文化更内在的一些要素。当然,这些特征的罗列明显地与观视主体的参照体系有关,如文化现象的所谓停滞、文化结构的诸种所谓缺乏,都是比照西方文化所得出的结论。同时应当指出,上述所谓中国文化的个性与特征并非梁漱溟的独到发现,而是民初以来各个学科的学者们在批判地审视中国文化的过程中不断提到过的。梁漱溟所提供的独到的见解,乃在于他对所有上述特点之来由的解释。

冯友兰也曾经力图为传统的中国文化诸特征找出一个一以贯之的解释,他是用"生产的家庭化"解释这些特征的。① 梁漱溟所建立的解释则复杂得多。他认为:

> 中国人的家之特见重要,正是中国文化特强底个性之一种表现,而非为生产家庭化之结果,自亦非生产家庭化底社会之通例,如冯先生所谓共相者。②

梁漱溟认为"中国人的家是极特殊底",他认为冯先生把它看成平常事,看成是产业革命前各处的通例,这是不对的。他指出,冯先生的主张来自唯物史观,注重生产方法的改变与进步,而这并不能解释中国文化的特点。他更重视的是"社会构造",梁漱溟指出:

---

① 冯友兰:《新事论》,见《三松堂全集》第四卷,第256页。
② 《中国文化要义》,第36页。

第七章 梁漱溟的中国文化论

> 一时一地之社会构造,实即其时其地全部文化之骨干,此外都不过是皮肉附丽于骨干的。若在社会构造上,彼此两方差不多,则其文化必定大致相近;反之,若社会构造彼此不同,则其他便也不能不两样了,此并非说,其他都是被决定的,不过指出这里是文化要领所在。①

这显然表示,冯友兰的说法只能解释"古今之别",而无法解释"东西之异"。事实上,正是这种视点的不同,导致了两个人文化观的整个差别。按照梁漱溟的立场,如果从文化学和历史发生学的角度看,只有说明了东西之异以及东西之异所由生,才能理解西方之所以进于"近",和东方之所以滞于"古"。他认为,中西文化之不同,是由彼此的社会构造,也就是我们现在所说的社会结构的不同所决定的。他所说的社会结构的不同,并不是专指近代以来中西社会的不同,而是指中国与西方传统社会结构的不同。

梁漱溟进而指出,中西传统社会结构的不同,又导源于我们现在所谓"轴心时代"中西宗教演进之不同:

> 以我所见,宗教问题实为中西文化的分水岭。中国古代社会,与希腊罗马古代社会,彼此原都不相远底。但西洋继此而有的文化发展,则以伟大宗教若基督教作中心;中国却以非宗教底周孔教化作中心。从此两方社会构造演化不同,悉决于此。②

---

① 《中国文化要义》,第45页。
② 同上书,第49页。

梁漱溟对宗教与社会结构的特别重视，很容易使我们联想到韦伯。下面，就让我们先看一看梁漱溟是如何用宗教文化与社会结构的相互作用（交相为用）来分析中国文化与社会的。

二　伦理本位与集团本位

梁漱溟对中国社会结构的看法是通过与西方历史的比较而后得出来的。他认为，从社会构造上说，有若干种社会形态，如家族本位的社会、个人本位的社会、社会本位的社会、伦理本位的社会。梁漱溟说："西洋近代社会是个人本位的社会——英美显其例；而以西洋最近趋向为社会本位底社会——苏联显其例。那么我们应当说中国是一'伦理本位底社会'。'家族本位'这话不恰当，且亦不足以说明之。只有宗法社会可说是家族本位，此见甄克斯《社会通诠》，中国却早蜕出宗法社会。"① 冯友兰以古代社会为家庭本位的社会制度，无论东方西方皆然；又以近代西方社会为社会本位的社会。梁漱溟则认为，近代社会中，英美为个人本位的社会，苏联为社会本位的社会；而古代社会中，中国与西方皆非家庭本位社会，家庭本位的社会只有东西方上古时代（中国宗周以前、西方古希腊罗马以前）才可以当之。按照梁漱溟的看法，如果说上古时代的宗法社会是"家族本位的社会"，近代西方的资本主义社会是"个人本位的社会"，当时的苏联社会主义社会是"社会本位的社会"，古代中国是

---

① 《中国文化要义》，第80页。

第七章 梁漱溟的中国文化论

一"伦理本位的社会",那么,古代西方则是超越家族的"集团本位的社会"。梁漱溟虽未明确用"集团本位"一词,但从其强调西方集团生活来看,以古代西方为集团本位的社会应无可疑。

	中国	西方
上古	家庭本位（宗法社会）	家庭本位
古代	伦理本位	集团本位
近代	伦理本位	个人本位　社会本位

梁漱溟认为,西方社会自古希腊罗马之后,即为一集团生活的社会。何谓集团生活？第一,要有一种组织而不仅仅是一种关系之存在。第二,其范围超于家族,且不依家族为其组织之出发点。第三,在其范围内每个人都感受到一些约束。① 梁漱溟指出:"自宗法制度既破,凡说到集团,就是超家族底。只有超家族底组织,乃足以当集团之称。"②

根据他当时所看到的历史学著作,他认为,古希腊罗马时代宗法制度已经解体,但还未形成大集团生活:"我们要知道希腊罗马古代社会却一般地通是集团生活,它虽以家作核心,而以（一）附属人数众多；（二）阶层分别；（三）家长权威；（四）产业共有种种情形,其生活不能不说是集团底。但以其精神低浅,意识狭隘,不可能为大集团。大集团不再以一家一姓作核心,必待基督教回教出来,而后得以构成。"③

---

① 《中国文化要义》,第70页。
② 同上书,第52页。
③ 同上书,第51页。

何以基督教精神可以开出超家族的大集团组织呢？梁漱溟认为，基督教精神可以约为三点：第一，从前有多少家邦就有多少神，现在神绝对唯一，超于世界之上以主宰之。第二，人人皆以上帝为父，彼此如兄弟相亲，不复分别族内族外。第三，超脱世俗，使宗教与政治渐分，国家政府得以独立。"宗法制度之破灭，超家族底组织之开出，实以这种新精神为之先。"① 另一方面，"我们不可误会大集团生活就从宗教家的意识要求造出来。造成西方人之集团生活底，是事实，不是理念。不过这些事实，却特别与基督教有关。"② 照梁漱溟看来，精神的东西只是历史过程的必要条件，基督教打破了家族小群和阶级制度，组织起人人如兄弟的超家族团体——教会，由集团生活逐渐培养起团体意识，又加上基督教对异教的排他性极强，它所引起血的战争进一步强化了这种集团精神。

中古以还，集团生活在西方的巩固还有一些其他的历史条件。"在政治上，它是由于大帝国之失势解体，给予了在各个地方上起来的机会，而使一切零弱者不得不各有所依附，以求存。这样，就形成了许多封建集团。"在经济上，则因回教征服地中海三面，交通大动脉断绝，都市没落，"整个西欧，自八世纪之末反拨到自然经济的农业社会。……那些封建制度下经济自给自足底大小单位，恰又不期然构成集团底生活。"③ 梁漱溟引述了许多历史学家的论述，以指证"西方人在中古农业生活里，

---

① 《中国文化要义》，第53页。
② 同上。
③ 同上书，第56页。

第七章 梁漱溟的中国文化论

实在是集团底"①,自然,他也引述了许多材料说明中世纪都市中行会的集团生活。所有这些,都是力图通过强调"西洋中古社会,其集团性太强"来揭示西方中古社会的社会结构与文化特点。

在集团生活中,个人与团体的关系,和个人在家族中的关系不同,"第一,于此确识个人隶属团体,团体直辖个人。第二,于此公认团体中个个人都是同等底"②。由团体生活的教训和锻炼,便培养起"第一,公共观念;第二,纪律习惯;第三,组织能力;第四,法治精神;这四点亦可总括以'公德'一词称之"③。

那么,中国社会的结构与西方社会的结构有何不同呢?梁漱溟认为,关键在于古代中国的社会不是一种集团本位的社会。同时,他认为,把传统中国社会看成家族本位的社会,这种看法虽然很普遍,但却并不恰当。他认为,传统中国社会"是一伦理本位底社会"。

什么是伦理社会呢?梁漱溟说:

> 人一生下,便有与他相关系之人(父母、兄弟等);人生且始终在与人相关系中而生活(不离社会)。如此则知,人生实存于各种关系之上。此种种关系即是种种伦理。伦者,伦偶;正指人们彼此之相与。相与之间关系遂生。家

---

① 《中国文化要义》,第59页。
② 同上书,第62页。
③ 同上书,第65页。

人父子，是其天然基本关系；故伦理首重家庭。父母总是最先有的，再者有兄弟姐妹，既长则有夫妇，有子女；而乡党戚党亦即由此而生。出来到社会上，与教学则有师徒，与经济则有东伙，与政治则有君臣官民；平素多往返，遇事相扶持，则有乡邻朋友。随一个人年龄和生活之开展，而渐有其四面八方若近若远不尽底关系。是关系，皆是伦理；伦理始于家庭，而不止于家庭。①

梁漱溟关于伦理的定义尚不严密。因为，如果人与人的关系就是伦理，那么，任何一个社会都是某种人与人关系的社会，则一切社会都可说是伦理社会了。事实上，梁漱溟所说的"伦理关系"显然是指家族与拟家族关系，他所说的"伦理社会"亦是指把一切社会关系家族化的社会。他指出，伦理关系的特点是在这种关系中的人之间有情分、有情义，"伦理关系即是情谊关系"②。在这种关系中是以义务相调节。所以，在这个意义下，不只是家庭和家族，一切以义务相调节的情谊关系在性质上都属于伦理关系。他指出：

> 举整个社会各种关系而一概家庭化之，务使其情益亲，其义益重。由是乃使居此社会中者，每一个人对于其四面八方底伦理关系，各负有其相当义务；同时，其四面八方与他有伦理关系之人，亦各对他负有义务。全社会之人，

---

① 《中国文化要义》，第80页。
② 同上书，第81页。

第七章　梁漱溟的中国文化论

不期而辗转互相联锁起来，无形中成为一种组织。①

这样一种社会即是"伦理本位"的社会。

伦理社会的主导原则是情理，而不是法律。如："一家之中，老少、尊卑、男女、壮弱，其个别情形彰然在目；既无应付众人之烦，正可就事论事，随其所宜。更以密迩同处，一切隐微曲折彼此无不了然相喻，难以抹杀不顾。而相亲如骨肉，相需如手足，亦必求其细腻熨帖，乃得关系圆满，生活顺畅。此时无需用其法治，抑且非法所能治。"②

伦理社会的出发点是家庭或家族，由于中国没有西方发展超家族集团生活的精神的、物质的历史条件，所以缺乏集团生活和由集团生活养成的习惯，导致对家庭、家族生活的倚重，并产生由此而来的习惯与偏重。经济和政治也无不受到此种社会构造的影响。由于伦理社会是重情谊的社会，相互依赖，而以义务来调节，使得无论在政治或经济领域中"权利"的观念都不发展。在政治上，"比国君为大宗子，称地方官为父母，视一国如一大家庭。所以说'孝者所以事君，弟者所以事长，慈者所以使众'；而为政则在乎'如保赤子'。自古相传，二三千年一直是这样。这样，就但知有君臣官民彼此间之伦理底义务，而不识国民与国家之团体关系"；"不但整个政治构造，纳于伦理关系中，抑且其政治上之理想与途术，亦无不出于伦理而归于伦理"。③

---

① 《中国文化要义》，第 81 页。
② 同上书，第 66 页。
③ 同上书，第 84 页。

三　职业分途与阶级对立

梁漱溟认为，中国古代社会结构有两大特点，一为"伦理本位"，一为"职业分途"。伦理本位是相对于西方的集团本位、个人本位而言，职业分途则是相对于西方社会的阶级分化而言。他说：

> 伦理本位只说了中国社会结构之一面，还有其另一面。此即在西洋社会，中古则贵族地主与农奴两阶级对立，近代则资本家与劳工两阶级对立。中国社会于此又一无所似。假如西洋可以称为阶级对立的社会，那么，中国便是职业分途底社会。①

梁漱溟承认，在广义上，人间贵贱贫富不齐，未尝不可视为阶级；但他所了解的阶级，是以中古西洋为例，他所说的中国无阶级对立，亦指无西洋那样的阶级对立。梁漱溟的这种看法，除了文化的信念之外，在很大程度上是基于他对华北农村（主要是定县和邹平）土地分配状况的了解。他认为，中国传统农业社会没有阶级，其根据是：

第一，土地自由买卖，人人得而有之。

---

① 《中国文化要义》，第143页。

第七章 梁漱溟的中国文化论

第二，土地集中垄断之情形不著，一般估计，有土地底人颇占多数。①

梁漱溟虽然承认邹平的乡村建设工作与定县的社会概况调查不一定普遍，但作为随机取样，并与佃农较多的南方折中计之，以上两点仍可成立。"而准此情形以言，对于那一部分人有地而不事耕作，一部分人耕作而不能自有土地底阶级社会，相离是太远了。"②

在梁漱溟看来，不仅中国社会在经济上无阶级对立，政治上无阶级对立更为明显，"战国而后，自中央到地方，一切当政临民者都是官吏，官吏之所大不同于贵族者，即他不再是为他自己而进行统治了。他诚然享有统治之权位，但既非世袭，亦非终身，只不过居于一短时之代理人之地位。……为自己而进行统治，信乎其为统治阶级；一时代理者，显见其非是。而况作官的机会，原是开放给人的。"③ 所以，中国历史上战国以前是卿、大夫、士的阶级社会，而战国以后，统治者变为读书人和官吏而职业化了。他们和农、工、商一样，"在社会构造中有其职司专务，为一项不可少之成分"④。这就叫作"职业分途"。梁氏的这些看法显然接近于社会学对社会分层与社会流动的分析。

所以，总起来说，中国自秦汉以来阶级之不存在，乃是中

---

① 《中国文化要义》，第150页。
② 同上书，第152页。
③ 同上书，第156页。
④ 同上书，第159页。

国中古历史的特殊性。这种现象所依据的基础是：一，独立生产者的大量存在；二，土地和资本皆分散而不甚集中，且常在流动转变；三，政治上的机会是开放的。①

由于中国社会无阶级对立，故中国就有了"不像国家"的特征，如缺少国家应有的功能，政治上消极无为，人民与官府的关系主要是纳粮，对外缺乏国际对抗，以及疏于国防、户籍不清、重文轻武等等。特别是中国人缺乏国家观念，故而总爱说"天下"。西方人的意识和生活中，个人与团体两极最重要，而中国人的意识中家庭与天下两极最重要。

中国既然不是作为一个国家在世界上存在和发展，梁漱溟认为，在中国实际上只有社会，而无国家。或者更准确地说，中国是"国家消融在社会里面"，"融国家于社会"，"只是社会，不像国家"，"即社会以为国家"。② 在他看来，国家构成于阶级统治，中国未成阶级，没有施用武力的主体。

以社会为国家，是中国历史封建解体的特点所决定的。照梁漱溟看来，封建是以土地所有者加于其耕作者之一种超经济的强制性剥削，配合以经济的身份隶属关系、政治的分散割据、意识形态的宗教迷信等。中国在封建解体时期，因着周孔礼教启发的理性，以礼教为法律，以政治为伦理，以职业代阶级，更以道德代宗教，把阶级国家融于伦理社会之中。因而，"三千年来我们一贯精神是向着'社会'走，不是向着'国家'走"③。

---

① 《中国文化要义》，第158页。
② 同上书，第171页。
③ 同上书，第224页。

第七章　梁漱溟的中国文化论

四　社会进步与资本主义

梁漱溟对中国历史文化的分析,所要解决的一个主要问题就是找出中国历史停滞不进与资本主义未能产生的"文化的"和"结构的"原因。

梁漱溟指出,中国封建解体后中央集权两千余年竟无了局,经济上长期停滞,这两点"是最不可解底"。他说:"信如论者所说,秦汉以来之两千年是一谜的时代。谈中国社会史,而于此没有惬心当理之分释,即一切等于白说。忽视它、抹杀它,更属可笑。"①

在中国古代社会,父系的家庭遗产,不是由长子独自继承,而是由诸子均分,"即此伦理社会之一特色,西洋日本皆所罕见,在我却已行之二千年。盖伦理本位底经济,财产近为夫妇父子所共有,远为一切伦理关系之人所分享。是以兄弟分财,亲戚朋友通财,宗族间则培益其共财。财产愈大者,斯负担同助之义务亦愈广。此大足以减杀经济上集中之势,而趋近分散;阻碍资本主义之扩大再生产,而趋于消费本位。……有人说,封建社会的核心,是其长子继承制,英国社会所以能产生资本主义,正是靠此长子继承制,预先集中了经济上的力量"②。

基于这种伦理社会,不需要产生罗马法那样的所有权本位法,无法通过保障个人权益而促进人的利己心,促进自由竞争。

---

① 《中国文化要义》,第 175 页。
② 同上书,第 197 页。

从而可知,"此伦理本位底社会组织,非独事实上成为一个人在经济上有进取之绝大累赘,抑且根本上就不利于此进取心之发生。……伦理社会这块土地,不适于资本主义之滋生茁长,这是没有疑问底"①。

由于伦理社会不是集团生活,因而自然缺乏由集团生活所要求的法律及最终导致的民主。伦理社会必然造成的道德气氛浓重和鼓励人心向内,使得科学难以发展;又由于职业分途代替了阶级对立,缺乏阶级,不像国家,政治无由进步;这些都使得中国无法走通西方历史所走过的道路。

照梁漱溟的看法,中国未能发展出科学、民主和产业革命,并不是因为中国进步得慢,而是因为,从根本上,中国一开始就走上了与西方不同方向的路。他说,"要知走路慢者,慢慢走,终有一天可以到达那地点;若走向别一路去,则那地点永不能达到。中国正是后一例。……中国不是尚未进于科学,而是已不能进于科学;中国不是尚未进于资本主义,而是已不能进于资本主义;中国不是尚未进于民主,而是已不能进于民主";"中国走上了与西洋不同底路,而在此路上,又走不出去,遂陷于盘旋不进"。②冯友兰认为,所谓中西的不同,实际上是中古和近代的不同。梁漱溟则认为,中国的问题并不是它在人类进化的唯一之路上只进于中古而缓滞,而是它一开始便与西方走的是两条不同方向的路。他说:"这种不同实是中西文化路径的不同,论者徒有见于近代产业兴起,家庭生活失其重要,

---

① 《中国文化要义》,第 198 页。
② 同上书,第 42 页。

第七章　梁漱溟的中国文化论

同时人之独立自由亦特著于近代思潮以后，便设想个人隐没于家庭、家庭生活呆重如中国者，当必为文化未进之征，而类同于西洋之中古，于是就臆断其为社会演进前后阶级之不同。"① 他认为，凡将中西之别视为古今之异的人，对历史都自觉或不自觉地持一种单线进化论的观点，"因为他们不承认中西可能殊途，固执着社会进化只许在一条线上走；又迷信历史总是在步步前进中，不知其进或不进，原无一定"②。

五　理性与文化的早熟

伦理社会在"心态"上和"制度"上都不能提供有利于资本主义的条件，在这个意义上，社会结构的作用是决定性的。但中国历史之所以形成此种社会结构，而没有发展出西方式的社会结构，之所以走上了与西方发展不同方向的道路——伦理社会的道路，又和它自己在轴心期的文化发展有关。从这点看，古代宗教思想的取向又具有本源性。

西方人集团生活偏胜，中国人家族生活偏胜，由此开出两种相反的文化。而溯其源，"西方之路，基督教实开之；中国之路则打从周孔教化来底"③。"中国之所以走上此路，盖不免有古圣人之一种安排在内，非是由宗法社会自然演成。这即是说：中国之以伦理组织社会，最初是有眼光底人看出人类真切美善

---

① 《中国文化要义》，第79页。
② 同上书，第177页。
③ 同上书，第96页。

底感情，发端在家庭，培养在家庭。他一面特为提掇出来，时时点醒给人；——此即孝弟、慈爱、友恭等。一面则取义于家庭之结构，以制作社会之结构；——此即所谓伦理。"① 这最有眼光的人即是周公与孔子。

梁漱溟认为，伦理社会脱胎于古宗法社会而来，犹如礼乐制度脱胎于古宗教而来。"古宗教之蜕化为礼乐，古宗法之蜕化为伦理，显然都经过一道手来底。"② 他认为在中国文化发展的早期历史上，礼乐多出于周公，伦理多出于孔子。中国伦理社会秩序的建立，照梁漱溟说，约当西汉，但寻根溯源，不能不归功于周孔。周孔的功绩主要有二：

> 第一，便是启发出人的理性，使一切旧习俗旧观念都失其不容怀疑不容商量底独断性，而凭着情理作权衡。……第二便是谆谆于孝弟，敦笃家人父子的恩情，并由近以及远，善推其所为，俾社会关系建筑于情谊之上。③

从而，以人心情理之自然，化除封建秩序之不自然，最终以伦理代封建，以伦理组织社会。

梁漱溟所说的理性指人心的情理。他所说的理性与一般的理解不同，不是指思维及认识的能力与作用，思维和认识的能力与作用在梁漱溟称为理智。他说："理智、理性为心思作用之

---

① 《中国文化要义》，第89页。
② 同上书，第115页。
③ 同上书，第118页。

第七章 梁漱溟的中国文化论

两面,知的一面曰理智,情的一面曰理性。"① 他甚至说:"你愿意认出理性何在吗?你可以观察他人,或反省自家,当其心气和平,胸中空洞无事,听人说话最能听得入,两人说话最容易说得通底时候,便是一个人有理性之时。所谓理性者,要亦不外吾人平静通达底心理而已。"② 由此可见,梁漱溟所谓"理性",似接近于哈贝马斯说的"交往理性"(communicative rationality)。就是说,如果说在西方是因基督教开启的超越家庭家族的精神最终导致了集团本位社会的展开,那么,在中国则是由于周孔教化启发了人心情理而最终导致了伦理本位社会的走向。

如前所说,周孔之教启发了人的理性,这种理性是支配人对一切事物依凭情理作权衡。如西方和日本实行长子继承制,中国上古亦行此种制度,但自封建解体而实行遗产均分。梁漱溟指出:"这不是一件小事,这亦不是偶然。这就是以人心情理之自然,化除那封建秩序之不自然。所谓以伦理代封建者,此其显著之一端。"③ 中国自封建解体后,不走阶级国家之路,而走伦理社会之路,也正是由于理性早启的缘故。梁漱溟所说的中国文化早熟,就是指此。

梁漱溟关于理性早启、文化早熟的说法,涉及到观照历史的双重判准,即历史的尺度与价值的尺度。梁漱溟对中国社会史的基本看法,就是认为中国封建解体之后,化阶级为职业,

---

① 《中国文化要义》,第 128 页。
② 同上书,第 125 页。
③ 同上书,第 119 页。

以伦理组织社会，而这两点具有两重性。也就是说，这两点一方面合乎理性，一方面出现太早。质言之，说中国文化的诸特征"近理""合理"，[①]这是以价值尺度为标准；说"前进太早"，"不符于进步趋向"，则是以历史尺度为标准。或者说，有两个"进步"观念，一为价值的，一为历史的。中国文化的特色及寓于其中的理想，是合乎人类的理想的，但其真正实现需要一定的历史条件，如融国家于社会，化阶级为职业，应在文明高度发展的基础上来实现；如果出现得太早，就会由于其具有合理性而不易改变，阻碍历史应有的进步。从伦理学来说，善（合理性）是进步的，也是合理的；而从历史观来说，恶（非理性）是必要的，也是合理的。这两种合理性在某种意义上，也正是韦伯所说的价值合理性与工具合理性。梁漱溟的文化立场中明显地具有这两种合理性的矛盾与纠缠。

六　韦伯的中国文化观

首先，我们来看看韦伯对中国社会的结构与制度的了解。

（一）赋役制财政与家产制国家

赋役制（liturgy）在韦伯看来，是传统中国国家财政的主要取得方式，各种公共负担，如灌溉、军事、粮食供给、国库，

---

① 《中国文化要义》，第246—247页。

第七章 梁漱溟的中国文化论

都需要通过赋役来提供。① 当然，中央也直接经营生产事业，作为财政的一部分。由于历代中央对地方的控制力有限，从而地方所负担的赋役，经过一段时间之后，往往就会因袭传统而成为"配额"②。在货币流通发展的情况下，赋役及租税的配额便转为货币支付。货币经济与官吏的俸禄结合之后，为支配阶层创造了特殊的利益机会，加强了他们维护既得利益的心态。③家产制与俸禄结构所结成的强固结构，只有成功的军事革命或宗教革命才能瓦解。④

家产制（patrimonialism）是指支配者将政治权力当作其私有财产的有用附属品来加以利用的制度。⑤ 韦伯把中国定义为"家产官僚制"的国家，即统治者把国家看作是个人的家产，而采用官僚制行政的管理。家产制是取代封建秩序而起的，虽然它仍保持身份制结构和强调身份教养，但其基本原则是根据功劳和教育资格而把官职开放给社会的所有人民。⑥ 官吏原先由国家支付实物俸禄，后来代以货币薪俸。但实际上官员既无法赖其薪俸生活，也无法靠薪俸支付其行政开销。结果，在实际上，各级行政首脑像个领主或总督，向州府或中央交缴一定的租税额，而他自己则从实际征收得来的租税中支付行政费用，

---

① 韦伯：《中国的宗教：儒教与道教》，简惠美译，台湾远流出版社，1989年，第115页。
② 同上书，第117—121页。
③ 同上书，第124页。
④ 同上书，第125页。
⑤ 同上书，第333页。
⑥ 同上书，第107页。

并把余额留给自己。这样，家产制便成了贯穿整个官僚制的原则。韦伯说："通贯于家产制性格中的是，官吏将其行政辖区内所得的收入作为俸禄，事实上与私人收入并无分别。……家产制惯有的原则是，官吏不仅必须从他的收入里支付其行政区域内的民政与司法事务上的开销，并且还须自行支薪给他的行政幕僚。"①

（二）宗族社会与村落自治

韦伯认为，家族或氏族是传统中国社会里最具自主性的组织，是少数可以抵制家产制政权的力量。家族对其成员不仅拥有超越法律的权力，而且具有抗拒法律的权力。② 其凝聚力的强度，远远超过西欧乃至印度。从对赋役义务的共同承担和土地买卖的继承权利来看，家族可以成为一种生产组合的氏族共同体、累积性的家族共同体，一种营利共同体。③ 由于在传统中国社会，官吏拥有最大的累积财富的机会，故家族营利共同体的目标便被导向由学而仕，即培养家族中的优秀成员入学、中举、捐官。这些人出任官职后，也会设法增加家族的财富，提拔其他成员任官。④ 家族的凝聚则依靠祖先崇拜。家长是最高权威，每个成员须接受家长的领导，家长通常主持宗族的祭祀、婚丧仪式，对族内纠纷诉讼行使裁判权。家庭财产为成员

---

① 《中国的宗教：儒教与道教》，第 121 页。
② 同上书，第 153 页。
③ 同上书，第 150 页。
④ 同上书，第 150—151 页。

共同所有，宗族则有宗祠、义地、义塾等公共财产，每个家庭有提供劳役等义务。①

中国的村落与城市不同，在法律上和事实上，村落都具有地方自治团体的地位和能力。在同一地域生活的家族以地缘关系组成村落共同体（乡），它是以共同的风俗习惯和道德规范为纽带的自治体。在政治上，乡是国家的基层行政机构，在政治上受上一级的县统辖，除交纳赋税外，是一个内部自给自足的自然经济，是一个以传统为准绳的自律的社会生活组织。②

（三）无自主性的城市与寻求实质公道的法律

和西方不同，中国以及其他东方的城市，没有政治上的自主性。中国古代既无西方古代的城邦，也没有中世纪西方的城市法，因为它不是自有其政治特权的共同体，没有由自己武装的市民阶级，没有市民组成的政治组织和团体的自治。③在外表上，中国也有类似英国的商人基尔特的手工业商业行会，他们也广泛地拥有支配都市经济生活的强大力量，"然而，最显著而紧要的不同是：即使是在当时，英国的城市拥有保证其自由的'特许权状'，而在中国则从未见有此等情事"④。在中国缺乏西方中世纪城市新兴市民阶级力量所促成的各种制度的独特发展。

---

① 《中国的宗教：儒教与道教》，第153页。
② 同上书，第156—159页。
③ 同上书，第77页。
④ 同上书，第79页。

由家产制的性质所决定的法理的性格,与西方的形式法不同,"以伦理为取向的家产制,所寻求的总是实质的公道,而不是形式的法律"①。私法的规定极少,个人的自由权不受保证,行政与司法并未分离,官员以家产制的方式,自费雇用仆佣,这种官绅行政具有一种反形式主义的、父系家长制的性格。中国的律法更多的是伦理规范的法典化,是"实质的伦理法",而不是保障资本主义经济发展的形式法。

(四) 资本主义未产生的制度分析

韦伯认为,从制度上看,理性化资本主义在中国未能产生的原因相当复杂。家产制国家与货币俸禄的结合,导致了支配阶层坐食者心态的强化,他们只关心维护既得利益和既有经济条件,使社会发展僵化,使传统主义永占主导。家产制对权力的垄断,窒息了行政运作、财政管理、经济政策的理性化。家族营利共同体的性质是掠夺的资本主义,与理性的经营共同体是背道而驰的。家族团结对资本主义的针对自由劳动力的淘汰与纪律有强大的抵制作用。庞大的血缘组织阻碍人的独立性与个体性发展。家族组织与村落自治,使得中央权力无法贯入边陲和底层以建立起有效的政治法律秩序。城市缺乏政治与军事的自主性以及共同体组织上的统一性,而理性资本主义发展所依据的财政与法律背景,正是在此种自主性与统一性的基础上得以稳固。在整个法律体系中缺乏可保障资本主义经济运行的

---

① 《中国的宗教:儒教与道教》,第166页。

形式法和理性的司法程序,实质的伦理法只适合于世袭君主的利益与血缘组织的需要。

此外,帝国的一统使得人口与物资能够在辽阔的领土上自由迁徙和流通,而没有政治的障碍。但同时,以一统与和平取代封建国家间的敌对和争斗,也意味着不再有竞争的压力迫使他以理性化的手段改进官僚与经济组织。由于皇帝和他的官员执掌了宗教的功能,这就削弱了可与世俗政权抗衡的教士阶层的地位。这就造成了一种情形,即没有一个教士阶层,没有一个独立的宗教力量能够为社会经济秩序带来激烈变革,以促成资本主义的发展。韦伯还指出,中国两千年来的由国家所推动的不断的土地改革,造成了土地被分割成无数小块耕地,使得中国无法产生大规模的合理的农业经营,也阻碍了技术的进步。

需要特别指出的是,韦伯在列举了中国社会在制度上对资本主义的阻碍的同时,也列举出中国社会在制度上有利于资本主义产生的许多条件。鉴于本章的主题在了解梁漱溟文化观的意义,韦伯所列举的有利的制度条件就不在这里赘述了。

(五)资本主义未产生的文化原因

由于传统中国社会制度既有有利于资本主义的一面,又有不利于资本主义的一面,因而在韦伯看来,制度的因素并不是资本主义在中国不产生的决定原因。他认为:"中国许多可能或必然有碍于资本主义的情况,同样存在于西方",而"经常被认为是西方资本主义发展障碍的情况,并不存在于几千年的中国:例如封建制的、庄园领主的以及部分而言行会体系的枷锁,都不存在于中国。此外，相当严重的各种妨碍贸易的独占——这是西方的特色——在中国也不明显"。可事实是，"中国拥有的各种外在有利于资本主义之成立的条件，并不足以产生它出来"。我们当然知道，韦伯所要得到的结论，已先在地确立于他的世界经济史研究之前。这就是，在他看来，"心态"是非西方世界强烈阻碍资本主义之发展的一个有力因素。

韦伯认为，儒家伦理为中国社会所提供的心态环境，与新教伦理为资本主义发展提供的有利心态很不相同。其间最主要的区别是，虽然两者同属于理性主义伦理，但新教伦理对俗世有一种巨大的、激烈的紧张对立，他把世界看成非理性的，要对世界进行理性的驯服、支配和转化；而儒家伦理将与此一世界的紧张降至绝对的最低点，主张传统主义地适应这个世界的秩序与习俗。

七　梁漱溟与韦伯中国文化观之比较

由以上所述可知，《中国文化要义》实际上与《中国宗教：儒教与道教》相近，在性质上是属于文化社会学的研究，只是处理的问题有大小不同。比较两人的研究：

第一，梁漱溟在《中国文化要义》中十分重视"社会构造"，认为"一时一地之社会构造，实即其时其地全部文化之骨干"，这也是与早期《东西文化及其哲学》的不同之处。韦伯重视"社会学基础"，对有关资本主义产生的制度作了不少分析。两人都把相当的注意力置于社会结构的分析上。不同的是，梁

第七章 梁漱溟的中国文化论

漱溟着眼于整个中国社会和整个中国文化的变迁,而韦伯着眼的仅在资本主义产生这一历史过程。因而,梁漱溟的眼光显得更为宏大,这是因为梁漱溟所要解决的是中国文化在整体上对近代化的回应以及中国文化在世界文化史上的地位问题。

第二,两人在重视社会结构分析的同时,都更重视宗教文化的作用。梁漱溟明确指出,中国的风教礼俗并非由经济所决定,经济的发展或停滞反而是受了风教礼俗的影响。韦伯对资本主义的发生分析也是强调宗教伦理对资本主义的经济发展起了几乎决定性的作用。梁漱溟更把宗教看成中西文化、社会不同发展的终极原因。比较起来,梁漱溟的论述"一新信仰代兴,一新社会组织随之以起",具有更普遍的历史观的色彩。

第三,两人都认为中国传统社会不能产生资本主义。但梁漱溟认为,中国不能产生资本主义的直接原因,是伦理本位的社会组织;韦伯则认为这个直接原因与其说是社会制度的,不如说是精神气质的、心态的。在梁漱溟看来,宗教、文化、伦理的作用对于中国资本主义之不产生而言,是具有历史的宿命的意义。儒家思想使得中国一开始就走上了另一永不能进入资本主义的道路。

第四,由于梁漱溟是把中国社会作为一个有机的整体来把握,而韦伯注重从资本主义之发生出发分解地检查中国的各种制度,这就使得两个人对中国社会的结构分析呈现出不同。韦伯多重视与资本主义发生相关的制度要素,如货币、城市、行会、法律、赋税、官僚制等;梁漱溟则重视家庭、阶级、国家、社会等。由于梁漱溟具有在传统社会生活的具体感受,又有乡村建设的实际经验，加上他充分吸收了中国人类学、心理学、社会学学者的成果，使得他对中国社会的描述更为完整和贴切。

第五，在具体问题上，梁漱溟认为中国是特重家庭生活的伦理本位社会，韦伯也着重指出家族宗教在中国社会的重要性，以及家产制具有的伦理取向。对于村落自治方面，两人的看法完全相同。两人也都认为上古时代中国与西方的社会文化很接近。两人也都认为儒家文化具有和平的性格。

第六，梁漱溟与韦伯在一些方面也有不同的看法。其中比较主要的一点是，韦伯重视国家形态，如家产制国家、家产官僚制；梁漱溟则注重社会形态，如伦理社会、阶级社会等。梁漱溟在根本上认定中国不是或不像国家，认为中国是融国家于社会的。

八 余论：民族品性与生活取向

五四时期，中国的学者对国民性及改造国民性的讨论很多。现代学术讨论中，心理学、社会心理学家对 Personality 的研究亦多与之类似，人类学家也特别感兴趣于群体心理特征的描述。梁漱溟在《中国文化要义》中吸取了五四以来文化与学术界的讨论，把"民族品性的优点及劣点，作为参考佐证的资料"。他指出，优点劣点有时不可分，民族品性上的特殊之点大多由民族文化陶铸而成。[①] 他特别引证了潘光旦、庄泽宣的著作，尤

---

① 《中国文化要义》，第22页。

第七章 梁漱溟的中国文化论

其利用了庄著中收集的西洋、日本对中国民族性格的许多议论。这些议论有很多出于为帝国主义、殖民主义服务的人类学，但其观察和结论往往有客观的价值。梁漱溟综合了各方意见后，把中国民族品性归列为十点：

1. 自私自利　　2. 勤俭
3. 爱讲礼貌　　4. 和平文弱
5. 知足自得　　6. 守旧
7. 马虎　　　　8. 坚忍与残忍
9. 韧性与弹性　10. 圆熟老到①

梁氏同意以上十点为中国民族品性。他认为这些品性大多由社会结构和时势需要而来，如勤俭是职业分途的结果，爱讲礼貌是伦理本位社会所演成，和平文弱与缺乏集团斗争相联系，文弱则是理性早启、本能减弱所导致，如此等等。

韦伯对新教伦理分析的特色是，不注重教义，而注重实际生活伦理，因而在他的讨论中，往往贴近社会生活。在《中国的宗教：儒教与道教》一书中，韦伯的重点显然在社会学基础和正统文化的分析上，从而造成了在儒教伦理的分析上与其对新教伦理分析方法的偏离。但他仍对儒家文化中非教义的层面给予了不少注意，故屡屡论及中国国民性格的问题，他称之为"生活取向"。从《中国的宗教：儒教与道教》后半部散见的论述中我们可以看出韦伯所理解的中国人的生活取向是：

1. 儒教中国人保持一种此世的心灵倾向，注重此世的福

---

① 《中国文化要义》，第 23—24 页。

禄寿。[①]

2. 中国人强烈的营利欲，自古以来即有高度的发展。[②]

3. 精打细算，知足寡欲。[③]

4. 中国人的勤俭与工作能力一直被认为是无与伦比的。[④]

5. 不可想象的节俭的美德。[⑤]

6. 警觉的自制、自省和谨慎，迷狂和热情受到压抑。[⑥]

7. 注重外在的姿态和形式的尊严，讲究面子。[⑦]

8. 墨守成规。[⑧]

9. 和平主义的性格。[⑨]

10. 实用主义。[⑩]

11. 极端不诚实，但大贸易商特别重信义。[⑪]

12. 缺乏同情心。[⑫]

13. 彼此间不信任。[⑬]

正如韦伯自己所说，他所运用的材料，与当时其他社会学

---

① 《中国的宗教：儒教与道教》，第 209、295 页。
② 同上书，第 127 页。
③ 同上书，第 309 页。
④ 同上书，第 127 页。
⑤ 同上书，第 297 页。
⑥ 同上书，第 221 页。
⑦ 同上书，第 311 页。
⑧ 同上书，第 298 页。
⑨ 同上书，第 234 页。
⑩ 同上书，第 298 页。
⑪ 同上书，第 299 页。
⑫ 同上书，第 298 页。
⑬ 同上书，第 299 页。

第七章 梁漱溟的中国文化论

家一样,主要是来自传教士的记载,同时,他并未对这些材料进行归纳整理,运用论述也比较分散。但是,由韦伯上述的叙述观察来看,梁漱溟所综合的前六条都已包含在韦伯的理解之中。

从概念上看,韦伯所用的"生活取向"表示在一定文化气质的制约之下呈现出来的生活态度,可能比梁氏所用的"民族品性"为好,但无论韦伯还是梁漱溟,都没有将那些植根于传统而属于文化模式的部分,与仅仅和特定社会制度及特定文化环境相联系的部分加以区分。用冯友兰的说法,属于文化模式与文化传统的可称为"性",仅仅由特定社会制度和环境所影响的可称为"习";前者是历久而稳定的,后者则是可以改变的。① 当然,如果民族性或国民性的概念只是指当代一个具体时空环境中的人的行为及心理取向,并可以改变的话,那么这种概念也还是可以用的。

从两人的学术立场来看,梁氏是把民族品性作为印证其关于中国社会构造和文化走向的佐证;而韦伯则把生活态度作为儒教伦理取向的具体表现。20世纪60年代以来,有关中国人行为、心理的社会科学研究已取得大量具体成果。在关于现代化问题的研究中,韦伯开启的注重社会的文化取向的方法也紧密地联系着文化模式和行为研究,而所有这些又都要落实到人的文化习性上面。在这方面,梁漱溟和韦伯的观察仍有一定的借鉴意义。

---

① 冯友兰:《新事论》,见《三松堂全集》第四卷,第319页。

第八章 梁漱溟《人心与人生》的人心论

　　1921年梁漱溟出版了他的成名之作《东西文化及其哲学》，这是新文化运动后期的一部重要著作。但是由于当时主流文化思潮在文化思考方面的简单化，以及此书的深刻性和复杂性，梁漱溟的这部著作长期未得正确的理解。对此书的评价，论态度之持平和议论之公正，应首推贺麟，贺麟说："他虽用力于比较东西文化路向的异同，然而他却有一长处，即他没有限于狭隘的中西文化优劣的争执。且很着重地说，西方人的科学和民主，中国人应全盘接受，认为这两种是人类生活中'谁能出不由户'的普遍要素。不用讳言，他隐约地暗示着东方的人生态度比西方人向前争逐的态度要深刻要完善。……这不能不说是他立论圆融高明的地方。"①

---

① 贺麟：《当代中国哲学》，宗青图书出版公司，1978年，第12页。

第八章 梁漱溟《人心与人生》的人心论

而梁漱溟自己,在 1924 年即《东西文化及其哲学》出版后不久,就自觉其书有重大错失,立志要写一部《人心与人生》加以改正,并进一步发展其思想。梁漱溟自己对《东西文化及其哲学》的不满,倒不是在引起争论的"东西文化"问题上,而是在有关"人类生命"与"人类心理"的问题上。他在 1975 年《人心与人生》写成后作《书成题记》说:"1921 年愚既有《东西文化及其哲学》讲稿发表,其中极称扬孔孟思想。1923 年因又于北京大学哲学系开讲'儒家哲学'一课,在讲儒家伦理思想中,辄从我自己对人类心理的理解而为之阐说。此种阐说先既用之于《东西文化及其哲学》,其中实有重大错失,此番乃加以改正。其改正要点全在辨认人类生命(人类心理)与动物生命(动物心理)异同之间。"[①]

梁漱溟在 1926 年、1927 年、1934 年,曾三次以"人心与人生"为题作过讲演,但 1960 年才开始撰写此书。1966 年已写成三分之一,后因"文革"一度中辍,1970 年乃重理旧绪,1975 年写成全书。可见《人心与人生》是梁漱溟早年立志要写,而晚年用十年以上的心血所写成的,其中的思想观点,是他积数十年心思深思熟虑的结果。[②] 如果说《东西文化及其哲学》是其早年的代表作,在内容上属于比较哲学与文化的研究;

[①] 《梁漱溟全集》第三卷,第 758 页。
[②] 1958 年梁漱溟曾说:"那年我六十岁,我对主席说我或许还能再活十年吧,在此十年中我有一件事是必须作的,那就是几十年来想写而未写的《人心与人生》一书。"见《梁漱溟全集》第七卷,第 55 页。1965 年他又说:"《人心与人生》则必定要写,四十年来未尝一日忘之,今年已开始着笔,约得出十之三。"亦见上书,第 137 页。

《中国文化要义》是其中年代表作，在内容上偏于中国古代社会结构和价值取向的研究；则《人心与人生》是其晚年的代表作，在内容上集中于人类心理的自然基础和基本特征。这部书可谓为一位中国现代哲学家所著的"精神现象学"。① 这本书的写作历史表明，人类心理问题是梁漱溟始终关怀的基本问题。

一 "心理"与"伦理"

何以梁漱溟如此重视心理学？梁漱溟对此有清楚的说明。以下我们就来看看他之重视心理学的原因何在。需要说明的是，梁漱溟的文字多直抒胸臆，往往冗长，但语脉不断，我们只能照录其所说而叙述之，俾使读者了解其全部立场。

1929年《东西文化及其哲学》第八版自序中，梁漱溟说："我这书于民国十年秋间出版后，不久便有几处颇知自悔。所以于十一年付三版时曾为自序一篇特致声明。其后所悔更多，不只是于某处某处晓得有错误，而是觉悟得根本有一种不对。于是在十五年春间即函请商务印书馆停版不印。"这所谓"根本的不对"是指什么呢？他说："总说起来，大概不外两个根本点：

---

① 梁漱溟说："当《东西文化及其哲学》未成书时，满怀兴奋，不自觉察。书既出版，胸次若空，问题渐以呈露，顿悔其出书之轻率，曾一度停止印行。其后复印，则加一序文声明书中杂取滥引时下心理学来讲儒家实为错误。1923—1924之学年在北京大学开讲儒家哲学，即在纠正原书之误，但口授大意，未成书文。1949年出版之《中国文化要义》，其第七章约可代表新认识而不能详。今在此一节叙出我对人心之最后认识。"《人心与人生》第七章第二节，《梁漱溟全集》第三卷，第598—599页。

第八章　梁漱溟《人心与人生》的人心论

一是当时所根据以解释儒家思想的心理学见解错误；一是当时解释儒家的话没有方法，或云方法错误。"然后，他对心理学之重要性加以说明："在凡是一个伦理学派或一个伦理思想家都必有他所据为基础的一种心理学。所有他在伦理学上的思想主张无非从他对于人类心理抱如是见解而来。而我在此书中谈到儒家思想，尤其喜用现在心理学的话为之解释。自今看去，却大半都错了。盖当时于儒家的人类心理观实未曾认得清，便杂取滥引现在一般的心理学作依据，而不以为非；殊不知其适为根本不相容的两样东西。至于所引各派心理学，彼此脉路各异，亦殊不可并为一谈；则又错误中的错误了。十二年以后始于此有悟，知非批评现在的心理学，而阐明儒家的人类心理观，不能谈儒家的人生思想。十三四五年积渐有悟，乃一面将这书停版，一面拟写成《人心与人生》一书。"[1]

其实，这个意思在 1926 年他已经详细表述过。《人心与人生》虽在 1975 年始写成，但梁漱溟早在 1926 年即写好了一篇《人心与人生·自序》，其中说：

> 为什么有《人心与人生》这本东西出来？——我为什么要谈心理学？我们应当知道，凡是一个伦理学派或一个伦理思想家，都有他的一种心理学为其基础；或说他的伦理学，都是从他对于人类心理的一种看法，而建树起来。儒家是一个大的伦理学派；孔子所说的许多话都是些伦理

---

[1] 《东西文化及其哲学》第八版自序，《梁漱溟全集》第一卷，第 324 页。

学上的话；这是很明显的。那么，孔子必有他的人类心理观，而所有他说的许多话都是或隐或显地指着那个而说，或远或近地根据着那个而说；这是一定的。如果我们不能寻得出孔子的这套心理学来，则我们去讲孔子即是讲空话。盖古人往矣！无从起死者而与之语。我们所及见者，唯流传至今的简册上的一些字句而已。这些字句，在当时原一一有其所指；但到我们手里，不过是些符号。此时苟不能返求其所指，而模模糊糊去说去讲，则只是掉弄名词，演绎符号而已；理趣大端，终不可见。……所以倘你不能寻出孔子的心理学来，即不必讲什么孔子的伦理学。进而言之，要问孔子主张的道理站得住站不住，就须先看他心理学的见解站得住站不住。所以倘你不能先拿孔子的心理学来和现在的心理学相较量、相勘对，亦即不必说到发挥孔子道理。但这两方的心理学见解明明是不相容的……所以倘你不能推翻今日的心理学，而建树孔子的心理学，亦即不必来相较量、勘对！①

在他看来，任何一种伦理思想，一定以一种心理学作为基础和根据；不了解作为儒家伦理学基础的儒家心理学，就不能根本了解儒家伦理和儒家思想。从这个角度来说，《人心与人生》的写作目的就是要阐明整个儒家思想的基础，而这个基础就是儒家对"人心"的看法。从梁漱溟以上的说法，联系他的

---

① 《人心与人生》自序，《梁漱溟全集》第一卷，第326—327页。

第八章　梁漱溟《人心与人生》的人心论

思想归宿,可以说,梁漱溟的儒学,是一"注重心理学诠释的现代儒家哲学",心理学的进路是梁漱溟发展现代儒家思想的基本方向。这与熊十力以宇宙论为进路发展现代儒家思想,是一"注重宇宙论建构的现代儒家哲学",大异其趣。

那么,梁漱溟所谓的"心理学"是否就是近代以来学术分类中的心理学呢?还是说他讲的心理学确实是属于心理学范畴,只是与现有各派不同的一派呢?他的所谓儒家心理学,与近世(即宋明)儒家哲学中的心性论是同是异?可否说他的心理学即是一种"心学"?这一切,我们要等到本章的最后才能回答。

二　"本能"与"理智"

梁漱溟把人心看作人之所以为人的根本,他说"讲到人,离不开人心","人之所以为人,独在此心",又说:"说人,必于心见之;说心,必于人见之。人与心,心与人,总若离开不得。"①

什么是人心?梁漱溟对人心有所定义,而其定义有两大特点,第一,他强调心与生命的同一,他说:"人心非他,即从原始生物所萌露之一点生命现象,经过难计其数的年代不断地发展,卒乃有此一伟大展现而已。人类之有人心活动,同于其他生物之有生命表现,虽优劣不等,只是一事。应当说:心与生命同义。"② 可见他在讲心的时候,是很重视生命的,他把心看

---

① 《梁漱溟全集》第三卷,第527页。
② 同上书,第540页。

作宇宙间生命表现的一种形式,主张不能脱离整个自然界生命现象来讲心。所以他也说:"说人心,应当是总括着人类生命之全部活动能力而说。"① 第二,他又把人心定义为专指比本能更高的心理,如说:"说心,指人类生命从机体本能解放而透露出来那一面,即所谓理智理性者。"② "何谓心?心非一物也;其义则主宰之义也。主谓主动;宰谓宰制。对物而言,则曰宰制;从自体言之,则曰主动。"③ 这里所说的对物的宰制就是指理智,而所谓主动则包含了理性。

梁漱溟论述人心的方法也有一基本特点,他认为,一般的心理学,"大抵着眼在个体生命上","而于人类社会发展史中随有之人心发展顾未之及"。④ 梁漱溟自己的方法则不同,《人心与人生》之所以要经如此长时间后才得写成,就是因为梁漱溟是要从生物进化过程和人类社会发展过程论述人心的发展和特征,而这需要较多的知识准备。《人心与人生》分"心理学"和"伦理学"两部分,前者是"从人生以言人心",从人类生命活动的起源和发展叙述人心的发展,"指示出事实上人心有如此者";后者是"从人心以谈论人生","即其事实之如此以明夫理想上人生所当勉励实践者"。由前面梁漱溟的自述可知,心理学的部分是此书的主要部分。而其心理学部分的主题,就是叙述生命如何从"本能"发展出"理智",又如何从"理智"发展出

---

① 《梁漱溟全集》第三卷,第536页。
② 同上书,第528页。
③ 同上书,第539页。
④ 同上。

第八章 梁漱溟《人心与人生》的人心论

"理性"。本章的讨论也集中在其心理学的部分。

我们首先来看梁漱溟对本能和理智关系的讨论。梁漱溟认为,"为了说明人心,必须一谈理智与本能的问题"。为说明此一问题,他阅读过不少进化论、生物学、生理解剖学、脑神经学、心理学的书籍,其看法如下:

> 动物界在演进上实有本能与理智两大脉路之不同。于虫、鱼所见之计划性,出自天演,虽迹近思深虑远,却非有意识,不过率循本能之路以发展,达于高致耳。另一路归趋在发展理智,即脊椎动物之所循由,必待人类出现而后造于高致,乃有意识而擅长计划。……盖理智、本能第为生命活动之两不同倾向,彼此互为消长,相反而不相离。①

他又说:

> 从生物界言之,则见有植物、动物两大分派。植物为自养生物,恒就一地资取营养而不移动;动物为异养生物,恒游走觅取植物或其他动物以为食。两派同出一源,只在营求生活的方法上有其不同趋势而已。再从动物界言之,亦见有两大分派,其不同亦在生活方法上:节肢动物依循乎本能,而以蜂若蚁为其代表;脊椎动物则趋向乎理智,唯人类乃信乎其有成就,其他高等动物谓之半途而废可也。②

---

① 《梁漱溟全集》第三卷,第558页。
② 同上书,第561页。

梁漱溟以为，动物的生命活动有两种类型，一是"率循本能"，一是"趋向理智"。若从进化的过程来看，则可以说理智是一种反乎本能的倾向，本能是天然的，理智是后起的，虽然两者是一源所出，相反而不相离的。① 梁漱溟认为，动物的趋向理智的一类，只有在人类才得到真正的发展和实现。后本能而起的理智，在长久的生命进化中经过量变而发生质变，终成为人类生命不同于动物生命的基本特征，他说：

> 理智对于本能，原不过是生活方法上趋向不同的问题，然其反本能的倾向发展到末后突变时，却变成人类生命本身性质根本不同了（不再仅仅是生活方法上比较的不同）。由此一根本性的变化，遂使人类成就得理智，而其他动物概乎其未能焉。②

为什么说理智是一种反乎本能的倾向呢？从生命进化中理智与本能的相互消长来看，"本能是生来一项一项专业化的能力，各项本能在生活上各有其特定用途或命意；而理智反之，倾向于有普泛之用。虽其势相反，而一源所出，固不相离。当生物生命向理智发展之时，即其本能或淡褪，或松弛，或削弱之时。此一长一消，即是智能——指其出自天然非思虑者，亦即指生命——一向用于专途者改向普泛有用而转化。"③ 就是说，理智的每一步发展，都以其本能的同时削弱为代价。

---

① 《梁漱溟全集》第三卷，第561页。
② 同上书，第562页。
③ 同上书，第563页。

第八章 梁漱溟《人心与人生》的人心论

为了说明理智是反乎本能的,梁漱溟以人类理智为理智之代表型,以动物式本能为本能之代表型,把理智与本能的相对反,具体化为以下诸点:

> 本能活动紧接于生理机能,十分靠近身体;理智活动便不然,较远于身体,只主要关系到大脑而已。
>
> 本能是个体生命受种族遗传而与生俱来的生活能力(或其动向),既不能从个体生命中除去之,也非可于其一生中而获得,故本能生活无借于经验。而高等动物本能减弱,理智开启,接受后天生活经验的影响,生活经验必资于经验、学习,乃得养成建立。
>
> 本能是即知即行,知行合一,其知觉活动完全是与特定环境的活动对象紧密关联的。动物生活即是如此。人则优于理智,知行间往往有间隔;间隔远者,离知于行,就是说,人类的知觉活动早超出对特定环境的反应,可以是为知而知,知自成为一种活动而单独成立,科学知识及一切学问都是如此。
>
> 本能所得可说是实体的知识,理智所得则是空式的知识。
>
> 本能之知对于生命活动可说是直接的、断定的;理智之知对于生命活动可说是间接的、设定的。本能之所感知是有限具体的,理智所感知普泛于一切无限。①

梁漱溟指出:"此中一个要点,即在吾人生命中便带来静以观物的态度(所谓'离知于行,为知而知')。静观亦即客

---

① 此处各条,皆见《梁漱溟全集》第三卷,第562—565页。

观。"① 他认为这种静观体现了理智反乎本能的最高发展。体现了人类生命的"根本性变化"。

为什么这么说呢？梁漱溟认为，一切生物都围绕两大生活问题：一是"个体生存"，一是"种族蕃衍"。解决这两大问题，一般动物以本能为手段，高等动物则可借助于理智。梁漱溟认为，理智在人类才发展完成，理智本来是解决两大生活问题的方法，但人类的理智形成后，其活动就逐渐得以远离两大生活问题，他说："高等动物理智启萌之表征即在其大脑发达。大脑之发达，即智力之发达也。其生命之所着重，即从行而移于知，……顷所谓若稍远于两大问题者，……低等动物兴趣至陿，其知与行牢锢在两大问题上。高等动物探究之本能密接于其防卫本能而来，其去两大问题未云远也。若灵长类（猿猴、猩猩）之有好奇心，乃似较远。至于人类而有知识欲焉，兴趣广泛，无所不到，斯可谓之远矣。"② 就是说，人类的理智活动可以不再与生存问题直接关联，而有广大丰富之发展。

他举出科学与哲学来说明理智活动超越于生存问题："知识欲泛及于一切与两大问题渺无干涉之事物，而在科学家、哲学家却莫不可为之忘寝废食。此其兴趣之无边扩展果由何而来？即由理智反本能倾向之发展来也。动物的本能生活，于其特定相关之事物情味浓烈，而于此外则漠不关心。……理智反之，渐从特定关系中松弛以至最后脱开。"③ 梁漱溟认为，这是一个

---

① 《梁漱溟全集》第三卷，第565页。
② 同上书，第568页。
③ 同上。

第八章 梁漱溟《人心与人生》的人心论

重要的发展,在这一点上,人类获得了与一切动物根本不同的生命特征。他说:

> 生命发展至此,人类乃与现存一切物类根本不同。现存物类陷入本能生活中,整个生命沦为两大问题的一种方法手段,一种机械工具,浸失其生命本性,与宇宙大生命不免有隔。而唯人类则上承生物进化以来之形势,而不拘拘于两大问题,得继续发扬生命本性,至今奋进未已,巍然为宇宙大生命之顶峰。①

梁漱溟把人类理智的发展看成生物进化的自然之势,但也没有忽视人类生产实践和社会活动对人类理智发展的意义,在这方面,他特别提出劳动、语言对人类的感觉、知觉、心智的重要影响。② 只是他在这一方面的叙述甚为简略,并无特出见解。故本章亦不赘及。

三 "能静"与"自觉"

这里涉及梁漱溟对"人心的基本特征"的认识。梁漱溟在此书的开始,从《论持久战》的提法入手,讨论人的主动性、灵活性、计划性,他认为这三种性略当于理智,但他并不认为这三个概念最适于说明人心的基本特征。在他看来,这三种性

---

① 《梁漱溟全集》第三卷,第570页。
② 参看上书,第610—613页。

可归结为他一贯讲人心所用的概念"静",他说:"吾以为人心特征要在其能静耳。"① 据其解释,心之能静,是指头脑冷静、心气静持。这个说法相当特别。他说:"人心能静之所从来,其亦有可得而言者乎?此盖生物进化脊椎动物与非脊椎动物分途,乃有理智生活一路,从而发展出之结果也。"② 就是说,在进化过程中,脊椎动物与非脊椎动物的分途,导致了理智的发展,而人类理智的发展达于能静之心的形成。按照这个说明,所谓"心静"其实是关于人类理智特征的一种说法,或即是人类理智的另一种说法,他为什么需要这种说法呢?

上面所说的"离知于行,为知而知"的人类理智活动,梁漱溟以为正是此能静之心的表现。他指出,理智摆脱两大问题的直接性,兴趣广泛,"唯其不拘定在有限关系上,而后其可能有之关系乃无边际之可言,或关注于此,或关注于彼。对于任何事物皆可发生兴趣,正为其对于任何事物亦可没一定兴趣,甚至一些兴趣不生。兴趣不生者,谓此心之能静也。正为其能静,是其所以能动"③。"动物原是要动的,原无取乎静也;然静即从动中发展出来。本能急切于知后之行,即偏乎动;理智着重乎行前之知,即偏乎静矣。理智发达云者,非有他也,即是减弱身体器官对于具体事物近似机械的反应作用,而扩大大脑心思作用;其性质为行动之前的犹豫审量。犹豫中自有某种

---

① 《梁漱溟全集》第三卷,第 559 页。
② 同上书,第 560 页。
③ 同上书,第 568 页。

第八章 梁漱溟《人心与人生》的人心论

程度之冷静在；更加延长发展，卒达于纯静。"①

他更指出：

> 人类果何从而得突破两大问题之局限乎？此即以理智之反本能，而两大问题固寄托于种种本能之上也。本能活动无不伴有其相应之感情冲动以俱来。……然而一切感情冲动皆足为理智之碍。理智恒必在感情冲动屏除之下——换言之，即必心气宁静——乃得尽其用。于是一分理智发展，即屏去一分之感情冲动而入于一分之宁静；同时对于两大问题亦即解脱得一分自由。继续发展下去，由量变达于质变，人类生命乃根本发生变化，从而突破了两大问题之局限。②

这是说，本能带来感情冲动，理智反乎本能，故必排除感情冲动才能发挥其作用。"静"就是不为本能所动，不受感情冲动所动。

梁漱溟又认为，用理智趋向求静来说明心的特征，其实不如用"自觉"更能显明之。他说：

> 人心以理智之趋求乎静，不期而竟以越出两大问题之外，不复为所纠缠……自觉与心静是分不开的。必有自觉于衷，斯可谓之心静；唯此心之静也，斯有自觉于衷焉。

---

① 《梁漱溟全集》第三卷，第569页。
② 同上书，第570页。

但今点出自觉来，较之徒言心静，其于知识及计划之关系，乃更显明。①

什么是自觉？梁漱溟说："自觉蕴于自心，非以对外，而意识则是对外的。"② 又说："自觉是随在人心任何一点活动中莫不同时而具有的，不过其或明强，或暗弱，或隐没，或显出，殊不一定耳。……人有感觉、知觉皆对其境遇所起之觉识作用，而此自觉则蕴乎自心而已，非以对外也。它极其单纯，通常除内行微微有觉而外，无其他作用。然而人心任何对外活动却无不有所资藉于此。"③ 他又说："大抵心有走作——心向外倾斜去——自觉即失其明……盖心神不定，有所牵引于外，自觉即失。"④ "总而言之，既从本能解放而进于理智的人类，于静躁之间是有很大伸缩性的。其往往出入乎自觉或不自觉者在此。从可知陷于本能而不得自拔的物类生命，岂复有自觉可言！更申以明之：动物生命中缺乏自觉是确定的；人类生命既进于自觉之域，亦是确定的。但人们临到生活上，其生命中的自觉一时昏昏然不起作用，又几乎常常有的。虽说是常有的，却为懈怠不振之象，而非其正常。且其作用亦只在当时隐没不显而已，其作用自在未尝失也。"⑤ 所以他说，只说"人之所以为人在其心"这还不够，还应当说"心之所以为心在其自觉"。只说"人

---

① 《梁漱溟全集》第三卷，第 575 页。
② 同上书，第 577 页。
③ 同上书，第 576 页。
④ 同上。
⑤ 同上书，第 577 页。

第八章 梁漱溟《人心与人生》的人心论

心基本特征为能静"还不够,应指出"人心基本特征即在具有自觉"。①

心之自觉的重要表现,是不计利害以求真的力量。梁漱溟说:

> 求真恶伪实存于人心活动之随时自觉中,是为吾人知识学问得以确立之本。……求真恶伪是随着人心对外活动之同时自觉中,天然有的一种力量。例如吾人核算数字必求其正确;苟有迷糊不清,无以自信,则重行核算,一遍两遍以至数遍,必明确无误乃快。此非有利害得失之顾虑存乎其间也。例如在核算生产经营之盈亏数字时,吾人初不因喜盈恶亏辄以亏为盈,而必求其数字之真而已。此不顾利害得失而是则是、非则非者,盖所谓是非之心也。是非之心昭昭乎存于自觉之中。……如或稍有牵动于利害得失例如急于求成而不能是则是、非则非,立言不苟,则不成其为科学家,不成其为科学矣。②

这种不计利害以求真的理智作用,梁漱溟又称为"无所为的冷静"。他的说法是"理智必造乎无所为的冷静地步,而后得尽其用"③,这就与他所说的心之能静接起来了。

如果说前节所论从本能到理智的发展,梁漱溟的叙述与心

---

① 《梁漱溟全集》第三卷,第 582 页。
② 同上书,第 578—579 页。
③ 此语见《中国文化要义》,引自上书,第 125 页。

理学差别不大,则本节所谓心静与自觉,其讨论实已经超出心理学的范围。心静就是他所理解的理智的特征,而心静关联着的不动于利害,又使他得以导出"理性"的观念,故成为其哲学心理学的一个重要的中介性概念。

四 "理性"与"无私的感情"

"无所为的冷静"在梁漱溟的论述体系中应当是一个具有重要性的观念,从它才能顺理成章地导出梁漱溟哲学最核心的观念:"理性"。让我们来看他的论述。

上节所说的是理智,理智可以不计利害而求真,这是人类心理的一大突破。那么,人类整个感情意志的作用是否也有这种突破?梁漱溟认为,人类的感情意志可以简单地用"好"和"恶"两大方向加以概括。上节所说的在知识活动中人求真恶伪,这种求真恶伪是人心天然自所有的,不杂有生活上得失利害的关系。为什么人类会有这种理智的作用?他认为这要从生物的生命活动来看。高等动物都有好恶取舍,生物生命上表现出来的好恶,直接来源于图存和传种两大生活问题,有利者为利为得,反之则为害为失;利得者"好"之,害失者"恶"之。一般动物都是根据本能而好之恶之。人类已经进化至理智阶段,其理智作用已摆脱与生存问题的直接相关性,故其好其恶,非皆以本能根据两大问题而发生之。他说,感情意志也是如此,人的感情意志的好和恶,"一般说来,固然或直接或间接来自两大问题的利害得失;的非限止于此,而有超乎其上者。此即在

第八章 梁漱溟《人心与人生》的人心论

计较利害得失外,吾人时或更有向上一念者是。此向上一念何指?要晓得,人类生命是至今尚在争取灵活、争取自由而未已的,外面任何利害得失不能压倒它争取自由的那种生命力。当初理智的发展,原作为营求生活的新途径而发展,故从乎营求生活的立场吾人时时都在计较利害得失是在所当然的。但理智的发展却又是越出两大问题之外不复为其所纠缠的;尽管时时用心在应付和处理问题,却可不受牵累于任何问题。所谓不受牵累于任何问题,即不以任何利害得失而易其从容自主自决之度也。"① 当初理智的发展不复为利害得失所纠缠,达到了超越两大问题的飞跃;同样,人类感情意志的发展也有达于向上一念,即超越生存问题、不受得失牵累的自由追求。

也就是说,理智可以达于"无所为",感情意志亦可达于"无所为"。他指出:"凡在动物不无感情意志之可见者,一一皆与其本能相伴者也。人类生命既得解放于本能,其感情意志不必与本能相关联。然一般说来又大多难免关联于本能,如靠身体一类是也。各项本能都是围绕着两大问题预为配备的方法手段,一一皆是有所为的。因之,一切伴随本能而与之相应的感情亦皆有所为而发(从乎其利害得失而发)。不论其为个体,抑为种族,其偏于局守一也。则其情谓之私情可也。"② 动物的感情是基于本能,是"有所为"的,人类的感情可超于本能,达到"无所为":

---

① 《梁漱溟全集》第三卷,第580页。
② 同上书,第581页。

动物生命是锢蔽于其机体本能而沦为两大问题之机械工具的。当人类从动物式本能解放出来，便得豁然开朗，通向宇宙大生命的浑全无对去。其生命活动主于不断地向上争取灵活、争取自由，非必出于更有所为而活动；因它不再是两大问题的机械工具，虽则仍必有所资借于图存与传种。原初伴随本能恒必因依乎利害得失的感情，恰似发展理智必造乎无所为的冷静而后得其用，乃廓然转化而现为此无私的感情。

在人类的进化与社会过程中，理智从原来营求生活的方法而发展达到"无所为的冷静"，与之相应，感情从原来依乎本能而发展出"无私的感情"。所以他说：

> 盖理智必造乎"无所为"的冷静地步，而后得尽其用；就从这里不期而开出了无所私的感情——这便是理性。①

"无私的感情"就是无所为的感情，也就是不从利害得失而发的感情。它也是"后起之反乎本能的倾向"。"无私的感情"与"无所为的冷静"虽然都是"无所为"的，反乎本能的，但二者并非是一回事，其不同处就在于，理智之用是无所为的冷静，而感情（无私的感情）之用是无所为但非冷静。

"无私的感情"就是"理性"的内涵。他说："此情意在性

---

① 《梁漱溟全集》第三卷，第125页。

第八章 梁漱溟《人心与人生》的人心论

质上、其方式上不属本能者,即上文所云无私的感情是已。而理性之所以为理性,要亦在此焉。"① 梁漱溟所用的"理性"概念与一般西方哲学不同。如果说梁漱溟哲学中的"理智"是指人的知性方面,理性则是指人的情感意志方面。所以他说:"我乃于理智之外增用理性一词代表那从动物式本能解放出来的人心之情意方面。""理智趋于静以观物,其所重在知而已。理性之所为提出,要在以代表人心之情意方面;理性与理智双举,夫岂可少乎。"②

理性和理智不同,理智的作用是发为知识,而理性是"人心纯洁伟大光明公正之德",发为道德感情。理智是求真之心,理性是好善之心。③ 梁漱溟说:

> 理智者人心之妙用;理性者人心之美德。后者为体,前者为用。虽体用不二,而为了认识人心有必要分别指出之。
>
> 理智静以观物,其所得者可云"物理",是夹杂一毫感情不得的。理性反之,要以无私的感情为中心,即从不自欺其好恶而判断焉;其所得者可云"情理"。……然一切情理虽必于情感上见之,似动而非静矣,却不是冲动,是一种不失于清明自觉的感情。④

---

① 《梁漱溟全集》第三卷,第600页。按此句全集本作"而理性之所以为理者",疑者字之前遗一性字,故我在引文中据意补之。
② 同上书,第600页。
③ 求真之心与好善之心的提法见《中国文化要义》第七章,引自《梁漱溟全集》第三卷,第125页。
④ 《梁漱溟全集》第三卷,第603页。

理性也就是人的道德心，其伦理含义我们在后面还会详细讨论。

以上几节，是梁漱溟所要陈述的"心理学"，即他所要特别说明的人类心理发展。其实是他为儒家思想所提供的一种心理发展史的基础。在他的这个所谓心理学体系中，主要的观念有三个，即本能、理智、理性。他的全部理论就是要说明人类在进化和发展中，从本能发展出理智，又最终发展出理性这样一个自然历史过程。他说："人类之出现，亦即人心之出现，是在生物进化上有其来历的，却不是从衔接动物本能有所增益或扩大而来。……从生物进化史上看，原不过要走通理智这条道路者，然积量变而为质变，其结果竟于此开出了理性这一美德。人类之所贵于物类者在此焉。世俗但见人类理智之优越，辄以为人类特征之所在。而不知理性为体，理智为用，体者本也，用者末也；固未若以理性为人类特征之得当。"① 对比上节所说，可以这样理解，在梁漱溟的思想里，从根本上说，心之能静、自觉都还不是人类最根本的特征，理性才是人类最根本的特征。②

五　"生命本性"与"宇宙生命"

照梁漱溟的看法，在历史的长河中，理智和理性的开出，是和所谓"生命本性"关联着的。他在叙述从本能到理性的人

---

① 《梁漱溟全集》第三卷，第606页。
② 《中国文化要义》中也说："一般的说法，人类的特征在理智，这本来是不错的。但我今却要说，人类的特征在理性。"引自上书，第123页。

第八章 梁漱溟《人心与人生》的人心论

类心理发展中,不断地提到"生命本性"在这一过程中的主导作用。"生命本性"完全是一个哲学的概念。在这里已经完全脱掉了任何心理学的外衣。

生命本性首先是主动性,他说:"心与生命同义,又不妨说:一切含生莫不有心。这里彻始彻终一贯而不易者即后来所见于人心之主动性是已。"① 这种主动性乃是生命本有的,主动性的本源是生命,故说"主动性非他,即生命所本有的生动活泼有力耳"②。这种主动性在人类的表现他也称之为"自觉主动性"。

在他看来,主动就意味着日新向上:"一切生物的生命原是生生不息,一个当下接着一个当下的;每一个当下都有主动性。而这里所说的人心的主动性,则又是其发展扩大炽然可见的,曰努力,曰争取,曰运用,总都是后力加于前力,新新不已。……起头又起头,不断地起头,其曰新新不已,正谓此耳。"③ 他强调说:"生命本性可以说就是莫知其所以然的无止境的向上奋进,不断翻新。它既贯穿着好多万万年全部生物进化史,一直到人类之出现;接着又是人类社会发展史一直到今天,还将发展去,继续奋进,继续翻新。"④

生命本性的特点又在争取自由,他说:"生物界犹层层创新,进化之不已,岂不充分证明生命本性之不在此(两大问题)

---

① 《梁漱溟全集》第三卷,第 540 页。
② 同上书,第 543 页。
③ 同上书,第 542、543 页。
④ 同上书,第 544 页。

乎？生命本性是在无止境地向上奋进；是在争取生命力之扩大、再扩大；争取灵活再灵活；争取自由再自由。……惟一代表此生命本性者，今惟人类耳。"① 自由就是摆脱两大问题的局限，这种自由的取得是根源于生命本性的要求。他指出，理智的发展，最初不过是在生活方法上别开一路，以求得对两大问题的解决，但在发展中不期然而跃出两大问题之外，他说："此殆生命本性争取灵活、争取自由有不容已者欤。"不仅理智的发展是生命本性所使然，"人类行为上见有理性，正由生命本性所显发"②。

照梁漱溟的思想，生命本性存在于一切事物之中，但在动物的本能活动中被遮蔽着。理智、理性从本能中解放出来，"生命本体（亦即生命本性）乃得以透露，不复为障蔽"。③ 生命本性从本能的遮蔽中解放出来，这只在人类才真正实现。

在梁漱溟的思想当中，"生命本性"不是孤立就生物或人类讲，而是关联着宇宙大生命普遍地讲。如他说：

> 争取自由、争取主动、不断地向上奋进之宇宙生命本性，今惟于人类乃有可见。说"无所为而为"者，在争取自由、争取主动之外别有所为也。④

可见争取自由、奋进向上是人类生命本性，也是宇宙生命本性。

---

① 《梁漱溟全集》第三卷，第569页。
② 同上书，第606页。
③ 同上书，第528、606页。
④ 同上书，第605页。

第八章 梁漱溟《人心与人生》的人心论

"宇宙生命"更是一个哲学概念，而且是一个本体的概念。其实，他在此书开始时便告诉我们："吾书言人心，将从知识引入超知识、反知识，亦即从科学归到形而上学，从现实生活上起作用的人心归到宇宙本体。——此愿为预告于读者。"① 宇宙生命本性的观念和梁漱溟喜欢使用的"宇宙大生命"的观念都是宇宙本体的范畴。

所谓宇宙大生命，就是指整个宇宙的生命是一体的，他说："在生物界千态万变，数之不尽，而实一源所出。看上去若此一生命彼一生命者，其间可分而不可分。说宇宙大生命者，是说生命通乎宇宙万有而为一体也。"② 每一个体有其生命，而万物的生命实际上是一不可分、不可隔、互相关联的总体、整体，此即是宇宙大生命。因此，所谓生命本性，既见之于人类，也是宇宙大生命的本性。这就是宇宙本体。在这里可以看到他早年受柏格森思想影响的痕迹。

照梁漱溟的说法，所谓生命本性在动物的本能活动中被遮蔽，换言之，也就是在本能活动中生命与宇宙大生命相隔。他说："生命发展至此，人类乃与现存一切物类根本不同。现存物类陷入本能生活中，整个生命沦为两大问题的一种方法手段，一种机械工具，浸失其生命本性，与宇宙大生命不免有隔。而惟人类则上承生物进化以来之形势，而不拘于两大问题，得继续发扬生命本性，至今奋进不已，巍然为宇宙大生命之顶

---

① 《梁漱溟全集》第三卷，第539页。
② 同上书，第571页。

峰。"① 消除与宇宙大生命的相隔,就是达到与宇宙大生命的相通。

宇宙大生命本身是通为一体的,宇宙生命本性也是"求通",因此每一类、每一个体能够体认到万物一体的事实,发挥"通"的生命本性,就是最重要的。梁漱溟说:

> 认识生命必先要认识这不容限隔……,生命本意要通不要隔,事实上本来亦一切浑然为一体而非二。吾人生命直与宇宙同体,空间时间俱都无限。古人"天地万物一体"之观念,盖本于其亲切体认及此而来。②

宇宙万物的生命本来是联通一体的,但物类受其气质机体的局限,其生命的求通本性无以得显,通不出去,这就是隔。只有人类的精神才能超越机体本能的局限,充分体现生命的本性。故梁漱溟又说:

> 一切生物莫不各托其机体以为生,然现存物类以其生活方法随附于其机体落于现成固定之局也,其生命遂若被分隔禁闭于其中焉;所得而通气息于广大天地者几希矣。人类则不然。机体之在人,信为其所托庇以生活者,然譬犹重门洞开、窗牖尽辟之屋宇,空气流通何所碍隔于天地之间耶。人虽不自悟其宏通四达,抑且每每耽延隅奥而不

---

① 《梁漱溟全集》第三卷,第570页。
② 同上书,第572页。

第八章 梁漱溟《人心与人生》的人心论

知出,然其通敞自在,未尝封锢也。无私的感情时一发动,即此一体相通无所隔碍的伟大生命表现耳。①

在发挥生命本性方面,理智与理性的作用不同。"通"的意义是不要划分各种界限把事物分隔开来,而要把事物看成一体相通。而理智的作用往往是分,梁漱溟说:"人们从其擅长划分的理智,极容易分划出空间上时间上的自己个体来,而外视一切,若不相干。"② 理性与理智不同,理性能"亲切体认到一体性"。

由以上分析可见,梁漱溟所说的"生命本性"和"宇宙本性",主要之点有二:

第一是"奋进向上",梁漱溟说:"吾人意识对外活动皆应乎生活需用而起,无时不在计较利害得失之中;但同时内蕴之自觉,只在炯炯觉照,初无所为。吾人有时率从自觉直心而行,不顾利害得失者,心主宰乎身;此时虽对外却从不作计较也,此不落局限性的心,无所限隔于宇宙大生命的心,俗不有'天良'之称乎,那恰是不错的。它是宇宙大生命廓然向上奋进之一表现,我说人心是生命本原的最大透露者正谓此。"③ 其在人心的体现,应在理性的意志方面。向上亦即是不断地争取自由。

第二是"通为一体"。"通"对于人来说,亦有二义,首先是"与物同体",是指个人与他人、万物的相通。由于理性主要

---

① 《梁漱溟全集》第三卷,第605页。
② 同上书,第573页。
③ 同上书,第640页。

是情感方面的，所以"通"是理性的情感方面的特征。这是与"奋进向上"偏于意志有所不同的。梁漱溟说："人与人之间，从乎身则分则隔，从乎心则虽分而不隔。……人类生命廓然与物同体，其情无所不到。凡痛痒亲切处都是自己，何必区区数尺之躯。惟人心之不隔也，是以痛痒好恶彼此相喻又相关切焉。"① 这个思想与宋明儒学"仁者与天地万物为一体""民胞物与"的思想完全一致。这是"通"的伦理义。

其次，通又指"通于无对"，即指个人与宇宙本体的相通。梁漱溟说："阳明咏良知诗云'无声无臭独知时，此是乾坤万有基'。乾坤万有基者，意谓宇宙本体。宇宙本体浑一无对，人身是有对性的，妙在其剔透玲珑的头脑通向无对，而寂默无为的自觉便是其透出的光线，一即一切，一切即一，宇宙本体即此便是。人心之用寻常可见，而体不可见，其体盖即宇宙本体耳。人身虽有限，人心实无限际。"② 这是"通"的本体义。

从上面"一即一切，一切即一，宇宙本体即此便是"的说法可知，梁漱溟认为，人心的自觉便是宇宙本体，人心之体即宇宙本体，这已经是一种本体论了。这种本体论实是以精神、生命本性为宇宙本体，这与熊十力、马一浮"把心说为本体"的思想距离未远，可以说他在本性论上相当接近近代"心学"的看法。

---

① 《梁漱溟全集》第三卷，第604页。
② 同上书，第656页。

第八章　梁漱溟《人心与人生》的人心论

六　"人性善"与"人性清明"

宇宙本性、生命本性的观念在梁漱溟思想中的意义已如上述,现在来看他关于人性的看法。他在绪论中曾说"吾书盖不啻如一篇《人性论》也"。故《人心与人生》全书虽然以本能、理智、理性的分析为主要框架,但其关于人类心理的思想,亦可从人性论的角度加以了解。

什么是人性?笼统地说,是"人之所不同于其他动物,却为人人之所同者,即人类的特征是已"。但人类的特征很多,"人性"所指为何种心理特征?梁漱溟说,"人性"所指的特征则是指"心理倾向"而言。但心理倾向也非单一,"所谓心理倾向,例如思维上有彼此同喻的逻辑,感情上于色有同美,于味有同嗜,而心有同然者是已"。

梁漱溟肯定人有共同的人性,有阶级性所不能掩蔽的人性,其理由首先是:"生物有相同之机体者,必有相同之性能;其在人,则身与心之相关不可离也。在不同时代、不同种族、不同阶级的人,果其身的一面基本相同矣,岂得无基本相同之心理倾向?"[1] 这是从人有相同的机体必有基本相同的心理基础、心理功能、心理素质和心理倾向来论证的。所以梁漱溟对"人性"的定义是:"说情,我指人的情感意志;而情感意志所恒有的倾向或趋势,我便谓之性。"[2]

---

[1] 《梁漱溟全集》第三卷,第534页。
[2] 同上书,第659页。

那么，梁漱溟所理解的人性，其内涵具体何指呢？他说：

> 素纸、白纸太消极、太被动，人性固不如是。倘比配虎性猛、鼠性怯、猪性蠢而言之，我必曰：人性善。或更易其词，而曰：人之性清明，亦无不可。①

说人性是白纸，梁漱溟是反对的，人性如果只是如白纸，这样的人性完全是消极的、没有作用的。梁漱溟主张说人性善，但这是在比照"虎性猛、鼠性怯、猪性蠢"的意义上说的。我们可以问，"倘不比配"这种说法，应当如何了解人性呢？

梁漱溟很重视人性的后天影响。他认为人性是受后天影响而形成的，所谓后天并不是仅指个体出生之后，而是包括人猿相别以来在进化过程中所不断发展的体质、性情、心智。他认为受后天影响的人性有三个层次，在这三个层次上，后天的影响各不同：

第一性格，指人类百万年来进化到今天所获得的，而此一性格在进化中已成为人类不分南北东西，所具有的共同点，这种共同点就是"自觉能动性"。梁漱溟称此第一性格为"人类基本性格"。

第二性格，即"得之于不同时代、或不同地方，以及不同时又兼不同地的人群生活之所感染陶铸的那种性格"。这应是指文化与民族性而言。不同族群文化中的人的族群性格多少有所不同。梁漱溟称此第二性格为"人类第二性格"。

---

① 《梁漱溟全集》第三卷，第 536 页。

第八章 梁漱溟《人心与人生》的人心论

　　第三性格，是在第一和第二性格基础上才有的，是受后天社会环境影响但较易改变的，与此相比，第二种性格虽是后天的，但较不易改变。第三性格"较为肤浅较易改变"。梁漱溟认为"阶级性应属此第三层内"，可见第三性格是指人的社会性而言。

　　以上三种性格都是构成人性的内涵。但梁漱溟并未说人性就是这三种性格的复合。很明显，人性中的这三种性格都可谓得自后天，那么人心中有没有得自先天者呢？梁漱溟说："然则竟无所谓先天耶？是亦不然，先天即宇宙生命本原或宇宙本体。"[①] 可见，梁漱溟在肯定人性中有受后天影响的三种性格以外，同时肯定人性中有先天的部分，这就是生命本性和宇宙本性。

　　从上节的论述，我们可以很清楚地知道，梁漱溟不可能赞成人性白纸说。既然宇宙生命体现为人类生命，宇宙本性即是生命本性，而生命本性是奋进向上、通而不隔的，人类的心理倾向也绝不可能外乎此。如果说人类生命是宇宙生命的最高峰的表现，如果说理性是生命本性的体现和透露，那么人性必然和理性、自觉有关，和生命本性有关。

　　另一方面，现实的人性中既然含有以上三种性格，当然不是白纸了。但何以说人性是善呢？其实，第一性格并不是在进化过程中自外获得的，而是人类在进化过程中生命本性自身摆脱机体局限的显现，它与第二第三性格不同，后二者是可以改变的，而第一性格只会向前发展，不会向后后退，因此它是人类本质的特征。梁漱溟说：

[①] 《梁漱溟全集》第三卷，第660页。

人性之云，意谓人情趋向。趋向如何非必然如何，而是较多或较大地可能如何。事实上，人之有恶也，莫非起于自为局限，有所隔阂不通。通者言其情同一体，局者，谓其情分内外。肯定了恶起于局、善本乎通，而人类所代表的宇宙生命本性恰是一直向着灵通而发展前进，昭昭其可睹，则人性善之说复何疑乎？

如果人性只是生命本性，那就是必然如何，而不能说只是较多可能如何。正因为人性对梁漱溟来说，是一个综合的现实，它是生命本性及第一第二第三性格的复合物，所以虽然生命本性发挥着主导作用，但与其他因素相互作用，对人的行为只能体现为趋向和较大可能。然而，生命本性毕竟是主导性的，在此意义上，"向上奋进""通为一体"当然是属于善的了。他又说：

　　前文曾说人之性清明，此正谓人从动物或本能解放出来，性向非同其他动物恒落一偏，而有如素丝白纸易于染色；却又不是那样消极被动，而是其生命富有或变性和极大可塑性以积极适应其生活环境。……人之性善，人之性清明，其前提皆在人心的自觉活动。[①]

可以这样说，说人性善，对应的人心是理性；说人性清明，对应的人心是理智。"清明"所指的，就是指理智"不拘定在有限

[①] 《梁漱溟全集》第三卷，第661页。

第八章 梁漱溟《人心与人生》的人心论

关系上,而后其可能有之关系乃无边际之可言,或关注于此,或关注于彼。对于任何事物皆可发生兴趣,正为其对于任何事物亦可没一定兴趣,甚至一些兴趣不生。兴趣不生者,谓此心之能静也。正为其能静,是其所以能动"。人的理智与动物的不同,在于其活动已经超越生存问题的直接束缚,动物则只能恒落在生存问题一偏。人的理智可对生存以外的任何问题发生兴趣,受这些问题的影响。人性善是指人类的理性而言,人性清明是指人类的理智而言,而人的自觉实包含了这两者。

在《东西文化及其哲学》中,梁漱溟据以解释儒家思想的心理理论,是克鲁泡特金对人类心理的两分法,即本能和理智两分。而把道德心作为一种社会的本能,认为是接着动物的社会本能而来的。在这个时期,梁漱溟强调本能及其相应不离的感情冲动是人类行为的源泉。[①] 这与他在这一时期把道德心归源于本能有关。后来,经过多年用心观察、思考、反躬体认之后,终于省悟本能、理智两分说的不妥,而改造地接受了罗素的三分法,即本能、理智、灵性三者和谐均衡。所谓灵性,在罗素即是以无私的感情为中心,是社会之有宗教和道德的来源。梁漱溟认为"灵性"有神秘意味,所以用理性来表达之[②],并结合中国文化对"理性"这一观念大加发展。在这里他把道德心安置为理性。可见,他的心理学哲学的结构无论如何变化,道德心与其相应的范畴始终居主导的地位。

从梁漱溟关于人心的思想来看,其目的是要为儒家的道德

[①] 《梁漱溟全集》第三卷,第 590—595 页。
[②] 同上书,第 599—603 页。

伦理思想提供一个心理学的基础。他的这一套所谓心理学，其实在整体上还是哲学，有别于科学意义上的心理学。这一心理学理论的基本线索是从西方近代哲学中有关心理的一些思考而来，如本能、理智、理性都是近代西方哲学、心理学的概念。由此形成了他的哲学心理学的基本概念和理论结构。他在本体论上的宇宙大生命的观念，也是来自近代西方哲学中柏格森的一派。但是从其早年讲"人心与人生"到在其晚年完成的《人心与人生》中，也有一些讲法，如论心之主宰、论心之体用、论心之动静，是明显与中国古代哲学（及佛教）有关的。这使他的思想与古代思想有一种交涉，如不细加辨析，往往会将其思想与古代思想混同。比如，若以古代哲学的心性论范畴诠释梁漱溟的人心论，很容易得到这样的印象："本能"即是情，"理智"即是心，"理性"即是性，本能、理智、理性的三分法相当于理学的心性情三分法；"理性心之体，理智心之用"的说法，相当于理学的性体心用说。在这种理解之下，其思想与宋明理学的心性论便没有什么区别。其实，这样的理解不见得合乎梁漱溟的思想。最明显的就是，他说的理性并非宋明理学所讲的未发的性，而是已发的，是情意方面的心理范畴。他说的理性是心之体，此体亦非内在深微的未发之体，而是指主导、主宰而言。

梁漱溟自诩其人心论为一种科学的心理学，其实仍然是一个注重吸收了有关生理、心理、科学理论成分的心灵哲学，其目的是为儒家伦理提供一种心理史的支持，在这个意义上，其功能与宋明理学的心性论是一致的。在他的这个体系中，有不

第八章 梁漱溟《人心与人生》的人心论

少矛盾不清之处,仍未解决。其中最主要的就是理性和理智之间的紧张。按照他的说法,理智必摒除感情始得其用,而理性反之。理性是不能离开感情的。如此,则理性与理智如何共处?虽然他自己不认为二者间有冲突,但其中的问题却是存在的。其次,他所说的理智实指认知理性,他所说的理性则是道德感情,他说人心是以道德感情为体,以知识理性为用,突出热动的情感的作用,这个思想作为儒家的主张,自成一家之主义,但若说这是人类心理发展的事实,则又未然。这涉及到他最根本的方法预设:论证一种理想之合理,必证明其合于事实。他说他的《人心与人生》分两部分,前一部分讲心理学,"指出事实上人心有如此如此者";后一部分讲伦理学,根据人心事实之如此,以明夫人生所当然者。这些都充分表现出他的想法:"理想要必归合事实","你懂得了人心是怎样一回事,你便懂得人生道路该当怎样走"。[①] 事实上,一切理想都是对实在加以导引,而不是对事实的证实,梁漱溟从儒家理想出发本无问题,但他企图以人类心理发展史作为儒家伦理的"事实基础",这就使得他不自觉地要突出事实的某一方面,把道德感情说成是人心的主体,不能辨别实然和当然的距离。他的这种"以事实证理想"的信念贯穿其一生,虽支持他终于在晚年完成了他的心理学之作,但实际上,其心理学部分的价值并不甚高,他的更重要的贡献可能仍然是在其伦理学的部分,只是,这要在另外的文章中才能详加讨论了。

[①] 《梁漱溟全集》第三卷,第529、678页。

第九章　梁漱溟的儒家伦理观

我在讨论梁漱溟晚年著作《人心与人生》(1975)的论文(即本书第八章)的结尾处曾说:"他的这种'以事实证理想'的信念贯穿其一生,虽支持他终于在晚年完成了他的心理学之作,但实际上,其心理学部分的价值并不甚高,他的更重要的贡献可能仍然是在其伦理学的部分。"① 本章即对其论伦理的思想加以叙述和讨论,以观察儒家传统对于现代性伦理的反应,最后则就其"他者"优先的伦理思想略加讨论。

一

在《人心与人生》的人心论部分之后,梁漱溟开始进入其

---

① 陈来:《现代中国哲学的追寻》,人民出版社,2001年,第275页。

第九章　梁漱溟的儒家伦理观

所谓人生论的部分。在人生论中，梁漱溟仍然坚持其早年提出的人类自古以来面对的"人生三大问题"说，即，（一）人对物的问题，（二）人对人的问题，（三）人对自己生命的问题。他声明："此人类三大问题之说，愚发之五十多年前，为旧著《东西文化及其哲学》全书理论上一根本观念。从今天看来，此书多有错误之处，其可存者甚少，然此根本观念却是不易之论。所以后来旧著《中国民族自救运动之最后觉悟》更有所申说，其文视初著较妥切明白。"[①] 梁漱溟在这里已经将其对人生三大问题的思想发展线索点出，只是未加详述。

然后，梁漱溟就人生的道德实践指出："人类生命既有其个体的一面，又有其群体的一面，人生的实践亦须分别言之。上章主要就个体一面说道德之真在自觉向上，以身从心。此章将申说人类群体（社会）生活中的道德则在务尽伦理情谊（情义），可以'尽伦'一词括之。"[②] 梁漱溟的这个思想是意味着，"道德"是就人心的自觉和向上而言，而"伦理"是就人在人伦关系中尽其义务而言。换言之，这种看法是把道德看成是主观的内心状态，而把伦理看成客观的人伦关系，这种看法及其理解，与黑格尔对道德和伦理的看法相接近。[③]

关于"伦理"，梁漱溟在《人心与人生》第十八章说：

[①]　《梁漱溟全集》第三卷，第716—717页。
[②]　同上书，第726页。
[③]　参看查尔斯·泰勒：《黑格尔与现代社会》，台湾联经出版公司，1990年，第132—133页。

> 人类由于理智发达乃特富于感情（这非动物所及），感情主要是在人对人相互感召之间（人于天地万物亦皆有情，顾无可言相互感召）；伦理情谊之云，即指此。伦者，伦偶，即谓在生活中彼此相关系之两方，不论其为长时相处抑为一时相遭遇者。在此相关系生活中，人对人的情谊是谓伦理。其理如何？即彼此互相照顾是已。更申明之，及理应彼此互以对方为重，莫为自己方而忽视了对方。①

梁漱溟从"感情"方面介入"伦理"的讨论，这很值得注意。这里的"感情"不是指喜怒哀乐之情或男欢女爱之欲，而是指人与人之间类似家庭成员间的亲切关爱的感情。梁漱溟认为，所谓伦理，伦即人际关系的双方，理即人际双方相互感召的情理。可见他所说的"伦"是合于孟子的"人伦"观念的，而他所说的"理"则是不离情的，不是被迫服从的外在律则，他把人与人之间积极的道德感情作为伦理关系的基础和原则。这种情谊或伦理若表达为观念，就是"以对方为重"。应当指出，所谓"互以对方为重"是梁漱溟对中国文化的社会学观察，也是超越一切相对的社会伦理关系而做的原则要求。但这绝不是说，一个人以对方为重，必须要求对方也以我为重。所以就理想社会而言，期待各个伦理相对关系（父子、夫妇等）中"互以对方为重"；就个人而言，伦理原则就是"以对方为重"。

从身心之分出发，梁漱溟认为，以对方为重，是人从"心"

---

① 《梁漱溟全集》第三卷，第726页。

第九章 梁漱溟的儒家伦理观

出发的结果；如果从"身"出发，人就会为其自己。只有"存心"的人才能超越一身的局限，在"心中存有对方"。如果更进一步说，存心的人不仅是在心中存有对方而已，在相当程度上甚至为了对方而忘了自己，他说："例如母亲对于幼子不是往往如此吗？举凡这轻重不等种种顾及对方的心情，统称之曰伦理情谊。情谊亦云情义，义是义务，人在社会中能尽其各种伦理上的义务，斯于社会贡献莫大焉，斯即为道德。"① 这种身心说，可以说是孟子思想的继承，而他的"心"的说法无疑指超越了感性小我的道德心，他把伦理说为一种心情，这些都和传统心学的说法相一致。

二

现在，我们根据梁漱溟给出的线索，来追溯他的这一伦理观的发展和演进。

早在1920年代初，在《东西文化及其哲学》中，梁漱溟已经表现出他对道德感情的重视，他说：

> 孝悌实在是孔教唯一重要的提倡，他这也没有别的意思，不过他要让人作他那种富情感的生活，自然要人从情感发端的地方下手罢了。②

---

① 《梁漱溟全集》第三卷，第727页。
② 《梁漱溟全集》第一卷，第467页。

又说:

> 西洋人是有我的,中国人是不要我的,在母亲之于儿子,则其情若有儿子而无自己,在儿子之于母亲,则其情若有母亲而无自己。兄之于弟,弟之于兄,朋友之相与,都是为人可以不计自己的,屈己以从人的。他是不分什么人我界限,不讲什么权利义务,所谓孝悌礼让之训,处处尚情而无我。①

在他看来,中国人处理人与人关系的态度倾向是以家庭关系互相对待,如母子、兄弟之间的关系一样,这种态度就是"屈己而让人""尚情而无我"。他后来正是把他所理解的中国文化的这种处理人际关系的态度和倾向作为"伦理"的内涵。

关于人生三大问题的提法,事实上,在《东西文化及其哲学》中并没有明确强调为像后来在《人心与人生》里面所说的"人对物""人对人""人对自己"的提法。他在正面论述人生三大问题的第三章是把三大问题强调为面对"可满足的"物质世界、"不定满足的"他心世界、"绝不能满足的"因果世界,②或"向前要求""持中调和""向后要求"三种路向③。但在此书的后部,他的确在一处论及于此:

---

① 《梁漱溟全集》第一卷,第 479 页。
② 同上书,第 439 页。
③ 同上书,第 382 页。

第九章 梁漱溟的儒家伦理观

> 人类头一步问题是求生存,……所有衣食住,种种物质的需要都是要从自然界取得的。所以这时态度应当是向前要求的。……盖人类将从人对物质的问题之时代而转入人对人的问题的时代——前所列第二种他心问题之时代,而征服自然那种态度不能用在人与人之间。……①

这里的确提到"人对物质的问题""人对人的问题",只是没有把第三问题概括为人对自己的问题。

所以,正像梁漱溟自己所说的,在《中国民族自救运动之最后觉悟》一书中他才把三大问题表述得更加妥当明白。1933年出版的《中国民族自救运动之最后觉悟》一书收入了梁漱溟1930—1932年的文章,又称《村治论文集》,其中最重要的是与书名同名的文章。梁漱溟后来在他的著作中多次提到此书的重要性,的确,40年代末的《中国文化要义》的许多重要论点在此书中已经形成,如注重社会制度结构,如说中国的两大特点是"历久不变的社会""几乎没有宗教的人生"等等。

他在这篇文章中说:

> 人类生活中,所遇到的问题有三不同,人类生活的人所秉持的态度有三不同,因而人类文化有三期次第不同:第一问题是人对于"物"的问题,第二问题是人对于"人"的问题,第三问题是人对于"自己"的问题。②

---

① 《梁漱溟全集》第一卷,第494页。
② 《梁漱溟全集》第五卷,第74页。

这篇 1930 年发表的文章把《东西文化及其哲学》的三大问题明确表述为人对物、人对人、人对己的问题。事实上，梁漱溟的三大问题及三种路向说隐含着一种矛盾，这即是：如果三种解决问题的路向、方法、态度 a、b、c 是分别对应于三种不同的问题 A、B、C 解决之道，而不是对于同一问题的三种不同态度，那么，就不能抽象地说何种态度拿出来得"早"或"晚"。我们只能说由于某一文化面对的主要问题为某，故其文化的主导倾向为某；或者只能说某一文化中对于某一问题（如 A）错用了对应此问题的态度（如 b），即错以态度 b 去解决问题 A。这里并没有所谓早晚的问题。

三

回到"伦理"的问题，梁漱溟在这篇文章中提出，伦理即人生中人与人的关系（来按：其实还应是对于人与人关系的态度），因此伦理问题不属于人生第一问题，而属于第二问题。也因此，解决伦理问题需要第二种人生态度，不能一往向前，不能强硬征服，伦理关系且当以家庭的天伦以为基础。他又说："……第二态度是两眼常转回来看自家这里，反求诸己，尽其在我，调和融洽我与对方之间。"①"我们此时实只有'反求诸己''尽其在我'而已"，"伦理关系之弄好，本在双方各尽其道，然此各尽其道只许第三人言之，当事之双方却只许先问自己尽其

---

① 《梁漱溟全集》第五卷，第 74 页。

第九章 梁漱溟的儒家伦理观

道否——此先为永远无尽之先,故由此大家公认只许责己不许责人"。① 可见他坚持以"家庭天伦"作为伦理的原型,以人在天伦中的态度为伦理之道的基础。而就其属于第二路向来说,他显然认为人解决伦理问题的态度应当是"反求诸己""尽其在我",即要求自己,而不要求别人。

最后他指出:

> 伦理关系本始于家庭,乃更推广于社会生活、国家生活:君与臣、官与民,比于父母儿女之关系;东家伙计、师傅徒弟、社会上一切朋友同侪,比于兄弟或父子关系。伦理上任何一方皆有其应尽之义,伦理关系即表示一种义务关系,一个人似不为其自己存在,乃仿佛只为他人而存在者。②

事实上,梁漱溟所说的伦理关系很大程度上就是指家庭化的人际关系。在这里,"以对方为重"提法已经呼之欲出了。这些说法在其稍后的另一篇文章《我们政治上的第一个不通的路》中再次加以申明。

1932年后至1936年的重要论文被梁漱溟收入其第三部著作《乡村建设理论》,他在1933年所写的《乡村建设提纲》中说:

> 欲明乡村建设所以重建组织构造,开出新治道之理,

---

① 《梁漱溟全集》第五卷,第88—89页。
② 同上书,第94页。

且先言中国旧社会之组织构造及其所谓治道者：（甲）在昔西洋以个人直接教会，近以个人直接国家，尤以近世来个人主义盛行，遂形成一个人本位的社会；既不胜其弊，乃翻转来企图改造成一社会本位的社会。旧日中国社会于此二者皆无所似，乃若以伦理为本位者。人生必有其相关系之人，此即天伦；人生将始终在人与人相关系中，此即伦理。亲切相关之情，发乎天伦骨肉；乃至一切相关之人莫不自然有其情，情谊所在，义务生焉。父义当慈，子义当孝，兄之义友，弟之义恭，夫妇朋友至一切相关之人莫不自然互有应尽之义。伦理关系即表示一种义务，一个人似不为其自己而存在，乃仿佛互为他人而存在者。近世之西洋人反是，处处形见其自己本位主义，一切从权利观念出发。①

在梁漱溟，"个人本位"是指以个人主义为解决伦理问题的根本态度，其体现即近代以来欧美资本主义社会；"社会本位"是指以集体主义为解决伦理问题的根本态度，其体现即苏联所代表的社会主义社会；而"伦理本位"即传统中国社会文化处理伦理问题的态度，此种态度是基于从天伦关系发展而来的"互为他人而存在"的情谊义务。他特别指出，个人本位是以"权利"观念为其表达，伦理本位则与此完全不同，是以"义务"为其根本观念。

---

① 《梁漱溟全集》第五卷，第370页。

第九章 梁漱溟的儒家伦理观

这种"互为他人存在"的伦理态度,梁漱溟在其华北乡治(村治)实践中,渐渐体会到并加用"尊重"的概念来作表达。这显然是因为,在社会实践中他了解到,家庭伦理的亲情态度并不能全然照搬到家庭以外的社区,社区伦理必须把亲情发展为更有普遍意义的"尊重"。这也显示出他对于传统伦理所作的某种现代转化。他在 1934 年的《村学乡学释义》一文中说明,乡学村学即是乡村组织,这种组织一方面完全容纳了西洋近代进步团体生活的精神,另一方面则完全容纳了中国文化的"伦理主义"和"人生向上"两大特点。这两大特点,正如他后来在《人心与人生》中所说的,伦理主义指伦理精神,人生向上指道德精神。他说:

> 伦理主义的要点就是尊重对方,仿佛没有自己,与个人本位从自己出发的恰好相反。西洋人对于个人本位、社会本位的争论,在中国人的伦理本位里可以完全得到解决。个人本位、社会本位,这两句话都不通,应当是甲尊重乙,乙尊重甲,不能说你应尊重我,我不尊重你。团体应当尊重个人,个人也应当尊重团体。我们这个安排,与西洋的那个牵制均衡的原则恰好相反,这个安排是从伦理主义来的。①

于是,梁漱溟把前面所说过的中国式伦理态度概括为"伦理主

---

① 《梁漱溟全集》第五卷,第 440 页。

义",而把此种伦理主义的要点归之为"尊重对方,仿佛没有自己"。他认为,西方有关个人本位还是社会本位的争论,在中国的伦理主义看来都是片面的,都没有注意到对对方的尊重。照梁漱溟伦理主义的说法,各方都尊重对方而仿佛没有自己,便可实现双方互相尊重。梁漱溟此时认识到,伦理关系不仅是传统五伦的人际关系,也不仅是现代社会超越家庭的个人与个人的关系,同时包含着个人与团体关系。伦理主义的立场和要点就是在一切伦理关系中尊重对方。这个说法中已经包含了对家庭伦理的创造转化。

对此,1934年他在另一篇文章中也指出:

> 中国伦理是从情谊出发,故不以自己为中心,而以对方为重。如以自己为中心,就不合伦理的意思。伦理以对方为重,则人与人的关系可以作到连锁密切融合无间的地步,……中国从前有五伦之说,我们现在可以再加一伦,就是团体对个人、个人对团体,彼此互为尊重、互有义务是也。①

可见,从1930—1934年,把中国伦理精神概括为"以对方为重",并将此种伦理精神作为"伦理"的本质,这一思想在梁漱溟已经逐步形成。

---

① 《我的一段心事》,《梁漱溟全集》第五卷,第537页。

第九章 梁漱溟的儒家伦理观

四

这一中国伦理思想的根源,在梁漱溟而言,即是孔子所倡导之伦理。因此,他所说的"中国伦理""伦理",实即是儒家伦理;只是,他对儒家伦理的把握,与一般儒学研究者不同,也与一般宗教研究者不同,即不是通过对经典中的论述加以总结,而是根据其自己在中国社会文化的生活体验与村治实践的观察而得出的现代表述,接近于社会学、人类学者,这在取径、方法上值得注意。这也是他在后来得以写出《中国文化要义》这样可与韦伯的中国宗教说相匹敌的社会科学著作的原因。[①]梁漱溟这种对儒家伦理文化的精神气质的把握,和注重掌握儒家伦理精神与西方近代伦理精神之区别的取径,在当代道德哲学或伦理学中很少涉及,更多地联系着文化哲学和比较文化的论域。这显然和梁漱溟早期对东西文化及其哲学的关注,有一致性。

在《中国民族自救运动之最后觉悟》一文中他即指出:

> 中国之有"伦理",孔子似极有力,此伦理又为数千年礼俗制度之中心骨干,无大变化。……中国人如果像罗素

---

① 当然,古代儒家经典亦并非没有此一方面的论述,尤其是礼书,如"夫礼者自卑而尊人"(《礼记・曲礼》),"君子贵人而贱己"(《礼记・坊记》),以及君子敬让、尊让等。事实上,梁漱溟的提法也可以说是对"恕道"的一种现代表述。

所说那样安乐幸福，亦唯此伦理之赐。①。

中国因为走入人生第二态度故不需要宗教了！既没有一个大宗教，则其一大社会之人生所由安慰而勉，所由维持而进行，又靠什么？我的回答是，他所靠的是代表人生第二态度所谓孔子一派的思想学问礼俗制度。②

中国人所为深入于人生第二态度，南北东西一道同风，数千年而不变，聪明才智之士悉向此途中之学问或事业用去，有如印度人之深入第三态度、聪明才智悉用于宗教者，以孔子大启其门，深示之路，后之人采之不尽，用之不竭，遂一入而不能出也。③

于国于社会皆家庭化之，情义益以重。凡中国所谓理或礼，皆指此情义而言。中国以偌大地域，各方风土人情之异，语音之多隔，交通之不便，而能维持树立其文化的统一者，盖有其一民族社会所共信共喻共涵育生息之一精神中心在，……此精神中心，若在他方社会将必为一大宗教，而我则只此孔子所倡导之伦理而已。④

可见，梁漱溟认为，所谓中国伦理的人生态度，就是由孔子所开创和启发，孔子的思想在这里起了决定性的作用。解决人生第二问题的正确态度便是中国的伦理态度，人生第二态度的代

---

① 《梁漱溟全集》第五卷，第86页。
② 同上书，第75页。
③ 同上书，第84—85页。
④ 同上书，第587页。

第九章 梁漱溟的儒家伦理观

表即是孔子一派的思想文化，亦即儒家思想文化。而孔子思想的特点亦即是前述解决伦理问题的态度："孔子的教训总是指点人回头看自己，在自家本身上用力，唤起人的自省与自求，……中国人自经孔子的教训，就在社会上蔚呈一大异彩，以道德易宗教。"①

所以，梁漱溟以上的伦理论，在叙述上虽然都是一般地讲"伦理"如何如何，其实他所讲的伦理（或伦理态度）都是儒家伦理，是儒家对人与人关系的态度；换言之，他所说的伦理关系、伦理主义、伦理本位其实都是儒家伦理。所以，"以对方为重"应当是梁氏对儒家伦理的独到把握、发展、诠释和表述。

这样一种对于儒家伦理的表述，在性质上更多地属于对儒家伦理文化的"精神气质"的体会和表达，或中西道德之异同的取向比较，并不是对于儒家伦理的德性、原则、理想、规范的具体研究，但这绝不影响其认识的深刻性。这种论述固然是发生于东西文化比较的框架之中，但这种对儒家伦理的把握和发展确有其不可忽视的意义。

五

正如梁漱溟在《东西文化及其哲学》中谈到中国人处理传统五伦关系的态度是"屈己让人"一样，对儒家伦理精神，30年代的梁漱溟也仍然常常利用类似说法，如：

---

① 《梁漱溟全集》第五卷，第79页。

> 伦理关系罩住了中国人，大有"无所逃于天地之间"之概。如何将此各种关系处得好，实其人生第一问题。……由是"责己"遂为中国人一致承认不可否认之理；"让人"遂为其常行惯践之事。……在伦理中，一个人似不为其自己存在，乃仿佛为他人而存在着，此固不能取人所恒有之"自己本位主义"而代之。①

自然，在实际的社会行为上看，中国人并非皆"责己""让人"，但在这一点上我们无须向梁漱溟提出质疑。事实上，梁漱溟这一说法的意义在于，不管中国人在行为上做得到或做不到，但一般中国人都以"责己让人"为当然之则，而绝不会在理念上、在价值上认为"张扬自我"是正确的。正是在这一点上中国传统伦理与西方近代的"自己中心主义"区别开来。

自然，在梁漱溟看来，在实际行为上，相比于西洋人，中国人往往更多是体现为让人的。1936年的《中国社会构造问题》着重讲中国社会结构特点，其中也特别论及中西的对比，他说：

> 伦理的意思就是指一个情谊义务的关系，就是要彼此尊重，互相照顾，互相负有义务。极而言之，伦理的意思就是牺牲自己去为对方。……彼此都要有牺牲自己，为对方着想的精神，都要互以对方为重。——中国人就是处处以对方

---

① 《在中国从前有无乡村自治？》，《梁漱溟全集》第五卷，第588页。

第九章 梁漱溟的儒家伦理观

> 为重,西洋人就是处处以个人为本,以自己为中心。……在尊重对方,以对方为重的里面,含着一种"让"的精神,而西洋的个人本位,以自己为中心,则是一种"争"的精神。……在中国,从家庭生活的重要而产生了伦理,伦理本来是指家庭骨肉关系说的,可是中国的伦理关系则不限于家庭,他是把社会上一切关系都伦理化。①

所以,梁漱溟认为,中西方在处理人际关系的态度上是完全相反的,西洋人是"以自己为主",突出"争"的精神;中国人是"以对方为重",强调"让"的精神。这种东西文化的对比固然在新文化运动以来便持续不断,但梁漱溟并未停止于归约性的对比,他从"伦理"的方向上所发展的讨论比其旧著时期确有深入之处。

前面指出,在把中国文化的伦理精神概括为"以对方为重"这一点上,30年代初期到中期,梁漱溟的思想也逐步形成。此外如以"理性"为道德情感,主张中国民族精神就是"人类的理性",这些在后来《中国文化要义》着力强调的观念,在1930年代初期至中期也都已成型确定,惟未成体系而已。

如1935年在《中国文化的特征在哪里》一文中,梁漱溟已将后来在《中国文化要义》中提出的"要义"拈出,即"中国文化的特征在人类理性的开发太早",② 而所说的理性的表现有二:第一是"伦理本位",他说:"中国旧日社会非个人本位,

---

① 《在中国从前有无乡村自治?》,《梁漱溟全集》第五卷,第854—855页。
② 同上书,第697页。

亦非社会本位，而是伦理本位，……中国人的社会关系是一种伦理关系，人与人都在相关系中有其情谊义务，而互以对方为重。"① 第二是"人生向上"，他认为中国人与印度人、西洋人皆不同，既不厌世禁欲、以人生为罪；又非以欲望为人生基础，追求物质幸福。中国人肯定人生，而努力追求人生的"对"，追求人生的合理，发挥人生向上的精神。② 虽然梁漱溟在这里并未清楚说明何为"人生向上"，但其指对道德生活的追求，应无可疑。所以，可以说，30 年代初期至中期，梁漱溟在乡村建设的实践中引发了他对中国社会结构与伦理的一系列重要认识，而这些认识在 40 年代末提炼为《中国文化要义》。他自己也说过，《中国文化要义》是衔接《乡村建设理论》而作，前者是后者中论古代中国社会特征的"放大或加详"。③ 事实上，梁漱溟的这种理论工作同时也具有一种对于中国文化的"建构"的性质。

梁漱溟在 30 年代初中期所形成的伦理思想，亦即他对儒家伦理精神的现代理解，简言之，即一种非个人主义、非自我中心、非权利本位的伦理观念。梁氏为这种伦理态度赋予了"以对方为重"的概括，这是很明白的。现在要问，这样一种每每被他强调为"从家庭生活的重要而产生了伦理"的态度，为什么梁漱溟不用当时比较流行的"家族本位"，而用"伦理本位"呢？

---

① 《在中国从前有无乡村自治？》，《梁漱溟全集》第五卷，第 706 页。
② 同上书，第 707 页。
③ 《梁漱溟全集》第三卷，第 4 页。

第九章 梁漱溟的儒家伦理观

关于这一点,梁漱溟后来在《中国文化要义》中有明确的回答。在该书中,他首先强调家庭在中国社会组织的实际生活中特见重要,承认中国人特重家庭伦理,指出倚重家庭生活是中国与西洋不同之处。同时他说:

> 然则中国社会是否就一贯地是家庭本位呢?否,不然。……"家族本位"这话不恰当,且不足以说明之。只有宗法社会可说是家族社会,此见甄克斯《社会通诠》。中国却早蜕出宗法社会。……此时必须用"伦理本位"这话,乃显示出中国社会间的关系而解答了重点问题。若说"家族本位",既嫌狭隘,且嫌偏在一边。①

梁漱溟认为,中国文化中自古相传的是"天下一家""四海之内皆兄弟",这种思想远超过宗法社会、家族社会,"如只是家族本位,宗法制度,怎配把中国民族在空间上恢拓这样大,在时间上绵延这样久?"②既然中国文化中充满这样超旷的意识,所以不能说中国的伦理是家庭本位。中国文化的特点是,"中国人就家庭关系推广发展,以伦理组织社会"③,也就是说,中国人是用从家庭关系中汲取的伦理来组织整个社会,所以,"伦理首重家庭","伦理始于家庭,而不止于家庭","事实上,梁漱溟所说的'伦理关系'显然是指家族与拟家族的关系,他所说的

---

① 《梁漱溟全集》第三卷,第81页。
② 同上书,第82页。
③ 同上。

'伦理社会'亦是指把一切社会关系家族化的社会"。① 即把一切人际关系当作家族性关系来处理和对待。

　　梁漱溟对儒家伦理和中国文化的把握是甚有见地的,然而,在现代社会,这种梁漱溟所谓"始于家庭"的传统伦理及其现代表达,能否仍然适用于以工商为本的现代社会之一般人际关系,并非没有疑问。梁漱溟当年的文化信心来自他对社会主义前景的乐观和对资本主义矛盾的悲观。固然,冷战结束以来的世界形势虽然使得旧有的对于计划社会主义的乐观无法立足,但并不因此就使对资本主义的伦理批判变得没有价值。然而,冷战结束以后,理性化的市场经济已经被明确公认为现代性的基本要素和框架条件,而与市场经济相伴而来的现代性道德,即是"西洋的个人本位,以自己为中心,是一种争的精神"②。因此,当我们今天面对两岸三地的现代市场经济的趋同发展的现实时,我们可能会想,如果梁漱溟仍然在世,如果梁漱溟所归纳的儒家伦理精神是正确的,那么,他和他所归纳的这种伦理精神将如何认识自己同"现代性"的分歧,如何面对"现代性"的挑战?是否仍然需要塑造一种不同的现代性?或者如何建立一种更广泛的合理性以约束现代性?

---

① 《现代中国哲学的追寻》,第49页。
② 万俊人指出,借用桑德尔的话说,现代性道德就是基于权利的道德,从权利的本质是个人主体对社会的要求出发,可推出个人自我中心或个人主义的道德价值观。参看氏著:《现代性的伦理话语》,黑龙江人民出版社,2002年,第135页。

第九章 梁漱溟的儒家伦理观

六

现代性道德是所谓基于权利的道德,我们来看梁漱溟对于权利和义务的论析。

在《中国民族自救运动之最后觉悟》中,在讨论了中国伦理之"反求诸己""尽其在我"的特点之后,梁漱溟提出:

> 谁都知道,"德谟克拉西"是由西洋人对于在上者之压迫起而抗争以得之者。所谓平等与自由,实出于各自争求个人本性权利而不肯放松,以成之均势及互为不侵犯之承认。然而从数千年伦理生活所训练出的人生态度,所陶养的国民性,你怎能想象他亦会有这么一天开出这些玩艺来呢?[①]

这就是说,求个人本性、争个人权利是西洋人最基本的生活态度,其他价值的追求如平等自由等,都是以求个人本性、争个人权利为之基础的。而西洋的求个人本性权利乃是由于西洋中古团体对个人压迫过甚,所导致的抗争。所以,梁漱溟认为,中国和西洋最大的分别,是在对于个人本位的不同态度,而这种不同与双方的历史文化有关:

> 总之,我们处处可以见出在西洋仿佛是个人本位,自

---

① 《梁漱溟全集》第五卷,第89页。

己为主；而在中国则仿佛有种伦理的观念，即"尊重对方"。所谓尊重对方，就是说，于相互的关系中，那方面以这方面为主，……很显明的，从个人本位出发则权利的观念多，从尊重对方的意思出发则义务的观念多。大概这两方面都各有来历。①

由此，他在此后不久的另一文中说："造成西洋先乎法律制度而存在的事实者，是其个人主义、权利观念，但中国最大的事实则为伦理，一切事都在伦理关系中，其意义恰主于非个人的、义务的。"②"由伦理，而在中国人与人之间，乃无由萌生相对抗衡的权利平等观念，由伦理关系的推演，而在中国政府与人民之间，乃无由形成相对抗衡的形势。"③ 他认为西洋以"自己本位主义"为主，从而产生压迫对方、剥削对方的事实和制度；中国人际关系重在屈己让人，制度注重调和，"故让字遂成为中国人的一大精神，与西洋人由第一态度而来的争的精神，正相映对"④。

梁漱溟同时指出，在个人主义和权利观念两者中，权利观念也是以个人主义为基础的，所以，个人主义才是西洋人生态度的根本。（梁漱溟所说的西洋指近代西洋，并非统指古今，惟时常常方便说之。）他又说：

---

① 《梁漱溟全集》第五卷，第902页。
② 同上书，第160页。
③ 同上。
④ 同上书，第94页。

第九章 梁漱溟的儒家伦理观

　　西洋是个人本位出发，中国是从伦理本位出发。如西洋人请客，自己坐主位，客人坐两边，他是以自己为主体的；而中国人则无论在什么场合都以对方为重。西洋权利观念即是从个人本位而来。他是主张自己的一份，讲地方自治则每一公民就有自己应得的一份。中国是伦理本位社会，是从义务观念出发，义务观念就把人与人连串到一起。在中国如从权利观念出发，那就只有更加散漫，纷争百出，而无合到一块之理。[①]

梁漱溟的这些说法，并不是仅仅对中西文化差别作一现象的历史陈述，事实上，隐含着他从中国儒家的价值立场对个人主义和权利优先的不满。此外，身处 20 世纪 30 年代，他认为引入西方的个人主义和在此基础上的权利观念，将使中国人更加陷入纷争，无法形成有机的团结，不利于民族国家的稳定整合。

　　梁漱溟认为，一切伦理学都以一种心理学为其基础，故一种伦理取向必基于某种心理的优先。因此，与心理学连接来看，个人本位关联着欲望中心的视角，在欲望中人只看见自己，看不到对方。伦理本位关联着人情中心的视角，在感情中人观照对方，而忘了自己。他说：

　　欲望和感情虽然同是人所常有的，可是两个是冲突的，不相容的。从家庭骨肉间的恩情产生了义务观念——这个

[①] 《梁漱溟全集》第五卷，第 536 页。

> 义务观念不是和权利观念相对待的。在西洋，权利同义务正为对待，比如你欠我钱，你就有还债的义务，我就有讨债的权利。像这一种的义务观念是硬性的，非怎样不可，从对方课于我者。中国的所谓义务，是自己认识的，不是对方硬向我要的。①

可见，梁漱溟所用的"义务"有其特殊的意义，他所说的"义务"是伦理关系中的态度，不是与权利相为对待的一般所说的义务，而近于一种奉献性的责任。梁漱溟所说的"感情""伦理""义务"都有其特定的意义，这是我们在阅读和理解他时需要注意的。同时也可见，梁漱溟虽然没有深入于伦理学的讨论，但他在中西对比的框架中对权利—义务的两种伦理取向的区别，确实作了明确的论述，也表达了一种非权利取向的伦理主张。

所以，他在后来把这一点作了更明白的宣示：

> 权利一词，是近五十年之舶来品，译自英文 rights，论其字之本义，为"正当合理"，与吾人之所尚初无不合。但有根本相异者，即它不出于对方之认许，或第三方面之一般公认，而是由自己说出。例如，子女享受父母之教养供给，谁说不是应当的？但如子女要对父母说"这是我的权利"，"你应该养活我，你要给我相当教育费"——便大

---

① 《梁漱溟全集》第五卷，第 903 页。

第九章 梁漱溟的儒家伦理观

> 大不合中国味道。假如父母对子女说"我应当养活你们长大""我应给你们教育费"——这便合味道了。就是父母对子女而主张自己的权利,亦一样不合。……要之,各人尽自己义务为先,权利则待对方赋予,莫自己主张,这是中国伦理社会所准据之理念。而就在彼此各尽其义务时,彼此权利自在其中,并没有漏掉,亦没有延迟;事实不改,而精神却变了。①

事实上,梁漱溟很重视政治权利,他从未一般地反对权利观念。因此,梁漱溟主张的合理之处应在于,从中国文化的角度,权利的诉求不能作为一切人类社会关系的原则,权利的诉求只适合于个人面对国家的关系,而不适合于一般人际伦理关系。换言之,权利应当是一个政治学的范畴,而不应当成为伦理学的根本概念。因此,就"儒家如何对待权利"的问题而言,梁漱溟赞成政治社会权利、经济财产权利的要求;而就人际一般关系而言,可以说,梁漱溟反对以个人主义和权利观念作为人生根本态度。这在本质上也可以说是反对以个人主义和自由主义作为人生的根本态度和根本的伦理原则,他所主张的是一种儒家的态度,可视为现代儒家对于权利伦理的一种态度。

梁漱溟把儒家伦理概括为非个人本位、非权利本位的"以对方为重"的态度,这在有关世界伦理的讨论方面亦有其可资借鉴的意义。这就是,对各个宗教或文化传统的伦理原则的综

---

① 《中国文化要义》,《梁漱溟全集》第三卷,第93页。

合，不一定从古老的经典文本中去撷取，而也可以通过各个传统中的现代哲学家的总结、把握来达到。

在有关人权的问题上，梁漱溟也有所论及，他很注意一战后欧洲各国在宪法中强调的人民权利和义务：

> 个人对于国家，当初只希望它不干涉者，此时转而希望它能积极负责，于是许多国家的新宪法（1919年德宪为其代表），于人民消极性权利之外，多规定些积极权利，类如生存权、要工作权、受教育权等等。又一种转变是，社会本位思想抬头了，国家要采干涉态度，加重人民的义务，于是新宪法又添上，如何运用财产亦是人民的义务，如何受教育亦是人民的义务，如何工作亦是人民的义务，乃至选举投票亦是人民的义务，国家得从而强制之。这两种转变，显然都是出于一个趋势，就是国家这一团体愈来愈见重要。①

可见，梁漱溟一方面对宪法规定的人民政治社会权利外增加人民的生存权、工作权表示赞成，同时，他把这种宪法的变化理解为人民从不希望国家干涉的消极国家观念，转变为希望国家积极负责的积极国家观念；而由于要求国家相对的义务增多，从而相应地国家也增加了人民应负义务的要求。从这些地方似可见，梁漱溟对这种权利—义务关系的新变化持赞赏态度。换

---

① 《梁漱溟全集》第三卷，第89页。

第九章　梁漱溟的儒家伦理观

言之，他对人民生存权的关注，和他对国家权利的认可，都和他的儒家社会主义观念似相关联，而与古典自由主义的权利观颇有距离。梁漱溟的以上观念在当代的中国政治文化中可以看到种种类似的表现，显示出儒家价值观的广泛影响。

余　论

从西方近代以来，现代性在其建构过程之中始终面对着质疑、批判。两次世界大战以后，这种质疑和批判更加深入。对技术理性宰制、人性异化、价值理性萎缩的反省成了对现代性批判的焦点。固然，后现代是对现代的加深和延续，但后现代更是对以往关于现代性的理解的质疑和批判。自从列维纳斯以来，后现代的哲学发展越来越重视"他者"的问题。他者（The Other）的提出是针对近代"主体"意识而提出的，有学者甚至认为"他者"的发展是后现代最主要的贡献：

> 近代"主体"概念奠基于法国哲学家笛卡儿，而后现代的"他者"概念也是由法国哲学家列维纳斯（E. Levinas）、德勒兹（G. Deleuze）、德里达（J. Derrida）等人所奠立的。列维纳斯认为，唯有承认他者，才有伦理可言，也唯有诉诸绝对他者，才使伦理有了最后依据。伦理学才是第一哲学。德勒兹指出，"他者"包含了其他的可能世界，他人的面容，以及他人的言语。晚期的德里达承接了列维纳斯，也认为伦理的本质，在于对他者的慷慨的、不求回报的

"赠与"。……以无私、不求还报的慷慨相待,这点大不同于"互为主体"的尊重与交换。①

由这种观点来看,梁漱溟"以对方为重"的伦理观,或者说由梁漱溟所阐释的儒家伦理,确实具有与突出主体意识不同,也与"交互主体性"观念不同的意义,是一种以"他者"优先为特征的伦理。在这种伦理中,不仅突出了对他者的承认,也强调了对他者的情谊、义务和尊重,这种尊重不是交换意义上的,而是"不计自己""牺牲自己""仿佛没有自己"地"以对方为重"。在"他者"概念所关注的意义上,梁漱溟的伦理思想确有其重要的意义。

---

① 沈清松:《对比、外推与交谈》,台湾五南文化事业出版公司,2002年,第11—12页。

第十章　梁漱溟与修身之学

如我以前曾指出的，20世纪儒家哲学在现代哲学论域中占了相当重要的地位，从而，作为哲学的儒学在20世纪不仅不能说是衰微，反而是比较活跃的。但这仍不能改变儒学在现代中国的社会—文化方面的尴尬处境。[①] 本章讨论的则是，20世纪的新儒家大师在哲学上、理论上对古代儒学作了颇多新的发展，而在传统所谓"心性工夫"方面建树较少。我在这里所指的，不是对古代的儒学如宋明儒学的工夫的关注和解说，这部分的内容在当代新儒家诸老的诠释著述中自然占了重要的部分；而是指作为现代儒学者，其自身的工夫、体认的陈述、对他人的工夫、实践的提点，与宋明儒学相比，皆甚不突出。昔陆象山

---

① 参看陈来：《现代中国文化与儒学的困境》，收入拙著《传统与现代——人文主义的视界》，北京大学出版社，2006年，第84页。

言"为学有讲明,有践履",又言"大抵讲明、存养自是两节"。① 以此观之,即使是梁漱溟,在新儒家诸老中算是修己工夫甚严的学者,也仍然是"讲明"多于"存养"。如何理解此点,尚须深入进行分析,本章仅以梁漱溟为个案,对此作一些分析和探讨。

一

其实,梁漱溟对于"修养"是非常重视的,这首先表现为他用"修养"来理解、界定东方学术,把握、说明儒家与佛家的学术特质。如他论儒佛两家之学的相通说:

> 两家为说不同,然其所说内容**为自己生命上一种修养的学问则一也**。其学不属于自然科学,不属社会科学,亦非西洋古代所云爱智的哲学,亦非文艺之类,而同是**生命上自己向内用功进修提高的一种学问**。②

梁漱溟认为,东方古学如儒佛两家,都是生命的修养之学,此所谓生命是指宇宙生命进化为人所体现者。此所谓修养则有二义,一为向内,即向内心用功;一为提高,即提高其生命状态的境界。所谓修养就是在内心上用工夫,使内心和整个生命都

---

① 分别见《陆九渊集》,卷十二《与赵然道》;卷七《与彭子寿》。
② 《儒佛异同论》,《梁漱溟全集》第七卷,山东人民出版社,1992年,第153页。此处及以下引文中黑体者皆引者所加。

第十章 梁漱溟与修身之学

得到提高。

由此可见,梁漱溟对于东西方学术的分类,有其自己的看法,他认为:

> 古今东西学术可分为四类,一曰科学技术,二曰哲学思想,三曰文学艺术,**四曰修持涵养**——修持涵养简称修养。①

在他看来,中国古代儒家等各家学术,不属于自然科学和技术,不属于文学和艺术,亦不属于哲学和社会科学。他特别指出,古代儒家等各家学术现在多被当作"哲学"来讲,这其实是不恰当的,中国古代各家学术应当属于第四类"修持涵养"。

所谓"修持涵养",梁漱溟给出了他的解释:

> **此特指反躬者在自己身心生活上日进于自觉而自主,整个生命有所变化提高的那种学术,**其中有知识、有思想,即**主要得之向内的体认,还以指导乎身心生活。**因其学问大有别于处理外在事物者,从而名之曰修持,曰涵养,曰证悟。②

向内是对向外而言,一般人都是向外用心,故相对向外用心,向内亦称为反躬;向内的工夫不外乎自省持守,故称修持涵养;

---

① 《东方学术概观》,《梁漱溟全集》第七卷,第 365 页。
② 同上书,第 367 页。

向内的工夫不离体认，所以又称证悟。修养之学是指导人的身心生活的那种学术，而此种身心生活的修持即属基督宗教传统中所谓精神性的方面。①　在他看来，儒释道可以说都是"变化自己生命的学术""提高自己生命的学术"。②

梁漱溟曾作《东方学术概观》，其旧稿亦论及此意，

> 所谓东方学术的共同特征，其实就是第四大类修养之学的特征，这特征可以三义括举之：一、心力之用向内而不向外。……二、学者志愿真切、有不容已。……三、为学要在亲证离言。③

这三点和上面说的三点虽略不同，但其精神是一致的。心力向内即是反躬，亲证离言即是证悟，志愿真切一条当是从佛家发愿而化来，故定本后来改为涵养，可见旧稿和定本在论修养之学的基本特征上是一致的。

这种对儒家学术的解释是以修养为中心的解释。那么，哲学和这种修养之学的关系是如何呢？

> 虽孔学于实践中自有思考在内，亦即自有哲学在内，但只为生活实践的副产物，最好不从思想理论来看待之。

---

①　关于"儒家精神性"的理解，看参看 Julia Ching, "What is Confucian Spirituality?" in *Confucianism*, Irene Eber ed, Macmillan, 1986.
②　参看梁漱溟所说"道家佛家皆可目为改造自己生命之学"。《梁漱溟全集》第七卷，第363页。
③　《东方学术概观》（昔年未完稿），《梁漱溟全集》第七卷，第386页。

第十章 梁漱溟与修身之学

即如孔子所说的仁,所说的天命等词吾人均不宜轻率解说之。解说自是须要的,但不可轻率地自以为是而已。**为学生讲说时当指示其各自反躬体认实践,默而识之,毋妄谈,庶几有所得。**①

把(儒家孔孟)**切己修养之学**当作哲学空谈来讲而不去实践,真是一大嘲弄!②

这是说,孔学中有哲学思考,但哲学思考只是孔学的一部分,而且不是其主要的部分,孔学中的哲学是对其实践的思考,只是孔学儒学实践的副产物。因此儒学是实践性的,学习孔学儒学主要是要依其所说,反躬实践、默而体认,而不在于概念的解说、理论的辨析、论点的证明。

二

梁漱溟以儒佛同为修养之学,这是二者的同处,儒佛的不同处又何在呢?只有明乎此不同处,才能了解梁漱溟对儒家精神性的主张。对此梁漱溟有其明白的见解。他认为,人的生命表现有两极(pole):

> 一者高极,盖在其远高于动物之一面,开出了无可限量的发展可能性,可以表现极为崇高伟大之人生。它在生

---

① 《儒家孔门之学为体认人的生命生活之学》,《梁漱溟全集》第七卷,第498页。
② 《孔学绎旨》,《梁漱溟全集》第七卷,第500页。

活上是光明俊伟,上下与天地同流,乐在其中的。一者低极,此既指人们现实生活中类近于动物者而言,更指其下流、顽劣、奸险、凶恶远非动物之所有者而言。它在生活上是暗淡蠢蠢的,又是苦海沉沦莫得自拔的。①

梁漱溟认为儒家之学的特点就在于体认到人之生命高极的一面,而充分发挥,这样的儒家,其生命与天地同流,而乐在其中。

> 儒家之为学也,要在亲切体认人类生命此极高可能性而精思力践之,以求"践形尽性",无负天(自然)之所予我者。②

梁漱溟也经常用"践形尽性"来表说儒家之学,所谓践形尽性,在梁漱溟即充分发挥人的生命的高极的可能性。与之相对,他认为佛家基于众生莫不苦的人生观而来,佛家之学体认到人之生命低极的一面,彻见人生的苦厄出于贪取执着,而求其解放:

> 佛家之学要在破二执、断二取,从现有生命中解放出来,在一方面世间万象即为之一空,在另一方面则实证乎通宇宙为一体而无二。③

---

① 《儒佛异同论》,《梁漱溟全集》第七卷,第155页。
② 同上。
③ 同上书,第157页。

第十章 梁漱溟与修身之学

梁漱溟讲儒佛的不同,并非仅在两家对生命的理解和态度不同,更进一步,他还着重指出两家修行工夫和方法的不同。而所谓修行工夫的不同,在梁漱溟是围绕所谓"我执"为中心而展开其分析的。

他从佛教的分别出发,认为一切众生活动,都是根于我执:

> 于内执我而向外取物,所取、能取是谓二取,我执、法执是谓二执。①
> 我执有深浅二层,**其与生俱来者曰"俱生我执"**,主要在第七识(末那识)恒转不舍;**其见于意识分别者曰"分别我执"**,则存于第六识(意识)上而有间断。只有行深般若波罗密多,才能根除我执。②

我执有两个层次,在第六识(意识)层面的我执称为分别我执,相对来说比较浅;而在第七识(末那识)层面的我执称为俱生我执,即与生俱来,是深层的我执。他认为,只去除第六识的我执,还不能根本解决问题,必须在第七识的层面去除我执,才能真正得到解放。而要去除第七识的我执,唯有修行"六波罗密多"的工夫。

他指出,从这个观点来看,佛家是要破除俱生我执的,而儒家是不破俱生我执的,这是两家修养用功的根本差异:

---

① 《儒佛异同论》,《梁漱溟全集》第七卷,第 157 页。
② 同上书,第 157—158 页。

> 如前论所云，两家同为在人类生命上自己向内用功进修提高的一种学问。然在修养实践上，儒家则笃于人伦，以孝弟慈和为教，尽力于世间一切事务而不息；佛徒却必一力静养，弃绝人伦，屏除百事焉。问其缘何不同若此？此以**佛家必须从事甚深瑜伽行功夫（行深般若波罗密多），乃得根本破除二执**，从现有生命中解放出来，而其事固非一力静修、弃绝人伦、屏除百事不可也。**儒家所谓四毋，既无俱生执、分别执之深浅两层，似只在其分别意识上不落执着，或少所执着而已**。在生活上儒者一如常人，所取、能取宛然现前，不改其故。**盖于俱生我执固任其自然而不破也**。①

儒家的思想体系本来没有这种对我执的两个层次的区分，所以自然无所谓破或不破俱生我执的问题，但在梁漱溟看来，儒家处理的我执是浅层的，儒家对深层的我执缺乏认识。

另一方面梁漱溟也看到，儒家虽然不去破佛家所说的俱生我执，却可以使此俱生我执不为其障碍；在儒家的工夫里，心为形之主宰，可以超越俱生我执，达到与物浑然同体，与宇宙相通的境界。在这里，我执成为儒家"大我"的基础，而不成其为人世生命活动的妨碍。所以他说：

> 不破俱生我执而俱生我执却不为碍者，正为有以超越

---

① 《儒佛异同论》，《梁漱溟全集》第七卷，第159页。

第十章 梁漱溟与修身之学

其上，此心不为形役也。……而此心则浑然与物同体，宇宙虽广大可以相通而无碍焉。……俱生我执于此，只见其有为生命活动一基础条件之用，而曾不为碍也，岂不明白乎？……

佛家期于成佛，而儒家期于成己，亦曰成物，亦即后世俗语所云作人。**作人只求有以卓然超于俱生我执，而不必破除俱生我执。此即儒家根本不同于佛家之所在。**[①]

这里所说的"不为碍"主要是指人在世间的各种活动而言，即儒家只要破除第六识的我执，达到意识层面的无我，就可以完成儒家追求的圣贤事业。但如果要摆脱轮回，从生命中完全解放，根除我执，就得弃绝人世，修六波罗密功夫，根本去除所谓俱生我执。所以他又说：

众生大惑在第七识缘第八识深隐的俱生我执上，而流俗每以第六意识上不存我念便为无我，那是很不够的。[②]

这些都是梁漱溟从佛家的立场所阐发的儒佛之别，吾人自不必完全赞同。其实，只是在无我的问题上，梁漱溟的此种说法有可参考之处；但儒学的工夫决不只在无我，这种说法只是以佛家为对比而消极地说。若积极地说，正如梁漱溟自己所说的，"光明俊伟，上下与天地同流，乐在其中""仁者以天地万物为

[①] 《儒佛异同论》，《梁漱溟全集》第七卷，第159页。
[②] 《重读马一浮先生濠上杂著》，《梁漱溟全集》第七卷，第847页。

一体"才是儒者的最高境界。

关于儒学的修养实践的在世性,梁漱溟自有清楚的了解,如说"儒家则笃于人伦,以孝弟慈和为教,尽力于世间一切事务而不怠",指明儒家的追求在人世间,着力在人事生活中实践。故他又说:

> 是故儒家修学不在屏除人事,而要紧功夫正在日常人事生活中求得锻炼。只有刻刻慎于当前,不离开现实生活一步,从践形中求所以尽性,惟下学乃可以上达。①

其实这只是儒家的人伦实践,还不就是其个人修养的功夫实践,但儒家确实强调个人的工夫实践不能离开人伦日用,一切工夫须得在事上磨炼。这里的"践形"即尽力于日常事务,"尽性"则指提高其生命的境界。这里的"刻刻慎于当前"则表现了梁漱溟修身工夫主张的特点,详见后节的讨论。

三

儒家是不是仅仅关注社会人伦、人事之改进与个人反躬的实践呢?儒家有没有他所追求的更高的精神境界?梁漱溟《东方学术概观》之第二章专论"儒者孔门之学",其中从孔子自述为学,论到孔学的特质和孔子的境界:

---

① 《儒佛异同论》,《梁漱溟全集》第七卷,第160页。

第十章　梁漱溟与修身之学

  孔门之学是一种什么学问？此从《论语》中孔子自道其为学经过进境的话可以见得出来：子曰：吾十有五而志于学，三十而立，四十而不惑，五十而知天命，六十而耳顺，七十而从心所欲不逾矩。要认明孔子毕生所致力的是什么学问，当从这里"吾十有五而志于学"以下寻求去。然而，所云三十而立，立个什么？却不晓得其实际所指。向下循求，四十而不惑，虽在字面上不惑总是不迷误之意，却仍不晓其具体内容。五十而知天命的天命果何谓乎？当然是说在其学问上更进一境，顾此进境究是如何，更令人猜不透。六十而耳顺，何谓耳顺？颇难索解。七十而从心所欲不逾矩，字面上较耳顺似乎易晓，但其**境界更高**，实际如何乃更非吾人所及知。①

这一段的意思，梁漱溟讲过许多次，说明他对孔子的学问境界非常推崇。在他看来，十五志学讲的是志，志即是心；三十而立虽言之不明，但四十不惑讲的是心不迷惑；五十知命，是讲心之所知，是孔子精神境界更上一层；六十耳顺，字面上似不易解，其为精神之更高一进境则无疑；至于七十从心所欲不逾矩，"其境界更高"，"其实际如何已非吾人所及知"。因此孔子自述其为学，实际是以心为基点，自述其精神境界之成长历程，这也就是其一生"向内进修提高"的进境。他又说：

---

① 《东方学术概观》，《梁漱溟全集》第七卷，第329页。

我们局外人虽然无从晓得孔子一生为学那一层一层的进境，却看得十分明白，其学问不是外在事物知识之学，亦非某些哲学玄思，而是就他自身生活中力争上游的一种学问。**这种学问不妨称之为人生实践之学。**①

儒家之学追求的不是知识之学，也不是玄思哲学，而是在生活中努力追求精神的向上进步，在人生中达到一种较高的境界，即其所谓"这是在自身生活上勉力造达一种较高境界"②。梁漱溟虽然始终避免直接说明孔子七十岁所达到的境界之具体所是，但他对儒家的这种境界亦有所揭示，简言之，即"天地万物一体"，"彻达宇宙生命之一体性"（详后）。

但是，要达到精神上较高的境界，需要落实到实践的工夫，才有可能，在这个意义上，他又常常把儒学概括为"践形尽性"之学：

孔门之学原是人类"践形尽性"之学。盖人心要缘人身乃看得见。是必然的；但从人身上得有人心充分见出来，却只是可能而非必然的。尽其性云者，尽其性所可能也。力争上游，使可能者成为现实之事，我故谓之人生实践之学。……此学要在力行实践，以故后儒王阳明揭举知行合一之说，不行不足以为知。于是就要问，力行什么？此不必问

---

① 《东方学术概观》，《梁漱溟全集》第七卷，第330页。
② 同上书，第333页。

第十章　梁漱溟与修身之学

之于人，反躬自问此时此地我所当行者而行之，可已。①

所谓践形就是要在自身生活中体现，尽性就是把人的高级的发展可能性充分显现出来，这就要力行实践的工夫。

梁漱溟最重视"慎独"的工夫，他认为慎独是儒家自孔子倡导"修己"以来的学脉和传统：

> 孔门修己之学一了百当，慎独之外更无他事。原吾人生命固自天地万物一体，慎独功夫到家天地万物都收进来，何莫非分内事乎。②

孔子提出"修己"，这是孔门一贯不易的宗旨，慎独正是发明此宗旨的工夫，慎独工夫到家，便可达到天地万物一体的境界。当然，从人的生命本然来说自是与天地万物为一体的，但蔽于习染贪欲我执，不能与万物相通，所以只有力行慎独工夫到家，才能与物通为一体，此亦是回复其生命的本然。

> 《论语》中不见慎独一词，然颜子、曾子所为兢兢者应不外此功夫。《中庸》《大学》为晚出之书，慎独应为后来提出之术语。……颜子悟之最早，继之者其为曾子乎。后来有功于此学者必数孟子，孟子好奇凌人，其书未见有慎独字

---

① 《东方学术概观》，《梁漱溟全集》第七卷，第333页。
② 《试论晦庵朱子在儒家学术上的贡献兼及其理论思维上的阙失》，《梁漱溟全集》第七卷，第465页。

样,而言修身。修身亦或云修己,信乎其为传此学脉者。①

固然,《论语》中只提修己,未提出慎独,但在梁漱溟看来,颜子不迁怒、不贰过,即是慎独,曾子之唯,亦即是慎独,孟子更继承孔子的修己而云乎修身。所以慎独工夫在早期儒家不仅是一贯的,而且正是孔门传承的学脉。在此意义上,梁漱溟对慎独的重视,可谓与宋明儒学中如刘蕺山等的"慎独"之学是一致的。② 值得注意的是,梁漱溟对修己、慎独的强调不仅是对孔学的解说,也体现了他自己的修身工夫的特点。

> 《大学》《中庸》两篇所以为此学极重要典籍者,即在**其揭出慎独功夫,率直地以孔门学脉指示于人。**独者人所不及知而自己独知之地,即人心内蕴之自觉也。吾人一念之萌,他人何从得知,唯独自己清楚,且愈深入于寂静无扰,愈以明澈开朗。③

梁漱溟对独知的解释则同于朱子,即独是"人所不及知而自己独知之地",但梁漱溟对此更加以其现代的说明,这就是在他的思想中始终最为强调的"自觉",以独知为人心的自觉。而且他还指出,人心自觉的独知,在寂静中最为明澈。我们知道,他在《人心与人生》中特别强调人心的"能静","静"就是不为本能所

---

① 《东方学术概观》,《梁漱溟全集》第七卷,第335页。
② 自然,这里只是就强调慎独而言,并非指梁漱溟与刘蕺山等慎独说相同。
③ 同上。

第十章 梁漱溟与修身之学

动,不受感情冲动所动,不为利害所动,是理智和理性的特征。①

> 《论语》上"修己以敬"的话,在各不同典籍如《孟子》,如《大学》,如《中庸》,则"修己"字样均易为"修身"。例如见于《孟子》者:"君子之守,修其身而天下平。"字面微易,语意全然相同。而孟子此语亦就括尽了《大学》全篇旨趣。修身一词在《孟子》《大学》《中庸》层见叠出,其为此一派习用术语,十分明显。言修身,则切己近里,**精神集中当下,从而应物理事,刻刻不失自觉**;不言慎独,慎独在其内矣。往世为此学者,吾不得见之,吾所及见,广东番禺伍庸伯先生是能为此学而得其真者。②

梁漱溟指出,《论语》的修己,在《大学》《中庸》《孟子》皆说为修身,而意指是完全一致的,从而"修身"成为孔孟之学的核心术语。他还主张,修身包含了慎独,慎独的提出则使修身工夫更为集中和简要。

关于工夫对人生的重要性,梁漱溟有明确的说明:

> 吾人自觉能动性的自觉,是即所谓内一面。何以还需要学问功夫呢?人心内蕴的自觉虽为人生所固有,却每每若存若亡;如何得精神集中当下,物来顺应,非易事也。

---

① 参看陈来:《梁漱溟〈人心与人生〉的人心论》,收入拙著《现代中国哲学的追寻》,人民出版社,2001年,第255—259页。
② 《东方学术概观》,《梁漱溟全集》第七卷,第358页。

盖为此心率累于其身（食色本能和种种习气），总在向外驰逐之所掩覆也。为此学者要在有以**反躬认取此自觉（昔人所云良知、独知），时时戒惧其有失焉**，其庶几乎。①

人虽然有其内在的自觉，有独知，但在现实生活中心累于身，故此自觉往往若存若亡，故必须有戒慎、慎独的工夫，有此工夫，人的精神才能集中于当下的内心，反躬认取，并时时保任，不使有失。

由以上可见，梁漱溟所说的慎独工夫是指，未应物时精神集中当下，反躬认取独知；应物理事亦刻刻不失自觉，时时戒惧此自觉之放失。应当说，这种对工夫的理解与朱子关于涵养、省察，关于戒惧、慎独的指点是有一致处的，而梁漱溟的工夫论更易为现代人所了解。

对自己反躬功夫的重视与否，成为梁漱溟与熊十力的主要分歧，这一点在梁漱溟对熊十力的批评中甚为明显：

在东方古书中被看作是哲学的那些说话，正是古人们从其反躬向内的一种实践活动而来，……在这里你要插入讲话，就得亦经一番修养实践功夫再来讲。②

这是认为，古代儒家书中所言，都是基于其反躬体认所得而言，故今人若要理解它、评论它，乃至加以申论发挥，必须自己先

---

① 《东方学术概观》，《梁漱溟全集》第七卷，第361页。
② 《勉仁斋读书录·读熊著各书书后》，《梁漱溟全集》第七卷，第757页。

第十章 梁漱溟与修身之学

经历一番修养实践的体认工夫，否则只是空谈乱谈，故他又说：

> 东方各家之学莫不有其反己之真实功夫为学说所自出，离开此等真实功夫而谈其思想理论，便成空谈乱谈，万万要不得。①

这些都是针对于熊十力，意谓熊十力没有反己的真实工夫、熊十力所谈的理论多缺乏反身工夫的基础。所以，他也明确批评熊十力"自己不事修证实践，而癖好着思想把戏"②。他认为，熊十力之所以如此，是因为熊十力脱离了儒家修己的实践传统，而去追求哲学家的一途：

> 熊先生严重的失败在其癖好哲学，……走入了思想家、理论家一途，这便不免向外去了，而踏踏实实反身用功，循着儒家路子萃力于践形尽性之学，可能成就得大不同于今天；其人格面貌将不同，其给中国社会的以至世界人类的影响将不同。③

在这里，梁漱溟实际是批评熊十力未能反身用功，未能践形尽性，未能在变化其人格面貌上用功，只是癖好哲学理论，从而限制了他的成就和影响。梁漱溟指出熊十力的缺失，在事实的

---

① 《勉仁斋读书录·读熊著各书书后》，《梁漱溟全集》第七卷，第759页。
② 同上书，第756页。
③ 同上书，第758页。

层面是否如此，我们无从确定，故亦不加认定，我们只是要从此种批评中来看梁漱溟对哲学与实践的看法。

四

从梁漱溟一生的文字看，虽然他性格傲视不群，但常常反省，自我批评其言与行，其反省皆出于真诚，是显然可见的。从这点来说，他是颇能反己自省的。至于文字所言之外，他也有其他修为的工夫，这在其字里行间也可以看出。年过八旬之后，梁漱溟仍曾谈到其自己的信念工夫：

> 从如上所见（引者注：此指乐天知命是根本）而存有如下信念：一切祸福、荣辱、得失之来完全接受，不疑讶，不骇异、不怨不尤。但**所以信念如此者，必在日常生活上有其前提："战战兢兢，如临深渊，如履薄冰"是也**。临深履薄之教言，闻之久矣。特在信服伍庸伯先生所言反躬慎独之后，意指更明。然我因一向慷慨担当之豪气，不能实行。今乃晓得纵然良知希见茁露，未足以言"戒慎乎其所不睹，恐惧乎其所不闻"，**却是敛肃此心，保持如临深履薄的态度是日常生活所必要的。此一新体会也**。①

"一切祸福、荣辱、得失之来完全接受，不疑讶，不骇异、不怨

---

① 《谈乐天知命》，《梁漱溟全集》第七卷，第497页。从这里可以看出，梁漱溟的功夫有其传承，即谓其为伍庸伯弟子，亦无不可。

第十章 梁漱溟与修身之学

不尤",此信念即是一种生活态度,一种精神境界,梁漱溟既说其存有此信念,则表示他在晚年已经达到了此种境界。照他所说,达致此种境界要有日常工夫的前提,而此境界乃是日常工夫的自然结果,这前提与工夫便是"敛肃此心,保持临深履薄的态度"。我觉得,所谓"敛肃此心",颇与朱子所谓"敬"的工夫相近,"战战兢兢,如临深渊,如履薄冰"的态度便是他"慎独"的修己工夫,亦即前面所说"刻刻慎于当前"。日常力行此戒惧慎独的工夫,便自然能达到不怨天不尤人的精神境界。至于达到此种精神境界后还要不要慎独戒惧,梁漱溟在这里并没有说及,据我的推想,他应该主张,即使达到此种境界,仍然要戒惧慎独的工夫。虽然他对儒家传统的性善论仍主赞同,但由于深深地重视习心、习气和此身的影响,梁漱溟很难相信这种精神境界通过短期的工夫努力便可达到。恰恰相反,从他的立场来看,达到这种境界必须过长久的工夫实践,而且我们很难确定,自己达到哪一个阶段或境界就可以从此永远不再需要戒惧慎独的工夫,因为那就是圣人的境界了。

梁漱溟七十余高龄所写的《深叹心不胜习》一文最明显地表达出他对修己工夫的重视,也表现出除了戒惧慎独工夫外,他也注意修习源自佛家的工夫。如他说,"正念无力,闲杂念乃纷纷矣!然正念所以无力则悲愿不足故也,悲愿是一切之本"。他明确自陈,"我有悲愿是真的","从而有愿心,愿以所晓者晓人","东方古人之所明,不为今人所晓,有能以晓之者,今日非我乎?"[①] 此悲

---

① 《深叹心不胜习》,《梁漱溟全集》第七卷,第499页。

愿不仅是立志以先觉觉后觉，更是发愿于修己的实践。他有《发愿文》，约写于60—70年代，中言"披沥一心作忏悔""而今一切深惭愧""立志发誓更不造""念念唯期显自性"等，可见他发愿修己的严肃。① 他还说："念功夫当从大悲心及平等观得之人，凡习气发作时即运悲心以观照之。般若空观即是平等观，平等即不拣择，不起憎爱意，而后本有真心得以显现也。"② 以悲心观入手，以平等观观物，这是他所企求实践的佛家式工夫。他还说：

> 众生为无始业力习气所缠绕笼罩出不来。然此种缚罩又虚妄非实。解缚之道，只有一味平淡，减业减习，而不憎耐烦；有恒而不用力，精进而不着急，平淡而不玩忽。从这一条隙缝（平淡）慢慢松开它，其他均不免适以增之也。③

为了克服习染的束缚，梁漱溟还提出以"平淡"减习的三句功夫，即"有恒而不用力，精进而不着急，平淡而不玩忽"，从这些地方可以看出，梁漱溟的确很注意个人的修习工夫，而修习的最终目的是使真心、自性得以显现，这才是梁漱溟所理解的"转识成智"。

梁漱溟早年已曾"习静"，他晚年回忆林宰平说，"先生亦

---

① 《发愿文》，《梁漱溟全集》第七卷，第227页。
② 《深叹心不胜习》，《梁漱溟全集》第七卷，第499页。
③ 同上。

第十章 梁漱溟与修身之学

留意佛典,且常默坐澄心,而我每习静鲜有所入,不及先生多矣"[1]。此处的"习静"应即指静坐的工夫。虽然梁漱溟称其自己"习静鲜有所入",但他后来仍间断地行此工夫。如其1958年在政协整风小组会议的发言中提到,他有事请假不参加会议,是"想多保留时间给自己从事写作及习静功"[2]。他坦然说明:"至于习静功,最初是因病而学习的,上次请假曾指为此。后来转入佛家修持一路,这是六波罗密之一,修之以破我法二执。"[3] 佛家修习六波罗密,以破除我执,其六法中第五为禅定,"要在屏绝杂念,入于凝静专一之境,寂而照,照而寂"[4]。他晚年还有《谈静》一文,析论儒释道三家习静的异同。[5]

不过梁漱溟似乎在静功上并未涉入甚深,他在1975年写的《东方学术概观》中说:"瑜伽即是禅定,为六波罗蜜之一。修六波罗蜜,从静定中返照而得生命之一切,乃出以指说于为此学者。笔者未曾有此实践功夫……"[6] 这说明他虽然注意习静,但并不是"主静"的学者,他的主要工夫还是戒惧慎独。

回到本文开始所提到的问题,现代儒学者,对其自身的工夫体认、对他人的工夫提点,论及较少,与宋明儒学相比,是"讲明"多于"存养"。而宋明儒者的"讲明",多关联工夫实践,现代儒学的"讲明"则不是关于工夫实践。当然,就宋明

---

[1] 《怀念林宰平先生》,《梁漱溟全集》第七卷,第569页。
[2] 《向党交心后在小组会议上的发言》,《梁漱溟全集》第七卷,第57页。
[3] 同上。
[4] 《东方学术概观》,《梁漱溟全集》第七卷,第357页。
[5] 《谈静》一文尚未发表,近承梁漱溟先生哲嗣梁培宽先生寄示,特表感谢。
[6] 《东方学术概观》,《梁漱溟全集》第七卷,第353页。

时代而言，儒者的"讲明"亦不限于心性工夫之讲明，而广泛涉及到哲学义理之讲明，只是在现代儒学中"哲学"的"讲明"更为突出。

梁漱溟虽然论定儒家是修己之学，但他自己也承认儒学中哲学思考的发展是一自然的趋势，有其合理之处：

> 宋明以来之儒者好言心性、性命、性天以至本心。本体……如是种种，以是有性理之学之称。凡西洋之所谓哲学者只于此仿佛见之，而在当初孔门则未之见也。此一面是学术发展由具体事实而抽象概括之自然趋势；更一面是**为反身存养之功者，其势固必将究问思考及此也。**①

梁漱溟看到，宋明以来，儒学对心性、性命、性天等概念和问题作了不少理论的讨论，也探讨了本体等观念，由于有这些哲学性的讨论，故儒学被称为性理之学。而这种讨论在孔子和孔门的时代并未出现。梁漱溟提出，早期儒家与宋明儒学的这种不同，乃是由于学术的发展必然会从具体事实进而为哲学的抽象，儒家对于反身存养的工夫，也必然会探论其根源、根据。这样看来，梁漱溟还是承认儒学中哲学思考的积极意义的。

很明显，虽然儒学以修己为主旨，但儒学从一开始也同时重视经世致用，故修己与治人莫能偏废。宋代以后，儒学面对佛教的挑战，必须大力发展其心性工夫和哲学理论，从而形成

---

① 《儒佛异同论》，《梁漱溟全集》第七卷，第161页。

第十章 梁漱溟与修身之学

与先秦儒家不同的论说面貌。近代以来,儒学面对的最大挑战是西方哲学及宗教的挑战,因而20世纪新儒家从历史诠释入手,着重在哲学理论方面加以发展,这也是很自然的。事实上,从战国以来,儒学已经是一丰富的传统,包含着以传习"六经"为主要内容的"学"的部分,并非仅仅关注修身实践。汉代以后的经学研究,在各代儒学,尤其是汉唐时代,对学统的传承都有其重要的意义。宋代以后,理学家的经典诠释、理论申说,也都占了他们文字的大部分,这是因为,儒学在理论上的发展乃是其内在的需要。现代社会的人皆必从事于某种职业,不可能用全部或大部分时间来专事"存养",事实上,宋明儒者只要出仕,也必然是如此。故儒家之为儒家,并不在于是否以大部分时间来存养心性,儒家的修身并不是脱离生活世界的独善之学,王阳明有言"致知在实事上格","有官司之事便从官司的事上为学,才是真格物","除却见闻酬酢,亦无良知可致矣"。应物、理事、著书皆出于儒家义理,应物理事著书之时皆不背于良知,不失其省察,这就是慎独"不离于格物",就是儒学学者的生活实践。正如梁漱溟指出的,儒者和佛学者的不同在于,佛学者须全力进行精神修炼,而儒者则必须尽力于人事事务而不怠。

至于儒者的社会政治关怀与社会实践,梁漱溟是现代儒学中最富实践精神和付诸行动的代表者,这是对20世纪中国历史略有知识的人都知道的。而他的社会活动正发自于他的儒家思想,他曾说过:"内圣外王的话,见于庄子书中。人或称儒家为内圣外王之学,我于此不敢置可否。如我所理会:一个儒者不论生在任何时代,处在任何社会,其必于群众生活、公共事业抱持积极态度,大不同于佛家、道教,是一定的。他总是朝着进步方向走——这本于其学在求仁而来——亦是一定的,但此外似没有什么一定之规。"① 这表明,儒学的精神性虽然重视向内的工夫,但不离事事物物,不仅不离事事物物,而且其精神性必能发为积极的社会政治态度与实践,促进社会改造和政治改革。

此篇尚有未尽之义,因时间迫促,已不及深论,待今后有机会再加研讨。又本文属草之初,先立题为"梁漱溟论修身之学",后觉有所未当。盖"论"修身之学者,自己未必有修身之工夫及实践;而"与"字连带较宽,可以兼为表出梁漱溟先生的修为及进境,故改今题,以教正于大家。

2007/10/26

---

① 《东方学术概观》(昔年未完旧稿),《梁漱溟全集》第七卷,第390—391页。

第十一章　梁漱溟与密宗

去年由梁漱溟先生哲嗣梁培宽先生示知，梁先生晚年还有未发表的《谈静》一文，析论儒释道三家习静的异同。为此，我重读了梁先生的著作，对梁先生前后习静的经历，有了一些新的了解。他的个人修习经验，尤其是其曾修藏密一节，以往鲜见学人提起，这些经验对研究现代儒学家的精神修养和工夫实践，提供了一个可资分析的例子。本文将对其修习密宗工夫的经历加以讨论和分析。

一

在《梁漱溟全集》第八卷日记的部分，在1947年条下有注称：

> 此为著者遗稿中所见一抄件，**谈习静**问题；以其按日

逐条记叙，故录入日记部分。①

这一部分日记留有 1947 年 2 月至 4 月共 6 天的日记，记录了梁先生第一次"习静"的前后经历。

以下是这一部分日记对其习静的记载：

> 2月　十力先生自五通桥来勉仁，小住匝月。某次谈话，先生语我云："发愿"与"见体"是吾人一生最要紧的事。愚当下甚有警省。吾人一生若于此二者皆无有，则只有下堕，一生不如一生。因而时时念及之，不能忘。②

勉仁指在重庆的勉仁中学和勉仁书院，1946 年末，梁漱溟退出国共和谈后从南京返回北碚，当时勉仁各校皆相当困难。五通桥则在乐山，抗战胜利后，熊十力 1946 年夏初由鄂重入川，在孙颖川开办的黄海化学工业研究社度日。该社附设一哲学研究部是专为安置熊十力的，黄海社址在五通桥。③ 1947 年初，熊先生由五通桥到重庆北碚梁漱溟先生办的勉仁书院小住，看望这位从政治激流中退出的老友，期待梁漱溟从事功转归学问。熊十力以精神性课题为终极关怀的态度，使刚从政治事务中抽身出来的梁漱溟得到了某种警醒。

---

① 《梁漱溟全集》第八卷，山东人民出版社，1993 年，第 420—421 页。以下只注明卷页。
② 《梁漱溟全集》第八卷，第 420 页。
③ 参见郭齐勇：《熊十力、梁漱溟佚札三通与佚文一篇》。

第十一章　梁漱溟与密宗

熊十力离开勉仁后,受熊十力这次来访的影响,梁漱溟开始在学问工夫上追求新的境界,2月底他前去拜访了时在重庆的汉传密宗大师能海法师:

> 29日同东明访谒能海法师于嘉陵新村13号。愚求教言,师先问年齿,愚答五十五矣。师曰:一日间当有一时间习静。愚敬志之。又问方法如何。师答方法可任择一种,不必拘。①

梁漱溟见能海法师,求其开示,能海法师大概对梁漱溟热衷世事活动的性格有所了解,故并没有深谈佛法,只是指示他应当每日习静,而习静的方法多端,不必拘于一格。这说明,能海法师也没有向梁漱溟特别推荐佛法如密宗的静修。陪同前往的东明即学佛颇久的熊东明。②

能海法师的建议打动了梁漱溟,于是便开始寻师习静,3月底,他确定开始跟从一位有30年静功经验的江先生学静:

> 31日午后同东明访江子斋先生于磁器口二十四厂之理化实验室,聆其自述30余年来之静功,知其所得不差,深为敬服。谈话间,于愚凤来所见有印合处,并亦有所启发。于发愿、见体二念,多有鼓舞激励,尤隐契于心,悲喜不

---

① 《梁漱溟全集》第八卷,第420页。
② 东明即熊东明,燕京大学毕业,曾在支那内学院学佛,亦与太虚法师过从。

尽。因决意从江君习静。①

这位江先生在重庆一实验室工作,似并非人文学者,也许是一位居士,不得而知。这位江子斋先生所自述其静功所得,使梁漱溟对之深为敬服,双方谈话十分契合。不知江君的功法是何源流,总之,梁漱溟便决意按照江子斋的方法学习静功。

现存 4 月的习静日记共有三则,其一为:

> 2 日　宿特园楼上。天未明,念习静当在后半夜,睡醒时试为之。又念每晚将睡前,宜清净其心,俾梦中少杂乱念头,庶可睡安隐,而醒时精神较好。②

这是在重庆上清寺"特园"楼上习静,特园正是民盟成立之处,③ 日记中说"睡醒试为之",则是此次习静刚刚开始。而且,看起来,江子斋教他的静功是要求在后半夜练习的功法。

其二为:

> 8 日　连日虽不忘,亦总未得手作功夫。本日约四时

---

① 《梁漱溟全集》第八卷,第 421 页。
② 同上。
③ 上清寺一带是陪都时期政治家活动最频繁的地方,其中"特""范""桂""周"是当时知名人士政治活动和居住过的地方,陪都时期,民主同盟创始人张澜借住在特园,很多著名民主人士来这里会面,号称"民主之家"。中国民主同盟就是在特园成立的,梁漱溟是发起者之一。梁漱溟后来也说过,他在重庆时期多借住园中(1976 年 12 月 30 日致陈仲瑜信后注,《梁漱溟全集》第八卷,第 106 页)。

第十一章　梁漱溟与密宗

> 起坐，于手脚姿势尚未得其安。念中觉察有二：一要搞清楚动机；动机不清楚或动机不正，必不可以；二要辨明"见体"之体，是儒家的抑佛家底。前者为出发点，后者为目的地。继自省念：我起心动念在向上，在出妄。此是循生物界中进化出人类之路而来，一直是趋静、静、静……而返于无妄。继觉：取静之心非静；有妄可出，终不得出。儒家之体与佛家之体是一非二，但属两阶段不同。[①]

从2日到8日梁漱溟虽常欲习静而未得工夫，大概是多为勉仁的经营事情所耽阻。8日晨4时起床静坐，但他此日静坐尚无体验和收获，主要是他起念甚多而不自觉。他在静坐中先欲辨明习静的动机，认为动机不清楚则不可以习静；其次则就熊十力所说的见体，而欲区分儒家与佛家的不同。对于动机，他自认为在于向上、出妄，是追求趋静而返于无妄。趋静的讲法同于他历来以静为人心特征的说法。对于见体，他认为儒家的见体与佛家的见体是一致的，但分属两个阶段，虽然他并没有说明两个阶段为何，根据他一贯的思想，似认为儒家的见体是开始的阶段，佛家的见体才是究竟的阶段。

由熊十力不久前来重庆特提"见体"可知，梁漱溟此时向往的见体应是儒家的见体。而佛家的见体则当属以后的事情。由此儒佛之辨亦可推见，他所习静的功法应当是属于佛家的静法。在这样一种以思考、反省为主的意识活动下，而且暗含着

[①] 《梁漱溟全集》第八卷，第421页。

追求儒家见体的意思，其习静之无所得，是可以想见的。不过，就认识而言，他所说"取静之心非静；有妄可出，终不得出"，认为不应当以求静之心习静，这个看法还是对的。

其三为：

> 18日　连日昏散，虽起坐不能有入。本日有觉：一切诸佛当然现在，与我无隔；不自欺是根本，是入手；不自欺是静，外此无真静。①

从8日到18日，梁漱溟虽然晨起静坐，但自觉未能有入，所谓有入即是有所体会。至18日有所觉，认为不自欺便是静，此外无真静，这是用《大学》诚意章的意思来看"静"，等于用"诚意"的工夫取代"静"的工夫，这无异于使"静"失去了独立的工夫意义。

这样的说法虽然近于王阳明，但也表示，梁漱溟这一段的习静对于静功本身并没有真正的收获，最后惟归结到诚意的不自欺而已。他想从佛法的工夫入，但其结果是仍然回到儒家。

从此次习静的缘起来看，熊十力来访之后梁漱溟立即寻师习静，以及在与江君谈话中，觉于发愿、见体多有鼓舞，应可推知，梁漱溟此次的习静一方面是因由能海法师的提示，另一方面，此次习静与两年之后的习静不同，不是单纯地借以调心养心，而是以之为发愿、见体的工夫，这是此次习静的重要动机。

---

① 《梁漱溟全集》第八卷，第421页。

第十一章 梁漱溟与密宗

二

在1947年春夏间习静之后，事过两年，1949年梁漱溟先生再次习静，不过此次修习，在梁先生的出发点虽是习静，而实已超出单纯的习静。

《梁漱溟全集》载有《致言申夫》（1984年），其中提到1949年事如下：

申夫先生左右：

顷奉大函询及刘仲迈、侯疑始二公各情事。我愧未闻刘公之名，曾闻侯公名字，今于其生平事迹亦复遗忘，模糊不清了。**1949年夏秋间贡噶上师到重庆北碚，驻公园，我经友引进，聆取无相大手印，接受灌顶，当下如饮醍醐，得未曾有。**我自少年倾心佛法（非受人指引，是自发的），抱出家为僧之念，直至二十九岁乃始放弃而结婚，但始终发愿不舍众生，不驻涅槃。曾致力乡村运动者十年，又值日寇入侵而奔走国事。对于佛家戒、定、慧，唯守不茹荤腥一小节，其它谈不上，既无修持，**于今衰老（九十一），不念弥陀，只念观音，不修净土者，仍是以救苦救难自勉也。修定乃开智慧，惜我早年于静定未得入，中年一度若有所入，而今衰老，亦难凝神入定了。**我公论易函稿，我只能展读，不能赞一词。此是真实话，非敢搪塞，唯公谅察幸甚！

敬叩台安！

梁漱溟再拜[①]

这是梁先生晚年所写，观此书前后之语，应是就对方有关习静修定的问题而答，盖问者以为梁先生有修定工夫，而梁先生在回复中谈及 1949 年的修习静定的经历。其中坦诚曾修藏密一节，《全集》他处皆未及，实属难得的文献。

既然修密的事情在 1949 年，我们就来看看本年的日记。在《全集》日记的 1949 年部分之首，录有梁漱溟晚年的自注：

> 此抄件据我回忆当是某年同罗膺中、曹慕樊诸友、又谢无量先生夫妇在缙云山顶上闭关习静时之日记。
>
> 1983 年漱溟[②]

罗膺中即罗庸。《全集》本页有注脚："**著者此次习静在 1949 年夏，重庆北碚北温泉缙云山缙云寺左近之一民舍中。罗膺中时为勉仁文学院教授、中文系系主任，原西南联大教授，曹慕樊为该学院教师。**"[③] 勉仁书院即在缙云山下，缙云山在嘉陵江

---

① 《梁漱溟全集》卷八，第 308 页。
② 同上书，第 421 页。
③ 曹慕樊（1912—1993），号迟庵，四川泸州人，生前为西南师范大学中文系教授。早年金陵大学毕业，1946—1947 年，在四川乐山五通桥中国哲学研究所（附设于黄海化学社），师从熊十力先生，治佛学及宋明理学。1947—1950 年，受重庆北碚勉仁文学院（创办人梁漱溟先生）之聘，为中文系副教授。1953 年后，为西南师范学院（后改为西南师范大学）图书馆副馆长、中文系副教授、教授，汉语言文献研究所教授。又，日记所见，只有罗、曹两人，似无谢无量夫妇。

第十一章 梁漱溟与密宗

畔,风景优美,缙云寺则是始建于南朝的古寺,这里也是太虚(1889—1947)办汉藏教理院之处,此处的确是闭关习静的好地方。注脚说习静在民舍中,其实不确,下引资料可见梁漱溟也在佛殿中习静。

自注这里所说的1949年夏在重庆缙云山闭关习静之事,即是与答言申夫书中所说的"贡噶上师到重庆,经友引进,聆取无相大手印,接受灌顶"有关,更参之以下面还会引用的1949年8月19日日记所说"自皈依上师之日即先曾自己审查一番",可知1949年夏梁漱溟确曾有皈依贡噶上师,因而修习藏密一事。[①] 而此部分的日记不仅更可以确证梁漱溟在接受灌顶之后曾认真修习密宗大手印,而且详细地记录了修习的过程。

不过,1983年梁漱溟对这部分日记的自注,也在一定程度上表现出,梁漱溟似是把修习藏密作为"闭关习静"之一种来理解、对待的。有意思的是,梁漱溟40年代两次习静都与密宗大师有关。梁漱溟1947年习静是受了能海法师的指引,而能海法师是抗战前后在汉地弘传密教的代表人物,1930—1940年代在四川宣讲佛法,正是能海法师指示他应当习静。[②] 梁先生后来与能海法师仍有往来,据1956年日记之8月14日条:"昨日

[①] 贡噶上师(1893—1957)在20世纪30年代、40年代两次应邀赴汉地,经历八年多时间,往返于四川、云南、两湖、两江、京、沪、陕、赣等地,共收僧俗弟子数以万计,时国民党很多高官亦曾皈依其座下。

[②] 能海法师(1886—1966)1949年后曾任西南军政委员会副主席、中国国民党革命委员会中央副主席、中国佛教协会副会长。

游园遇能海法师,情意甚殷,嘱我往谈,拟择期偕鲜老访之。"① 同年 8 月 25 日条:"饮食后访鲜老一同访能海法师,座谈甚久,即留午饭。师指示甚多,开一书单并'习定要点'一纸,并嘱向唐慕汾借书。师于宗喀巴大师之教似深有所传授。"② 能海师于宗喀巴之教,是格鲁派,贡噶上师则为噶举派。能海所谓"习定"即是梁漱溟所谓习静功夫,能海法师还亲自写一纸《习定要点》,以引导梁漱溟,可见梁漱溟与佛教法师交,总是以此为中心。③

三

以下我们来看这次习静的日记,自 1949 年 8 月 4 日起至 9 月 11 日,近 40 天的修习,日记记录,一天都不少,可见他此次习静非常认真,与两年前大不相同。

另外,选此时间习静,恰好是他写完《中国文化要义》而等待校样之时,故著述和修行没有大的冲突。

(8月)4 日(农历 7 月 10 日)佛法须是大贪大慎大痴之人方得悟入,方得修成。不用思惟心,如理思惟亦不禁止,一切生命力量皆是此物表现,所以大烦恼即是大菩提。

---

① 《梁漱溟全集》第八卷,第 584 页。
② 同上书,第 586 页。
③ 鲜老即鲜英(字特生),特园的原主人。见 1950 年 5 月 27、28 日日记注,《梁漱溟全集》第八卷,第 433 页。

第十一章　梁漱溟与密宗

> 排订日课，**诵习百字明及护法咒**。以睡眠恢复疲劳，充实修道精力。①

此日排订日课，开始修习。《百字明咒》与《护法咒》是密宗咒法，百字明咒有译"金刚萨埵净罪咒"，主要功能是净除消解业障，这样才能以清静心修习。金刚萨埵的含义为"金刚、勇猛、有情"，在西藏译为"金刚勇猛心"。"金刚萨埵"一语，象征"坚固不坏之菩提心"与"烦恼即菩提之妙理"。这则日记证明了，此次"闭关习静"从一开始便是修习密教之法的。这显然是在接受贡噶上师灌顶、传授后立即开始依其教示实践修行。另外，虽然这里所说"不用思惟心，如理思惟亦不禁止"，但整个修习过程显示，梁漱溟的思惟过多，应是影响其习静成效的重要原因。

> 5日（7月11日）初试**日课修四加行**。写致卢子英信。午后试修大印。报载长沙局部和平讯。②

"四加行"是密教的重要修行，"加行"一词，是指修持的基础。在密教的修持中，修持的最终目的是为了成就佛境，而要成佛就必须首先令自己自无始以往轮回以来之罪障净化及要积备因缘与资粮，而各种加行正是为了忏罪积资的基本工作。它们既是作重要修持前的一种准备工夫，也同时是终生修持乃至成佛

---

① 《梁漱溟全集》第八卷，第422页。
② 同上。

以前都必须不断修习的法门。"四加行法"各派说法略异，大体就是"皈依法"（观想皈依境等）、"大礼拜法"（全身投地敬拜）、"金刚萨埵法"（持百字明咒）、"上师相应法"（诵念观想上师具足对上师的信心等）。百字明咒属金刚萨埵法，功能在清净罪障，敬拜和持咒皆应反复多次，次数多者不止上百上千。日记所说的"大印"应即密教"大手印"法。

  6日（7月12日）"精神提振，气向下沉，心不住境而住心（空）中"——心知其意而不得实证。依课而行，粗得大概，就后面佛殿试坐，其环境视室内为佳。头脑有昏倦之感而又不能入睡，精神不足以修定。若离执计是见王，若无散乱是修王，若无作求是行王，若无所住即证果，越所缘境心体现，无所住道即佛道，无修无境即菩提——此数语吾皆承认，皆相信，只是可望而不可即。两日来以大印难入门，在午后恒再修四加行一遍。**大印无可用力，只有在加行上用力。**①

心不住境而住心中，很像知衲禅师的"真心息妄法"，精神、气、心这三句可能是大手印传授的法门。缙云寺佛殿是静坐的好处所，比民舍居室内为佳。历史上宋明儒者在寺中静坐，与梁漱溟在佛寺闭关，当有一致的地方。梁漱溟承认，大手印无可用力，很难入门，密教的大手印的四种特性，是坚固、清净、

---

① 《梁漱溟全集》第八卷，第422页。

第十一章 梁漱溟与密宗

解脱、圆满。大手印乃主要秘密教法,也是一种无上教法,从见、修、行三方面而论——"见"即了悟佛性。"修"为了却除染污,显现清净,一般的训练是,先由上师处接受适当的灌顶、法本传授和有关指示,然后修四加行——皈依、发菩提心并配合大礼拜、金刚萨埵观想及上师相应法。特殊的训练包括那若六法等。"行"乃最高之境界,即清净无为,轻松自在,任运而行。密教的噶举派、宁玛派、萨迦派,倾向于保持心的无分别,在宽坦中揭露出光明的心性,其用功方式与汉地禅宗的默照禅有相通之处。

"若离执计是见王,若无散乱是修王,若无作求是行王"等数句出自《恒河大手印偈颂》,贡噶上师 1938 年作有《恒河大手印释》,对恒河大手印偈详加解说,梁漱溟应该持有。[①] 也可见贡噶上师特别向梁漱溟传授了恒河大手印偈。不过,初学时的梁漱溟觉得,大手印很难进入,他猜测自己的问题可能在于四加行的用力不够,所以他还是希望先在加行上用力。

> 7日(7月13日)必要从世俗生命所具之一种贪迷奔逐之势中超脱出来;此奔逐之势与其生命之自陷于有对为一事。佛者觉也,犹是生命而通乎万有,一体而无对,是以朗澈证定,动静自如。人身所以于修佛法最便者,即为其已从有对超进于无对,其超脱于本能之理智理性,正是其超脱于贪迷奔逐之所在。感觉中之现量即其一例。但吾

---

① 此书又名《贡噶上师恒河大手印直讲》,如载于《涅槃道大手印瑜伽法要释》者,新文丰出版公司,1993 年,第 73—95 页。

人今日所有者，已是知觉而非复感觉。修大印，似须从把握感觉入手。把握感觉，首在一闲宽坦，于脱出奔逐之势。平常余每因极细小不成问题之事而不能入寐。此放不下之心，即属于奔逐之所表见者。平素表现似能宽坦，其实不然。今修大印，一障碍在此。①

本日的日记仍起因于修大印，自省其修习大手印的障碍。但前面一大段，都是梁漱溟自己对生命的简要看法，即人的生命应当从贪迷奔逐中超脱出来，以进于与万物一体而无对的境界；贪迷奔逐是属本能，超脱本能则是理性之事。这些关于生命一体的思想，关于本能、理智、理性的进化的理解，是梁漱溟生命哲学的主要基调，在他前后的论著中都有阐明，而以晚年《人心与人生》书中论述最详。由此梁漱溟自己反省，认为自己毛病在一切事放心不下，不能释怀于事，这是奔逐于外的表现，不能超脱出此种奔逐，是修习大手印的障碍。照梁漱溟的初修体会，修习大手印，先应找到一种宽坦的感觉，始能入手，而不是只在知觉上了解。"宽坦"也是贡噶上师传大手印"任运境界"所常用的词汇。

  8日（7月14日）星〔期〕一。昨以此日记请教慕樊，今日略谈其经验。愚意当修亥母，慕樊赞成。**抄百字明汉**

---

① 《梁漱溟全集》第八卷，第422页。

第十一章 梁漱溟与密宗

译文,① 阅四部宗见略说。② 睡眠颇不少,而睡后脑部不见清爽,且感劳累,可怪。**加行课渐熟,大印难入。**③

梁漱溟在修习时与曹、罗等交流日记心得,以期相互促进。梁漱溟本日在念诵外,又抄百字明咒的汉译文,学习贡噶上师的《四部宗见略说》。梁漱溟自觉此日加行较熟,但大印仍难进入,于是又提出修亥母法。盖密宗的金刚亥母法可以去烦恼、所知障,调和气、脉,其法应亦是上师所传授。他说加行课渐熟,表示其修习的初始阶段还是有进步的。

9日(7月15日)星〔期〕二。夜来梦中行业几乎杀盗淫皆有表露,无始习气深如此。中夜欲起**修金刚萨埵法清净垢障**,以灯油不足,因循未果。晨起修四加行倍亲切。中元节祀先人。④

不知本日白天梁漱溟所遇何事,梦中竟现杀盗等事,梁漱溟认

---

① 百字明原是藏音,译文有数种,未知梁漱溟所用为何,意为贡噶所传。陈建民有百字明意译颂,或可参之:
敬礼大金刚密誓,顿然显自性清净,于大金刚心佛位,令我得坚固安住,令我显真实自性,令我具最极胜乐,令我显广大自性,令我随贪之自性,令我得一切成就,令我成一切事业,令我心具大勇,令我起五智大用。大善逝一切如来,金刚本体莫舍我,令我住金刚自性,具大密誓大勇心,于法无生本体阿,起空乐大智慧吽,降伏一切魔仇吒。
② 应即贡噶上师所著《四部宗义略说》,原名《四部宗见》。
③ 《梁漱溟全集》第八卷,第422页。
④ 同上书,第423页。

为这是自己生命中带来的习气使然,深自反省,于是夜起修金刚萨埵法,未果。所谓修金刚萨埵法,一是观想金刚萨埵菩萨,二是持诵百字明咒等,这也是四加行中最重要的加行,梁漱溟4日开始时起手便持诵百字明咒,便是修此加行。倍亲切,表示其修行已有效果。

　　10日(7月16日)星〔期〕三。夜来梦中不免名利恭敬之念,及苟免自全之心。抄亥母修法笔记。收宽儿送来郭垒等五信件,当即作复,中有致刘、孙等信。因抄写等事未习大印。加行课照常。

　　11日(7月17日)星〔期〕四。一念真实一切是,一念不真实一切不是。今日修四加行心较真切。**初试修亥母法,作十七字咒图。**

　　12日(7月18日)星〔期〕五。余最大病为心中不能洒落爽利,由此故念念不得踏实,每日一心不免二用,去道最远,平素未尝不自知,而以今日修道感觉最深切。修四加行及亥母。写缪子雍信。天气燥热。习达摩十二手之前四式。

　　13日(7月19日)星〔期〕六。修四加行及亥母课,**于亥母咒轮旋转未得窍要。**落雨,不甚大。读龙树《发菩提心论》甚增悦乐,着手抄写。……

　　14日(7月20日)星期日。天晴而凉爽,看天空廓清洁,极使心怀开朗。夜间几无时无梦,心不能闲之病极大;人以为我入道必易,实则适得其反。**亥母咒轮仍不得手。**

第十一章　梁漱溟与密宗

抄《发菩提心论》竟。①

梁漱溟 8 日拟修亥母法，得到曹慕樊的赞成，于是从 10 日开始准备，先抄他人修此法的笔记，于 11 日开始试修。噶举派所修为金刚亥母，属于空乐大手印法的一部分，故贡噶上师传授梁漱溟的无相大手印可能是空乐大手印（大手印三种之一）。此法须受灌顶，修四加行，得闻思正见，修金刚亥母、入拙火定，证大手印。从日记可知他 11—14 日都修金刚亥母法及加行，但对亥母咒轮旋转，颇觉难以掌握。密宗金刚亥母为一种观想，观想亥母身上有一月轮，月轮上排列着本尊咒语，这被称为咒轮，观想咒轮旋转并诵咒。咒轮旋转亦以清通气脉，应是大手印的前行阶段。但梁漱溟在旋转咒轮的方面，似不能得手。梁漱溟有读书的习惯，修习不得手，便去读龙树《发菩提心论》，然后抄写，这种抄写看起来还是出于对经论文字的喜爱，并非专为排除杂念。这也是他与罗、曹另两位同修的不同之处。

> 15 日（7 月 21 日）星〔期〕一。夜来仍苦梦多，醒时疲劳，必经一时间疲劳乃除。《发菩提心论》《密林纂注》有精要者，摘录之。忽悟我心不能闲之病若加对治，其病转增；当任其不能闲，而后可；此"任"却须极大信任，则不闲自闲，此大手印法也。妄外求真，转增其妄，识得妄不离真，其妄便自不见。细思五蕴非我之理。吴汉骥来，

---

① 以上皆见《梁漱溟全集》第八卷，第 423 页。

> 吴雨僧不就白沙院长，改推熊东明，作书促驾。重读《普贤行愿品》。肚腹不好，减课。①

三天前 12 日日记梁漱溟自己检查"余最大病为心中不能洒落爽利"，昨日与此日的日记称此病为"心不能闲"。其表现之一是长期失眠。梁漱溟以为，不能用"对治"之法来治他的"心不能闲"，而应当以任其自然之法对待之，故必须极大信任"任之"之法，这也是大手印法"住于任运境界"的精神。

> 16 日（7 月 22 日）星〔期〕二。夜来梦似轻减，肚腹亦略好。前云学佛必须从世俗生命奔逐之势超出者，今悟奔逐之根由在分别计较；分别计较之心不化除，其奔逐不休止。日来于"不除妄想不求真"之理有会，平素不能平等持心即是不能客观，自蔽其明，非独不能学佛、亦且不能处世。慕樊精进可畏，而余殊迟钝；不知是否于年齿有关系。望六之年心习难于改转也。**试由亥母入大手印，不得手。**得张东荪一信。②

"不除妄想不求真"这是《永嘉证道歌》的话。7 日的日记提出的超脱贪迷奔逐的问题，本日的日记又再出现，以自省奔逐出于分别计较之心，这应当是老生常谈，算不得真正的觉悟。对《永嘉证道歌》的体会，也仍然是顺任自然的意思。大概他的思

---

① 《梁漱溟全集》第八卷，第 423 页。
② 同上。

第十一章 梁漱溟与密宗

虑牵扯太多，修亥母法和大手印都无效果。

  17日（7月23日）星〔期〕三。天有阴雨之意而卒不雨。夜来梦境较悠闲，如游西湖或观剧等；然入寐即入梦，总不能廓然无梦。修法者每以乳婴为喻，乳婴未有知识头脑，唯生活在现前感觉中，一切还他一切，大多是现量，可为入道之门也。先要无分别执，次乃除俱生执。于加行课中诵"以此能成大悲应化身"句，**忽思密教即身成佛之理，余虽信得，却无自己即身成佛之志愿，来此修持只在调心养心明心，虽成佛不外明心，第因无成佛之决志与自信，功夫便不易得力，不知然否**。①

密宗主张即身成佛，其意一为即此生而成佛，一为即此身而成佛。在这里梁漱溟提出了一个重要的问题，即修习密宗之法，或修习其他佛家禅法，要不要以修行者立志成佛为前提。照梁漱溟说，他确实相信密宗"即身成佛"之理，也诵念"以此能成佛菩萨"，但自己并没有"即身成佛"的志愿；他的此次修密，只是为了调心养心，以改去其"心不能闲"之病。他反省自己在工夫上的不得力，怀疑自己没有成佛的志愿是根本的原因。其实修习密宗法或佛教其他法门，不一定必须立志成佛才能修习有效，密宗所要求的是用纯正清洁的心来修持，此为关键。② 如理思惟虽然是正思惟，但思惟多而不能集中，是梁漱

---

① 《梁漱溟全集》第八卷，第424页。
② 参看《大手印无上心要》，载《大手印：堪布卡特仁波切演讲集》，第64页。

溟的特点,是他"望六之年的心习"。

  18 日(7 月 24 日)星〔期〕四。早课大印似有"无念"之境,为向来所未有。中学送药来,即以十三、四章校正本付出,并写致朱绍云信,言罗崇高事。服药似不甚得力,功课稍懈然意不懈。闻福州撤守。①

此"无念"即指大手印"乐、明、无念"之无念,乐、明、无念是大手印修行过程生起的三种觉受。梁漱溟自觉此日修习所得境,为向来所未有,这是修习上有所进步。"十三、四章校正本"指《中国文化要义》的校样。

  19 日(7 月 25 日)星〔期〕五。默察膺中心最单纯,次则慕樊亦差不多,除学佛亦无事在,愚则不然。**自皈依上师之日即先曾自己审查一番:一切法中佛法最胜,我岂有疑,然从人类文化发展说,当前需要则在中国文化,而非佛法之时机。**同时我于当前中国建国问题及世界文化转变问题,自觉有其责任,更无第二人代得,在我心中亦可说除此事更无事在。**所为皈依者,自感慧力不足,烦恼犹多,求明此心,俾力足任事而烦累可解也。**因对世事放不下,修持自难得力。然细思所谓放下,只能是放平,而不可能是放弃不管。放平是佛法,放弃非佛法,不独于悲心

---

 ① 《梁漱溟全集》第八卷,第 424 页。

第十一章 梁漱溟与密宗

> 不合，亦于大手印之"不作分别取舍"不合也。**上师以无相大手印授我，又以"用心不要太紧"相嘱咐，其旨一贯。**佛法在此，世法亦在此，循守不失，或亦无所谓不单纯乎，功夫苟不得力，当更求其故。……①

这是承 17 日关于有无成佛志愿和为何修持的继续思考。据梁漱溟这里所说，在皈依贡噶上师时他自己曾有省思，就是第一，他自己一贯相信佛法是最胜法，所以皈依并没有欺骗自己和他人；第二，但当前人类文化需要中国文化，而非佛法，中国文化的价值问题只有他才能说明，此外世上更无他人，故他对世界和人类负有莫大的责任，不能因皈依而放弃世事，世事是他当下心的唯一关怀；第三，此次皈依的原因是为了减少去除烦恼，明心养心，以便于做事任事，即以更好的精神—心理状态去做世事。他猜想，自己修习不得力，是由于不能放下世间事；但自己又确实无法放下世事，这是他所遭遇到的内在矛盾。照其自己所说，他的修密不力，根本原因还是他的儒家入世心念过重。

这里也提到，贡噶上师传授无相大手印时，特别嘱咐他要掌握"用心不要太紧"的要领，他对此心法是毫无保留地接受、奉持的。

　　20 日（7 月 26 日）星〔期〕六。早课后与美国使馆人

---

① 《梁漱溟全集》第八卷，第 424 页。

谈话，此子英昨日来电话所约者，大抵间过去民盟事。朝杰、伏园回来山，事已有成。天雨，自夜至朝，又至午后二时止。修大印仍未得法。陈玉诚有长信。①

本日修大手印法仍无所得。至谓事已有成，可能是指与勉仁有关的事情。

21日（7月27日）星期日。亥母咒轮不灵活，由观想息心入大印亦不生效。夜梦未见减少，头脑未见清爽。此李东生有电话来。子英来山晤谈。谢炎持孙信来见。即介与子英见面。亚三来信不肯上山，当复之。功课受妨碍。②

仍修亥母咒轮，咒轮已可旋转，但不灵活。欲以观想息心入大手印，亦未得效果。杂事众多，影响功课。此日以前的日记都没有提及"观想"的地方，事实上在密宗修习里观想是很重要的，只是在这里没有说明观想的具体方法。

22日（7月28日）星〔期〕一。落雨，清静无扰，天益阴凉宜人。功课照作无阙，然入坐时念虑虽尔能息，是否有当于无念之义尚不敢说。亥母仍不纯熟。写邓少琴、江东之、马秋帆各信。看《金刚经》。③

---

① 《梁漱溟全集》第八卷，第424页。
② 同上书，第425页。
③ 同上。

第十一章　梁漱溟与密宗

静坐时念虑已经能息止，修习有进境，但自己尚不知道是不是有当于大手印"无念"的阶段。亥母法自觉仍然不熟。看来他修习亥母始终成效不佳。又看《金刚经》，大约是要弄明白《金刚经》与密宗的无念法有何异同。

  23日（7月29日）星〔期〕二。不断有雨，稍解干涸，午后雨止。肚微痛。听膺中谈话，为之惕然。功课如恒。①

功课一如平日，则仍以修大手印法为主。

  24日（闰月一日）星〔期〕三。早课后侯子温来山商决院校各事。唐舜尧、罗崇高、于长茂等同来见。写致吕宗衡信。谷锡五自香港来信，顾孟徐深盼与我一谈。复以不愿走动。以日记送膺中阅看，膺中亦以来山后情形见告。于愚亦有指点。午后四时天雨。功课有阙。②

罗庸与梁漱溟交流修习心得，据梁漱溟说，罗心单纯，学佛之外全无他事，进步较快，故可提供梁漱溟一些心得和经验。

  25日（闰月二日）星〔期〕四。夜间温度甚低。复张东荪一信，托谷转寄。于自性清净本来佛陀二语有感出泪。

---

① 《梁漱溟全集》第八卷，第425页。
② 同上。

今日精神不甚集中，课有阙。①

此两日外事稍多，精神分散，故未修习功课。"于自性清净、本来佛陀二语有感出泪"，说明梁漱溟对佛法佛理确有相应的生命感受，否则绝不可能感至泪下。

26日（闰月3日）星期五。早课后亚三来山商决学院农场各事件。写邓子琴信。柴东生来信复之。午睡稍久，课有阙。与膺中、慕樊谈我对成佛见解。功课如恒，未有进步。②

本日晚恢复修功课，大概仍是修大手印，自觉没有进步。观其与罗、曹谈其对成佛的见解，其实恐怕还是关注在成佛之志与修习成效的问题上，然其心思还是多在理的思考上面，宜乎其修行进步较慢。

四

27日（闰月4日）星〔期〕六。亚三走后，忽忆及农场新计划未见朝杰参加为怪，即写信问亚三，并写信给朝杰。**亥母咒轮转见生涩。大印课连日均遵"心注眼，眼注

---

① 《梁漱溟全集》第八卷，第425页。
② 同上。

第十一章　梁漱溟与密宗

空"之教，避免看任何一物。①

据南怀瑾说，他曾从贡噶上师学，其传大手印，以"心注于眼，眼注于空"为三要之要。② 可见梁漱溟这里所说遵教，自是贡噶上师之教，这"心注眼，眼注空"的虚空观法也是他这次修习中最注重的法门。至于他说"亥母咒轮法转见生涩"，这当是因为本星期多次阙了功课所致。但也显示出，此前两日他的亥母轮转已经顺行。

> 28日（闰月5日）星期日。早课后颂天、玉诚来山。对颂天谈中学及农场事。写周太玄转表老一信，托作孚带

---

① 《梁漱溟全集》第八卷，第425页。
② 南怀瑾有密宗《恒河大手印》《椎系三要诀》合刊序。其全文曰："溯自元初忽必烈帝师发思巴传译西藏密宗大手印法门始，大乘密道之在国内，犹兴废靡定。迨民国谛造，藏密之教，再度崛起，竞习密乘为时尚者，尤以大手印为无修无证之最上法，以《椎系三要诀》为大手印之极至，得者如获骊珠，咸谓菩提大道，独在是矣。然邃于密乘道者，又称《大手印》与《椎系三要诀》等，实同禅宗之心印。且谓达摩大师西迈葱领之时，复折入西藏而传心印，成为大手印法门。余闻而滋疑焉！余昔在川康之时，曾以此事乞证贡噶上师，师亦谓相传云尔。等余修习此法后，拟之夙习禅要，瞿然省证，乃知其虽有类同，而与达摩大师所传心印者，固大有差别，不可误于习谈也。盖禅宗心印，本以无门为法门，苟落言筌，已非真实，何况有法之可传，有诀之可修也哉！有之，但略似禅宗之渐修，困难拟于忘言舍象之顿悟心要也。倘依此而修，积行累劫，亦可跻于圣位。如欲踏破毗卢顶上，向没踪迹处不藏身而去，犹大有事在。况以陡然斥念而修为法门，不示'心性无染，本自圆成'，则不明'旋岚偃岳而不动，江河竞注而不流'之胜。以'乐、明、无念'为佛法极则，而不掀翻能使'乐、明、无念'者为何物，允有未尽。以'心注于眼，眼注于空'为三要之要，而不明'目前无法，意在目前，不是目前法，非耳目之所到'之妙旨。则其能脱于法执者几希矣。今遇是二法本合刊之胜缘，乃不惜眉毛拖地，揭其未发之旨而赘为之序。"

港；嗣闻作孚已走。得梁仲华一信，复之。闻兰州撤守。①

此日没有记录修习功课，或时事变化有以动之。梁漱溟 20 年来一直关心政治，时局的变动，对他不可能无所影响。

29 日（闰月 6 日）星〔期〕一。感觉只有众生的要求，而不觉有自己的要求，**眼只注视鼻前四指之空际，而不看任何一物**，颇为不易，尤不易**凝视无移动**。再则，求其凝视不移动即必须用力，用力凝视一空际，则不免此空际又变为一物矣。**必须离目视空际而不用力，若无所视然，然后久久心息虑亡，乃克入空，愚愧未能也。**所谓"乐、明、无念"当必始于无念。颁天派人送十四章稿来。今日心神较舒爽。凡有生命者皆有心，心即了知或觉识，此即在植物亦有（不过暧昧微弱而已，动物较明较强，至于人而最明最强；唯识之识指此，色受想行识之识指此。）"即心是佛"之心在此，"乐、明、无念"之明亦在此。通常吾人一切了知皆有明在，可惜其明里混在杂染习气内，局限得甚小甚小。无念即所以息此习气之势，而打开局限也。而乐者正不外乎自在自得自足，是故乐、明、无念三者相连，为成佛端倪。午后反省时多，课有缺。看《五灯会元》。②

---

① 《梁漱溟全集》第八卷，第 425 页。
② 同上书，第 426 页。

第十一章 梁漱溟与密宗

此日的日记前半所录仍是习观虚空法。贡噶上师对"椎击三要诀"特强调"眼注于空"。据贡噶上师传授的《椎击三要诀胜法解》一书,其撮要口诀为:"心注眼,眼注空,为一切要中要",即心专注于眼,眼专注于虚空,此为一切要中之要。① 在贡噶上师所传《大圆满最胜心中心引导略要》一书中,眼根的观空,其法是以眼凝视于虚空空寂,而明亦存在于前面虚空。凝视虚空以十六横指远为定量,宽如牛轭。② 而内虚空观法则在此基础上进一步观虚空。梁漱溟修后觉得此观空法很难,可见其未能容易进入。乐、明、无念为大手印定境的觉受,梁漱溟认为乐是自在自足,明是了知无碍,无念是空静之静,三者相连,无念为本,证得"无念",才能息止妨碍"明"的习气,才能达到"乐"的自在。这还是偏好在理上发明自家的见解。另外,18 日日记与本日日记所说"十三、十四章"皆指《中国文化要义》校样,可见其习静之中分心实亦多端。

梁漱溟认为一切生命体都有心,心是了知,而人的了知贵在有明,他的讲法体现出,这个"了知"之"明",既是密宗的明,又是《大学》明德的光明,也是孟子所谓良知的明觉,但人的明知为杂染习气所拘蔽,难以突破透出。所以这一套讲法其实不是佛家的讲法,而是儒家的讲法,是他自己对生命之明知的一种了解。他把这些观念和大手印的无念说结在一起,显示出他要把儒家生命哲学和佛家的说法结合起

---

① 《椎击三要诀胜法解》最后附"贡噶上师椎击三要诀撮要口示",载《涅槃道大手印瑜伽法要释》,新文丰出版公司,1993 年,第 72 页。
② 参看邱陵:《藏密心要十讲》。

来的倾向。

  30 日（闰月 7 日）星〔期〕二。世人病痛只有外重内轻，物大而我小，昔贤早已言之，其实众生沉沦生死亦何莫非此之由。唯人类比较动物却还能抬得起头来，非定如此，所以有救。儒家即有见于人心光明正直，无物可以尚之，便觉把握在此，深信不疑。果然念念恒无违失，则出生死不出生死，亦可不论。惜杂染习气势力太强，万无可恃，事实上不落于外重内轻不止，此所以佛家必要"分别执""俱生执"连根拔除，实证真如法身，没有内外，没有物我，而后乃无问题也。肚腹始终不好，影响亥母轮咒。再服消炎片，写徐树人一信。寺前桂花盛开。①

寺前花开，即缙云寺，亥母轮咒修习又无成效。又论儒佛，这是梁漱溟终生论述的课题。梁漱溟始终认为佛家解决出生死的问题，这是儒家所未及和所不能及的，但他肯定儒家有见于人心的正面光明，而亦可显其正大之处，他对儒家对人心光明的信任始终予以赞信。

  31 日（闰月 8 日）星〔期〕三。细阅《六祖坛经》大有受益（早年看过多次），其言与大手印相合无二，虽亦夙所聆闻，不新鲜，而当下于我心习大有扭转，无复逐逐扰

---

① 《梁漱溟全集》第八卷，第 426 页。

第十一章 梁漱溟与密宗

扰矣。午睡酣沉,但仍不能无梦耳。功课稍阙。

重读《六组坛经》,深觉与大手印法相合,梁漱溟的这个感觉应当是相应的。虽然他此次并非初读《坛经》,仍觉对修习颇有好处,心中不复逐逐扰扰,渐就平静。这应当说是理论与实践的结合所致。

以上是 8 月的修习日记,以下是 9 月的修习日记:

> (9月)1日(闰月9日)星〔期〕四。背觉合尘,随习气而不返,是众生所以流转生死。一念自觉,尘劳顿息,常住真心,动静无二,是日本来佛陀。——读《六祖坛经》,得此大意。**连日亥母课稍疏,今重修亥母,咒轮竟难转。**子英电话仍不能上山,改约星期日。俗人生活不出二种:一是赶日子——赶忙不及;一是遣日子——消遣无聊。学佛之人若堕此二边,便大笑话(儒者且不堕此)。万、王二生来山。阅《传灯录》。①

读《坛经》所得大意,算是相当简明扼要,亦可见其对佛教的理解实是不差。梁漱溟的特点是思惟理多,以理带行,自以为有得,其实对修行并无帮助,不但无所帮助,或适有以妨碍之。亥母本来修习不甚灵顺,课程少修了几日,今天竟然退步不少,咒轮已经难转了。修习不得,于是念《传灯录》。

---

① 《梁漱溟全集》第八卷,第 426 页。

2日（闰月10日）星〔期〕五。看僧璨大师《信心铭》，反复自勘，参究不已——未必有当，但情不能已。夜十时后已睡矣，忽子英电告重庆大火，灾情极重，求攘灾，盖当正午时燥热，随即起风，火以风助而大也。阅《灯录》廿八、九、三十各卷。①

看《信心铭》，阅《传灯录》，皆是欲寻古人工夫法门以参之，然即便有所得，仍在理上，对修密不一定有助。从这里也可以看出，梁漱溟之修习密教之法，不能专一，而总是要借显教之法以进入之，这既是其修习未有成效的结果，也是其修习不能深入的原因。

 3日（闰月11日）星〔期〕六。小雨阴凉。子英又电告火灾惨状，将率属赴渝救济。写雷人百、文德阳各信间平安。赵、胡来山，功课颇缺。②

 4日（闰月12日）星期日。晨，细雨，午后晴。自今日改以四加行移于早食后，晨起即习大手印。前觉心习扭转者，今又不见。子英电话不复上山。③

8月31日言心习已大扭转，今日觉得心习仍在，晨起习大手印，后修四加行，似皆未见成效。

---

① 《梁漱溟全集》第八卷，第427页。
② 同上。
③ 同上。

第十一章 梁漱溟与密宗

5日（闰月13日）星期一。过去泥于"心注眼、眼注空"之说，务求定睛于空际，而睛不能定，又深以"观鼻前四指空，折回观心"为难。今忽悟"观空""观心"是同时一件事，"折回"不免是多余之言，且以观心之故，不求定睛于空际，而睛自定，又以观心而心空、空不起念，亦易于无念。于长茂来山报告农场事。复亚三、子温信。又写一信致徐女伦，嘱探雷人百家平安否。路明书店寄广告来。众议阴历20日下山。①

前此修大手印，要诀为"心注眼、眼注心"，定睛于空际，又强调"观鼻前四指空""折回观心"，二者工夫梁漱溟皆觉得甚难。在此日决定即将结束闭关下山之时，梁漱溟对大手印法不免有所评论，似已不能坚信，如说眼注空的要诀不可泥，又如说折回是多余之言，甚至说不必求定睛于空际等，皆显示出他对此次修大手印的失望。

五

6日（闰月14日）星〔期〕二。天雨。夜梦又似初来时一般，午睡亦浮而不沉。深叹伍先生可以随意睡十五分钟者为不可及。《圭峰语录》有云："欲验临终自在不自在，但看寻常心行于尘境自由不自由。"从旁体察先生之深造自

---

① 《梁漱溟全集》第八卷，第427页。

得,盖确然也,儒佛不同而相通如此。闻昆明有变,空运已停。肚腹始终不好,可怪。亥母法暂停。①

7日(闰月15日)星〔期〕三。天阴雨。以下山日期函告子英,并转托致作孚一信(附第十四章稿)。又函告培宽得空来山,商移居事。

梁漱溟感叹,伍庸伯先生为纯儒,然其心与行之自在与自由,与佛相通,此次修习的无大成效似乎使他怀想起儒者之学。在修心明心的问题上,他似乎觉得儒佛并无高下之分,这可能是他不能义无反顾地专一修习密法的一个原因。

8日(闰月16日)星〔期〕四。几于通宵不寐,黎明之前小寐,备极劳累之感,于辗转反侧之中,却深有一切唯心之体会。**愚之皈依上师,其发心即在有感于不自在苦,**而所谓不自在苦者首在失眠症,令于下山之前大犯失眠,正是宣告上山一月之失败。晨起未习大手印,只修四加行。早食后求小睡,仍不可得,但脑稍休息半小时而已。人并不如预想之疲倦思睡,可怪。又此次失眠并无可指之原因。阅雍正御选语录,深叹其不可及。

梁漱溟坦承,此次皈依修密,发心只在克除不自在苦,而临下山之日大犯失眠,无异宣告此次修习的失败。但他仍坚持修四

---

① 《梁漱溟全集》第八卷,第427页。

第十一章 梁漱溟与密宗

加行,并没有放弃。

　　9日(闰月17日)星〔期〕五。午后天晴。滇事似缓和。慕樊同道宏下山。眠食似昨日为佳。得良庸信复之。阅报悉雷人百平安。得树人信复之。培英来山。得十力先生信。又内人得陈女士信,藉悉武汉、北平统制思想之一斑。课稍懈。闻道宏病态复作与膺中病有关。①

课稍懈,但仍修习,大概只是四加行而已。

　　10日(闰月18日)星〔期〕六。天气晴朗可爱,温度又升。姚鸣山来辞行,将北归也。膺中夫妇极称培宽有善根。膺中颇以我总在外面用力为病(数日前流露此言),愚亦非不自知其病。此大抵包含有二:向道似切,而所孜孜用力者不中肯要,且嫌手脚笨重,此一层也;再则,**于般若中观以至大手印之理趣未尝不有所领悟,惜只在寻思卜度中讨生活,转来转去尽在外面,而愈寻思卜度将愈不得契会真实**,此又一层也。两层殆为一事,可以不分。知之而不能去者,去之则全放下,还是手重之病,且自己心中亦绝对放不下,(意想放下有好处,即是放不下,或意想放下即全完,而不肯放)放不下而提起,仍不免于寻思卜度,盖行则不能无思度也,知之而不能去者大致如此。然

---

① 《梁漱溟全集》第八卷,第427页。

则结论将如何,唯有少作寻思卜度,朴朴实实,就现状按部就班行课,不求效果,几时遇着便算,遇不着只是行下去而已。①

这是他对此次闭关修习的总结。罗庸认为梁漱溟此次修习无成效,原因是他心不专一,总不能不用心于外,是以不能见修习之效。梁漱溟反省自己,认为自己发愿向道还是恳切的,但掌握不住要领;更主要的是,自己多是在寻思卜度,妨碍了证会真实(体),就是说,梁漱溟太在理上寻思,而其实应当抛去"理"之思惟,专在"行"上下工夫。所以他虽然在理上对大手印之理有所领悟,但工夫则始终不能深入。

11日(闰月19)星期日。早课后应约下山晤作孚,托带各信,并托带书于顾、周。院校工人来搬移行李,准备明日下山。②

此次闭关结束,梁漱溟也结束了在重庆的几年无政治生活,应邀走进北京,重新走向政治生活中去。他在下山之后,有没有继续修四加行等,就不得而知了。

现代新儒家第一代大师,如熊十力、马一浮、梁漱溟,都与佛教有颇深的渊源,熊十力后来虽然批评佛法,但其身故之

---

① 《梁漱溟全集》第八卷,第428页。
② 同上。

第十一章 梁漱溟与密宗

前仍常念诵往生咒,① 可见他们与佛教的关系，皆非一两语可以简单说明的。而我们之所以注意梁漱溟与密宗修习，本不在追问他与佛教的关系，而是出于对他的修养工夫的关注，以说明第一代新儒家中的确有很重视工夫者。事实上，梁漱溟一生的工夫实践是多方面的，习静只是其中之一。但梁漱溟习静的记录，作为现代新儒家精神性的一个个案，在一定的程度上，对于了解宋明儒者的习静，也应有所帮助，这也是我们关注这个案例的一个原因。

第一，即使像梁漱溟这样以佛教为终极关怀的人，他的修密习静也主要是功能性的，不是把这种修习作为即身成佛的工夫，不以成佛为目的，而只是作为解除烦恼、追求心灵安定的手段。可以推知，古代儒者与佛老相交，而在寺中修习静功，也不是以放弃儒家的社会关怀和价值立场为条件。

第二，超脱奔逐烦累，入于宽坦洒落，是儒释道各家精神性的共通追求，梁漱溟之习静，其目的在此。精神性包括很多方面，并非道德之修养一端而已。对心灵自在自由的追求，既是克服人生烦恼之需，也是对人心与人生的一种积极的、终极性的追求。

第三，梁漱溟的例子显示出，修习静功的人不必都有证验，即使修习者有本体论的承诺，也不必导致对本体的证会。在心性上，虽然不同程度上可能入静，但不一定产生内在的体验。这对那些习惯于理智思考的人来说，尤其是如此。

---

① 见《梁漱溟致田慕周信》，《梁漱溟全集》第八卷，第183—184页。

第四，习静的效果多寡或有无体验，可能会影响人对整个修养工夫的了解，和对个人修养工夫的选择，梁漱溟后来论儒学工夫，多以戒惧慎独为主，提倡"反躬认取此自觉，时时戒惧其有失"，有近于朱子之处，或与此有关。

第五，梁漱溟的经验显示出，他此次修密的不甚成功，其重要原因是儒佛二者在他的生命、心灵中如何安顿，构成了他所特有的内在问题。他说"我思想的根本就是儒家跟佛家"[①]，又表示"我在思想上是佛家，在生活上是儒家"，他一直认为对他而言，儒佛二者并不冲突。然而，在习静过程中，入世的关怀和出世的关怀，到底何者是其终极关怀，似乎无法说清。

这两者的意义和安置，始终是一个梁漱溟留给我们的问题。梁漱溟一贯承认他在根本思想上认同佛家，这体现在他对"生命非断非常""诸法无我"的佛教世界观的肯定；同时他又强调大乘菩萨道"不舍众生，不住涅槃"的入世悲愿与儒家思想相一致，故其"生活形态"同于儒家。可是，何以一个相信佛教世界观的人，当其到世间来做事时，就自然变成了儒家？仅凭着来世间做事这一件就充分地成了儒家吗？显然不是。梁漱溟在生活中的信念，表彰人心正面的光明，赞美人间的伦理，阐发、推扬中国文化的价值，这都不是简单地入世便可持有的。照他的说法来看，他的生死流转的世界观并没有直接体现在其现实生活的面向，与现实生活基本两橛而不甚相干；现实生活并非依据其生死世界观去行动，现实生活和行动所依据的内心

---

① 《梁漱溟全集》第八卷，第1137页。

第十一章 梁漱溟与密宗

价值，全都来自对人心与人生的儒家式了解。发扬中国文化和儒家价值，对他可谓是"悠悠万事，唯此为大"，支配了他全部的现实关怀。由是在其内心形成为一种特别的文化—心理结构，在人的层面，即政治、社会、文化、伦理方面是儒家，是中国文化的价值，而在生死信仰和宗教经验上，则是服膺于佛家。这表面上类似丹尼尔·贝尔的非单一性文化认同结构，但对于梁漱溟而言，这并不是表层的并列，而彰示了他个人所特有的"双重性终极关怀"。由于他很少谈及内心对生死的信仰，所以在他的生命的大多场合的表现，是儒家的行动、信念、价值与人格。

2008 年 11 月 1 日初稿写成于"中央大学"

第十二章　冯友兰《新理学》的形上学

冯友兰先生的"新理学"体系，一般说来是比较清楚的。本章的主旨，是对"新理学"形上学的一些基本概念做出进一步的分疏与检讨，以深入了解"新理学"哲学理论建构的得与失。另一方面，将"新理学"的形上学与传统理学的理气论作一些简要的比较，以辨明二者的同与异，从而加深对二者的了解。

一　实与真

《新理学》一开始给出了三个基本概念，即"实际底事物""实际""真际"。我们首先遇到的问题就是，"实际底事物"与"实际"的区别何在？照《新理学》说，"实际底事物是指有事实底存在底事事物物"，"实际是指所有底事实底存在者"。[①] 但

---

① 《三松堂全集》第四卷，第11页。

第十二章　冯友兰《新理学》的形上学

这个定义还是不算明确,它没有指明"实际底事物"是指某一或任一实际存在的事物,还是指一切实际存在的事物。如果是指一切实际存在的事事物物,则"实际底事物"与"实际"有什么区别?这个定义也没有指明"实际"是一切实际的存在还是一切存在的整体。换言之,"实际"是类概念(普遍概念)还是集合概念,也未得到明确分疏。

当然,这并不是说冯先生的思想不明确,而是说"新理学"建立的时候,在表述上有需要进一步明确和完善的地方。按照"新理学"的用法,"这是狗"的命题中,"这"是"实际底事物","狗"是"实际"。综观冯先生的用法和"新理学"的逻辑,我们可以说,"实际底事物"是一个"某物"的概念,即"个别";而"实际"的问题就要来得复杂一点。中文语词作为概念常可同时有数义,既可以指某类事物之中的任一个,亦可指此类事物的全体,还可指此类事物的抽象属性,即既可作类名,又可作总名,还可作指名(指字之说取自公孙龙)。"实际"相对于个别的某物,是一个类名,即普遍概念,它的建立是要把个别和类分别开来,指实际存在的这一类、那一类存在物,而"实际"相对于潜存的"真际",就是一个总名,指"事世界",近于"实存"的概念。

另一需要澄清的概念是"真际"。"际"在中国哲学本来也有存在的意义,《新理学》说:"真际是指凡可称为有者,亦可名为本然;实际是指有事实底存在者,亦可名为自然。"[①] 真与

[①] 《三松堂全集》第四卷,第11页。

实相对，表明真际可以是真而不实，虽然不实，虽然不是"有事实底存在"，却仍然是一种有，是一种没有事实存在的有，用后来《新知言》的说法，是"不存在而有"。照《新理学》当时的想法，真际是一个"有"，它包括"实有"和"潜有"，实有即实际世界，潜有是一个逻辑的世界。"新理学"认为，只承认实有还不够，必须像新实在论那样，承认在实有之外还有一个潜有，"真际"又常狭义地特指潜有，即"纯真际"。在这个意义上，有作为纯真际，与实有的区别，和黑格尔哲学中有与实存的区别不同。在黑格尔，有是实有的抽象，而新理学中区别于实有的真际之有，一开始就是为了那个逻辑的世界建立的，即近于柏拉图的理念界。

由于"真际"既在广义上包括实际，有时又狭义地特指纯真际，这使得在交互使用中可能引起不必要的误解，如果真际只是指纯真际，即理的世界，它就不能"包括"事的世界（如果我们放弃传统理学体中有用的含混说法）。事实上，广义的真际概念是不必要的。另一个问题是，如果真际是指理的存在，那么，一类事物未有之时，其理在真际之中；而此类事物既有之后，事物之中是否有理？若有，此理是否属于真际？这个问题也是本章注意的主要问题之一，我们将在下面对此作进一步的讨论。

二 有与是

"实际底事物""实际""真际"三个概念的建立，本来是要说明，任何一个事物，总是属于某一类的事物，而这一类事物

第十二章 冯友兰《新理学》的形上学

的共同性可以离开这些具体事物而存在,因此事世界之上还有一个理世界。但是,由于有上面所说的种种概念不清晰之病,所以《新原道》不强调上面提到的三个概念,而把那三个概念所要表达的思想表述为四组命题中的第一组。

在这一组命题中有两句话,第一句"凡事物必是某种事物",这是一个个别是一般的判断,如"这是狗",也就是《新理学》说的"实际底物蕴涵实际"。第二句"有某种事物必有某种事物之所以为某种事物者",所以为某种事物者即理,也就是《新理学》说的"实际蕴涵真际"。"新理学"的这两个命题其实已经预设了新实在论或柏拉图主义的立场,因为如果实际事物不过是依照真际之理而成的现实之有,实际事物就近乎理的摹本,在这个立场上,有实际世界当然意味着必有实际世界所依照的所以然者,正像我们看到镜中的人像,意味着必然有被其所照的真人。但是,在存在的意义上,"新理学"的上述蕴涵关系,并不像镜像和真人的关系那样自明无疑。

就"凡事物必是某种事物"和"有某种事物必有某种事物之所以为某种事物者"两个命题来说,它们究竟是存在的命题还是认识的命题?就是说它们究竟是人在思维中把握世界所建立的关系,还是客观的存在着的关系?从认识的方面说,当我对面前的个别作一个类的判断"这是狗"的时候,我已知有狗类的存在,而不是作了这个判断之后才知道狗类的存在。如果我第一次见到一条狗,我可能无法对它进行类的判断,我也并不知道是否还有许多同样的东西存在而和它共为一类。《新理学》说:"用思之程序","总括在分析之后"①,其实是不妥的,"此是方物"这个命题不只是一个分析命题,反而预设了方类的总括。由上可见,当我们在认识上下判断"这是狗"时,已蕴涵了狗类的存在和已知狗类的存在,但是从存在上讲,一个事物的存在,并不必然蕴涵世界上一定有与它同类的东西存在,甚至不必然蕴涵一切其他的存在。"是"是一认识的判断,由"是"推出"有",这种蕴涵只是认识的逻辑的。因而,"必是某种事物"只对认识有意义。

因此,当我们说一物为"方"时,"是依照方之理称此物为方",这也是一个认识的叙述,不能理解为存在的叙述。就"有某种事物必有某种事物之所以为某种事物者"说,一类事物有其共有的性质,这是没有问题的。但"新理学"的这个命题不只肯定一类事物有其共有性质,更意在肯定此类事物共有之性质独立于实际事物,就是说,这个命题的主要意旨是肯定真际。而我们说"这是方的",显然是在认识中我们认为"这"符合于"方之所以为方"(即方之理),既然"这"由于符合于方之理才被称之为方,逻辑上方之理在"这"之先,在这个判断之先。这个关系用《新理学》的话来说,就是"凡方底物","必皆依照方之所以为方者"②。可是,"新理学"的这个表述显然是存在化了的一个命题,按这个说法,先有一个理世界,其中有方之理,所谓实际底方物是依照了理世界的方之理才成其为实际底方物,这个说法就值得讨论了。

---

① 《三松堂全集》第四卷,第24页。
② 同上书,第32页。

第十二章 冯友兰《新理学》的形上学

"新理学"显然是把认识的论述变成了存在的论述,这就容易把逻辑上的语法上在先的当作存在上在先的、独立的。在"有某种事物必有某种事物之所以为某种事物者"这个命题中,有某种事物之"有"不仅是存在之有,亦是实际之有,从而这样一个语句中,有所以然之"有"也很容易被理解为存在的、实际的有。后来在《新知言》中虽然放弃了"有……必有"的说法,而改为"某种事物是某种事物,必有某种事物之所以为某种事物者"①,但是,"新理学"把认识问题混同于存在问题的基本思路并未改变。

三 理与性

"新理学"体系中一个突出的问题是"理"和理的"在"的问题。什么是"新理学"的理?《新理学》举"方"为例说:"凡方底物必有其所以为方者,必皆依照方之所以为方者。此方之所以为方,为凡方底物所皆依照而因以成其为方者,即方之理。"② 什么是"所以"? 什么是方之所以为方,山之所以为山,水之所以为水?"所以"二字在传统理学中也是用来表述理的,但传统理学中的"所以然",在静态上,是个根据的观念;在动态上,是个法则的观念。即既指事物内在深微的原理,又指事物运动的内在原理。而冯先生的理与宋儒之不同在于:一方面,"所以"是类的规定,如后来冯先生说的"一类东西的所以然之

① 《三松堂全集》第五卷,第224—225页。
② 《三松堂全集》第四卷,第32页。

理就是那一类东西的共相，其中包括有那一类东西所共同有的规定性"①，在"新理学"时期，冯先生虽然没有作这样明确的表述，但是很清楚的，冯先生的理主要指形式的共相，与理学有所差别。另一方面，理学的理是内在于气或事物之中的，而"新理学"则不肯定这一点。

照"新理学"看，理是客观的，不是主观的，所以理可以无实例，但其本身却是实在，而不是非实在，因此，理是"有"。但说理是有，并不是指形而下的有、形而下的在。"新理学"认为理是超时空的潜存，而不是实际在时空中存在的物，时空中存在的实物才是形而下的有。由于"新理学"反对理能形而下的有、形而下的在，因此反对传统哲学中"理在事上"或"理在事中"的说法，认为如果在是形而下的在，理"在事中"或"在事上"都是不对的，说"理具事中"也是不对的。《新理学》说："说事物'具''有'理或太极，'具''有'等字，最易引起误会，以为理或太极，'如一物焉'，可以在于事物之中，或在其上。照我们的说法，一类事物，皆依照一理。事物对于理，可依照之，而不能有之。理对于事物，可规定之而不能在之。"② 这样一来，就发生了一个问题，物上是否有理？事物之中是否有理？

传统理学说有物必有则，一物必有一理，传统理学认为这个则、理的"必有"是在事物之中的有，而"新理学"也说有物必有则、一类物必有其所以之理，但"新理学"的"必有"

---

① 《三松堂自序》，第235页。
② 《三松堂全集》第四卷，第43页。

第十二章 冯友兰《新理学》的形上学

主要是指理世界的必有,即相对于实存的一种物,潜存的理世界必有一种物之理。至于物中是否有理,"新理学"说得就不那么清楚,在这一点上不仅与传统理学不同,与柏拉图主义也有区别,因为在柏拉图或亚里士多德,具体事物是形式与质料的结合,就是说事物上是结合着形式的。

虽然,从《新对话》时冯先生就主张"说理是抽象的有,但不能问它有于什么地方",可是"新理学"有些说法又使人感到疑惑,如《新原道》在讨论事与理的关系时指出,泰山是山,必因泰山"有山之所以为山"。"山之所以是山而不是非山,必因山有山之所以为山。水之所以是水而不是非水,必因水有水之所以为水。"① 山之所以为山应即山之理,水之所以为水应即水之理,照这些说法,可以说山有山之理,水有水之理。冯先生还说,山之理不是这座山所独有,别的山与这座山不同,但也有山之理。按这个说法,甲山有山之理,乙山也有山之理,山之理为甲乙等山所共有,对于我们来说,从《新原道》的这个说法所得到的不只是"有山则有山之理",而且是"山中有山之理",这与《新理学》所说事物只能依照理而不能有理的说法就不协调。

照"新理学"的本来逻辑,事世界与理世界是两个截然分开的世界,《新原道》也说"有山"的有是"实际底有",是在时空中存在者;"有理"的有是"真际底有",是超时空的潜存。② 真际的有是不能包括事物之中的东西。照这个逻辑,"山

---

① 《三松堂全集》第五卷,第149页。
② 同上。

有山之理"是不通的。因为如果山中有理，理就变成实际底有了。我们知道，传统理学是承认有"物理"的，而照"新理学"的逻辑，作为潜存的真际是不包含有"物理"的；照传统理学，理虽然是形而上的，却可以在物之中；而照"新理学"，形而上的基本意义之一即不可以在时空中，不可以在物之中，理只能被物所依照，而不能在物。

不过，"新理学"承认事物有性。他说："凡依照某所以然之理而成为某种物之某，即实现某理，即有某性。理之实现于物者为性。"① 就是说，虽然不能说事物有理，却可以说事物有性，所以可以说方底物皆有方性，白底物皆有白性。照金岳霖的哲学说，"可能"（相当于冯先生的真际之理）实现于物即为"共相"，因而物上可说有理，因为物是可能与能的结合，而在"新理学"，虽然可说"理之实现于物者为性"，却不是真际之理与质料相结合后真际之理成为物之性。所谓"实现"在这里并不是指真际之理下凡到物上，而是指现实之物是依照那真际之理而成，只在这个意义上，被依照者可以说实现于依照者。所以，就"共相"来说，金岳霖所说的共相是具体地结合在物上的，冯先生的共相则是抽象地平铺放于真际之中的。冯先生晚年也意识到他的共相说与金岳霖共相说之间这种抽象与具体的差别。当然，由于气质的影响，依照者依照得往往不完满，因此实际的性与真际本然的理并不能同一，不过这是另外一个问题。

---

① 《三松堂全集》第四卷，第32页。

第十二章　冯友兰《新理学》的形上学

"新理学"不仅承认事物有性,亦承认事物有秩序,如说:"朱子说:'阴阳五行不失其序,便是理。'这是以秩序为理,秩序虽亦可称为理,但抽象底理并不是具体事物间底秩序,而是秩序之所以为秩序者,或某种秩序之所以为某种秩序者。"① 照传统理学说,冯先生所谓的性、秩序亦皆为理,但在"新理学"中,性、秩序并不是理,性和秩序之上还有个被依照的东西才是理,性和秩序不过是依照真际中的理而有的实例。

照以上所说,"新理学"可以说也承认物具有一种作为现实属性、秩序的理,不过,用传统理学的语言说,这种现实的物理只是"气质之性""气质之理",而不是"本然之性"或"天地之理"。在传统理学中,"本然之性"也在物中,但因与气质相杂才转化为"气质之性";而在"新理学"中,本然之性或本然之理只高高地在真际中,而不是内在于事物之中作为事物的本体,本然之性与气质之性是两个世界。另一方面,"新理学"用"依照"替代了传统理学的"禀受"。传统理学虽然也区分了"继之者善"与"成之者性",但实体化的天地之理可以被禀受而使事物具有理,朱子曾说:"继之者善,方是天理流行之初,成之者性,则此理各自有个安顿处。"② 在这个意义上,冯先生亦可用此语,"新理学"也是认可只有继之者是理,成之者则是性。但"新理学"的性并不是继之者善的天理自身安顿到具体事物而成的,所以始终回避说事物有理。

由于以上所说,和冯先生以理为共相,发生的另一问题是,

---

① 《三松堂全集》第五卷,第146页。
② 《朱子语类》卷七十四。

如果事物又有性，又有秩序，事物是依照什么理而成其为事物？一类事物既要依照真际中的纯形式（"方"等）成其为事物，而实际事物运动的秩序又依照于真际中"所以为秩序者"。这一点与《新理学》所说一物依照众理，还不完全相同，所谓依照众理，是说猫之成为猫，既依照了猫之理，又依照了动物之理，又依照生物之理，如此等等，这个说法本身就有不少弊病。而这里所说的则是事物的形式与动力要分别依照不同的理，在这方面，正如上节所分析的，"新理学"的失误仍在于把认识与存在混为一谈。思维的分析可以在一个事物上分解出许多规定，但一个具体的事物乃是一个多样性的统一，在存在上它不可能，也无法"依照"无数的理才成其为一个具体事物。

四 气与"气"

"新理学"的"气"的概念也是令人注意的，正如冯先生的"理"更接近于希腊哲学的形式或共相，而不是宋儒的理一样，冯先生的"气"无疑是近于亚里士多德哲学"质料"的概念，只是仍然采取了传统哲学的范畴，冯先生自己也很强调，"柏拉图及亚里士多德哲学中所说'质料'，与新理学所说气相似"[①]，因此，"新理学"的气与传统理学的气是很不相同的观念。

照"新理学"说，物之性一一抽去，抽至无可再抽，即得绝对的料，这种绝对的料可称之为"真元之气"，亦简称为气。

[①] 《三松堂全集》第五卷，第229页。

第十二章 冯友兰《新理学》的形上学

《新理学》强调，这个气不仅无物质性，亦无一切性，然而，如果气是"被抽象后无一切性"，那就是一个黑格尔的"纯有"的概念。《新原道》把真际之理说成近于西方哲学的"有"，已是不妥，又使气的定义接近于纯有，也是不妥的。因为，气并不是纯有，它至少有一个逻辑规定，即"实际事物所依据以成者"。气作为"所依据"与作为"所依照"的理相区别，这是气具有的一个基本规定。气或质料的无规定，只是就其无形式的规定性而言。而承认气有"所依据"这个规定也并不等于认气为实际底物，因为理也有规定，这并不使理变为实际底物。

"新理学"强调，这样的气既非"实际底物"，又不是"实际"，也不是"真际"，只是一个逻辑的概念。可是，逻辑命题都应属于真际，如果"有物必有其所依据以成者"的命题为真，它就应属于真际，于是，"所依据"本身也应属于真际，而冯先生始终强调，真际是客观的，逻辑观念只是主观的。就"新理学"的形上学来说，如果理是客观的实在，气却是无客观性的逻辑观念，两者就不平衡。《新理学》说："在我们的系统中，气完全是一逻辑底观念，其所指既不是理，亦不是一种实际底事物。一种实际底事物，是我们所谓气依照理而成者。"[①] 逻辑观念如何依照客观的理而成为实存之物，是很令人生疑的。冯先生又说："一具体底物必有两所依，一是其所依照，一是其所依据。其所依照是理，其所依据是气。"[②] 如果这个所依据的气即真元之气，它如何能依照理，或为人禀赋？如果这个气是实

---

① 《三松堂全集》第四卷，第49页。
② 同上书，第54页。

际的气，则气中已经有依照理而成的性，就不能再与理同等地被"所依"。

《新理学》区分了两个气的观念，一是事实存在的气，一是逻辑观念的气，逻辑观念的气无一切性，事实的气"至少有存在之性"[①]。然而，事实存在的气一定是依照气之所以为气（即气之理）而成为气的，这样，真际中有一气之所以为气（如"方"），实际中有事实存在的气，逻辑概念的气是第三者，这就显得有些混乱，照《新原道》说，气本身只是一"可能的存在"，可是理也可以说是一可能的实现，两种可能如何分疏也值得注意。

如果实际有气，那么我们就不仅像冯先生那样要肯定此气至少必有存在之性，我们还必然肯定，在真际中有气之所以为气。正如方物之所以为方，在真际中有"方"，气之所以为气，在真际中亦应有"气"。这个"气"是一切实际的气的共相，是实际的气所依照的样板，而"新理学"对这个"气"未加肯定，这个"气"与真元之气的分疏也没有交代。

照"新理学"的方法，由理智底分析得到理与气两个观念，由理智底总括得到大全和道体两个观念，而这四个基本观念虽然都是用逻辑分析得来，但其中理不是逻辑底观念，气、道体、大全则是逻辑底观念；理是抽象底，而气、大全等都不是抽象底。特别是理与气，一为实在，一为非实在，却同为理智分析的结果，这在理论上是不完善的。本来，理也应当是逻辑观念，

---

① 《三松堂全集》第四卷，第54页。

并非独立的实在，如果冯先生不主张新实在论的客观论，这个系统可能更完善些，成为自圆其说的逻辑系统。当然，系统的自圆其说并不证明系统的真理性。

五　体与用

就形上学说，"新理学""是一个全新底形上学"，同时，"新理学"又是"接着"宋明道学中的理学讲的，在这个意义上，"全新"并不表示与传统哲学没有继承性。从"大哲学史"到《新原道》，冯先生一直以继承中国哲学传统自命，我们知道，用共相殊相解释中国古典哲学的形上学传统或程朱派的理事论不见得提供了一种绝对正确的理解，但作为一种"诠释"，它也有自己的合法性。冯先生在主观上一直认定程朱的形上学讲的就是共相殊相问题，而且他从共相殊相出发所讲的"新理学"的确很"像"传统理学，因此，就哲学史的诠释而言，"大哲学史"和《新原道》都是成功的。就哲学的体系而言，冯先生曾用"旧瓶装新酒"说明他的哲学与传统的关联方式，五四以后的现代中国哲学家有选择地利用古典哲学的概念形式并不少见，在这一点上冯先生以新酒用旧瓶并不令人惊奇。令人惊奇的是，他不仅把他的新酒全部彻底地装入古典范畴的旧瓶中，而且为他所用旧瓶的范畴体系居然涵盖了中国古典哲学几乎所有的重要范畴！这既表明古典哲学的范畴在新的诠释中获得的生命力，也显示出冯先生融合旧学新知的造诣。朱光潜曾感叹地说："中国哲学旧籍里那一盘散沙，在冯先生的手里，居然成为一座门户窗牖俱全底高楼大厦,一种条理井然底系统。这是奇迹!"① 在这一点上,现代哲学家还没有能超过冯先生的。

正如冯先生自己反复申明的,既然"新理学"不是"照着"程朱讲的,而是"接着"程朱讲的,他对每一范畴的使用与"先儒"有所不同(及很不相同,甚至完全不同),就是十分自然的。我们反观宋明儒者的思想,其"理""性""太极""道""形上形下"之使用,亦每与先秦儒家不同,所以我们不能以"不是先儒意思"批评"新理学"。事实上,宋明时期儒学的发展也融合了不少佛教的营养,因此冯先生吸收新实在论以发展新理学,在这一点上是题中应有之义。"新理学"以逻辑分析为基本方法,以新实在论为基本立场,又借鉴了新逻辑对形上学的批评,它对哲学问题的明确意识,对方法的深度自觉,概念、结构的清晰严整,使它获得了无可争辩的现代性格。

就形上学的基本倾向而言,"新理学"与传统理学的差异何在?我想,核心正是一个体用一源还是体用分离的问题。

理学与"新理学"的一大不同是理学承认理在气中,理在事中,朱子曾说:"以为在无物之前而未尝不立于有物之后,以为在阴阳之外而未尝不行于阴阳之中,以为通贯全体无乎不在,则又初无声臭影响之可言也。"② 程伊川强调"体用一源,显微无间",代表了理学对本体界与现象界的基本立场。因而即使主张理可在气之先的朱子,也承认理在阴阳之中、在物之中而为内在深微的原理,而冯先生的理只在真际,不在实际,不在实

---

① 《三松堂全集》第五卷,第509页。
② 《朱子文集·答陆子静》。

第十二章 冯友兰《新理学》的形上学

际事物中。这样一个柏拉图式的理只能作为实际事物形式所依照的原本，无法提供事物运动内在的法则，这与理学强调理是与气"不离不杂"而又为气之流行之"所以然"的思想不同。理学的结构中虽然物理、秩序是气质之理而不是本然之理，但气质之理仍是本然之理在气质之中发生的转化形态。而"新理学"的本然之理与气质之性则是两个世界，这个立场在传统理学看来就是体用两橛了。

体与用是人们对于事物的不同方面所作的观念分析与把握，因而体用在思维中的分离把抽象与具体、本质与现象、一般与个别相区别，促进了理论思维的深化。但体用在思维中的分离不等于存在上的分离，逻辑上的先后不等于事实的分离，思维中被区别开、分离开的体用在存在上是一源的、统一的、不可分离的。正如程明道所说："形而上为道、形而下为器，须著如此说，器亦道，道亦器。"[1] 抽象与具体的分别"须著如此说"，但二者并非存在上的分别。冯先生晚年对此有清楚的认识，他说："理和事，内涵和外延，本来就是合在一起的，只是人的思维对它们加以分析，才显出它们的分别和对立。这是一个关于认识的问题，并不是一个关于存在的问题。就存在说，本来没有谁先谁后、谁上谁下的问题。其所以有这些问题，就是因为把关于认识的问题与关于存在的问题混淆了。"[2] 传统理学强调体用一源，体现了古代哲人的睿识，但逻辑不发达，概念分析不够。"新理学"体用二截，分析细密，显示出经过逻辑训练的

---

[1] 《遗书》卷一。
[2] 《三松堂自序》，第240页。

严谨，但认识的问题与存在的问题常被混淆。传统的体用一源与现代的体用分离应当互相补充、相互结合，这也许是我们检讨"新理学"形上学时应当记取的一点。

批评一种形上学比构造一种形上学要容易得多，事实上，还没有一种形上学能够避免批评。对于一种形上学，我们应牢记那句耳熟能详的警语：提出好的问题比给出正确的答案更为重要。本章的检讨虽然以冯先生晚年的自我检讨为基础，但我仍不得不承认，对于"新理学"提出的问题还不能说都有了正确的答案。在这个意义上，"新理学"至今仍在促进着我们的哲学思考。

第十三章 冯友兰《新事论》的文化观

一 文化与哲学

研究冯友兰学术思想的学者一般比较重视其纯粹哲学的部分，这当然是有充分理由的。就是冯先生自己，在《新知言·自序》中也这样说过："新理学之纯哲学底系统，将以《新理学》《新原人》《新原道》及此书（指《新知言》），为其骨干。"① 冯先生这里虽特就"纯哲学"而言，其意似不止于哲学。盖早在《新原人·自序》中冯先生即强调："此书（指《新原人》）虽写在《新事论》《新世训》之后，但实为继新理学之作，读者宜先观之。"② 我在冯先生晚年请问冯先生"贞元六

---

① 《三松堂全集》第五卷，第163页。
② 《三松堂全集》第四卷，第511页。

书"中何者最重要，冯先生当时的回答与《新知言·自序》列数的四种相同，表现出冯先生自己更重视《新理学》《新原人》等纯哲学系统。成为对比的是，冯先生在他最后一本著作《中国哲学史新编》第七册《论冯友兰哲学》的第七十九章中仅在第四节用不足五百字的篇幅以"政治社会思想"为题把《新事论》的思想一带而过，并评价《新事论》的观点"主观上以此支持中国近代化，但其现实效果就不尽然了"，"其社会效果不甚令人满意"。①

然而，从本章所注重的角度而言，即以冯友兰为个案视角了解20世纪前半期中国知识分子对中西文化思考的焦虑与选择，《新事论》代表的思想更有其意义。事实上，《新事论》所讨论的，正是从五四新文化运动到30年代文化论争到80年代文化讨论的中心课题——"文化"问题，其中对中西文化冲突及其解决的论点对现代学人尤为贴近。《新事论》等讨论的"文化"问题远不是什么"政治社会思想"所能涵盖的。

不仅如此，1982年冯友兰在哥伦比亚大学授予他名誉博士学位仪式上致答词，其中说：

> 我生活在不同的文化矛盾冲突的时代。我所要回答的问题是如何理解这种矛盾冲突的性质；如何适当地处理这种冲突，解决这种矛盾；又如何在这种矛盾冲突中使自己与之相适应。②

---

① 《中国哲学史新编》第七册，第176页。
② 《冯友兰学术精华录》，第2页。

第十三章 冯友兰《新事论》的文化观

1983年冯先生在《三松堂学术文集·自序》中又说：

> 我从一九一五年到北京大学中国哲学门当学生以后，一直到现在，六十多年间，写了几部书和不少的文章，所讨论的问题，笼统一点说，就是以哲学史为中心的东西文化问题。我生在一个不同文化的矛盾和斗争的时期，怎样理解这个矛盾，怎样处理这个斗争，以及我在这个矛盾斗争中何以自处，这一类的问题，是我所正面解决和回答的问题。①

1984年出版的《三松堂自序》(以下简称《自序》)回顾他自青年时代以来的文化感受："这是两种文化的矛盾。这个矛盾，贯穿于中国历史的近代和现代。当时的一部分人，不承认这是古今、新旧的矛盾，而认为是东西、中外的矛盾。东西文化不同，因为其根本思想不同。它们的根本思想，就是它们的'哲学'。司马迁说：'好学深思之士，心知其意。'梁漱溟在当时就是作为一个'好学深思之士'，讲东西文化之'意'。他作了一个'东西文化及其哲学'的讲演，在当时引起了广泛的兴趣，因为，无论他的结论是否正确，他所讲的问题，是当时一部分人的心中的问题，……是一般人都感受到的，所不同者是对这个矛盾的认识和解释。当时百家争鸣，多是矛盾的体现，对于矛盾的广泛解释和评论，还是比较少的。从1919年，我考

---

① 《三松堂学术文集·自序》，第2页。

上了公费留学，于同年冬到美国，次年初入哥伦比亚大学研究院哲学系当研究生。我是带着这个问题去的。"① 冯友兰指出，从那以后六十多年来，他的哲学活动虽因时而异，"研究的对象也有不同，但都贯穿着上面所说的那个问题，都是想对于那个问题作一种广泛的解答"②。这无疑表明，东西文化冲突，无论作为背景还是线索，对理解冯友兰一生学术活动都是极为重要的。

对于如何理解中西两种文化的矛盾冲突，冯先生在哥伦比亚大学的《答词》中曾对自己的思想作了一个简明的回顾和总结：

> 我第一次来到美国正值我国五四运动末期，这个运动是当时的不同的文化矛盾冲突的高潮，我是带着这个问题而来的，我开始认真地研究它们。为了解答这些问题，我的思想发展有三个阶段。在第一阶段，我用地理区域来解释文化差别，就是说，文化差别是东方、西方的差别。在第二阶段，我用历史时代来解释文化差别，就是说，文化差别是古代、近代的差别。在第三阶段，我用社会发展来解释文化差别，就是说，文化差别是社会类型的差别。③

按照《自序》的说法，1922 年发表的《为什么中国没有科学》

---

① 《三松堂自序》，第 191 页。
② 同上书，第 191—192 页。
③ 《冯友兰学术精华录》，第 3 页。

第十三章 冯友兰《新事论》的文化观

代表了第一阶段的看法。1924年的《人生哲学之比较研究》打破东西,但没有提出新的解释;30年代初的《中国哲学史》中蕴涵了新的解释,但不明确;1933年至1934年欧洲访问才使他明确转向新的解释,这新的解释就是"东西文化的差别,实际上就是中古和近代的差别"[①],这是第二阶段。1940年出版的《新事论》提出中古和近代的差别实即社会类型的差别,这是第三个阶段。冯先生把他对东西文化冲突曾有过的几种看法以清晰的三个阶段,区别地表述得十分清楚。80年代中期以来,冯先生"以东西为古今"的文化观在学术界差不多已经众所周知了。

本文的进一步叙述,一方面希望以历史的顺序追踪、梳理冯先生文化观的实际展开和曲折,我们将看到冯先生思想的实际发展要比他的晚年回顾复杂得多;另一方面,检视冯先生文化观中如何处理与现代相对的传统,或与现代化相对的民族化问题,借此说明仅仅把冯先生的文化观了解为"古今"说是片面的,并为当代的文化讨论引为借鉴。

二 从东西到古今

冯友兰到美国的第二年,曾与印度著名思想家泰戈尔有过一次关于东西文化的谈话。在这个谈话中冯友兰向泰戈尔提出的第二个问题是:"我近来心中常有一个问题,就是东西洋文明

---

① 《冯友兰学术精华录》,第3页。

的差异，是等级的差异（difference of degree），是种类的差异（difference of kind）?"泰氏回答："此问题我能答之，它是种类的差异。西方的人生目的是'活动'（activity），东方的人生目的是'实现'（realization）。"①"种类的差异"即指东西方的差异。"等级的差异"就是社会发展程度的差异，实际上用后来的话说，也就是古今的差异。可见冯友兰初到美国不久，即已对新文化运动中以"种类的差异"解释东西方之别的论点提出怀疑，而泰戈尔当时毫不犹豫地告诉他，两种文化的差别，是东西方之别（不是古今之异）。

约与泰戈尔谈话后不久，冯友兰在哥大哲学系讨论会宣读了论文《为什么中国没有科学》（该文后来发表在1922年4月的《国际伦理学杂志》），这篇文章开门见山地称：

> 我们若把中国的历史和若干世纪前欧洲的历史加以比较，比方说，和文艺复兴以前比较，就看出，它们虽然不同类，然而是在一个水平上。但是现在，中国仍然是旧的，而西方各国已经是新的。是什么使中国落后了？这自然是一个问题。②

这一段开场白表示，冯友兰认为中西文化确实存在种类的差异，但在文艺复兴之前，彼此不同种类的东西方文明都属同一发展

---

① 《三松堂学术文集》，第12页。
② 同上书，第23页（按：此文发表于1922年4月，提交系会在1921年秋。参看冯友兰1922年3月4日《致梁漱溟书》）。

第十三章 冯友兰《新事论》的文化观

水平,而近代以来,东西文化在不同种类的差别之外,又形成了发展水平的差异。用后来的话说,这无疑是指近代以来的东西文化差别,既是东西之别,又有古今之异。他在当时所注重的,不在于东西方"是什么"差异,而在于东西方"为什么"后来形成古今之异,具体地说,为什么中国没有发展到西方近代的水平。由于他当时所了解的"近代"的本质是科学,所以他把研究更具体化为理解中国何以未能发展出科学的原因。他认为:"地理、气候、经济条件都是形成历史的重要因素,这是不成问题的,但是我们心里要记住,它们都是使历史成为可能的条件,不是使历史成为实际的条件,它们都是一场戏里不可缺少的布景,而不是它的原因。"[1] 他的结论是"中国没有科学,是因为按照她自己的价值标准,她毫不需要"[2],"中国所以没有近代自然科学,是因为中国的哲学向来认为,人应该求幸福于内心,不应该向外界求幸福"[3],所以中国也发展出许多技术,但"欧洲技术发展是认识和控制物质,而中国技术发展是认识和控制心灵"[4],中国的民族思想自中古以来是"以全部精神力量致力于……直接地在人心之内寻求善和幸福"[5]。就是说,中国文化的价值体系使得中国没有能像西方那样通过拥有科学而发展到近代。冯友兰这个时期的看法虽然偏于东西差异说,不过,其具体解释并不是《答词》中所说的"用地理区域

---

[1] 《三松堂学术文集》,第 24 页。
[2] 同上。
[3] 《三松堂自序》,第 192 页。
[4] 《三松堂学术文集》,第 39 页。
[5] 同上。

解释文化差别",而是五四时代的流行看法:"东西文化不同,因为其根本思想不同,它们的根本思想,就是它们的'哲学'(指价值观)。"① 只是冯友兰的目的主要不是用这样的观念一般地解释东西文化"类"的差别,而是以此进而说明造成东西文化"水平"差异的原因。冯先生认为,东西文化核心价值取向的不同,自文明时代开始即已存在,只是这种不同在很长历史时期内保持为纯粹种类的差别,而近代以来才日益发展为程度、水平的差别。

更有意思的是,他在该文结尾说:"用抽象的、一般的言语谈论事物,总是有危险的。但是在这里我不禁还是要说,西方是外向的,东方是内向的;西方强调我们有什么,东方强调我们是什么。如何调和这二者,使人类身心都能幸福,这个问题目前难以解答。无论如何,中国的人生观也许错了,但是中国的经验不会是一种失败。如果人类将来日益聪明,想到他们需要内心的和平和幸福,他们就会转过来注意中国的智慧,而且必有所得。"② 这种通过对中国文化精神在未来社会意义的设想使中国文化的价值在功利主义判断之外得到一种肯定的做法,在整个 20 世纪中国知识分子的文化思考中时有表现。1922 年初冯友兰还曾写《论"比较中西"》一文,在这篇文章中,一方面,他表现出对"中西文化""民族性"的抽象讨论的厌倦,他指出,"中国文化"只是中国之历史、艺术、哲学等的总合体,除此之外没有别的东西可以叫作中国文化,正如北京就是西单、

---

① 《三松堂自序》,第 188 页。
② 《三松堂学术文集》,第 42 页。

第十三章 冯友兰《新事论》的文化观

东单、前门等的总合体,除此之外没有别的一种东西可单称北京。在这个意义上,讲"中国文化",需要很多专家,用很长时间,经过极深研究方可。抽象地论中西文化之优劣,公婆各有理,只是空论,不能解决问题。另一方面,他指出,中国文化并不是已造的东西(something made),乃是正在制造的东西(something in the making),我们活着的中国人就是它们的制造者,对它们的好坏负有责任。[1] 这个观点与过去不久的文化讨论中关于强调传统文化与文化传统的区分、关于传统在时间维度上的开放性等观点一脉相通。这些论述表明,即使是 20 年代初期的冯友兰,其文化观念也不是像通常了解的那么简单,他的文化思想的照察面还是相当广泛的。

1923 年夏,冯友兰的博士论文《人生哲学之比较研究》通过学位答辩。在论文每章之后他都作一"余论",以中西哲学比较的立场阐发此章所述。如:以杨朱的快乐主义与施勒尼派(Cyrenaicism,又译作"昔兰尼学派")持论极相合,与伊壁鸠鲁基本相合;[2] 以斯多葛派(Stoicism)颇与儒家相似;[3] 以马卡斯·奥理略(Marcus Aurelius,又译作"马可·奥勒留")派与儒家相同之点甚多;[4] 认为亚里士多德的中论与儒家所谓时中说颇相符合,等等。[5] 关于这篇论文,冯先生在后来回顾时说:"1922年,我向哲学系讨论会提交了一篇论文……我在这篇论文中主张文

---

[1] 《三松堂学术文集》,第 44—47 页。
[2] 《三松堂全集》第一卷,第 415 页。
[3] 同上书,第 416 页。
[4] 同上书,第 471 页。
[5] 同上书,第 484 页。

化的差别就是东方、西方的差别。这实际上是当时流行的见解。可是待我一深入研究哲学史，就发现这种流行的见解并不对。我发现，向来认为是东方哲学的东西在西方哲学史里也有，向来认为是西方哲学的东西在东方哲学史里也有。我发现人类有相同的本性，也有相同的人生问题。这个看法后来就成为我的博士论文的主要论题"[①]；"我当时认为，我的看法，是我自己得来的，有自己的特点。特点是打破所谓东、西的界限。当时我认为，向内和向外两派的对立，并不是东方与西方的对立。人的思想，都是一样的，不分东方与西方"[②]。的确，正如冯先生自己所说，博士论文的完成标志着早期冯友兰文化观的一次较大改变。在《为什么中国没有科学》一文中所强调的关于中西文化自古不同类的看法，关于西方是外向的、东方是内向的说法在博士论文中全部被抛弃了，至少在现象上，冯友兰认识的基点已不是东西之异，而是中西之同了，这种"求同"与"求异"的区别，亦即构成了此后冯友兰与梁漱溟文化论的不同走向。

打破了从前把东西方文化划分为不同种类的界限，否定了"东方向内、西方向外"的说法，而代之以人类本性相同，东西方各自都有向内向外两派的观点，无疑是得益于对西方文化特别是古代西方文化的深入了解，显示出"种类"的解释对于冯友兰已失去说服力，这在逻辑上必然导致"程度"的解释在他的思想中占上风。事实也是如此，1924年，冯友兰的博士论文以英文在上海商务印书馆出版，中文《序言》称："近几年来学

---

① 《冯友兰学术精华录》，第3页。
② 《三松堂自序》，第193页。

第十三章　冯友兰《新事论》的文化观

问界中最流行的，大概即所谓文化问题了。自有所谓新文化运动以来。我们时常在口头上听到或在文字上看见'文化''文明''东西文化'等名词及关于他们的讨论。我们生在这个欧亚交通的时代，有过许多前人所未有之经验，见过许多前人所未见之事物，这些事物大约可分为两种：一种是我们原有者，一种是西洋新来者。他们是很不相同，而且往往更相矛盾、相冲突，因此，我们之要比较、批评、估量他们乃是一种自然的趋势。"[1] 在《序言》的"东方与西方"一节中他说：

> 梁漱溟先生以为各民族因其所走的路径之不同，其文化各有特征。而胡适之先生则以某一民族在某一时代，对于问题所采用之"解决的样式"不同，所以某一民族在某一时代的文化表现特征。关于此点，胡先生之见为长，其实，梁先生及现在一般人所说之西方文化，实非西方文化，而乃是近代西方文化。若希腊罗马之思想，实与儒家之思想，大有相同之处……所谓奋斗向前的态度，即我书中所谓进步主义，实西方近代之产物，未可以秃头的西方文化名之。……我书中特意将所谓东西之界限打破，但将十样理想人生，各以一哲学系统为代表，平等地写出而比较研究之。[2]

---

[1]《三松堂全集》第一卷，第 575 页。
[2] 同上书，第 580 页。《人生哲学之比较研究》第七章《余论》亦补入"所谓奋斗者向前的态度实西方近代之产物"等语。

这个《序言》明确表示出，冯友兰当时已经认识到一般所谓西方文化只是西方近代文化，从而所谓东西之别，应即中国与近代西方之别。他反对梁漱溟"种类"（方向）的解释，而转向"时代"的解释。根据这种看法，东西文化之不同乃是因为这是两种"不同时代的文化样式"。所以，《人生哲学之比较研究》的出版在"否定了对于不同文化矛盾冲突的流行的解释"的同时，并非"没有提出新的解释来代替它"，并不是直到30年代的《中国哲学史》才"含蓄地指明，所谓东西文化的差别，实际上就是中古和近代的差别"①，应当说在20年代中期他已经相当接近于"以东西为古今"的"新的解释"。

顺便提一下冯友兰的文化观与梁漱溟的关系。殷鼎在他关于冯友兰的著作中把冯友兰早期对文化的关注归于梁氏的影响。"梁漱溟所提出的问题和见解曾深深地打动了冯友兰的心，当时冯也对东西文化的差异和冲突感到迷惑，也企图来找到合理的解释，离开北大许多年后，冯友兰仍不能忘怀当他在北大作学生时，被梁所提出的见解所吸引，并开始认真地探索东西文化的差异及其根源"②；"冯友兰从北京大学毕业时，由梁漱溟所提出的这个问题仍困惑着他，后来到美国留学时，他又把这个问题带到了美国，希望能找到合理的解释"③。殷鼎的这个看法部分地源于《自序》不周密的表述对他的误导。事实上，新文化运动的东西文化论争从1915年《新青年》创刊时即已开始，

---

① 《冯友兰学术精华录》，第3页。
② 殷鼎：《冯友兰》，台北东大图书公司，1991年，第19页。
③ 同上书，第20页。

第十三章 冯友兰《新事论》的文化观

冯、梁对文化问题的关注都是受这一运动的影响。冯友兰1919年赴美,梁漱溟关于"东西文化及其哲学"的讲演则在1920年,1920年10月《北京大学日刊》开始连载"东西文化及其哲学"的演讲记录,1921年正式出版成书①,所以冯友兰在北大时并没有听过梁的"东西文化及其哲学"的讲演。1920年12月冯友兰在《与印度泰谷尔谈话》一文中提到:"前两天到的《北京大学日刊》上面,登有梁漱溟先生的'东西洋文明及其哲学'的讲演,可惜只登出绪论,尚未见正文。"②证明冯友兰心目中的东西文化问题根本是来自陈独秀等推动的东西文化论争的影响,这也是当时人们普遍关注的问题。梁氏"东西文化及其哲学"的讲演既在冯赴美一年之后,就更不能说冯带着梁提的问题到美国寻找解释了。而冯友兰回国之后,愈显示出他的文化观是朝着与梁氏文化观不同的方向发展的。

以上资料表明:冯友兰早在1920年已开始怀疑当时流行的单一的"种类"的文化解释,向往"等级"的文化解释;1922年他已经把两种解释结合起来;1923年完成的论文打破"东西",相当程度上放弃了"种类"的解释;1924年至1926年博士论文的英、中文本出版,他不仅已打破"东西",而且亦拈出"古今"。这显示出,20年代前期冯友兰文化观总的趋势是从"东西"向"古今"转变,而在20年代中期这一转变已基本完成。他在这一时期所持有的文化观念,从近代文化史来看,不

---

① 参见王宗昱的《梁漱溟年表》。
② 《三松堂学术文集》,第11页(按:此文后附记署"民国七年十二月作于纽约",七当为九字之误)。

必都是他所首倡，但确实是他经过自己的艰苦探索和认真思考得来的，为他的文化观后来的发展奠定了基础。

三　类型与个体

《自序》在第五章"30年代"中抄引了1935年的《秦汉历史哲学》一文后说：

> 我抄过来了这篇文章的大部分，因为这篇文章，是我于1933—1934年在欧洲的所见所闻的理论的结论，标志着我的思想上的转变，认识到所谓东西之分，不过是古今之异。①

又在第六章"40年代"论《新事论》时说：

> 在五四运动时期，我对于东西文化问题，也感觉兴趣，后来逐渐认识到这不是一个东西的问题，而是一个古今的问题。一般人所说的东西之分，其实不过是古今之异。我在20年代所作的《人生理想之比较研究》牵涉到这个问题，我的那部书的一个目的就是要证明，各派的人生理想，是世界各国的哲学史中都有的。很难说哪些理想是西方所特有的，哪些理想是东方所特有的。在30年代，我到欧洲

---

① 《三松堂自序》，第229页。

第十三章　冯友兰《新事论》的文化观

休假,看了些欧洲的封建时代的遗迹,大开眼界。我确切认识到,现代的欧洲是封建欧洲的转化和发展,美国是欧洲的延长和发展。欧洲的封建时代,跟过去的中国有许多地方是相同的,或者大同小异。至于一般人所说的西洋文化,实际上是近代文化。所谓西化,应该说是近代化。①

根据上节所述,我们知道"一般人所说的西洋文化,实际上是近代文化"的观点冯友兰在20年代中期已经提出。30年代的欧洲之行一方面使得他对这一点认识得更为"确切",另一方面使得他明确产生了"近代化"的观念。自20年代后半期至30年代前期,冯友兰的研究全部集中在中国哲学史的学术领域,这使得他不仅完成了历史性的著作《中国哲学史》,也形成了与信古、疑古不同的"释古"的历史方法②。而这却中断了冯先生自20年代以来关于中西文化冲突的思考。在这点上,30年代的欧洲之行的重要作用便是使他重新关注中西文化问题,并在30年代中期本位文化论战中迅速形成了后来在《新事论》中得到更全面阐述的"近代化"的文化观。

冯先生说1935年9月的《秦汉历史哲学》"标志着我的思想上的转变,认识到所谓东西之分,不过是古今之异",其实这篇文章中并没有谈到东西古今的问题,这篇文章阐述的受唯物史观影响的历史分析与社会结构分析,留待本章最后一节讨论体用问题时再谈。值得注意的倒是1936年8月发表的《中国现

---

① 《三松堂自序》,第243—244页。
② 同上书,第211页。

代民族运动之总动向》一文，在这篇文章中可以明显看出欧洲归来并受本位文化论战刺激后冯先生文化观的发展。

文章说："在现在的世界中，一切经济先进的民族，都成了'城里人'，经济落后者都成了'乡下人'。换言之，即经济落后的民族国家，都成了经济先进者的殖民地了。"① 这个观点构成了后来《新事论》第三篇"辨城乡"的主旨。文章又说："工业革命可说是近代世界所有革命中之最基本者。有了这工业革命，使别的建筑在旧经济基础上的诸制度也都全变了。有一个人说工业革命的结果，使'乡村靠城市''东方靠西方'；我觉的这话很对。东方没有工业革命，就变成'乡下人'了。这是个基本意思。我们用这个基本意思来看历史，一切都可以看得通。"② 这"有一个人"即马克思，这"基本意思"即唯物史观。冯友兰从《共产党宣言》中读出的不是资产者的必然灭亡，而是落后国家的出路，是进化论的历史观。他接着指出：

现在世界是工业化的世界。现世界的文明是工业文明。中国民族欲得自由平等，非工业化不可……一个民族国家，欲求自由平等，总要变成工业国，才能得到真正自由平等；不然，什么都是假的。

我们中国文明，原来是农业文明，有许多中国人或外国人，常说中国人有许多特性，比如"好闲暇"，往坏的方面说是"懒"，往好的方面说是"会享受"；其实这只是农

---

① 《三松堂学术文集》，第387页。
② 同上。

第十三章 冯友兰《新事论》的文化观

业文化的特色,并非某个民族的特色。①

由于冯友兰欧游以来深受"只有经济的力量,才是最后的,决定的力"②的历史观所影响,所以他不再注重从精神文化的特性把握中西文化冲突,而转向以"工业文明""农业文化"一类注重社会经济类型的范畴说明文化的问题。在这种方法中,社会经济生产的方式被看作每一时代历史的基础,被看作决定文明特色的基本要素。就是说中国文化与西方近代文化的各自特色与差别都可以在农业文明与工业文明基础上得到说明。这样一种方法上的转变并不是仅用"东西之分不过是古今之异"的说法就可以说明的。本来,"古今"的说法亦可预设或隐含了时代进步中社会类型的改变,但单纯的"古今"说尚不能指出"今"之所以为今而与古不同的特质。这篇文章则表明冯友兰文化观的基点已从时代转为社会类型,而在社会类型方面又注重从经济生产的方式去把握。从而,他就把工业革命看成近代化的关键,他对整个中西文化冲突的着眼点从文化(狭义的)转向经济,明确提出工业化是中国民族欲得自由平等的根本出路。这些基本思路正是后来《新事论》的思路,所以《新事论》的副题为"中国通向自由之路"。从这一点来看,欧洲之行的意义或其带给冯先生的思想转变,并不是从东西转为古今,而是用社会类型理解古今之别,其中唯物史观的影响是决定性的。

冯先生除了受唯物史观的影响之外,自20年代后期开始,

---

① 《三松堂自序》,第389—390页。
② 同上书,第388页。

他也受蒙太格（William Pepperell Montague）等新实在论的影响，这不仅反映在《新对话》中的形而上学与道德论上[①]，也开始反映在文化分析上。针对当时"全盘西化"与"本位文化"之争，他指出，依照全盘西化的逻辑，中国人应一律改信基督教、改穿西装、不吃馒头，而事实上全盘西化论者未必主张如此，于是也只成一种"部分西化"。"部分西化论"者中则各主张不同的"部分"；主张"中国本位文化"者也并不是要求对旧有东西一律保守不变，而都主张应存所当存、去所当去。在冯友兰看来，这些争论不是逻辑不清（如所谓全盘），就是取舍标准不清。在上引同一篇文章中他指出，在文化问题上，必须区分文化"个体"与文化"类型"。比如我们说"大学"，这是从"类型"说；若说"清华大学"就是指"个体"。用这样的分析来看西洋文化，如果注重西洋文化的"个体"，我们就无法区分其中的各因素何者相干何者不相干。冯友兰认为，必须把西洋文化作为一种文化"类型"来看，才能确定何者相干而应当学，何者不相干而不必学。

稍后不久，1937年1月冯友兰在第三届中国哲学会年会开会时谈到文化问题，强调用"逻辑"来解决争论的困境，他认为：

> 这些争论若由逻辑看，大部分是很容易解决的。逻辑上有所谓个体与类型之分。一个个体，可代表许多类型，

[①] 《新对话》（一）即已提出未有飞机之前已有飞机之理及道德之理不变的思想。

第十三章 冯友兰《新事论》的文化观

例如孔子可代表许多类型,如春秋时人,山东人,活过七十岁的人,圣人,等等。这个个体学那个个体,实在所学者,是他所代表的某一类型,或某几类型。例如有些人要学孔子,实在是想学他所代表之圣人类型。个体是不能学的。所谓西洋是一个体,在文化方面,他代表许多类型。如耶教文化,科学文化,工业文化等。我们说学西洋,实在是学他所代表之某一文化类型或某几文化类型。例如科学文化,或工业文化。至于中国原有文化之不与此冲突者,当然不改。①

这种区分类型与个体的思想正是《新事论》第一篇"别共殊"的主旨,表明冯友兰已完整确定了阐述中西文化的新的方法立场。这里所说的类型与个体在"别共殊"中又称为共相和殊相②,从而这里所说的"逻辑"也不止是形式逻辑,而是罗素代表的逻辑分析方法,这也是《新理学》的基本方法。《新理学》写于1937年秋冬间,1938年在蒙自石印,1939年由商务印书馆正式出版。《新事论》的十二篇从1938年起至次年4月在昆明的《新动向》杂志随写随刊,1940年由商务印书馆出版。《新理学·自序》与《新事论·自序》中都谈到《新理学》的"用处"③,这在一般人看来,常会误解为冯先生的一种自我

---

① 《从中国哲学会说到哲学的用处》,载《申报》1937年1月24日,见《三松堂全集》第五卷,第359页。
② 参见《三松堂全集》第四卷,第217页。
③ 《新理学·自序》称"此书虽'不着实际',而当前有许多实际问题,其解决与此书所论,不无关系",《新事论·自序》亦引述此语。

辩解，认为所谓的新理学方法有很大用处及冯先生所说新理学与新事论的关联并不是真实的，从上引1937年1月中国哲学会年会的这篇文章可以看出，《新事论》的方法论"别共殊"确实在《新理学》之前即已确立。这个"别共殊"在形而上学的表现，即《新理学》关于一类事物与此类事物所以然之理的讨论，亦即新实在论关于共相与殊相讨论的中国版。"别共殊"作为方法在文化论的表现，即《新事论》关于"从类的观点看文化"和"从特殊的观点看文化"的区分。① 所以，说新事论的文化分析是新理学哲学方法的一个应用是没有问题的。1936年8月的《中国现代民族运动之总动向》和1937年1月的《从中国哲学会说到哲学的用处》两篇文章实际上是后来《新事论》的纲要。

《新事论》中把抗战前那两篇文章的主要论点详细展开，其第一篇为"别共殊"。共指类型，殊指特殊、个体。冯友兰主张从类的观点看西洋文化，反对从特殊（个体）的观点看西洋文化。他认为，"中国文化""西洋文化"的说法是从个体的观点看文化，而"资本主义文化""社会主义文化"是从类的观点看文化。他认为民初以来一般人多从特殊的观点看西洋文化，"他们常说，中国人如何如何，西洋人如何如何，好像在他们的心目中，中国人之是如何如何，是因为其是中国人；西洋人之是如何如何，是因为其是西洋人。他们似乎不知，至少是不注意，中国人之所以是如何如何，乃因中国文化在某方面是属于某类

---

① 《三松堂全集》第四卷，第218—220页。

第十三章　冯友兰《新事论》的文化观

文化；西洋人之所以是如何如何，乃因西洋文化在某方面是属于某类文化。"① 他认为，任何文化只要与中国文化同属一类型，必然具有与中国文化相同之诸性质。中国人或中国文化的特色及其相对之贫弱，西方文化的特色及其相对之富强，都是因为它们分属不同类的文化形态。从这点来看，如果说中国文化有任何病症，这种病症都是它之所属的文化类型所决定的。

中西文化类型的不同，最直观的了解就是古今的不同。冯友兰赞成这样的主张："一般人所谓西洋文化者，实是指近代或现代文化。所谓西洋文化之所以是优越底，并不是因为它是西洋底，而是因为它是近代或现代底。"他说，"有人说西洋文化是汽车文化，中国文化是洋车文化。但汽车亦不是西洋本有底。有汽车与无汽车，乃古今之分，非中西之异也。一般人心目中所有之中西之分，大部分都是古今之异"；"我们近百年来之所以到处吃亏，并不是因为我们的文化是中国底，而是因为我们的文化是中古底。"只有确定了一定的类型的观点看西洋文化，学习西洋文化才能抓住要领，如果把西洋文化作为特殊的个体，我们就无法指出西洋文化五光十色的性质中何者为主要性质，何者为偶然性质；只有把西洋文化看作一种文化的类型，如近代或现代文化的类型，才有可能抓住近代性的要素，而不必"全盘西化"。因此，中国文化面临的问题"只是将我们的文化自一类转入另一类，并不是将我们的一个特殊底文化，改变为另一个特殊底文化"②。把爱因斯坦作为一个特殊个体看，他有

---

① 《三松堂全集》第四卷，第 222 页。
② 同上书，第 225—228 页。

许多其所以为爱因斯坦者，如其相貌、性格、爱好、犹太人等，但若把他作为物理学家，我们学习他就不是学习他作为特殊个体存在的诸多性质，而是学习其科学工作方法。从而，全盘西化既不需要，也不可能，中国人学习西洋不是把它作为一个特殊文化（包括黄头发、蓝眼睛、信基督教等），而是要把中国文化变成与现在西洋文化同一类型的文化，这个类型简而言之即近代化或现代化。

由于受马克思的影响，冯友兰进而从经济类型和经济生产的方式来区别古今之异。他指出，中国文化一向重夷夏之辨，从文化上看，夷夏之别即城乡之别。中国人做了几千年的"城里人"，不意在清末忽然沦为"乡下人"。西洋人之所以智、富、强并不是因为他们是西洋人，而是因为他们是"城里人"；中国人之所以愚、贫、弱并不是因为中国人是中国人，而是因为中国人成了"乡下人"。西洋人之所以取得现代城里人的资格，乃是由于在经济上有一大变革，即产业革命。他再次引用了马克思那句关于工业革命使乡下依靠城市、东方依靠西方的名言，显示出马克思历史观对他的启发。①

顺着马克思历史观的思路，古今之异、城乡之别的说法，在把握中国文化与西洋文化各属的类型方面，还都嫌抽象，冯友兰进一步指出，仍停留为"古"的、相对于西方已变成"乡下"的中国文化，从社会类型上说，即"生产家庭化底文化"。经过工业革命化已进而为"今"，相对落后东方而居"城里"的

---

① 《三松堂全集》第四卷，第244页。

第十三章　冯友兰《新事论》的文化观

西洋文化是"生产社会化底文化"[①]。"产业革命"就是以"社会为本位底生产方法"替代以"家为本位底生产方法",以社会为本位的生产制度替代以家为本位的生产制度。这种替代,导致了人的全部生活方式、社会组织及社会道德标准的改变。[②]产业革命和工业化是中国文化或中国作为民族国家在世界民族之林中获得自由平等的当务之急和根本出路。

《新事论》通过别共殊、分古今、辨城乡、说家国,完整阐述了冯友兰30年代中期以来形成的近代化的文化观。30年代冯友兰的文化观重视文化的当下实践更过于历史的终极解释。如20年代冯友兰对梁漱溟的批评,从历史解释的角度看,把东西变为古今,仍不能解释"西"何以能发展为"今",而"东"何以仍停留在"古"。而30年代的冯友兰不再追求一种终极的历史解释,而更注重如何学习西方的实践层面,客观上也是30年代文化论争的重点有所转移之故。"别共殊"强调把西方文化作为一种文化类型,都是重在方法上解决怎样学西方的问题,而这个问题不必与中国何以滞留于"古"、西方何以能发展于"今"的解释相纠缠。马克思对"物质生活的生产方式"的重视和对工业革命及资本主义社会化生产的分析,使得他完全转向从经济生产的方面用生产社会化为方式的工业化来理解近代文化的基础和特质。比起20年代从东西向古今的转变,冯友兰30年代的这种变化既显示了唯物史观的影响,也反映了同时代知识分子在中国工业化过程中的新的文化自觉以及以工业革命

---

① 《三松堂全集》第四卷,第252页。
② 同上书,第259页。

救亡的民族意识（这种意识不会根本上拒绝某一特定的工业化道路）。

四　现代化与民族化

"七七事变"以前的十几年间，冯友兰文化观的核心问题是东西文化及其冲突。值得注意的是，在这十几年中，冯友兰的文化观基本上没有关注到现代化中的"传统"问题和"民族化"问题，他所注重的是中国文化从农业文化（古）向工业文化（今）的转变，直到1937年，他的文化观可以说是一个完全现代化取向的文化观。他虽然反对全盘西化，但也可以说主张在工业化意义上的经济西方化，传统与现代化之间未构成任何紧张。这并不是二者结合无间，而是传统及民族文化问题根本"未出场"，文化认同的问题根本没有出现。这也是冯友兰与五四前后的文化保守主义及早期新儒家马一浮、梁漱溟、熊十力的重大不同。冯友兰后来曾说："谈到文化问题，梁先生的出发点，与我的出发点根本不同。梁先生的出发点是求异，我的出发点是求同，梁先生注重在中外的比较，我注重在古今的比较。"[①] 事实上，梁先生之求异正因为他注重文化认同，而冯先生求同的近代化的文化观虽然有重要的积极意义，但"求同"中确实有忽视文化认同及文化的民族性的倾向。

但是1937年抗日战争爆发以后，冯先生思想发生了一些显

---

① 《三松堂全集》第五卷，第450页。

第十三章 冯友兰《新事论》的文化观

著变化。1939年2月以后在《新动向》发表的《新事论》的后半部几乎全部与作为"个体"的民族文化有关。① 本来，照简单进化论的看法，既然中国文化是"古代"的农业文化形态，需进步为"近代"的工业文化，逻辑上就会导致对传统中国文化的整体否定。1939年以后冯先生则强调，对于中国文化不仅要从文化类的观点来看，同时需要从文化个体的观点来看。《新理学》哲学本来是强调共相的，《新事论》前半部的古今、城乡、家国之辨都是强调文化类型的分析，不注重文化的个体，注重的是中国文化的现代化，而没有关注如何对待文化遗产、历史传统和民族个体。《新事论》前后两部分的不同取向正是体现了抗战背景下现代化与民族化的复杂关系。

按照《新事论》后半部的思想，可以这样说，从类的观点看，说爱因斯坦是科学家，所注意者只是爱氏之所以为科学家者，他的其他特征在这种"看"中都不相干。但从个体的观点看，他是一个完整的人，其种种特征都是他这个人所不可缺的性质，如他的相貌、性格、爱好虽与他作为科学家类中一分子不相干，却是爱因斯坦所以为爱因斯坦并与他人区别的重要性质。从这方面说，个体就有重要的意义了。其实，类型在相当程度上是认识的范畴，而不是存在的实体；个体可以被划属于不同类的分子，是有相对性的，个体的存在则是绝对的。人生活于民族国家，文化亦以民族国家为单位发展，民族文化的许多特性从文化的类的角度看并不重要，而从文化认同或民族生

---

① 指《新事论》第八至十二篇。

存的角度看，就是重要的了。特别是处于现实的民族危机时代，只有民族性文化才能激发民族的热情和道德，投身民族解放的斗争。因此，为了民族作为个体的生存，冯先生开始大力强调每一民族与其他民族文化之"异"，这些"异"是一个民族与其他民族相区别并借以成为一民族独立生存的性质。这说明，民族性的问题是不能因现代化而被忽略的，正如第二次世界大战中的英德双方虽同属生产社会化的工业文化，其现实的民族性问题是不能被文化思考中的"类"所消解的。

在强调个体性的立场上，冯友兰提出了关于肯定文化民族性的几种区别。

首先是把民族文化区分为两部分，其中一部分是与别民族同类而有程度上的不同（如中国之马车与西洋之火车）；另一部分与别民族的差异不是程度的差异，而是种类、花样的不同（如中式建筑与西式建筑）。对前一部分，应使程度低者改进至程度高者，这一部分应不只限于功能体器物，还应包括物质生产工业化的整个范围；后一部分则没有现代化与否的问题，如中国饮食、服饰、建筑等。①

第二种区分是"的"和"底"的分别。所谓服饰、建筑无所谓现代化与否，是指形式而言，衣料、建筑材料的改进虽不是西洋化，但可现代化。可以不变的形式，用冯友兰的说法，都是指一个民族生存的"式样""花样"。这些花样中冯先生特别提出艺术和文学。冯友兰指出，所谓"英国工业""英国科

---

① 《三松堂全集》第四卷，第 304、305 页。

第十三章 冯友兰《新事论》的文化观

学",只是说"英国的科学""英国的工业",即在英国而为英国人所有。而"英国文学"则是指"英国底文学"。"的"表示存在于一民族国家范围之内,"底"表示该民族所特有、固有的。文学艺术"是某民族'底',而不止是某民族'的'",这些民族"底"花样、式样对一个民族十分重要,"这些事物,如只有花样上底不同,则各民族可以各守其旧,不如是不足以保一民族的特色"①,这也就是"革新而不失其故"。

第三,关于"文"与"质"的区别。"一个社会的生产方法,经济制度,以及社会制度等,是质。它的艺术,文学等,是文。"以建筑作譬喻,建筑材料是质,其建筑式样为文。冯友兰指出,若"从关于质底类的观点看,文是不主要底。但从一个体,一社会,或一民族的观点看,文却是重要底。"文是一个民族赖以进行情感生活的东西,一个民族只有对它自己"底"文学艺术才能充分地欣赏,得到充分的愉快。由于每一民族必在自己"底"花样中才能得其愉快,故"各民族必须宝贵它自己底文学,自己底艺术。这并不是专为区别它自己,而是因为只有在它自己底文学艺术中,它的生活,才能十分地充实,十分地丰富,十分地愉快"。同时,这种"宝贵"并不是用抱残守缺的态度对待自己底花样,不是像民初国粹派那样把它当成已死的东西放在博物院,而"是把一种东西当成活底东西,养育培植,叫它生长发展"②。

《新事论》中谈到"文"时强调式样、花样,特指艺术文

---

① 《三松堂全集》第四卷,第304—305页。
② 同上书,第306—310页。

学，有意地不提哲学。那么，如果"文"近于精神文明的范围，哲学与民族"底"关系如何？如果花样、式样不必现代化，哲学是否应现代化？冯友兰从抗战后开始注意这些问题。抗战初期，他写了《论民族哲学》一文①，文章指出，人们常说德国哲学、美国哲学，却很少说德国化学、美国化学，即使有人说德国化学、美国化学，也只是说"德国的化学""美国的化学"，而不必是"德国底化学""美国底化学"，"因为化学只有一个，我们不能于其上加上德国底，或美国底等形容词"；而另一方面，我们常说的德国哲学、英国哲学，则是说德国底哲学、英国底哲学，这与文学的情况一样。所以，"对于哲学或文学，德国底或英国底等形容词，是可以加上底。此即是说，哲学或文学可以有民族的分别，而科学则不可以有"。

在冯友兰看来，哲学虽与文学同是民族"底"，但哲学又与文学不同，在某一方面的性质，哲学又比文学更接近科学。文学是用民族语言写的，语言有其特殊语法，由此产生特定技巧，有其特殊趣味和妙处，故文学之民族性容易被了解。科学原理虽然在不同国家亦必以不同民族语言写出，"但某言语的特殊文法对于科学的义理，完全是偶然底，不相干底。科学的义理是公共底，是普遍底。所以科学亦是公共底，普遍底。"文学不追求客观的普遍义理，"只有好与不好可说，不能有对与不对可言。"冯友兰认为，哲学虽然也有民族语言和文法影响，但与文

---

① 《论民族哲学》收入《南渡集》下，殷鼎的《冯友兰》之年表谓此文作于1937年，不知何据。今《三松堂全集》第五卷所收此文中有"关于此点底详细讨论，见《新理学》绪论"，则此文似当在《新理学》成书之后，要之当在抗战之初。

第十三章 冯友兰《新事论》的文化观

学不同,"哲学的目的仍是在于求普遍底,公共底义理。我们批评哲学思想必以此为标准。若离开此标准,则各民族的哲学,将如各民族的言语,皆无对与不对之可言。"从而,"哲学中有普遍底公共底义理,至少其目的是在于求如此底义理。这些义理,固亦须用某民族的言语说之。但某民族的言语,对于这些义理完全是偶然底,不相干底。在这一点,哲学与科学是一样底,至少应该是如此。"① 在很大程度上,他是把哲学当成科学的范畴理解的,就是说,哲学无分东西,所追寻的问题是同一系列或同一系统的,只是东方哲学讨论的可能只是这一系列或系统的部分,而且这些部分的讨论还是不明确的。与近代的多数学者一样,冯友兰似乎是把西方哲学当作"哲学"的典范,正如把西方自然科学当作"科学"的典范一样。这一点直到40年代才有改变。

正是由于哲学具有介乎文学与科学之间的这种性质,使得哲学具有现代化与民族化的双重任务。《中国哲学史新编》第七册"论金岳霖"一章的最后一节专门讨论了"现代化与民族化"的问题。冯先生认为,《论道》的元学(即形上学)是"中国哲学"(即中国底哲学),并不是"哲学在中国"(即中国的哲学),《知识论》《逻辑》则是"知识论、逻辑在中国",而不是"中国的知识论和逻辑"。② 的确,金岳霖自己也说过,逻辑与数学、自然科学类似,人可以外在地冷静地去研究,元学要涉及人的

---

① 《三松堂全集》第五卷,第306—308页。
② 《中国哲学史新编》第七册,第162—163页。

情（感）、性（情）、心，好的元学能够动心、怡情、养性。①《中国哲学史新编》第七册"论冯友兰"一章说，"中国需要近代化，哲学也需要近代化，近代化的中国哲学并不是凭空制造一个新的中国哲学，那是不可能的。新的近代化的中国哲学只能是用近代的逻辑学的成就，分析中国传统哲学的概念，使那些似乎是含混不清的概念明确起来"②，"新理学对于宋明理学中的一些重要问题，都利用近代逻辑学的成就加以说明，这对于中国哲学的近代化是有益的"③。这仍然是认为中西哲学追求的是相同的普遍性的理，中西哲学的差别不在于问题的不同，只在于中国哲学对所追求的那些问题的了解没有西方哲学说得更明确，哲学的近代化就是利用逻辑分析方法把中国哲学未讲清楚的地方讲得更清楚。

既然哲学要现代化，民族化的意义何在？冯友兰在《论民族哲学》中指出：

> 民族哲学之所以为民族底，不在于其内容，而在乎其表面。我们以为民族哲学之所以为民族底，某民族的哲学之所以不仅是某民族的，而且是某民族底，其显然底理由是因为某民族的哲学，是接着某民族的哲学史讲底，是用某民族的言语说底。我们可以说，这些分别是表面底，在外底。不过所谓表面底、在外底者，是就哲学说。就民族

---

① 参见金岳霖的《论道》，商务印书馆，1985年，第3、16页。
② 《中国哲学史新编》第七册，第166页。
③ 同上书，第176页。

第十三章 冯友兰《新事论》的文化观

> 说，这些分别，就于一民族在精神上底团结，及情感上底满足，有很大底贡献。这些表面能使哲学成为一民族的精神生活的里面。①
>
> 这里所说，正是《新事论》后半部强调文化个体性的思想，即从文化个体类的观点看，一民族文化的许多"表面底""在外底"（形式）东西并不重要，但从文化个体的观点看，这些东西是此一民族精神生活的内在质素，对民族精神生活的发展与满足有特别的重要性。

冯友兰的这些论述所体现的民族主义立场在当时的背景之下是十分自然的。但是，"传统"的问题虽然在这里通过民族主义的形式开始出现，却并未获得文化学理论上的深入论证以为基础。事实上，中国文化，无论是它的各种意识活动形式，还是它的传统价值、精神、境界，都既不是"类型—个体"的分析所能充分肯定，也不是"民族在精神上底团结及情感上底满足"所能充分体现的。东西方哲学确有相通之处，《新理学》旧瓶装新酒可谓成功的范例，但40年代的《新原人》和《新原道》就都不能看作用西方的逻辑分析说清中国的概念问题。事实上，《新原人》的天地境界、《新原道》的极高明而道中庸、《新知言》所谓负的方法都浸润着中国哲学的精神，这些精神既不是由使用民族语言而形成的民族精神的"表面"，也不是西方哲学的典范所能涵盖的。

---

① 《三松堂全集》第五卷，第309页。

最后要讨论的是精神文明中的道德传统问题。我们说早期冯友兰的文化观是从东西到古今发展的现代化取向的文化观，那么从什么时候开始，冯友兰文化观中容纳了对中国传统文化的肯定？新理学纯哲学体系中是否可以容纳这种肯定？

早在1927年，冯友兰在《中国之社会伦理》一文中即指出，过去时代的忠臣、孝子、节妇所殉的是"君""夫"的观念，其精神已在柏拉图的观念世界，而不在具体世界的具体人。① 《新对话》也说忠臣之牺牲不是忠于君主个人，所以他并不问这个君主值不值得他去牺牲，他的牺牲完全是因为他忠于这个名分，忠于这种理，忠于"君"的共相。② 正如50年代他提出的抽象继承问题，他力图通过由殊相上升到共相、由个别上升到一般的方法来引出对传统的某些肯定，在这方面他特别注重的便是道德。

依照新理学的体系，一个物是依照其类之理而成为一类事物的，而一类之理亦蕴涵其共类之理。如一只猫是依照猫类之理而成为猫类的一分子，猫类之理亦蕴涵动物之理，等等。所以，猫是依照猫之理而成为猫，亦必须依照动物之理而成为动物。③ 所以，"一事物于依照一理时，亦可依照众理，并且亦必须依照众理"④。按照这个逻辑，一个个体文化不论属于何种类型，它不仅含有该社会类型之理，亦必含有"社会"之理。传

---

① 《三松堂学术文集》，第88页。
② 同上书，第248页。
③ 《三松堂全集》第四卷，第44页。
④ 同上。

第十三章 冯友兰《新事论》的文化观

统中国文化为"生产家庭化底文化",而其道德学说亦含有对一般社会、人生适用的原理,以成为一具体的共相。从这个立场上说,中国文化总有一些应当不变的东西。

但在实际上,冯友兰并不是从新实在论体系中获得对传统道德文化的肯定,这种肯定主要来自他自己的道德认同与选择,殷鼎还认为同他的母亲的道德模范有很大关系[①]。1932年在第一篇《新对话》中他即鲜明肯定"道德无所谓新旧"[②],他以为,人类社会组织必有其理,人必须依照此理来组织社会,若欲有一健全组织,须有此组织分子必当遵守的条件,这些条件的一部分即是道德,如仁爱忠信。没有这些基本条件,人类组织就不能健全存在。在最后一篇《新对话》中他指出:"许多政治社会组织,每一种都有他的类型。……在这些许多类型之上,还有个社会组织之总类型。其中所包含的原则原理,乃一切社会类型所必共同具有者。这些原则原理若实现出来,即为一切社会组织之共同道德。"[③] 所以,他始终认为:"有些道德是跟着社会来的,只要有社会,就得有那种道德,如果没有,社会就根本组织不起来,即使暂时组织起来,最后也要土崩瓦解。有些道德是跟着某种社会来的,只有这一种社会才需要的,如果不是这种社会,就不需要它,前者我称之为'不变的道德',后者我称之为'可变的道德'。"[④] 正是依据这种"可变的道德"

---

① 殷鼎:《冯友兰》,第11—12页。
② 《三松堂全集》第五卷,第278页。
③ 同上书,第303—304页。
④ 《三松堂全集》第一卷,第279页。

与"不变的道德"的分别,冯友兰从很早(至少从《新对话》开始)就以明白的道德保守主义出现,对传统的基本道德重新加以肯定。抗战及其经验证明,传统道德是抗日战争中中华民族团结抗战的主要精神资源。所以《新事论》最后一篇"赞中华"中冯友兰仍坚持"五常"即仁义礼智信,"这是不变底道德,无所谓新旧,无所谓古今,无所谓中外"①,并作了这样的结论:"我们是提倡所谓现代化底。但在基本道德这方面是无所谓现代化底,或不现代化底。有些人常把某种社会制度,与基本道德,混为一谈,这是很不对底。某种社会制度是可变底,而基本道德则是不可变底。可变者有现代化不现代化的问题,不可变者则无此问题。"② 也正是基于这个立场,他对清末的"中体西用"给予了一定的肯定。

五 文化论说的"体"与"用"

《自序》谈到《新事论》时最后说:"因为《新事论》强调发展生产力的重要,书中似乎也赞成清末洋务派的'中学为体,西学为用'的主张,其实并不是如此。我是主张体用不可分的,有什么体就有什么用,有什么用就可以知道它有什么体。如果要用中国哲学中所谓体、用那一对范畴说,我认为,在一个社会类型中,生产力等经济基础是体,政治、文化等上层建筑是用。体要改了,用会跟着改的。所谓跟着改,并不是说不需要

---

① 《三松堂全集》第四卷,第359页。
② 同上书,第364页。

第十三章 冯友兰《新事论》的文化观

人的努力,人的努力是需要的,不过人会跟着努力的。"① 冯先生这种以经济基础为体以上层建筑为用、体用不可分的思想,最初始于 30 年代中欧游时接受的马克思的影响。②

1935 年 9 月冯友兰在《秦汉历史哲学》中指出,"依照唯物史观的说法,一种社会的经济制度要一有变化,其他方面的制度,也一定跟着要变"③;"一切社会政治等制度,都是建筑在经济制度上。有某种经济制度,就要有某种社会政治制度。换句话说:有某种所谓物质文明,就要有某种所谓精神文明。这都是一套的"④。他甚至说:"大家庭制度,很有人说他是不合理(引者按:'不'字据文意加),以为从前的人何以如此的愚;但我们若把大家庭制度与农业经济社会合起来看,就可以看出大家庭制度之所以成立,是不无理由的了。再就历史演变中之每一阶段之整个的一套说,每一套的经济社会政治制度,也各有其历史的使命,例如资本主义社会的历史的使命,是把一切事业集中,社会化,以为社会主义的社会的预备。在资本主义的社会完全成功的时候,也就是他应该,而且必须让位的时候。"⑤ 冯先生当时受马克思影响之深,由此可见。以经济政治制度与精神文明是"一套的",就是后来所说的有什么体便有

---

① 《三松堂自序》,第 245—246 页。
② 冯友兰在 1934 年布拉格国际哲学会议即提到"只采取马克思的人类发展的理论,而不采取他的唯物论",参看《中国现代哲学》,见《三松堂学术文集》,第 288 页。
③ 《三松堂学术文集》,第 346 页。
④ 同上书,第 347 页。
⑤ 同上书,第 348 页。

什么用的一元体用观。

正是用这种受历史唯物论影响的一元体用观，冯先生在1936年的《中国现代民族运动之总动向》一文中阐述了他自己与清末洋务派和五四知识分子的不同体用观。他在说明了他的"工业化是中华民族争取自由平等的根本出路"的观点后指出：

> 我们这样说，似乎有与清末的曾国藩、李鸿章、张之洞的说法相同了。他们都是主张要铁路、机器、工厂的。张之洞在武昌曾举办了许多新式工厂，最近行将通车的粤汉铁路，是在张之洞时就着手建筑了的。如果当时没有政治上的其他变动，他们成了功，那就和日本一样。后来到了"五四运动"，有人以为不惟西洋物质文明我们该学，并且非先学其精神文明不可。于是风气一变而转注意于科学理论及哲学、文学。我们现在的主张，既与清末人的主张有些相同，那么"五四"不是枉费了吗？其实不然。我们的主张虽然与清末人的主张似同，其实大不相同。他们是以为只要物质文明，至于精神文明，还是中国的好；故有"中学为体，西学为用"之主张。到了"五四"，认为西洋不只有物质文明，而且精神文明亦高，而且精神文明是基本，故须从精神文明下手。今日照我们说的工业化，是物质文明也有，精神文明也有，而以物质文明为根据。如有了某一种的物质文明，则某一种的精神文明不叫自来。[①]

---

① 《三松堂学术文集》，第392—393页。

第十三章　冯友兰《新事论》的文化观

洋务派只要近代化的物质文明，不要近代化的精神文明，这是冯友兰所反对的，他认为这是"体用两橛"；五四人物以精神文明为基本，先要精神文明，冯友兰也不赞成，他认为这是"体用倒置"①；他认为应先要物质文明，有了物质文明，精神文明自然会随之改变。他认为自己的观点是相对于前两派"正""反"而有的"合"。②他在1942年2月所写《抗战目的与建国方针》一文中仍然强调，中国要求变为近代的国家，必须了解什么是近代式国家的要素，他认为："自鸦片战争以来，清末咸同时代的人，以为近代式底国家的要素是兵船大炮。光宣时代的人，以为近代式底国家的要素是有国会宪法。民初时代的人，以为近代式底国家的要素，是有德先生与赛先生。现在我们知道，近代式底国家的要素，是工业化。有了工业，自然会制造兵船大炮。社会工业化以后，人的生活方式改变，德先生自然会有人拥护，赛先生也自然会有人鼓励……这是一个真理，这个真理，中国近十年来方才认清。"③

不过，冯先生的思想并非如《自序》中所说，始终坚持体用一元"一套子"说法，他的思想在抗战前后是有所变化的。如前所述，《新事论》后半部强调传统的文化有些是无所谓现代化的，是不必改变的，如说"在基本道德这一方面是无所谓现代化底或不现代化底"。《新事论》在最后所提到的关于体用的看法便与抗战前不同：

---

① 《三松堂全集》第四卷，第248页。
② 《三松堂学术文集》，第392—393页。
③ 《三松堂全集》第五卷，第432页。

说到此，我们感觉到，清末人所谓"中学为体，西学为用"者，就一面说，是很不通底；但就又一方面说，亦是可以说底。如所谓"中学为体，西学为用"者，是说：我们可以以五经四书为体，以枪炮为用。则这话诚然是不通底。读五经四书，是不会读出枪炮来底。民初人说这种说法是"体用两橛"，正是就此话的此方面说。如所谓中学为体、西学为用者，是说：组织社会的道德是中国人所本有底，现在所须添加者是西洋的知识，技术，工业，则此话是可说底。我们的《新事论》的意思，亦正如此。……清末人没有这样清楚底见解。不过他们总觉得中国是有些不必改变底东西，不过这些东西确切是什么，他们不能明确地看出说出而已。①

现在，让我们以"中西""体用"的话头入手，讨论冯友兰40年代文化观的结构与变化。30年代中期他接受了马克思有关的历史分析，认为近代城市工业文明实质上是社会化大生产，他也接受了马克思对"经济基础—上层建筑"的结构分析及经济决定论。从这个立场出发，主张经济制度是基础，由此决定社会政治制度，而经济、社会政治制度又决定观念文化。这样的主张用体用的范畴来表达，经济为体，文化为用，体决定用，表现为整齐的一元的体用论。这种"体—用"观，从历史—社会的结构分析来说，是唯物史观影响的表现；从文化的分析来

---

① 《三松堂全集》第四卷，第364页。

第十三章 冯友兰《新事论》的文化观

说,是注重"类型"和"等级"。总体上,是历史—文化的进化论。其体与用之间具有一种决定性的关系,这种关系既是发生的,也是结构的。抗战时期,他从关注民族性、强调个体性出发,提出了另一种分析模式:"质"与"文"。他以"质"指经济制度、社会政治制度,在这个意义上,"质"的外延与作为用之基础的"体"是相同的。又以"文"指文学、艺术等花样和形式、方式,"文"的观念偏于形式,特别是民族的诸活动的形式。并指出,"质"是要现代化的,应改变的,"文"是无所谓现代化的,可不变的。所以,"质"与"文"之间与"体—用"关系不同,二者之间也没有决定性的关系。"质"与"文"的模式并不是冯友兰用来整个替代"体—用"的历史文化观,因为"文"只是"用"的一些方面,而不是全部。事实上抗战期间冯友兰也并未放弃"一套子"的看法。相对于作为现代化文化观的体用模式,"质文"模式是为凸显民族性,这使得冯友兰的文化观较前更为全面了。这两个模式在冯友兰文化观中的地位,也许可以说,"体—用"模式为主,"质—文"模式为辅。就一个变化中的历史文化实体而言,在宏观上,社会存在决定社会意识的"体—用"模式仍然适用,但马克思主义的唯物史观并不能适当确定社会变革中的文化传统的连续性,故冯友兰试图以"质文"的模式从民族文化的立场加以补充。从而,对应于经济生产方式的变革,文化呈现为不同状态的两个部分,一部分是"可变的",如器物、技术、科学、可变的道德、需要现代化的哲学,以及社会生活方式等,这些是要随经济生产方式的现代化而变化或现代化的。从中西文化的差异来看,这些方面的旧的东西与近代西方文化是"程度"上的差异。另一部分是"不变的",包括民族底文学、艺术、不变的道德、民族化的哲学论说、建筑形式等,这些方面,是无所谓现代化的,其中有些与现代西方文化的差异是"种类"的差异,不必现代化,另一些是超越古今中外的文化价值如基本道德。这样,冯友兰便可在现代化的目标下使中国"底"文学形态、审美趣味、道德原理、哲学精神等仍能得到肯定。

所以,就40年代冯友兰的文化观来说,是不容易用"中体西用"或"西体中用"来概括的。如"质"与"文"的说法,若把"质"简单对应于"体",把"文"简单对应于"用",就会把冯友兰的"质文"模式归为一种"西体中用",当然这个"西"即工业化,指现代化的经济政治制度,民族的文学艺术花样。但"文"只是一般所说精神文明的一部分,与一般所说"用"不相当,"质"与"文"之间又没有那种会被望文生义地理解的决定性关系,所以把"质文"的模式简单归结为"体用"往往会歪曲"质文"的关系。何况《抗战目的与建国方针》表明,他在提出"质文"模式的时候仍在宏观上保持着"体用"一元的看法。

近代以来关于"体用"的争论,有些是由中国哲学中"体用"用法的多重性所引起的。在中国哲学中,"体用"有两种最基本的用法:第一种用法中的"体",近于实体的观念,"用"则是实体所派生的作用或功能;第二种用法中的"体"则是指内在深微的东西,"用"是体的外在的作用和表现。当冯友兰批评清末洋务派"体用两橛","五四"知识分子"体用倒置"时,是以经济制度为主的社会存在作为"体",这是采取了第一种用

第十三章 冯友兰《新事论》的文化观

法。当冯友兰对清末人所说的"中体西用"给予同情的肯定时,他是以基本道德原理为"体",是采用了第二种用法。所以,由于不同说法中的"体用"的用法不同,也就无法仅从"体用"的说法上区别讲体用者的实质立场。在这一点上,"质""文"的用法以及"和魂洋才"的用法,虽然其处理的问题没有"体用"的说法所处理得那么广泛,但处理的问题比较清楚而不易发生混淆和误解。特别是"质""文"或"魂""才"的讲法中都没有"体用"讲法中那种强调某一方面的优先性的含义。

总结本章所述,与《自序》中冯友兰自叙其文化观演进的一般说法不同,本章认为以"中西"和"古今"为核心的冯友兰文化观,其实际展开与曲折可分析为四个阶段:(1) 20 年代完成了从文化冲突的东西说向古今说的转变;(2) 30 年代通过生产社会化程度把握古今社会类型的区别,并在整体上表现为受马克思历史哲学影响的近代化(工业化)的"体—用"文化观;(3) 40 年代开始关注文化近代化过程中的民族化问题,通过"质""文"的模式以肯定文化形式的民族性,从而使得其文化观的结构和特质无法归结为某一种"中西体用"的模式,形成了前期冯友兰文化观的成熟形态;(4) 50 年代以后,与 40 年代以前注重"新命"不同,"旧邦"代表的文化意义即文化连续性与文化认同问题突出起来,重写中国哲学史的实践在文化观上是以历史唯物论与历史辩证法的结合为之论证,以此肯定"过去"在文化和历史发展中被作为"现在"的因素的必然性与合理性。本章所论,至 40 年代为止,50 年代以后的发展希望在另外的机会再来研究。

第十四章　冯友兰《新世训》的人生论

不同的解读源自于不同时代的历史文化语境所形成的不同的理论视野，而且，不同的阅读个体对同一历史文本也会有不同的解读。从这点来看，在"理解"的问题上，我们必须注意获取可能激活文本的理论意义的新的视界。因此，对一个哲学家某部著作意义的认识与理解，并不能完全以这个哲学家的自我陈述为限制，这是很显然的。比如，冯友兰先生在世时我曾问他，"贞元六书"中何者最为重要，当时他的回答中并没有提及《新事论》和《新世训》，他在《三松堂自序》和《中国哲学史新编》第七册中也明确说过他认为这两部书价值不高。但在 90 年代初，当我研究《新事论》的时候，发现该书所讨论的正是 80 年代中期以来最受关注的中西文化问题、文化与现代化问题，这使我对《新事论》的当代相关性和重要意义得出了与冯友兰自己很

第十四章　冯友兰《新世训》的人生论

不相同的认识。① 本于这样的经验，对于《新世训》的理解，我也期望能找到类似的视角，这就是，本章试图将其论述纳入现代性的伦理变迁来重新认识其意义。

一

二十年来中国社会从"社会主义计划经济"到"社会主义市场经济"发展的经验，已经使我们切近地体会到，在以市场经济为基础的现代社会中，"成功"成了青年大众最流行的价值取向，而"高尚"已经成了过去的文化符号。古代儒家的圣贤理想和革命时代的道德追求都已渐渐失落和沉沦。② 事实上，这是后"文革"时代道德精神生活的大趋势。当然，在后"文革"时代的初期，这种趋势的出现主要导源于人们对"文化大革命"的深恶痛绝所带来的对那种高调的革命文化的离弃，但在此后的发展中，与市场经济的发展更结下不解之缘。在这种社会文化发展中，个体自我的张扬与利益的追求，日趋升进，呼应了改革开放和社会主义市场经济的建立，成为中国现代性建构的一部分。

中国现代性的展开，并非从 20 世纪 80 年代开始。中国的现代化进程，早在 20 世纪的前三十年已经经历了初期的发展，

---

① 陈来：《冯友兰文化观述论》，《学人》第四辑，1993 年。
② 在意识形态上我把 1949—1976 年的中国内地也算作革命时代。另外，这里的成功是指个人事业与发展的成功。

在文化观念上的"脱古入今"①，也在新文化启蒙运动中得到了前卫的发展。尽管，从辛亥革命到北伐结束，摆脱政治的分裂和混乱是政治社会的焦点，科学和民主则是文化运动的核心，但在一个近代社会中如何重建道德和人生方向，也渐渐引起人们的注意。②进入30年代，现代化的进程加快，现代化的问题意识也在文化上渐渐突起，这些都不能不在思想家关于伦理和人生思考上有所反映。另一方面，中国文化具有悠久的道德思想传统，尽管新文化运动冲击了"礼教"的社会规俗，但在道德伦理领域"传统"与"现代"的问题并未合理解决，新文化运动后期，文化激进主义的声音有所减低，对传统道德在近代社会的意义渐多肯定，为理性地讨论此问题奠定了基础。③

冯友兰在20年代曾出版过《一种人生观》（1924）和《人生哲学》（1926），30年代他也就人生问题做过多次讲演。可以说，对人生哲学的留意是冯友兰始终关注的一个重点。《人生哲学》在当时曾列为高中教科书，而《新世训》的各章都先在《中学生》杂志1939年末至1940年初各期上发表，如果说前者之作为中学生读物是被动的，那么后者则可以说是有意地以青年为对象而写作的。从而，指导青年人生和修养成为《新世训》的基调，虽然它在体系上也可以说是《新理学》哲学的一种应

---

① 这是我借用日本明治时代所谓"脱亚入欧"的说法，来表示新文化运动中西化派的文化观。

② 事实上，从民初到五四，这种道德关切一直持续不断。

③ "五四"时代的伦理革命在口号上是打倒孔家店，但围绕的焦点始终是家庭与男女，即个体对旧式家庭的摆脱，和女性对爱情自由与婚姻自主的追求。故五四时期并没有深入现代伦理变迁的其他方面。

第十四章　冯友兰《新世训》的人生论

用,是把传统理学的道德教训诠释于现代生活的一种新论。

从1910年代中期到30年代中期,以现代化产业为中心的社会经济变化大规模展开,中国的现代工业部门开始迅速增长(尽管它只占整个经济很小的部分),城市社会组织和社会结构剧烈变化,接受了新式教育的新知识青年大量成长,中小型以上城市的社会已经告别了传统的面貌。① 这一切,使得"现代化"或"工业化"进入30年代学者的问题意识,1933年出现的关于中国现代化的论争即是标志。② 正如我们以前分析的,以《新事论》前半部为代表的冯友兰前期文化观,完全是一种现代化的文化观,在其中传统与民族化的问题全未出场;③ 与这种文化观相适应,冯友兰在差不多同一时期写的《新世训》,也明显地具有这种意义,④ 即针对后圣贤时代而提出的一种诠释传统德行以适应现代世俗社会的个人生活的伦理教训。借用"德性之后"的说法,我们称此为"圣贤之后"的人生追寻。⑤

这一"现代"人生观特点的表现是,相对于传统的人生教训而言,《新世训》一书中最显突出的是对"非道德底"生活方法的强调。我们知道,伦理学将"道德"概念一般区分为"道德的(moral)""不道德的(immoral)""非道德的(non-mor-

---

① 参看罗兹曼主编:《中国的现代化》,江苏人民出版社,1988年。
② 参看罗荣渠主编:《从西化到现代化》,北京大学出版社,1997年,第221页。
③ 陈来:《现代中国哲学的追寻》,人民出版社,2001年,第90—91页。
④ 《新世训》的大部分篇章先发表于《中学生》杂志1939年10月至1940年3月。1940年5月《新事论》出版,1940年7月《新世训》出版。
⑤ 虽然冯友兰在《新理学》《新世训》《新原人》中都没有否定"圣人"的观念,但《新世训》的意义确须从圣贤之后的现代人生追寻来理解。

al)"三种。"道德的"与"不道德的"是相对立的,而"非道德的"是指道德上中性的或在道德领域之外的。不过,"非道德的"并非与人生无关,与传统人生教训相比,《新世训》突出的正是非道德方面的人生劝诫。

冯友兰在《新世训》"绪论"中指出,此书又可称"生活方法新论",为什么叫生活方法?新论之新在何处?生活方法的概念,冯友兰并没有做过说明,在我看来,所谓生活方法,是着重于人在生活中采取妥当适宜的行为,而不是集中在内心的修养。这个出发点和宋明理学家是不同的。所谓新论之新,冯友兰有清楚的说明,第一,"生活方法必须是不违反道德底规律底"①,第二,"宋明道学家所谓为学之方,完全是道德底,而我们所讲底生活方法,则虽不违反道德底规律,而可以是非道德底"②。可见,实际上,第一点虽然是首要重要的,但并不是新论之为新的要点,第二点才是新论之所以为新的特点。

他又指出:

在以前底人的许多"讲道德,说仁义"底话里,我们可以看出来,他们所讲所说者,大致可以分为三类。一类是:道德底规律,为任何社会所皆需要者,例如仁义礼智信等。一类是:道德底规律,为某种社会所需要者,如忠孝等。另外一类是:不违反道德底规律底生活方法,如勤

---

① 《新世训》,《三松堂全集》第四卷,第373页。以下凡引《新世训》,仅注明全集卷页。

② 《三松堂全集》第四卷,第374页。

第十四章　冯友兰《新世训》的人生论

俭。说这些生活方法是不违反道德底规律底，是说，它虽不必积极地合乎道德底规律，但亦消极地不违反道德底规律。积极地合乎道德底规律者，是道德底；积极地违反道德底规律者，是不道德底；虽不积极地合乎道德底规律，而亦不积极地违反道德底规律者，是非道德底。用这些话说，这些生活方法，虽不违反道德底规律，但不一定是道德底。说它不一定是道德底，并不是说它是不道德底，而是说它是非道德底。①

也就是说，从今天的立场来看，以前讲道德仁义的教训中，包含了三类规律：第一类是古往今来一切社会都需要的普遍道德原则，第二类是专属某些社会所需要的特殊道德原则，第三类是一些属于非道德性质的但有益于人事业成功的生活行为方法。②

他更指出：

> 宋明道学家以为人的一举一动，以及一思一念，都必须是道德底或不道德底，……我们以为人的行为或思念，不一定都可分为是道德底或是不道德底。所以我们所讲底生活方法，在有些方面，亦可以是非道德底。③

---

① 《三松堂全集》第四卷，第 374 页。
② 在这个说法中，这意味着，"讲道德，说仁义"的教训中可以有一部分是"非道德"的生活原则。所以，这里的"讲道德，说仁义的话"实即是广义的人生教训。
③ 《三松堂全集》第四卷，第 375 页。

理学家认为人的思想"不是天理，便是人欲"，极大地突显道德与不道德的对立紧张，而没有给其他道德中性的思想感情留下空间，实际上是把许多道德中性的思想感情都划入"人欲"之中。现代社会伦理的重要特色就是把大量道德中性的思想、行为从理学的"非此即彼"的框架中解放出来，以减少道德评价对人生的过度介入。冯友兰的这种说法当然包含了对宋明理学的批评，但其意义不止于此，其目的主要不在于解放为理学所严加管束的生命欲望上，而在于要突出非道德的人生教训即生活方法的意义。

这当然绝不是说《新世训》不讲道德的生活方法，例如忠恕，他一方面仍然"把忠恕作为一种实行道德的方法说"，另一方面则"又把忠恕之道作为一种普通'接人待物'的方法说"①。这后一点，即把生活方法不作为实行道德的方法，而作为一般普通的接人待物的方法教训，正是《新世训》的重点和特色。所以，本章的观点并不是说冯友兰只讲非道德的人生教训，而是说在宣讲道德的人生教训的同时，也重视非道德的人生教训，成为本书的特色。

这种分别就是"道德底"和"非道德底"的分别，用另一种说法，即"道德底"和"理智底"的分别。冯友兰说："我们所讲底生活方法，注重人的道德底活动，亦注重其理智底活动。"② 所以他认为，"人是理性的动物"这一说法是对的，但还可分析："人之所以异于禽兽者，在其有道德底理性，有理智

---

① 《三松堂全集》第四卷，第 400 页。
② 同上书，第 389 页。

第十四章　冯友兰《新世训》的人生论

底理性。有道德底理性所以他能有道德底活动,有理智底理性所以他能有理智底活动。"① 应当说,道德理性的对象是道德规则,理智理性的对象是实存的规律,二者确实有所分别。所谓非道德的人生教训大多是基于社会经验而形成的"世俗智慧"②,是由理智理性所总结出来的。非道德的人生教训是要引导人过更为明智的生活道路。

"人之所以异于禽兽"本是指人的本质、本性,此种本质、本性的完全实现便是古代作为理想人格的"圣人"。冯友兰指出:

> 宋明道学家说人之所以异于禽兽者时,他们注重在人的道德方面,而我们说人之所以异于禽兽者时,我们不只注重在人的道德方面,而亦注重在人的理智方面。……宋明道学家所谓人之至者,是在道德方面完全底人,而我们所谓人之至者,是在道德方面及理智方面完全底人。③

这样,《新世训》的人性观也打破了单一从道德本性了解人的传统,同时主张从理智本性来了解人。人的本性不仅体现在其道德的方面,也体现在其理智的方面,即包含两个方面。就"人之所以为人"来说,冯友兰认为:"一个人若照着人之所以为

---

① 《三松堂全集》第四卷,第387页。
② "世俗智慧"的说法来自韦伯,以与伦理观念相区别。
③ 《三松堂全集》第四卷,第389页。

人、人之所以异于禽兽者去做，即是'做人'。"①"圣人"就是在做人上已完全达到"人之所以为人"的人，"一个人如果对于'做人'已可认为至完全的程度，则可称为人圣，人圣即是圣人。"② 由于理性有两个方面，道德理性和理智理性，所以人的本性的实现也必须在两方面并进完善。"无论就理性底哪一方面说，人都是理性底，而不完全是理性底。但完全是理性底却是人的最高底标准。所以人必自觉地、努力地向此方面去做。"③ 从而做人不仅要在道德上达到最高标准，也要在理智上达到最高标准。

这种特点也充分表现在他对"规律"的强调。他说："人都生活，其生活必多少依照一种规律，犹之乎人都思想，其思想必多少依照一种规律。"④ 他认为，人的思想所依照的规律是"逻辑底规律"，此规律不是人强加于思想的，而是思想本来的规律，即"本然底规律"。人的生活所依照的规律是"生活方法"，人的生活也有其本来的规律，人的社会生活的"本然底规律"需要与之相对应的一门学问，这就是生活方法。从哲学的概念使用来说，"规律"本来是指一种自然的必然性观念，要人遵从现实的自然的必然性。法律和道德律则是人为制定的当然规则，不限于社会生活的实然经验。正如理学把当然之则和所以然之故都概括为理，冯友兰的新理学也把道德规则和生活规

---

① 《三松堂全集》第四卷，第384页。
② 同上书，第385页。
③ 同上书，第389页。
④ 同上书，第371页。

第十四章 冯友兰《新世训》的人生论

律都叫作规律。[1]

由于此书的特点是突出非道德的人生教训,所以命名为生活方法新论,与此相应,他把"生活方法"对应于"生活规律",即为了符合生活的规律而采取的生活方法。冯友兰强调"规律"而不是使用"规则",是很有其用意的。[2] 规则用于道德生活,故我们习用"道德规则",而规律则多指道德领域之外的生活经验的总结。所以冯友兰强调"生活规律",虽然与其新理学形上学有关,但更和《新世训》对非道德生活的重视有关。"道德规则"是讲人应该如何做,"生活规律"是讲人如何做才能趋利避害。故此书在态度上是更多地把"道德教训"的规范,变成"经验之谈"的规律,或寓道德规则于经验之谈。在中国传统文化中,这一类的内容很多,如《老子》《周易》中有很多强调人生成败的经验教训,其中有不少可以说反映了社会生活的规律。儒家文化中也容纳了不少此类内容。特别是,在世俗儒家文化中,也就是儒家思想和价值在具体应用于家庭、社会、人际交往的实践中所形成的实践形态,如家训、家规等,它们都受儒家价值的影响,但同时以经验教训的面目出现。

---

[1] 冯友兰早在《人生哲学》的最后部分"一个新人生论"中已经区别了天然之道和当然之道,但认为规范法则也是客观的,不随人之主观而改变,其观点似受新实在论的影响。《三松堂全集》第二卷,2001年第二版,第217页。

[2] 不管是规律或规则,冯友兰的这种强调不能不使人联想起不同于"德性的道德"的"规则的道德"的概念。参看石元康:《从中国文化到现代性》,东大图书公司,1998年,第107页。

二

现在我们通过《新世训》的若干具体内容，来说明冯友兰在此书中对"道德底"和"非道德底"同时并重的"双焦点"透视的论述方法。大体说来，此书的十篇中，一部分是就传统的道德德目（如忠恕、中庸、中和、诚敬）讲出道德与非道德的两种现代应用；另一部分是就传统的非道德德目（如勤俭、无为、冲谦）讲出其现代生活的意义。以下举出几点：

（一）忠恕

《新世训》第二篇为"行忠恕"。对于忠恕，冯友兰的讲法是："照我们的讲法，忠恕一方面是实行道德的方法，一方面是一种普通'接人待物'的方法。"①

于是他先论孔孟所讲的忠恕之道，这就是"把忠恕作为一种实行道德的方法说"②。所谓实行道德的方法，即以忠恕为"行仁"的方法。冯友兰认为，在这个意义上的忠恕，是指"尽己为人"和"推己及人"。"怎样才算是尽己为人呢？为人作事，必须如为自己作事一样，方可算是尽己为人。人为他自己作事，没有不尽心竭力底。他若为人作事，亦如为他自己作事一样底尽心竭力，他愿意把他自己的一种事，作到怎样，他为别人作一种事，亦作到怎样，这便是尽己为人。""所以忠有照己之所

---

① 《三松堂全集》第四卷，第394页。
② 同上书，第400页。

第十四章 冯友兰《新世训》的人生论

欲以待人的意思,我们可以说,己之所欲,亦施于人,是忠。己所不欲,勿施于人,是恕。"① "一个人因他的自己的欲或不欲,而推知别人的欲或不欲,即是'能近取譬'。"② "忠恕之道的好处,即行忠恕之道者,其行为的标准,即在一个人的自己的心中,不必外求。"③ 推己及人为恕,这是古人已有的讲法,但宋儒解释"忠",只说"尽己之谓忠",意有未全,冯友兰对忠恕的解说,特别是对"忠"所作的"尽己为人"的解释,应当说是对传统儒学的很好的发挥。

接着,冯友兰说:"以下我们再把忠恕之道作为一种普通'待人接物'的方法说。"这就不是指道德行为了,而是指非道德的生活方法了。他说:"在日常生活中,有许多事情,我们不知应该如何办。此所谓应该,并不是从道德方面说,而是从所谓人情方面说。"④ 人情就是非道德生活方法的忠恕之出发点。在这方面,他举出,"一个人来看我,在普通底情形中,我必须回看他。一个人送礼物给我,在普通底情形中,我必回礼与他,这是人情。""'来而不往,非礼也。'若专把来往当成一种礼看,则可令人感觉这是虚伪底空洞底仪式。但如我去看一个人,而此人不来看我,或我与他送礼,而他不与我送礼,或我请他吃饭,而他不请我吃饭,此人又不是我的师长,我的上司,在普通底情形中,我心中必感到一种不快。因此我们可知,如我们

---

① 《三松堂全集》第四卷,第 396 页。
② 同上书,第 398 页。
③ 同上书,第 399 页。
④ 同上书,第 400 页。

以此待人，人必亦感觉不快。根据己所不欲，勿施于人的原则，我们不必'读礼'而自然可知，'来而不往'，是不对底。"[①] 因此，非道德方面的忠恕，就是行为要合乎人情，"一个人对于别人做了某种事，而不知此事是否合乎人情，他只须问，如果别人对于他做了这种事，他心中感觉如何。如果他心中将感觉快了，则此种事即是合乎人情底，如果他以为他心中将感觉不快，则此种事即是不合乎人情底。"[②] 这一类的事情，他还提出说好话的例子："人都喜听好话，这是事实，在相当范围内，对于人说好话，使其听着顺耳，是行忠恕之道，是合乎人情底……这些话也已使受之者心中快了，而又于他无害，所以说这些好话是行忠恕之道，是合乎人情底。但如说好话超过相当底范围，则听之者或将因此而受害。"[③] 这是最明显的"非道德"但不是"不道德"的生活例子，也是教人避害招利以求成功的处世方法。

在"行忠恕"这一章，冯友兰还详细地讨论了面对各种复杂情形如何行忠恕之道及其理据，限于主题，这里就不展开了。

（二）无为

此书第二篇为"无为"。此篇讨论的"无为"是指"无所为而为"，他指出，有两种"无所为而为"，一种是道德的，如儒家所说者；另一种是非道德的，如道家所说者。

他说："儒家对于'为'底态度，不是'无为'，而是'无

---

① 《三松堂全集》第四卷，第401页。
② 同上。
③ 同上书，第404页。

第十四章　冯友兰《新世训》的人生论

所为而为'。如因一事是对于个人有利，或有功，而为之，则此行为是有所为而为。利或功即是此为之所为。如因一事是应该为而为之，则此为是无所为而为。无所为而为与无为不同，但一个人若能无所为而为，则亦可得到一种无为。宋明道学家所说底无为即是属于这一类底无为。"① 他又指出，从儒家说，"就一个人说，他作事应该只问其是否应该作，而不计较其个人的利害，亦不必计较其事的可能底成败，此即是无所为而为……"

"道家所说率性而为底无为，实则亦是无所为底无为，不过道家所说率性而为底无为，注重在兴趣方面。而儒家，如宋明道学家，所说无所为而为底无为，则注重在道德方面。我们以下讲无所为而为底无为，亦从两方面说，一方面从兴趣说，一方面从道德说。"②

从兴趣作事，即顺其兴趣的自然，没有矫揉造作，没有功利目的，如"棋迷为下棋而下棋，戏迷为唱戏而唱戏，他们对于下棋或唱戏并不预存一位国手或名角的，他们下棋或唱戏，是随着他们的兴趣去作底。他们的下棋或唱戏，是无所为而为。他们对于下棋或唱戏，虽刻苦用功，然亦只觉其乐，不觉其苦，故亦是无为。凡人真能随其兴趣去作者，皆是如此"③。

通过以上的讨论，冯友兰同时肯定了儒家和道家两种非功利的人生态度和作事态度。

---

① 《三松堂全集》第四卷，第413页。
② 同上书，第414页。
③ 同上书，第419页。

(三) 中庸

关于儒家所说的"中"的本义，冯友兰认为："'中'是无过不及，即是恰好或恰到好处的意思。……作事恰到好处，可就两方面说，一方面就道德说，一方面就利害说。就道德方面说，所谓作事恰到好处者，即谓某事必须如此作，作事者方可在道德方面得到最大底完全。就利害方面说，所谓作事恰到好处者，即谓某事必须如此作，作事者才能在事业方面得到最大的利益。"可见，虽然都是"必须"，但这两种必须的意义不同。冯友兰认为，儒家的中是从道德的方面讲，道家的中是从利害的方面讲，"儒家讲用中，作事不可过或不及，是就道德方面说'中'。道家讲'守中'，凡事都要'去甚、去奢、去泰'，是就利害方面说'中'。"①

冯友兰不仅区别了道德或非道德的两种讲法，还就这两种讲法中的大路和小路作了区分，如宋儒进一步讨论了中的问题，冯友兰分析说："程子曰：'中者天下之正道'，他所说底这个道字，或许有特别底意义，不过我们可以把这个道字作路字解，对于任何事，都有一条合乎中道底路可走，这条路人人都可走底，所以谓之正路，亦可谓之大路。不走这条大路，而好走小路者，中庸谓之'索隐行怪'，'行险徼幸'，小路虽亦有人走，走小路或亦有时有特别底方便，但走小路总亦有特别底不方便。"②从道德方面说，天下之正道，就是可普遍化的道德公

---

① 《三松堂全集》第四卷，第429页。
② 同上书，第437页。

律,就是己所不欲,勿施于人。

从非道德的方面说也是如此,冯友兰指出:"以上是专就道德方面说庸,从功利方面说,凡是能使某种事最成功底办法,亦是最平常底办法,例如一个人如想发财,最平常底办法,是竭力去经营工业或商业。……这是大道,亦即上所说的大路。这是人人所都知道底,亦是人人所都能行底。如有人嫌此大路太迂曲,嫌此办法太拙笨,而求另外直捷底路,巧妙底办法,则即是所谓'行险徼幸'。"[①]可见,冯友兰不仅区分了道德的和非道德的不同讲法,而且在这两方面都充分诠释出其教训人生的意义。

(四)冲谦

冯友兰认为:"就中国传统思想说,谦虚是一种人生态度,其背后有很深底哲学底根据。此哲学根据,一部分即是《老子》及《易传》中所讲底道理。"在冯友兰看来,《老子》以及《周易》的很多说法都是从非道德的方面着眼的,关于谦虚的讲法就是其中一种。

他说:"老子对于人生,有很深底了解。他观察人生,发现了许多道理或原则。这些道理和原则,他名之曰'常'。他以为人若知道了这些'常',而遵照之以行,则即可以得利免害。若不知这些常而随便乱作,则将失败受害。他说:'知常曰明,不知常,妄作,凶。'"可见,这种讲法,即不谦虚就会失败受害,

---

① 《三松堂全集》第四卷,第 438 页。

是一种"从利害上讲"的角度,而不是从道德上讲。换言之,这种对于谦虚的讲法也是就非道德的意义上强调的教训。

冯友兰认为,这种就事物的利害成败来分析,与科学的讲法很相似,即是道德中立的:"在这一点上,老子很有科学底精神。……老子所说底话,有许多对于道德是中立底。在这一点,他亦与一般科学家相似。科学家所讲底道理,对于道德是中立底。有些人可以应用科学家所讲底道理作道德底事,有些人亦可以应用科学家所讲底道理作不道德底事。但对于这些,科学家都是不负责任,亦不能负责任底。在有些地方,老子亦只说出他所发见底道理,至于人将应用这些道理作什么事,老子是不负责任,亦不能负责任底。例如老子说'将欲歙之,必固张之'……"①

守冲谦可以就客观环境说,亦可就主观心理说,冯友兰说:"如欲使一某事物的发展,不至乎其极,最好底办法,是使其中先包括些近乎它的反面的成分,例如一个资本主义的社会,如发展至一相当程度,而仍欲使其制度继续存在,最好的办法,是于其社会中,先行一些近乎是社会主义底政策。"② 这就是就客观环境说。"就社会说是如此,就个人说亦是如此。如一个人想教他的事业或学问,继续发展进步,他须常有戒慎恐惧之心……人若常存戒慎恐惧的心,则是常存一近乎是志得意满的反面的心。所以他的事业,无论如何成功,如何进展,都不是其极。所以他的事业,可以继续发展进步。……一个人的这种

---

① 《三松堂全集》第四卷,第444页。
② 同上书,第445页。

第十四章 冯友兰《新世训》的人生论

戒慎恐惧的心理，在态度上表现出来，即是谦虚。"①

冲或虚是就一个人的心理状态说，谦是就此种心理之表现于外者说。之所以要表现于外，是因为谦可以调节人与他人的关系。冯友兰说："以上是就一个人及其事业说。就人与人的关系说，谦亦是一种待人自处之道。人都有嫉妒心，我在事业或学问等方面，如有过人之处，别人心中，本已于不知不觉中，有忌妒之意。如我更以此过人之处，表示骄傲，则使别人的忌妒心愈盛，引起他的反感。大之可以招致祸害，小之亦可使他人不愿意承认我的过人之处。"② 冯友兰承认，"我们以上说谦虚的好处，及骄盈的坏处，亦是就利害方面说。若就另一方面说，一个人可以有一种知识或修养，有此种知识或修养者，可以无意于求谦虚而自然谦虚，无意于戒骄盈而自然不骄盈。"③ 就利害方面说，就是从非道德方面说。

总之，《新世训》教导青年做人要谦虚、要勤俭、要专心、要诚信、要奋发、要有朝气；做事要凭理性判断，做事要合乎人情；己所不欲，勿施于人；做事不要太急功近利，尽可能无所为而为，做事需要细心计划，认真实行；做事要走正道大路，不要侥幸用小聪明；做事能宽容，心中之事，过而不留，情顺万物而无我；对于成功不必过于期望，对于失败不必预为忧患；要善于作领导，无为无私、存诚居敬。这些都是对青年非常重要、有益的指导和教训，而其中不少

---

① 同上书，第446页。
② 《三松堂全集》第四卷，第447页。
③ 同上书，第448页。

都是属于道德中性的内容。

  本章的任务不是全面叙述《新世训》的内容,故不再深入讨论其内容。我们所要指出的是,表面上看来,《新世训》中所说的"道德底生活方法"是来自儒家,而"非道德底生活方法"多来自道家,但不能仅仅把此书看成是亦儒亦道或儒道结合的一种文化混合物,事实上,这些非道德底生活方法在历史上也为广义的儒家文化所容纳,从《新世训》的读者对象来说,此书与明清时代的通俗儒家作品,如蒙学读物等,在性质上有相近之处,所以必然包含一些道德中性的和功利主义的元素。而我们更要看到这种对非道德生活方法的关注所具有的现代社会生活的背景。正是在此种生活背景之下冯友兰力图提出一种适应人(尤其是青年人)在现代社会生活的人生哲学。也可以说,他正是关注到非道德生活方法在现代生活的重要性,才注意利用中国文化中广泛的人生思想资源。

三

  前面我指出,所谓生活方法,是着重于人在生活中的妥当适宜的行为。这里所谓妥当适宜,是指这些行为有助于个人在社会上的成功。冯友兰晚年在《三松堂自序》中回顾说:

> 在抗战以前,开明书店出了一个刊物,叫《中学生》,发表关于青年修养这一类文章。我还在南岳的时候,他们向我约稿,当时没有写。到了昆明以后,写了一些,在

第十四章 冯友兰《新世训》的人生论

《中学生》中连载。后来把它们编为一部书，题名为《新世训》。当时我想，这一类的文章，在旧时应该称"家训"，不过在以社会为本的社会中，读者的范围扩大了，所以称为"世训"。现在看起来，这部书主要讲了一些处世术，说不上有什么哲学意义，境界也不高，不过是功利境界中的人的一种成功之路，也无可值得回忆的了。[①]

从"青年修养"和"家训"的提法可知，此书的撰写的最初起因，应当是教导青年如何"做人做事"。但本书的实际内容，是偏重在如何做人以获得"人的成功"。换言之，本书讨论的是，一个人要在社会取得成功，他应当如何处事、做人、自处。对成功的关注，在古代即是属于功利的范畴，正统儒家往往把"功"和"德"严加区别，而冯友兰此书的特点，照其自己这里的说法，则是把"功"和"理"，即把个人的成功和社会生活规律（规则）结合起来，把个人的"功利"和"行德"结合起来。道德规则是"无所为而为"的，而经验之谈是"有所为而为"的，道德规则强调人应当这样做，只服从道德规则，即使个人吃亏也要这样做。而经验之谈是告诉人怎样做才能顺利和成功。

比《三松堂自序》更早，他在50年代自我批判的时期也说过：

《新世训》那本书中，讲修养方法，也是就个人立论，

[①] 《三松堂全集》第一卷，第221页。

> 从个人出发,至于新哲学则无论讲什么,都是就群众立论,从群众出发。这是旧哲学与新哲学中间的一个主要分歧。①

他指出,传统哲学的希圣希贤,虽然不离开社会活动,但目的是提高自己,完成自己。而新哲学(指1949年后提倡的无产阶级哲学)主张一切为人民服务,出发点不能有丝毫为个人自己的动机。"假使一个人老想着使他自己成为圣人,他还是老想着自己。老想着自己就是不能忘我。宋明道学家常以为,佛家底人想叫自己成佛,是自私的。""无产阶级底哲学,就是无产阶级社会的哲学。在这种社会里,没有私人财产,因此也没有个人主义,一个人不但不想使他自己成为富人贵人,也不想使他自己成为圣人。"② 就是说,想使自己成为圣人,这里仍然有着为自己的动机,还是没有忘我。这也就是说,《新世训》还保存着或追求着一种个人主义的东西。但冯友兰所说的这种个人主义不是当代社会主义文化所否定的利己主义,而是近代以来西方社会文化所说的个人主义。

在这里,我们看到他的更重要的一段自述:

> 还是在青年的时候,我很喜欢佛兰克林所作的《自传》,在其中他描写了他一生中怎样由一个穷苦的小孩子逐渐成为一个成功的世界闻名的大人物。当然,他的成功并不是用损人利己的方法得来的。他的成功跟美国的社会的进步也有一定的联

---

① 《三松堂全集》第十四卷,第927页。
② 《三松堂全集》第十四卷,第929页。

第十四章　冯友兰《新世训》的人生论

系。我们也不能说他不是一个具有民主思想的爱国主义者。但是他的活动的主要推动力，是资产阶级个人主义。……我在《新世训》里所宣传的，实际上就是这种生活方式。我虽然也经常提到中国封建主义哲学家所讲的生活方法，也经常引用他们的言论，但是我跟他们在有一点上是有基本不同的。我说："宋明道学家所谓为学之方，完全是道德底，而我们所讲底生活方式，则虽不违反道德的规律，但不一定是道德底。说它不是道德底，并不是说它是不道德底，而是说它是非道德底。"这就是说，我所讲的生活方法，所要追求的一个主要部分，是在不违反道德的范围内，尽力追求个人的成功。这正是不折不扣的资产阶级个人主义的人生观。……《新世训》的总目的还是个人的成功。①

这一点非常重要，就是说，此书关注和所要解决的重要问题是"如何不违反道德地追求个人的成功"，一种追求成功的进取精神如何不违反道德，这不仅对当时经历了现代中国第一波现代化高潮的 30 年代青年的人生观有意义，对今天从社会主义计划经济到社会主义市场经济的社会转型，也具有现实的意义。这就是为什么冯友兰在此书中着力于"非道德方面"的人生教训的根本原因。当然，由于在自我批判时期，冯友兰并没有正视此书的积极面，即，虽然就个人而言，此书包含着对个人追求成功的肯定，但就社会而言，此书无疑地具有在市场经济条件

---

① 《三松堂全集》第十四卷，第 980—981 页。

下指导青年人生、增益社会良性行为的积极的社会功能。

虽然这些是冯友兰自我批判时期的反省，但是去掉那些"资产阶级"一类的帽子和一味自我批评外，我认为其中也透露出许多他的原始的想法，有重要的价值。在冯友兰研究中，我一向主张，不要把那些带有自我批判和反省气息的文字都看作是言不由衷的敷衍之辞，在事实的层面，那些叙述不仅没有背离真实，而且由于年代接近新理学时期，它所陈述的内容往往更加真切。比如，即使在这个自我批判的时期，他不仅没有回避，而是仍然肯定了富兰克林的个人主义和美国的社会进步有关系。他甚至说，《新世训》谈的就是富兰克林式的生活方式。我们知道，马克斯·韦伯很推重富兰克林的工作伦理，更把新教伦理的勤俭、职业观念等作为近代资本主义的精神，所以，冯友兰这里所谓"个人主义"在一定意义上就是韦伯所肯定的近代社会的一种伦理精神。

马克斯·韦伯在《新教伦理与资本主义精神》的第二章"资本主义精神"的开始，大段大段地引述了富兰克林教导年轻人的话，如："切记，时间就是金钱。……切记，信用就是金钱。……除了勤俭和勤奋，在与他人的往来中守时并奉行公正原则，对年轻人立身处世最为有益"，等等。① 韦伯肯定了这些话是"具有伦理色彩的劝世格言"，认为这体现了"一种近代资本主义精神"。② 然后韦伯指出："富兰克林所有的道德观念都

---

① 《新教伦理与资本主义精神》，三联书店，1987年，第33—35页。
② 应当注意，韦伯所说的"资本主义精神"，是指"某些宗教观念对于一种经济精神的发展所产生的影响，或者说一种经济制度的社会精神气质"。见《新教伦理与资本主义精神》，第16页。

第十四章　冯友兰《新世训》的人生论

带有功利主义的色彩,诚实有用,因为诚实能带来信誉;守时、勤奋、节俭都有用,所以都是美德。"① 这些和《新世训》的内容在性质上确有类似之处,虽然冯友兰所讲,与富兰克林相比,做人和做事的部分更多。

富兰克林的说法被推到极端,会得出外在形象比内在美德更重要的结论,但韦伯也指出,富兰克林本人仍然重视培养内在的品格和美德。尽管如此,韦伯仍然指出:"我们引用的富兰克林的话所表现的那类思想,虽曾令一整个民族为之喝彩,但在古代和中世纪,则肯定会遭排斥,……事实上,一切尚未卷入或尚未适应现代资本主义环境的社会群体,今天对这种思想仍抱排斥态度。"② 如果我们把韦伯着眼于经济伦理或工作伦理的表达转换成一般伦理学的语言,那么可以说,韦伯在富兰克林那里所看到的正是传统的非功利主义到近代功利主义的转变,一种近代社会的人生态度与精神。这也说明,带有功利性的思想,在古代是被正统思想所排斥的,因此富兰克林也好,冯友兰的《新世训》也好,正如韦伯所说,这种包含着功利主义色彩而道德中性的劝世格言,正代表了从古代到近代在伦理观念上的一种转变。③ 所以,《新世训》的这种适应转型时代社会的伦理特点和《新事论》前半部的现代化取向的文化观是一致的,即冯友兰希望为多数人提供一种适合现代化过程的行为伦理,

---

① 《新教伦理与资本主义精神》,第 36 页。
② 同上书,第 39 页。
③ 冯友兰的这种态度是否受到杜威的影响尚无人研究,但至少"尊理性"的讲法与杜威接近,杜威的《旧个人主义和新个人主义》与冯友兰思想相当接近。

一种适应现代社会和市场经济结构的伦理。

四

不用费力我们就可观察到，《新世训》的重点在"行"，如各篇的篇名："行忠恕"的行，"道中庸"的道，"为无为"的为，"守冲谦"的守，"致中和"的致，都透露出此书重心在"行为"而不在德性。① 这与传统儒家重在内心之德的修养方法是不同的，也与稍后《新原人》重点在"心"（境界）的论述不同。正因为如此，冯友兰明确说明生活方法不是修养方法。冯友兰说："我们于以上所说底生活方法是'生活'方法，凡生活底人都必须多少依照之。"他特别指出，生活方法是为一个要成为有做事能力的人所做的准备，即求得做事能力的方法。"所谓修养方法，可随人的人生观不同而异。但我们于此所讲底生活方法，则不随人的人生观的不同而异，因为我们所讲底生活方法是'生活'方法，凡是生活底人都须用之。"② 所以此书的不少内容似在突出人生教训的技术意义，而不是规范意义，而技术当然是理智的对象。当然，由于《新世训》突出的是"非道德的教训"，突出的是"处事术"和"生活术"，颇注重在待人处己的技术（方法）指导的方面，所以还不是全面讨论道德伦理的著作，但其对青年人生的指导实有其重要的意义，不可低估。

如果用《新原人》和冯友兰1949年以后的说法，《新世训》

---

① 如果说《新世训》是讲"行"（行为），则《新原人》是讲"心"（境界）。
② 《三松堂全集》第四卷，第381页。

第十四章 冯友兰《新世训》的人生论

虽然讲道德行为，但其实是以合乎道德的行为作为手段，以达到个人为我和成功的目的，所以他们的行为是合乎道德的，但不是从道德境界发出的。① 就是说，《新世训》所倡导的诸行为，不仅是道德中性的，即是道德的行为，也是从有益其成功来说的。② 冯友兰在《新原人》中说："一切利他行为，都可以作为一种利己的方法。古今中外，所有格言谚语，以及我们的《新世训》，虽都是'讲道德，说仁义'，但大都是以道德仁义作为一种为自己求利的方法。"这是冯友兰自己清楚地承认的。他还指出，不仅古代谚语格言，就是典籍所论，也有不少此类的讲说，如"老子书中，有许多地方，都把合乎道德底行为，作为一种趋利避害的方法。如说：'非以其无私耶，故能成其私。''夫惟不争，故天下莫能与之争。'无私不争，是合乎道德底行为，但老子都将其作为一种为自己求利的方法。"③ 由于此书的视点聚焦在行为上，所以其所倡导的处世方法似更多属于"对"，而不是"善"。

应当指出，虽然《新世训》中有不少哲学的阐述，但就读者对象来说，《新世训》在性质和功能方面与古代通俗伦理读物有类似之处，它不是讨论精英儒者的修养工夫，而是对一般社

---

① 陈战国指出，冯友兰在《新理学》中认为道德行为就是合乎道德规律的行为，强调道德的客观原则；《新原人》认为为道德而行的行为才是道德行为，强调的是道德的主观原则；二者似相抵牾，而实则冯友兰欲把功利主义和道德自律结合起来。参看陈著：《冯友兰哲学思想研究》，北京大学出版社，1999年，第181页。

② 事实上，此书中的"从非道德方面"所说的，往往就是为了个人的成功而采取合乎道德的行为。

③ 《三松堂全集》第四卷，第593页。

会人士提出的行为指导,这是它具有上述特点的原因。所以,在《新世训》出版两年后完成的《新原人》,同样是讨论人生观,便与《新世训》的着眼点不同了。冯友兰后来在回忆《新世训》时说:

> 我还可以说,《新世训》不过是一本通俗的书,所讲的生活方法,只是为一般人说的。新理学的人生观并不仅仅就是这个样子。在新理学的体系里,是提出了一个人生的崇高目的,就是"希圣希贤"。……《新世训》所讲的是一种低级的人生观和生活方式,《新原人》所讲的是一种高级的人生观和生活方法。①
>
> 《新世训》所讲的人生观和生活方法,就是《新原人》所讲的功利境界中的人。我在《新原人》里也承认这种境界不高。我也认为比较高的是所谓道德境界。②

可见,《新世训》和《新原人》的区别,首先是针对不同读者的区别。照这里所说的,冯友兰在《新世训》里突出讲的是适合普通人的生活方法,在境界上属于不太高的功利境界;而他在稍后不久的《新原人》里则贬低功利境界,又提出一种高级的人生观和生活方法,在境界上属于传统圣贤君子的道德境界(和超道德境界)。因此,在这个意义上,《新原人》不是《新世训》的否定,而是对《新世训》的发展。然而,从另一方面来

---

① 《三松堂全集》第十四卷,第984页。
② 同上书,第986页。

第十四章 冯友兰《新世训》的人生论

看，对于冯友兰来说，这两部书即使不构成矛盾，也存在着重大区别，反映着从传统到现代的社会伦理变迁的深刻矛盾。简言之，他既觉察到现代社会道德的变化趋势，从而希望作出一种伦理的调整，如《新世训》；又想保留古代的人生理想，如《新原人》。就《新世训》而言，其中重要的问题包含了如何对待个人主义伦理的问题。所谓"功利境界"的问题亦须从个人主义伦理的问题来了解，才能显示出其完整的现代意义。这里所说的个人主义不是指相对于集体主义而言的个人主义，也不是指注重权利诉求的个人主义，而是指异化于美德伦理的个人主义生活方式，这种个人主义是道德中性的个人主义，与不道德的利己主义不同。

固然，道德境界高于功利境界，但冯友兰在这里使用的"低级的人生观"显然也染着50年代初期的时代色彩，即1949年以后的相当长的时期中对个人主义的不加分析地排斥。如果从现代的角度看，《新世训》中劝人"作人"的人，虽然不是圣人，但这样的人生却已经是现代社会难得的正面人生，其积极意义应当充分肯定。正如，"消极的自由"与"积极的自由"不同，但消极的自由仍有其重要的意义。在这个意义上，《新世训》较偏于消极的自由，即如何不违反道德；而《新原人》更发展了积极的自由，即如何由道德境界进而达到超道德的境界。① 当然，冯友兰最终在《新原人》里找到了他自己看来是更好的解决之道，在这个意义上，《新世训》对于他自己并不具

---

① 这里所用的消极自由和积极自由的概念既不同于康德，也不同于伯林。

有终极的意义。但是，放在现代中国社会伦理变迁中来看，《新世训》中涉及的问题确实值得重视，即儒家的传统人格理想在现代社会如何调适。对于现代社会的人，哲学家不能只提出极少数人才能达到的最高的精神境界，必须为规范大多数人的现代人生提出可知可行的正当的生活方式。《新世训》正是以大多数现代人为对象而提出的行为指导，其性质与《新原人》是不相同的，也更具有社会伦理的现实功能。而非道德的处世方法若上升为价值观念，也是现代人所需要的健康人生理念的一部分，即不唱道德高调，但仍给人生以适当的指引。在这个意义上，《新世训》的伦理意义不容忽视；也正是在这一意义上，我曾说："《新世训》论述了现代社会的人的生活行为的基本规律，谋求从古代的圣人道德向现代的以个人为基础的道德生活的转变。"①

如本章一开始所说的，追求成功已经成为当今青年的主导价值取向，但成功和做人如何统一，如何获致正当或正确的方法以求成功，使人得以保持好的行为以防止堕入不道德，正是这个时代所需要的人生行为导向。从这方面看，《新世训》是有其意义的。特别是，它提示出，德性之后，不见得就是感性的张扬，在后圣贤时代中，"生活方法必须不违反道德规律"仍然

---

① 陈来：《从"贞元之际"到"旧邦新命"——写在冯友兰先生全集出版之际》。事实上，清代自中期以后的思想文化已经没有再突出圣人理想了，五四以后传统的圣人理想更渐落寞，这一过程可谓去圣化的过程。但没有圣人理想不等于德性伦理不能成立。中国伦理的近代进程，其要点即"去圣化"之后德性伦理如何保持。而不仅"去圣化"和政治、教育的变迁密切相关，去圣之后的德性伦理的实现也仍然与道德权威得以成立的政治、教育的条件密切关联。

第十四章 冯友兰《新世训》的人生论

是人生重要的课题,在法律和道德之外,道德中性的人生教训对现代人也甚为需要。事实上,《新世训》并没有鼓吹"成功"的价值,仍然希望在传统圣人理想去魅化以后能找到适宜的方式给青年人生以正确指导。至于冯友兰思想中更为积极的人生与价值理想,要到《新原人》中才能完全发展出来,这一点我们将在另外的机会来详细讨论。

第十五章　冯友兰哲学中的神秘主义

一般认为，冯友兰哲学是一种新实在论的哲学、一种典型的理性主义，这基本上是没有问题的。不过，这也使得冯友兰哲学中的神秘主义因素往往被忽略了。他自己曾经有一次这样说过："我过去的哲学思想最后归结到神秘主义。"事实上，20世纪中国哲学家中，冯友兰最早注意到所谓"神秘主义"的问题。他对神秘主义的了解和态度，受到实用主义的影响，而他自己思想中的神秘主义成分则多来源于中国古代哲学的神秘主义。这一方面使得他对中国古代哲学传统的把握与众不同，而有其特色；另一方面，神秘主义也被容纳到"新理学"体系，成为整个哲学体系的重要部分。甚至，他把中国古代哲学的神秘主义肯定为可以使世界哲学改善和发展的一个主要贡献。由此看来，神秘主义的问题乃是研究冯友兰哲学应当特别重视的一个线索。本章将历史地检视有关神秘主义的理解在冯友兰思

第十五章 冯友兰哲学中的神秘主义

想中如何发展、演变,以及在其哲学体系中所扮演的角色。这将使我们了解在冯友兰哲学中除了追求逻辑的清晰分析以外的另一贯彻始终的基点。另外应当说明,本章多处引用了冯友兰50年代所写的学术自述和回顾思想发展的材料,因为在我看来,这些叙述,除了他加给自己的那些政治帽子外,在有关他个人思想发展的事实叙述方面,基本是可信的。

一 宗教经验

根据比较宗教学的立场,"神秘主义"是与"神秘经验"密切联系的,神秘体验是指人通过一定的心理控制手段(修行)所达到的一种特殊的心灵感受状态,其根本特征是"合一性"(oneness)体验。合一性体验又可分为内外两种:外向体验者在这种感受状态中感受到万物的浑然一体,内向体验者则感受到超越了时空的自我意识即整个实在。而所有神秘体验都感受到主客界限和一切差别的消失,同时伴随着不可言说的兴奋、愉悦和崇高感。

1920年夏,冯友兰写了《柏格森的哲学方法》一文,介绍并评论了柏格森的直觉的哲学,指出柏氏的哲学不以智识的分析为根本,而是以本能的直觉为根本。其中叙述说:"真正直觉是一种智识的同情,由此同情,我们把我们自己放在物的里面,以求与那个物的划一的相合,而终于不可说。这种经验也是人人都有一点的。"[①] 在文章的最后他说:"我自己再说几句,以

[①] 《三松堂学术文集》,第7页。

作结论。我说直觉是分析以后的事，主张直觉的，只反对以分析为究竟，并不是反对分析。若以为主张直觉便是不要分析，便为大错。"① 由上引可见，冯友兰所叙述的"与物合一而终于不可说"的经验，其实就是神秘经验，只是冯友兰当时既未用"神秘主义"一词，也未对神秘主义特别注意，这一时期他更重视理智的意义。

20年代中期，冯友兰发表了《一种人生观》（1924）的小册子，他后来曾说，"在《一种人生观》里，我强调理智的重要，反对梁漱溟先生所谓'直觉'，……我自以为我已经摆脱了柏格森的影响了。我自命为是和新实在论一样，着重的是逻辑和理智。"② 不过在另一个地方他又说："《一种人生观》这个小册子，表面上主张'理性'，反对所谓'直觉'的神秘主义，其实是为神秘主义保留一个地盘。"③ 这里冯友兰是指该书附录的《天人损益论序言》，后来在《中国哲学史》重复了此序言的说法。《一种人生观》在1926年收入《人生哲学》作为理论部分，而《人生理想之比较研究》则被作为《人生哲学》的历史部分。在《人生哲学》的历史部分，虽然终篇未提"神秘主义"的概念，但其中的论述颇有与神秘主义相关者。在"论道家"的一章中冯友兰指出，道家修养主张返于婴儿，而"于天地为合"，他说："婴儿虽有活动而无知识，此种无知识之经验，即所谓纯粹经验 pure experience 也。在有纯粹经验之际，经验者，对于

---

① 《三松堂学术文集》，第10页。
② 《三松堂全集》第十四卷，第184—185页。
③ 同上书，第168页。

第十五章 冯友兰哲学中的神秘主义

所经验，只觉其是'如此'（詹姆士所谓"that"），而不知其是'什么'（詹姆士所谓"what"）。詹姆士所谓纯粹经验，即是经验之'票面价值'（face value），即是纯粹所觉，不杂以名言分别。佛家所谓现量，似即是此。庄子所谓真人所有之经验，即是此种。"① 詹姆士曾著书专门论述神秘主义的宗教经验，然而，冯友兰当时虽读过詹姆士的著作，似乎并不注意"神秘主义"的概念，以致他论郭象"由纯粹经验以玄同彼我"的"万物一体"境界时，说"此言毫无神秘之义"②。这与后来他把神秘主义解释为承认有万物一体境界的哲学、认为郭象有神秘主义的说法，有很大的不同。

另一方面，在《人生哲学》第十三章论宗教经验时他说：

> 此外又有所谓宗教经验，在此经验中，经验者觉如大梦之醒，见此世界真为虚幻，其外另有较高的真实；又觉其自己个体与"全"（宇宙之全）合而为一，所谓人我内外之分，俱已不存。承认此种经验是真而加以解释者，多先设一惟心论的宇宙论之假定。吾人以为，吾人可认此种经验是真，而不必设惟心论的宇宙论之假定。庄子及斯宾诺莎之哲学，似亦同此见解。……凡能有宗教经验者，必先去"我见"，使至于"无己"；至于"无己"，则个体已与宇宙合而为一。既与宇宙合一，则其观察事物之观点，可谓已至一较高阶级；故于其时可真见一切事物之为虚幻而宇

---

① 《三松堂全集》第一卷，第370页。
② 同上书，第372页。

宙全体之独为真实也。①

他又说:"吾人若不承认惟心论的宇宙论之假定,若何可承认个体与宇宙之能合而为一?答:所谓相合,乃就知识论上言之,非就本体论言之。就知识论上言之,人若真觉其与'全'相合,则即真与'全'相合矣。……至于家族、社会、国家,吾人如亦只觉其同而不觉其异,则亦觉其为一体。若一人对于宇宙,亦只觉其同而不觉其异,则万物岂不即其人之个体,而其人之个体岂不即与宇宙合而为一耶?此所谓'至人无己',不作分别之极致也。总之有人之有此等经验,乃为事实。有此经验之人,觉其经验之中,有最高的真实及最大的幸福,亦为事实。"② 在这里所说的宗教经验无疑就是指神秘经验,但冯友兰明显地回避使用"神秘主义"这个词,这可能是怕引起当时国人对"损道"的误解。在第十三章中他引用过詹姆士的《宗教经验种种》(该书有一章专门讨论神秘主义的问题),他说:"我们即承认此经验之低的来源,而仍应承认其高的价值。我们即不以之为求真理之路,亦应以之为求幸福之路。换言之,我们即不于其中求真,亦应于其中求好。"③ 表示他认为,神秘主义虽然不是一种哲学的方法,但可作为一种追求理想的精神生活的途径。

---

① 《三松堂全集》第一卷,第536页。
② 同上书,第536页。
③ 同上书,第537页。

第十五章　冯友兰哲学中的神秘主义

二　万物一体

冯友兰在《人生哲学》中虽然提到纯粹经验、宗教经验，但其问题意识受五四及梁漱溟文化观的影响，只把万物一体的境界作为"损道"，作为"进步主义"的对立面来考察，只是联系对"自我"的否定或肯定来了解人生哲学，并未从更普遍的哲学和精神生活的高度去了解。1927年，冯友兰发表了《中国哲学中之神秘主义》一文，这是我国学术界早期研究神秘主义的重要文献，其文开首便说：

> 神秘主义一名，有种种不同底意义。本文所说神秘主义，乃专指一种哲学，承认有所谓"万物一体"之境界者；在此境界中，个人与"全"合而为一；所谓主观客观、人我内外之分，俱已不存。学哲学者普通多谓此神秘主义必与惟心论底宇宙论相关连……学哲学者之普通底意见虽如此，但神秘主义实不必与惟心论底宇宙论相连。①

这里冯友兰不仅已明确肯定万物一体的境界即神秘主义境界，而且他对神秘主义的描述和定义，与《人生哲学》论宗教经验的语句完全相同。这种变化可能与他在1926年将《庄子》作英译的过程有关。值得注意的是，他把神秘主义界定为一种"哲

---

① 《三松堂学术文集》，第49页。

学"的境界，而不是宗教的经验。

在这篇文章中冯友兰指出，在中国哲学中，儒道两家都以神秘境界为最高境界，以神秘经验为个人修养的最高成就。分别来看，道家的宇宙论倾向于唯物论，儒家的宇宙论倾向于唯心论。道家所用以达到最高境界的方法是在知识论上取消一切分别，以达到"天地与我并生，万物与我为一"的境界。而儒家用以达到最高境界的方法，是在道德上克己去私，以实现"复其天地万物一体之本然"的境界。① 关于道家，冯友兰在此文的第二节指出道家反对智识底知识而注重纯粹底知识；然后用二百多字重复了在《人生哲学》中叙述詹姆士论纯粹经验的一段，不过，与《人生哲学》中叙述詹姆士纯粹经验的一段所不同的是，这一次他是把纯粹经验作为神秘经验和万物一体境界来论述的。所以他解释《庄子·大宗师》的"外物""见独"说："既'外'一切，则所见者，惟浑然之一体而已；此所谓'见独'也，浑然一体之中，古今死生之一切区别，皆不存在。"② 关于儒家，他指出："不过所谓万物一体之境界，孔子未尝明言；其所谓仁或只是一种道德，并无神秘主义底意义。至《中庸》及孟子，儒家之神秘主义，始完全显明。"③ 他指出孟子讲"万物皆备于我"即万物与我为一体，孟子所谓"浩然之气"即个人在此最高境界中的精神状态，他更指出，宋明哲学家所讲说，"其大端实即上述之神秘主义，不过其'条理功

---

① 《三松堂学术文集》，第 49—50 页。
② 同上书，第 52 页。
③ 同上书，第 54 页。

第十五章 冯友兰哲学中的神秘主义

夫'或加详密而已"①。在此文最后一节第八节中他对宋明哲学做出以下判断:

> 总观以上所引程朱及王阳明之言,则此诸哲学家皆以为(一)天地万物本来一体;(二)人以有私,故本来之一体,乃有间隔而生出物我之对待;(三)吾人须克己去私,以复天地万物一体之境界。朱晦庵、王阳明为宋明哲学二大派之中坚人物,而其所见在大体上竟相同如此。总之宋明诸哲学家,皆以神秘主义底境界为最高境界,而以达到此境界为个人修养之最高成就。②

他还指出,朱熹欲尽格天下之物,诚未可厚非,但把格物作为达到神秘主义境界的方法,则未见其可;以智识的知识求神秘主义的境界,实乃南辕而北辙。在1931年出版的《中国哲学史》上卷的孟子一章中,他把这篇文章的要点全部纳入其中,以说明孟子的神秘主义倾向。③

同年,冯友兰还发表了《郭象的哲学》一文,与《人生哲学》论郭象不同,在这篇论文中他肯定郭象的理想人格是神秘主义,④ 他说:"我们看斯宾诺莎的《伦理学》,我们开首觉得他的哲学是个实在主义,看到最后,他的实在主义竟为神秘哲

---

① 《三松堂学术文集》,第56页。
② 同上书,第58页。
③ 同上书,第178页。
④ 同上书,第80页。

学所掩了，他能把实在主义与神秘主义合一。郭象的主义也是如此。我以为这是他们的价值之一。……郭象这一类的道家哲学，虽有神秘主义，但与科学并不冲突。"[①] 他已经不再回避神秘主义这个概念了，在某种程度上他觉得这个概念相当便利有用。

由上述来看，从20年代中期到后期，冯友兰已经比较充分地掌握了西洋与中国古代的神秘主义哲学，他对中国古代神秘主义的研究是开创性的。他肯定神秘主义的价值，认为可以在不承认唯心论的前提下去达到神秘主义的人生境界。在他对神秘经验的叙述中，我们已经可以或隐或显地看到后来《新理学》和《新原人》中所说的"大全""天地境界"的原始根柢和最初萌芽。

三　直觉与不可知

1931年出版的《中国哲学史》上卷，在其第一章"绪论"中讨论到哲学方法，他说："凡所谓直觉、顿悟、神秘经验等，虽有甚高的价值，但不必以之混入哲学方法之内。无论科学、哲学，皆系写出或说出之道理，皆必以严刻的理智态度表出之。凡著书立说之人，无不如此。故佛家之最高境界，虽'不可说不可说'，而有待于证悟，然其'不可说不可说'者，非是哲学，其以严刻的态度说出之道理，方是所谓佛家哲学也。故谓

---

① 《三松堂学术文集》，第80页。

第十五章　冯友兰哲学中的神秘主义

以直觉为方法，吾人可得到一种神秘的经验则可，谓以直觉为方法，吾人可得到一种哲学则不可。……故吾人虽承认直觉等之价值，而不承认其为哲学方法。"① 实际上，这一段话，最早见于1924年出版的《一种人生观》附录《天人损益论序言》。在冯友兰看来，哲学仅仅是指一种理智的言说，因此直觉和神秘经验都不是哲学，不是哲学的方法。但他同时承认，直觉与神秘经验有很高的价值。他似乎认为，哲学是一种求"真"的理智方法，而神秘主义是一种达"善"的特殊途径。② 30年后，他在《四十年的回顾》中说："照这段话看起来，我并没有摆脱柏格森的影响。我并不是从根本上反对直觉、顿悟、神秘经验，我还承认它们有很高的价值，不过认为它们不是一个哲学方法而已。我虽然重视理智，但是实际上是给理智的活动划了一个范围，把它的活动限制在言说的范围之内，这就接近于康德的不可知论。"③ "这就是企图限制科学方法的应用范围，使它跟神秘主义和平共处。"④《中国哲学史》中他不仅在孟子一章中的附注里重复了《中国哲学中之神秘主义》一文对神秘主义的理解，而且在论庄子的一章中重复了以往对詹姆士论纯粹经验的引述。这使得在《中国哲学史》中对神秘主义的论述成了该书的一个特色。冯友兰后来说："在《中国哲学史》里，我表面上说对于各家各派，都要有同情的了解，其实，我真正同情的，

---

① 《中国哲学史》上卷，第5页。
② 他在《人生哲学》中也说哲学之目的在求好，科学之目的在求真，《三松堂全集》第一卷，第352页。
③ 《三松堂全集》第十四卷，第185页。
④ 同上书，第144页。

是客观唯心主义和神秘主义。公孙龙和朱熹都是客观唯心主义的代表人物，都是我所特别表彰赞扬的，孟子和庄子也都是神秘主义底代表人物，也都是我所特别赞扬的。我认为他们分别地指出了达到'神秘境界'的两个方法。"①

后来冯友兰承认，在《中国哲学史》中，更早在《人生哲学》中，有实用主义的影响，并把这种实用主义的影响归结为不可知论和神秘主义。早在《一个新人生论》中冯友兰就认为："实用主义的说法，谓科学所能知，不过世界之一方面；科学不过人之理智之产物；而宇宙有多方面；人所用以接近宇宙之本体者，除理智外固有别种官能也，……以所谓道德的意识，及直觉，为能直接接近宇宙本体之官能。"② 这是指，实用主义认为理智为基础的科学知识是有限的，直觉与神秘主义是理智之外用以接近宇宙本体的方式。在冯友兰的早期著作中常常引用詹姆士的论述，这是他受到实用主义影响的表现之一。他承认，在《人生哲学》的时期，他的思想完全是实用主义的，"在《一种人生观》中，我完全采用了实用主义的道德观点和真理论。"③ 由于受实用主义"经验"论的影响，他在《人生哲学》中说："吾人之经验，乃吾人一切知识之根据，除此之外，吾人更无从得知识也。"④ 把人的知识看作"调和诸经验的假设"。他后来曾对《人生哲学》的立场这样概括："世界观上，我采取

---

① 《三松堂全集》第十四卷，第 113 页。
② 《三松堂全集》第一卷，第 509 页。
③ 《三松堂全集》第十四卷，第 178 页。
④ 《三松堂全集》第一卷，第 523 页。

第十五章 冯友兰哲学中的神秘主义

新实在主义的立场,在认识论上,我采取实用主义的立场。"①他还说过:"我曾经相信实用主义,后来又相信新实在论。"②

在《中国哲学史》中他对客观的历史和主观的历史作了区分,认为前者指过去的事情本身,后者指历史家所写的记述,而历史家不可能写出跟本然的历史完全相合的历史,他说:"马克斯诺都有言:客观的真实之于写历史者,正如康德所说'物之自身'之于人的知识。写的历史永远不能与实际的历史相合。"③冯友兰在后来的自我批判中认为,这种解释历史的不可知论就是受实用主义的影响,他说:"我标榜新实在主义,但我也并不是完全不要实用主义。……唯心主义哲学本来都要倒向不可知论。由于我要保持跟实用主义的联系,所以在我过去的哲学思想中,不可知论的色彩更加浓厚。不可知论之所以留一个'不可知'的东西,正是为宗教留一个'禁地',为神秘主义开一个大门。我过去的哲学思想,也正是最后归结到神秘主义。"④在《中国哲学史》中他还提出,一个真正的哲学系统必然有一个一以贯之的宗旨,这个宗旨就是作为整个系统基础的哲学家之"见",由这个"见"而演成此广大的系统。他后来在《过去哲学史工作的自我批判》中说:"我引用实用主义的一个创始人詹姆士的说法,认为'哲学家各有其"见"(vision),又以其"见"为根本意思,以之适用于各方面'。詹姆士所谓

---

① 《三松堂全集》第十四卷,第97页。
② 同上书,第123页。
③ 《中国哲学史》,第19页。
④ 《三松堂全集》第十四卷,第95页。

'见'本来就是一个宗教的名词,宗教家有时有了一种幻觉,就自以为有了一种特别的能力,能与'神'相交通,因此有常人所不能有的知识。詹姆士用这个名词,使哲学神秘化。我在《中国哲学史》里引用这个名词,也把哲学神秘化。"[1] 事实上,对詹姆士的"见"的叙述,早见于《人生哲学》的"绪论"。这里所说的神秘的洞见和宗教家的幻觉,无疑也是包含着神秘主义。

四 天地境界

在《中国哲学史》时期以前,冯友兰只是把"神秘主义"作为一个哲学史的类型学概念,神秘主义对他自己的哲学的影响还未表现出来。现在,我们来看"新理学"时期(1937—1945)冯友兰思想中的神秘主义及其变化。

根据冯友兰自己的说法,在写《中国哲学史》的时期,他还处于从实用主义转向新实在论的过程,即认为离开人的意识有独立的客观存在,但那个存在是不可知的。[2] 但是,在新理学时期,他基于神秘主义的哲学之"见"有更进一步的发展。用他后来自我批判时期的表述:"后来在《新理学》里,我把这个神秘主义的思想,更加引申,……在《新理学》里,我又称这个'理世界'为'无字天书'。我说:无字天书,有人能读之,有人不能读之。能读'无字天书'的人,在'读'的时候,有一种'精神境界','仿佛觉已超过经验,超过自己'。这种经

---

[1] 《三松堂全集》第十四卷,第101页。
[2] 同上书,第187页。

第十五章　冯友兰哲学中的神秘主义

验,当然就是宗教式的'神秘经验'。"① 又说:"《新原人》发挥了我在《中国哲学史》所表现的神秘主义思想,把所谓'事天''乐天''同天'说成人的最幸福的境界。"② 冯友兰自己曾说:"总起来说,'境界说'是新理学的中心思想。"③ 而新理学体系中的境界说是整个体系中与神秘主义相关的主要部分。

在境界说中与神秘主义有密切关系的主要是"天地境界"说。概括说来,"天地境界"的主要特征就是"自同于大全",而"大全是不可说底,亦是不可思议、不可了解底";自同于大全者的境界是超越了一切分别的混沌。④ 由于天地境界中的人自同于大全,我与非我的分别已不存在,所以他感觉到"万物皆备于我"⑤。天地境界包括四个阶段:知天、事天、乐天、同天。人如果自觉了解到自己不仅是社会的一部分,而且是宇宙即大全的一部分,这就是知天;知天的人对他的所作所为,自觉地看作是对宇宙所尽的义务,这就是事天;事天的人在其行为和事物中获得了一种超道德的意义,从而产生一种乐,如古人所说的孔颜乐处,有这种乐,叫作乐天。天地境界的最高阶段是同天,冯友兰说:

  在天地境界中底人的最高底造诣是,不但觉解其是大全的一部分,而并且自同于大全。如庄子说:"天地者,万

---

① 《三松堂全集》第十四卷,第101—103页。
② 同上书,第114页。
③ 同上书,第223页。
④ 《三松堂全集》第四卷,第558页。
⑤ 同上书,第632页。

物之所一也。得其所一而同焉，则死生终始，将如昼夜，而莫之能滑，而况得丧祸福之所介乎？"得其所一而同焉，即自同于大全也。一个人自同于大全，则"我"与"非我"的分别，对于他即不存在。道家说："与物冥。"冥者，冥"我"与万物间底分别也。儒家说："万物皆备于我。"大全是万物之全体，"我"自同于大全，故"万物皆备于我"。此等境界，我们谓之为同天。……大全是不可思议底。同于大全的境界，亦是不可思议底。佛家的证真如的境界，道家的得道的境界，照他们的说法，是不可思议底。儒家的最高境界，虽他们未明说，亦是不可思议底。①

对照《人生哲学》论宗教经验的提法和《中国哲学中之神秘主义》中的提法，《新原人》所说的天地境界无疑是以神秘主义为其原型的，"天地境界"的定义与"神秘主义"的定义对冯友兰是完全一致的。正惟如此，他明确肯定："同天的境界，本是所谓神秘主义底。"他又说："在同天境界中底人，自同于大全。大全是不可思议底，亦不可为了解的对象。在同天境界中底人所有底经验，普通谓之神秘经验，神秘经验有似于纯粹经验。道家常以此二者相混，但实大不相同。神秘经验是不可了解底，其不可了解是超过了解；纯粹经验是无了解底，其无了解是不及了解。"② 冯友兰在这里把纯粹经验说成为自然境界，这一点与早年不同。

---

① 《三松堂全集》第四卷，第 632—635 页。
② 同上书，第 517 页。

第十五章　冯友兰哲学中的神秘主义

那么，天地境界是不是仅仅指神秘经验呢？这又不然。严格地说，神秘经验是瞬间获得的、短暂的，而境界是代表相对持久和稳定的觉悟水平，因此，体验与境界是有所不同的。更应注意的是，神秘经验是依靠反省的直觉来获得的，而天地境界，照冯友兰的强调，是要通过理智的了解即"知天"为基础。从新理学的体系来说，人必须有对理、对真际、对共相、对大全的认识和理解，才能上达至新理学所推崇的同天境界。其中理、气是人对事物作理智分析所得的观念，大全是人对事物作理智的总括得到的观念。① 他说："理及气的观念，可使人游心于'物之初'。道体及大全的观念，可使人游心于'有之全'。这些观念，可使人知天，事天，乐天，以至于同天。"② 人若能从理、大全的观点来看事物，一切事物将对他呈现一种新的意义，这种新的意义将使他有一种新的境界，即天地境界。③ "宇宙或大全之理及理世界，以及道体等观念，都是哲学底观念。人有这些哲学底观念，他即可以知天，知天然后可以事天，乐天，最后至于同天。"④ 所以，大全、同天境界虽然是不可思议的，但仍须通过理智的思议才能达到，他说：

  但不可思议者，仍须以思议得之，不可了解者，仍须以了解了解之。以思议得之，然后知其是不可思议底。以

---

① 《三松堂全集》第五卷，第 155 页。
② 同上书，第 159 页。
③ 《三松堂全集》第四卷，第 625 页。
④ 同上书，第 627 页。

了解了解之，然后知其是不可了解底。不可思议底，亦是不可言说底，然欲告人，亦必用言语言说之。不过言说以后，须又说其是不可言说底。有许多哲学底著作，皆是对于不可思议底思议，对于不可言说者底言说。学者必须经过思议，然后可至不可思议底，经过了解，然后可至不可了解底。不可思议底，不可了解底，是思议了解的最高得获。哲学的神秘主义是思议了解的最后底成就，不是与思议了解对立底。①

这些说法表明，冯友兰一方面坚持以理性的分析与总括为根本的哲学方法，另一方面，则以哲学达到的最高精神境界为神秘主义的境界。对他来说，最高的神秘主义境界必须经由理性的哲学分析才有可能达到，自同于大全的不可思议言说的最高境界只有通过知性思议和理性了解才能达到。而哲学的理智的分析和综合，只有以达到最高的同天境界为目的才能实现哲学的根本功能。他对理性方法和神秘境界关系的了解，和他早年讲柏格森时主张的分析与直觉关系，有着惊人的一致。只是，早期的冯友兰还未在两者间建立更积极的关联。另一方面，境界的神秘主义与经验的（体验的）神秘主义虽然可以说都是认识论的讲法，并不包括本体论的承诺，但二者的不同在于，体验可能是短暂被动的，而境界是稳定的觉悟态度；体验的神秘主义是纯粹直觉的，而境界的神秘主义强调以理性分析为基础

---

① 《三松堂全集》第四卷，第635页。

才能达到天地境界。这个分别就是宗教的神秘主义与哲学的神秘主义的区别。

五 负的方法

1948年冯友兰为美国《哲学杂志》的"东方哲学讨论"专栏撰写了《中国哲学与未来世界哲学》一文。在这篇文章中他更强调了作为哲学而不是作为宗教经验的神秘主义在方法论与人生观方面的意义。

在比较中西形上学时,冯友兰举出西方的两个主要传统即柏拉图传统和康德传统,和中国的两个主要传统即儒家传统和道家传统。他特别对康德和道家的哲学进行了比较。在他看来,康德哲学区分了可知与不可知,人能够知的是现象,人所不能知的、不可知的是自在之物。在可知与不可知之间有一个界线,理性没有办法超过这个界线,只能留在界线的此岸。他又认为,道家也区分了可知与不可知,而道家却越过了这一界线,但道家用以越过界线的方法不是使用理性,而是否定理性。道家在静默中越过界线达到彼岸,由否定理性道家得到了"浑沌之地"。① 冯友兰把道家的这种方法称之为"形上学的负的方法"。所谓负的方法,是指对于理智所不能描述的界线彼岸的东西,只用语言说它不是什么,而不说它是什么。冯友兰说:"在这里,我们得到真正的神秘主义。从道家和禅宗的观点看,西方

---

① 《三松堂全集》第十一卷,第515—516页。

哲学中虽有神秘主义，还是不够神秘。西方的神秘主义哲学家大都讲上帝，讲人与上帝合一。但是，上帝既然全知全能，实质上就是一个理智的观念。人只要还有一个或多个理智的观念，就还在'界线'的此岸。"① 就是说，人只有彻底否定包括上帝在内的一切理智观念，才能越过界线到达彼岸。不仅如此，冯友兰还提出：

> 过去 20 年中，我和我的同事，努力于将逻辑分析方法引进中国哲学，使中国哲学更理性主义一些。在我看来，未来世界哲学一定比中国传统哲学更理性主义一些，比西方传统哲学更神秘主义一些。只有理性主义和神秘主义的统一才能造成与整个未来世界相称的哲学。②

正如贺麟曾经区分作为"经验"的直觉和作为"方法"的直觉一样，③ 40 年代晚期的冯友兰思想中的神秘主义论说，可区分为作为"境界"的神秘主义和作为"方法"的神秘主义。40 年代冯友兰经历的维也纳派的方法挑战，使得他在这一时期特别注重方法问题，他说的未来哲学比西方传统哲学更神秘一些，就是指方法的神秘主义而言，特别是负的方法。在这篇文章中冯友兰也谈到理想人生的问题。他指出，印度哲学主张人

---

① 《三松堂全集》第十一卷，第 517 页。
② 同上书，第 517 页。
③ 贺麟：《宋儒的思想方法》，载《近代唯心论简释》，重庆独立出版社，1942 年，第 92 页。

第十五章　冯友兰哲学中的神秘主义

达到不可言说、不可思议之境，便与所谓绝对实在同一。在斯宾诺莎哲学中个人与宇宙的同一，被说成为对上帝理智的爱。这些都是神秘主义的。他承认他所讲的天地境界也是如此。

但是冯友兰同时也坚持哲学理性的意义："天地境界必须看成哲学境界，因为若非通过哲学得到对宇宙的某种理解，就不可能达到天地境界。"① 神秘主义的同一性境界，"必须由否定理智来完成，因为只有否定理智，人才能实现与不能是理智或理性的对象者同一。可是这个同一就是理智的爱，因为理智的否定本身就是理智的活动。"② 所以，他认为："为了消除理性，必须充分运用理性。为什么真正的神秘主义之前必须有真正的理性主义，为什么负的方法必须结合正的方法，道理就在此。"③

事实上，有理由把上面这篇文章看成 1947 年写成并也在 1948 年出版的《中国哲学简史》（原名 *A Short History of Chinese Philosophy*）的最后一章"中国哲学在现代世界"的进一步发挥。在《中国哲学简史》的这一章中他指出，正的方法试图做出区别，告诉我们它的对象是什么，负的方法试图消除区别，告诉我们它的对象不是什么。他承认，在《新理学》一书所用的方法完全是正的分析的方法，在写完《新理学》之后他开始认识到负的方法也同样重要。④ 他说："现在，如果有人要我下哲学的定义，我就会用悖论的方式回答：哲学，特别是形

---

① 《三松堂全集》第十一卷，第 519 页。
② 同上书，第 520 页。
③ 同上书，第 521 页。
④ 见《中国哲学简史》，第 387 页。

上学,是一门这样的知识,在其发展中,最终成为'不知之知'。如果的确如此,就非用负的方法不可。"①"负的方法"就是作为方法的神秘主义,"不知之知"就是指作为境界的神秘主义。哲学就是要通过负的方法,来达到那作为终点的"不知之知"。就是说,哲学的最终发展是要达到一种神秘主义。冯友兰的这些思想很可以和海德格尔晚期思想的变化作一比较。

从方法来说,哲学以经验为出发点,但形上学的发展使它最终达到超越经验、超越思议的"某物"。既不可感又不可思者,是超越理智的,人必须用否定理性的方法才能达到它。这种否定的方法就具有神秘主义的性质。冯友兰说:

> 一个完全的形上学系统,应当始于正的方法,而终于负的方法。如果它不终于负的方法,它就不能达到哲学的最后顶点。但是如果它不始于正的方法,它就缺少作为哲学的实质的清晰思想。神秘主义不是清晰思想的对立面,更不在清晰思想之下。无宁说它在清晰思想之外。它不是反对理性的;它是超越理性的。②

哲学必须开始于理智的活动,用理性的方法认识共相和大全,用理性的方法说明界线彼岸东西的不可知,最后以负的方法超越理性的限制,以达到那不知之境的顶点。作为哲学顶点的不知之境,就是那"自同于大全"的境界,所以:

---

① 《中国哲学简史》,第 387 页。
② 同上书,第 394 页。

第十五章　冯友兰哲学中的神秘主义

  哲学上一切伟大的形上学系统，无论它在方法论上是正的还是负的，无一不把自己戴上"神秘主义"的大帽子。负的方法在实质上是神秘主义的方法。但是甚至在柏拉图、亚里士多德、斯宾诺莎那里，正的方法是用得极好了，可是他们的系统的顶点也都有神秘性质。哲学家或在《理想国》里看出"善"的"理念"并且自身与之同一，或在《形上学》里看出"思想思想"的"上帝"并且自身与之同一，或在《伦理学》里看出自己"从永恒的观点看万物"并且享受"上帝理智的爱"，在这些时候，除了静默，他们还能做什么呢？[①]

由此可见，冯友兰后来自我批判中所说的"我过去的哲学思想，也正是最后归结为神秘主义"，是合乎他自己40年代的思想的。

  在西方文化中，从新柏拉图主义到中世纪基督教神学中，以上帝观念为基础的基督教神秘主义并不罕见。[②] 除了宗教神秘主义之外，文艺复兴以后也发展出一些世俗的神秘主义（secular mysticism），又称自然神秘主义（naturalistic mysticism），如哲学史上出现了宇宙神秘主义（cosmic mysticism），其代表即斯宾诺莎的宗教形上学。19世纪则有叔本华受印度哲学影响而产生的神秘主义。而在中国哲学传统中本来宗教与哲学并无明显分别，超越信仰不占重要地位，所以哲学的神秘主

[①] 《中国哲学简史》，第393—394页。
[②] 赵敦华：《基督教哲学1500年》，人民出版社，1994年，第195、281、356页等。

义一直绵延不绝。只是，传统神秘主义完全在心学系统中发展，与理性主义完全对立。①

总起来说，冯友兰对神秘主义的了解包括三个层次，即"体验"的神秘主义、"境界"的神秘主义、"方法"的神秘主义。冯友兰哲学实际上是一个理性主义与神秘主义结合的体系。这种神秘主义不仅使得冯友兰肯定负的讲形上学的方法，也使他把自同于大全的境界肯定为哲学的目标和人的最高精神境界。与一般的神秘主义所不同的是，冯友兰始终强调的是一种作为哲学境界的神秘主义，而非作为宗教经验的神秘主义；始终强调理智和理性的分析综合是基本的哲学方法，是达到最高精神境界的必由之路；强调逻辑分析与负的方法两者之间的相互补充的关系。尽管在系统的表达方面，神秘主义可能被规定为最终的顶点，但理性主义仍不能被看作是从属性的。在冯友兰的体系里两者并重，缺一不可，这到他晚年的《中国哲学史新编》中依然如此。更为突出的是，他所理解的神秘主义不是一种短暂的心理体验状态，而是一哲学化了的精神境界，而对这种精神境界的追求，正如冯友兰所说，是中国传统儒道哲学的终极追求。对他来说，哲学的真正功能就是要面对人的生存需要而提供给人一种安心立命的精神境界。这样一种对于哲学的理解，对近代以来哲学、宗教的对立，以及对正在丧失自己在生活世界中意义与位置的"哲学"来说，应有值得参考的价值。

---

① 参看拙作《有无之境》附录"心学传统中的神秘主义"，人民出版社，1991年。

第十六章　冯友兰论中国哲学中的"有情与无情"

在冯友兰对中国哲学的了解中，情感的来源和对待情感的方法是一个相当重要的问题。他对这个问题的了解，既是他把握中国哲学精神的重要进路，也影响了他的哲学思想的建构。本章以下的讨论，就是专就此一问题的研究。

一　人生术

1935 年 3 月 2 日，冯友兰在清华大学讲演，题目为"人生术"。这次讲演是应清华青年会主办的大学问题讨论会之邀，讲演的内容发表于次日的《北平晨报》。

这里的"人生术"是指什么呢？据冯友兰的说明：

> 人生术者，就是假定人生是为寻求幸福的；那么，怎

样才能得到幸福，就是人生术。①

按照这个说法，冯友兰所说的"人生术"，即是"求人生幸福之方法"。他认为，现代学校所重视的是知识的输入，故人生术的问题在现代学校很少谈及，但人生术的问题是中国古代学者谈论甚多的问题。他所列举的古代学者的例子，如："从前的道学家那种呆板处事，无非在寻求幸福，又论语中的孔子'乐以忘忧，不知老之将至'，'一箪食，一瓢饮，……回也不改其乐'，都是他们会讲人生术。"② 照这里所说，他认为孔颜之"乐"，及道学家以各种修养工夫求孔颜之乐，都属于"寻求幸福"。

由此可见，冯友兰真正着意的，并不是一般所说的幸福。如有人以荣华富贵为幸福，有人以高官晋爵为幸福，有人则以拯救万民为幸福，但所有这些都是属于外在的幸福，这些幸福所带来的快乐也都是外在的快乐。而冯友兰所说的幸福，其实是指内在的幸福，他所说的乐也是精神境界之乐。

在冯友兰看来，内在的幸福与快乐的获得，关键在于"应付情感"的方法。一个人若能正确地应付自己的情感，就可以获得这种内在的幸福和快乐。所以，这篇以人生术为题的讲演，实际上完全集中在"情感"问题上。他说：

> 人生术很多，今天只讲一个，就是应付情感的方法。情感包括喜怒哀乐，虽然幸福的整个问题不完全在情感上，

---

① 《三松堂全集》第十三卷，第123页。
② 同上。

第十六章　冯友兰论中国哲学中的"有情与无情"

> 可是喜怒都于人生有大关系。如《三国》上三气周瑜，一下子给气死了；《说岳》中的牛皋捉住了金兀术，把金兀术气死，牛皋乐死了。这都是情感的作用。我们怎么对付它，就是现在要讲的。①

可见，冯友兰所关注的，是如何调控个人的喜怒哀乐的情感，以实现一种内心的幸福。

在讲演中，冯友兰特别提出庄子对于情感的来源和情感的作用的了解：

> 庄子说人之所以有情感，因为人的知识不够，若有充分的知识，则不会有情感。譬如大风天气，使人出去不方便，在大人亦不觉得有什么情感发生。可是小孩子们不能出去，就会很生气，骂天是混蛋。这因为孩子们没有大人知道的多，就较大人受情感的痛苦多。西人斯宾诺莎的伦理学说，情感是人的束缚，若人有完全的知识，就可以把这束缚打破。
>
> 《庄子》养生主篇讲此道非常之多：说老子死了，许多人非常悲哀，《庄子》说他们是"遁天背情"，"古之所谓遁天之刑"。他们对于人生性质，没有完全的知识，他们不知道死就是生的结果，所以他们就受了"遁天之刑"，即是悲哀。

---

① 《三松堂全集》第十三卷，第123页。

庄子是很懂这道理的,他的太太死了,他反鼓盆而歌,惠施曾因此责备他,庄子说,在起初,我心亦莫不惋然,但后来想,世界上原先压根就没有他太太,后来忽然有了,有了又没有了,还是和从前一样;人之生死,正如春秋顺序一样,没有可悲的。庄子之如此,是他以理化情。①

照这个说法,冯友兰这里所关注的情感现象,主要是指消极、否定的情感情绪。他借庄子的话表示,人不能顺应自然的变化去理解世界与人生,就是"遁天";人因为遁天而遭受这些消极情感的折磨,就是受"遁天之刑"。另一方面,他认为,情感之发生是由无知所致,而知识有两种,一种是对于自然的知识,如气象;一种是有关生死穷达的知识,其实是指哲学的了解。缺乏这两种知识,人就会受情感的束缚折磨,而不能解脱。

冯友兰认为,人之所以不能摆脱情感的束缚,主要的原因还不是人不能避免情感的发生,而更在于"心累于物",即情感发生后,不能为理所化,而累系于物:

> 王弼等主张人应"应物而无累于物",说情感是自然的反映,所以不能免除,只要不累于物就够了。《庄子·应帝王》亦讲"至人之用心若镜,不将不迎,应而不藏,故能胜物而不伤"。镜之不伤,在其无累于物,但庄子只讲以理化情,对此点未加发挥。宋儒却有很重要的发挥。程明道

---

① 《三松堂全集》第十三卷,第724页。

第十六章 冯友兰论中国哲学中的"有情与无情"

的《定性书》说:"天地之常,以其心普万物而无心,圣人之常,以其情顺万物而无情。故君子莫若廓然而大公,物来而顺应。"宋儒解释此理,常举的例子是颜回的"不贰过""不迁怒",能作到此地步,就是他能廓然大公,物来顺应。如某人和他太太打仗了,一生气连茶碗都摔了,就是因为他未能廓然大公,物来顺应。王阳明说:"七情不可有所著",著即累,即七情不可有所累。讲《大学》"心有所忧患,则不得其正,心有所忿懥,则不得其正",他所注重在"所"字,一有所忧患忿懥,即是有了对象的累于物了,即有所苦。如我们看人打别人嘴巴,我们当时或亦忿懥,但事一过就完了。若有人来打我一个嘴巴,那就不同,我不但现在恨他,甚至什么时候想起来,什么时候恨。就因为我的心有所累,我不能廓然大公,有"我"的存在,不能以"人打我"就像"人打他"的态度处置之。①

冯友兰认为,庄子近于无情论,而王弼和宋儒的看法则不是无情论。王弼和宋儒都认为人的情感是自然的反映,不可能免除,所以人应当做的,不是无情,不是免除一切情感,而是使七情不要着累于物而伤苦。

冯友兰在讲演中最后指出,七情所以累物的根本原因是在于"有我"。"我"的存在是心有所累、不能廓然大公的根源:

---

① 《三松堂全集》第十三卷,第725页。

> 人之有所累于物否，完全在于"有我"与"无我"的存在。以现在的话说，就是客观的态度之有无。廓然大公，的确是对于人生幸福有莫大关系，对于一个人的事业成功，亦很重要。……不能廓然大公，有我之存在，总是战战兢兢，患得患失，结果也很糟。……所以大公无私，无我无己，若在道学家的旗牌下讲起来，很无味，但是它们是对人生幸福有关系的。①

这是说，决定人生幸福的重要因素之一，是能够做到"无我"，无我才能廓然大公，不累于物，不为外累所伤所苦。换言之，人应当有情而无我，或情顺于物而无我。所以，重要的不是无情，而是无我。

二 动静合一

现在回过头来，追溯这一问题在冯友兰学术思想发展中的脉络和轨迹。

早在《人生哲学》第二章第二节"何为幸福"中，冯友兰指出，在庄子看来，"凡物各由其道而得其德，即是凡物皆有其自然之性，苟顺其自然之性，则幸福当下即是"②。这里所说的"自然"是与"人为"相对的，人为是模仿自然，改造天然，人为境界导致天然境界所享受的幸福的丧失。该书的第五章第三

---

① 《三松堂全集》第十三卷，第725页。
② 《三松堂全集》第一卷，第365页。

第十六章　冯友兰论中国哲学中的"有情与无情"

节题为"杨朱的人生术",其中说:

> 杨朱所认为求幸福之道如此,……吾人只应任情放言,而不顾社会毁誉。……杨朱甚重肉体快乐,其所以如此,或者即由在一切快乐中,肉体快乐最易得到,选取最近快乐,正所以避免苦痛。①

这些都是他早年论及"人生术"和"求幸福之道"的讨论。

稍后出版的《一个新人生论》的第五节,题为"人生术",他在其中提出,儒家所讲的"知命"乃是一种人生术。要了解人生术,先须了解"好"。"好"分为两种,一为"内在的好",一为"手段的好"。"内在的好",是指事物自身是可欲的,其价值就在事物自身。"手段的好",是指某些事物本身没有独立的价值,但它们是可以达到内在的好者的手段。冯友兰认为,许多内在的好者必须用手段的好才能达到,而"手段的好"往往干燥无味,故造成人生中的痛苦。如果人们能在主观上把"手段的好"认定为有"内在的好",人的失望和痛苦就可以减去大半。

冯友兰又认为,中国古人所说的"无所为而为"是以"所为"有"内在的好";"无所为而为"即以"为"有内在的好。以游戏的态度做事的人,也是以"为"有内在的好,而不是只把游戏当作手段。所以,如果我们在生活中将大部分手段都看

---

① 《三松堂全集》第一卷,第409页。

成有内在的好，就可以"君子无入而不自得焉"，这样人生的痛苦即可减大半。冯友兰把这叫作"解决人生问题的一个方法"①。由以上可见，冯友兰在《一个新人生论》以前，论及人生术时，虽然还没有真正涉及所谓"应付情感"的问题，但已经把在主观上解除失望痛苦看作寻求幸福的一个重要方法。

1926至1927年，是冯友兰对中国哲学之精神的理解有重大进展的时期。1926年，冯友兰任教于燕京大学时撰文《中国哲学之贡献》，刊于日本《改造》杂志1926年7月号。其中认为，中国哲学中对于有些问题的讨论较西方哲学为详细和圆满，如"动静合一"的探讨。他的这篇文章完全是就中国古代"动静合一"的境界问题加以阐述。

他认为，自先秦的儒家、道家以来，中国哲学家都认为"动静合一"是人生的最高境界，如《系辞》说"寂然不动，感而遂通天下之故"，孟子说"不动心"，庄子说"至人之用心若镜，不将不迎，应而不藏，故胜物而不伤"；汉代以后，道家哲学繁荣于魏晋，儒家思想复兴于宋明，玄学、理学都大大发展了"动静合一"的理想，并考究其实践的方法。②他在这篇文章中，叙述了郭象《庄子注》的思想，认为郭象讲的"诚应不以心，而理自玄符""足为物主，而顺时无极""以无心玄应，惟感从之"，就是庄子所谓"至人之用心若镜"的意思。又认为，宋元哲学家中说"动静合一"者更多，如程明道在《定性书》中所说"所谓定者，动亦定，静亦定，无将迎，无内外，……圣人之

---

① 《三松堂全集》第一卷，第569页。
② 《三松堂全集》第十一卷，第81页。

第十六章 冯友兰论中国哲学中的"有情与无情"

常,以其情顺万物而无情",以及王阳明所说"随物见形,而明镜曾无留染,所谓情顺万物而无情也",这些都是关于动静合一境界的叙述。与前节所述对照可知,这里所说的动静合一的境界即是所谓"应付情感"的方法。

冯友兰指出:"至于达到这种境界的方法,除了用知识驾驭感情、驾驭'我'之外,更无他法。根据现代心理学,情感是依附于心理活动的基调,所谓哀乐都是情感,以知识驾驭情感,不是用外力强抑。我们如果对引起情感的事物有充分的认识,有相当的理解,则情感自然减少。"① 他认为,以知识驾驭情感,即王弼所说"以情从理"(《戏答荀融书》),亦即郭象所说有情者以理遣累。"如果不能以知识驾驭情感,就是庄子所谓'遁天背情,忘其所受'。如果遁天、背情的话,一定是'遁天之刑',即遭受苦恼。如果有能驾驭情感的知识,知道生是'时',死是'顺',就安时而处顺,哀乐不能入也。能超越哀乐就能得至乐,能超越哀乐,就像解脱了倒悬之苦一样。"② 可见,这里所谓"知识"并不是一般的知识,而是指一种哲学的了解。所以这个时期的冯友兰实际上是用"以知识驾驭情感"来说明应付情感的问题。

冯友兰认为,能以知识驾驭情感的人不一定是无感情,如王弼认为"圣人茂于人者神明也,同于人者五情也,……五情同,故不能无哀乐以应物。然则圣人之情,应物而无累于物者也"。人遇到触发情感的事物,自然会产生感情,"但情感的发

---

① 《三松堂全集》第十一卷,第82页。
② 同上书,第83页。

动立刻用知识去驾驭它,使之去","如此情感不沾滞于胸中,吾人也不会执著"。冯友兰引用程明道"怒时遽忘其怒而观理之是非",又引王阳明"圣人无善无恶,只是无有作好、无有作恶,不动于气",认为如果能够做到"情顺万物而无情","如此则情感于心如浮云于太空,有而无害"。①

冯友兰指出,人之所以不能做到情顺万物而无情,原因在于有"我",人有我则对未来常怀忧虑,对过去常怀追悔,这也就是明道讲的"自私用智";如果知道"我"为本无,以我合于宇宙,就能内外两忘,廓然大公,一切忧悔、私意、计虑、打算等不复存在。达此境界,无论任何变化,皆不滞留心中,这就是"动静合一"了。他认为"宋明哲学家最无私地注意到了这一点"。可以说,冯友兰对宋明道学的了解和体会正是基于他在情感问题上对道家和玄学的了解。

三　应付感情的方法

在1934年出版的《中国哲学史》下册,冯友兰明确提出了"应付感情的方法"这一概念。

在论述玄学时他指出:

> 庄学主以理化情,所谓"安时而处顺,哀乐不能入也"。何晏以为圣人无喜怒哀乐,大约即《庄子》中此说。

---

① 《三松堂全集》第十一卷,第84页。

第十六章 冯友兰论中国哲学中的"有情与无情"

此说王弼初亦主之,所谓"以情从理者也"。颜渊死,子哭之恸,"安时而处顺"之人,自"理"而观,知"死"为"生"之自然结果,故哀痛之"情"自然无有。此即所谓以理化情也。然人之有情,亦是"自然之性",有此自然之性,故"不能无哀乐以应物"。……不过圣人之情,虽"应物而无累于物"。庄子云"至人之用心若镜,不将不迎,应而不藏,故能胜物而不伤"(《应帝王》)。"胜物而不伤",即"应物而无累于物者也"。不过庄学对付情感,不用此方法;而王弼更推广此理之应用,以之对付情感,后来宋儒对付情感之方法,俱同于此。①

又论二程,其于"阴阳善恶之消长"节乃云:

庄子谓"至人之用心若镜,不将不迎,应而不藏,故能胜物而不伤"。道学家亦谓吾人之"用心"应如此。不过道家心所应之物,不包括情感在内。道家应付情感之方法,乃以理化情;能以理化情者,自无情感。道学家主张情感可有,但吾人有情感之时,应以情感为非我有。见可喜可恶之事,圣人亦有喜怒之情感。但非圣人喜怒,乃其事可喜可怒也。惟其如此,故其事既过去,圣人喜怒之情感亦亡。此颜回所以能不迁怒也。若常人则自有其怒,故可怒之事既去,而仍有怒心;见不可怒者亦怒之。此所谓迁怒

---

① 《中国哲学史》下册,第607页。

也。"圣人之常,以其情顺万事而无情。"康节所谓"以物喜物,以物悲物",与此意同。①

在论王阳明一章,其第六节为"恶之起源",引王阳明《传习录》"七情顺其自然之流行,皆是良知之用,不可分别善恶,但不可有所著";又引王阳明另一段:"忿懥几件,人心怎能无得?只是不可有耳。凡人忿懥,著了一分意思,便怒得过当,非廓然大公之体了。故有所忿懥,便不得其正也。如今于凡忿懥等件,只是个物来顺应,不要著一分意思,便心体廓然大公,得其本体之正了"。然后冯友兰说明:

> 所以七情不能有所著者,"盖著了一分意思,便怒得过当,非廓然大公之体"矣。《坛经》谓:"前念著境即烦恼,后念著境即菩提",有所忿懥,即念著境也。"圣人之喜,以物之当喜;圣人之怒,以物之当怒";非"有"喜怒,即非有意于为喜怒也。圣人之心如明镜,"廓然而大公,物来而顺应";当喜者喜之,当怒者怒之,而本体虚明,对于所喜所怒之物,毫无沾滞执著,所以亦不为其所累也。②

其第七节题"动静合一",在引用王阳明"随物见形,而明镜曾无留染"之后,冯友兰指出,"若能如此,则虽终日'有为',而心常如'无为',所谓动静合一者也"。"动静合一乃是

---

① 《中国哲学史》下册,第890页。
② 同上书,第963页。

真静，绝对的静；动亦定，静亦定，乃是真定，绝对的定；此和程明道《定性书》所说正同。"①

四　调情理

在完成了《中国哲学史》以后，冯友兰较少使用"动静合一"的说法了，而较多用"对付情感"或"应付情感"的说法。在后来，特别是50年代以后，他将此点收摄到"精神境界"的说法来讲。不过，在"贞元六书"时期，这种"应付情感的方法"的讨论，并不在专讲"境界"的《新原人》中，而是在讲生活方法的《新世训》里。

其实这也不足为怪，因为《新世训》的内容，用冯友兰自己的说法，是论生活方法，也就是"人生术"。同时，我们也不妨作一推测，即《新世训》在前，《新原人》在后，在写《新世训》的时候，冯友兰还未意识到"应付情感"的方法就是精神境界的一个方面。

《新世训》第六篇"调情理"，就应付情感的问题作了全面的论述。他在谈到道家的"以理化情"时指出："此所说情，即我们现在所谓情感之情；此所谓理，则意义比较复杂，有时指上文所说情或势中所表现底道理，有时指对于此等道理底知识或了解，有时指我们能有此等知识或了解底官能，即我们所谓理智。"②

---

① 《中国哲学史》下册，第966页。
② 《三松堂全集》第四卷，第454页。

他首先叙述了道家对这一问题的看法：道家认为情起于人对事物的不了解，如小儿走路为石头所绊倒，就会大怒而骂此石头，这是因为小儿对于事物的了解不够，因而产生情感。成人虽然比小儿对于事物的了解多，但其了解可能是部分的了解，故有时仍不能无情。只有对宇宙及事物有完全充分的了解，人才能完全无情。故道家是推崇无情的。但这种无情并不是如槁木土块，而是其情为理所化，也就是以理化情。这些讲法与1935年的讲演相同。冯友兰又引用《世说新语》中所说"太上忘情，其下不及情，情之所钟，正在吾辈"，指出，槁木土块的无情是"不及情"，而道家的圣人无情是"太上忘情"。道家认为，对于事物之理有所了解，则对事不起情感，故能不为事物所累；能不为事物所累，也就是对某事"看得破"；看得破，就能沉得住气，因为所谓沉不住气，就是一时为情感所压倒。对于事物之理有了解，故能宽容，因为在这样的了解中，我们对于顺我们的事物不会特别喜爱，对于逆我们的事物，也不会特别怨恨。对于所有的事物都能看得破，便能达到完全的无情。《庄子·德充符》篇说"圣人有人之形，无人之情"，"所谓无情者，不以好恶内伤其身"，以好恶之情而内伤其身，即所谓"刑"，亦即所谓"累"。但不为事所累，并不是不做事，只是做事而不起情感。所以，道家的圣人，是完全无情的人。冯友兰认为，道家的这种理想虽然可能是一种不可企及的理想，"但一个人若能没有无益底情感，则可少受许多累，多作许多事"[①]。

---

① 《三松堂全集》第四卷，第457页。

第十六章 冯友兰论中国哲学中的"有情与无情"

所以他对道家的这种人生理想是充满同情了解的。

冯友兰接着说,玄学与先秦道家不同,玄学认为,"圣人不是无情,而是有情而不为情所累。道家以有情为累,以无情为无累。王弼以有情而为情所累为累,以有情而不为情所累为无累"①。与之相近,宋明道学家也主张圣人有情而不为情所累,宋明道学家的说法虽然并不是取于王弼,但与王弼相同,却是事实。程明道所说的"情顺万物而无情",其中所说的无情并不是道家的无情,"此所谓'无情',是有情而无'我'"②。冯友兰仍然特别举出王阳明论物来顺应的例子,说:

> 王阳明《传习录》:"……只是个物来顺应,不要著一分意思,便心体廓然大公,得其本体之正了。且如出外见人相斗,其不是底,我心亦怒。然虽怒,却此心廓然,不曾动些子气。如今怒人,亦得如此,方才是正。"阳明此所举之例甚好。我若见一人无缘无故打别人一个嘴巴,我心中必因此人之恃强欺人而怒。不过此怒没有"我"的成分在内,是没有私意底,因此我的心是廓然大公底,其有怒是"物来顺应",其有情是"情顺万物"。我们说有情而无"我",正是说此。这样底怒,是很容易消失底,见于此事时有怒,但此事已过,我心中即复归于平静,如太空中虽一时有浮云,但浮云一过,太空仍是空空洞洞底,此即所

---

① 《三松堂全集》第四卷,第464页。
② 同上。

谓情顺万物"而无情"。如此即是虽有情而不为情所累。①

与1935年的讲演一样,他承袭王阳明的方法,举"见打别人嘴巴"和"被别人打了嘴巴"的生动例子,以便使人了解此理。冯友兰还指出,道家以理化情,以求达到无情;宋明道学家不求无情,主张有情无我,所以宋明道学有道家以理化情的好处,而没有道家以理化情说的困难。

40年代,冯友兰在西南联大教一年级学生读《新世训》《新原人》,其教授的方法是要学生看书,然后提出问题,大家讨论。由这个课程的讨论,引出一些公开的讨论,故1944年冯友兰发表了《论情感》一文,以回答李文翔、胡绳对《新世训》的批评。他申明,"在《新世训》'调情理'章中,我的主张是'有情而不为情所累'不是'无情'。"又说"我的主张是'有情无我'","有情无我,与有情有我的分别,就是一个公私之分……有情有我,是为个人而有底喜怒哀乐,是有私底。有情无我,是为国家社会、为正谊、为人道而有底喜怒哀乐,是为公底。"

1947年,冯友兰到美国教书,1948年出版《中国哲学小史》,在"庄子"的一章中,在讨论相对幸福的一节,他重复了30年代的讲法,在魏晋玄学的一章中,他把"圣人忘情"说称为"主情派"。最重要的是,他在第二十四章"新儒家:两个派别的开始"中,特立一节"处理情感的方法",在这一节,他把他在《中国哲学史》完成以后提出的有关应付情感的论述都概括于其中。

---

① 《三松堂全集》第四卷,第465页。

第十六章　冯友兰论中国哲学中的"有情与无情"

五　有情与无情

现在来讨论冯友兰有关中国哲学情感论的叙述中值得进一步讨论的问题。

冯友兰自己就中国哲学的情感问题的讨论曾提出三点，第一，完全无情是好的、应当追求的吗？第二，完全无情是可能的吗？第三，宋明道学与先秦道家所说的区别何在？

就第一点来说，冯友兰认为，道家所说的完全无情是指"忘情"（太上忘情），忘情的心理状态，即庄子所说的"恬愉"二字。据成玄英疏，"恬，静也；愉，乐也。"愉之为乐，与相对于苦的乐，二者不同。愉之乐不是动荡的乐，恬愉是静的乐，这种恬愉的无情是好的，可欲的。这种说法与以前的说法不同，以前冯友兰认为道家就是无情派，而照这里的忘情说，道家追求的是恬愉的心境，这种心境虽然无情，但却有乐。这样一来，就与宋明道学的"乐"很难分别了。

就第二点来说，冯友兰认为，从王弼的观点来看，完全无情是不可能的，所以王弼后来主张应该有情而无累。就第三点来说，冯友兰认为先秦道家主张完全无情，而宋明道学家不主张完全无情，不认为完全无情为好，也不认为完全无情为可能，所以道学家与王弼相近，而与先秦道家不同。冯友兰这个说法的问题同样在于，在这种讲法中，无法区别玄学和道学的精神境界。

冯友兰叙述道家思想甚精，其论宋明儒学亦极有睿见。但在推崇中国哲学的无情无累说的时候，冯友兰遇到的重要挑战，应当是这个问题：冯友兰在叙述中国哲学史上的这些论述时，他明显是偏于同情和欣赏无情无累说的。无情无累说的诠释不仅不能说明道家、玄学、道学的分别，更突出的问题是，这种立场很大程度上是把感情主要理解为消极的情感（失望、愤怒、痛苦），那么，应当如何处那些伟大的、积极的感情呢？事实上，在《新世训》的"调情理"中，冯友兰也提到，有人喜欢有强烈的情感，有人认为人的情感可以使人生丰富，恬愉太过单调。胡绳当时也向冯友兰提出，"为什么不能举像'先天下之忧而忧，后天下之乐而乐''孤臣危泣，孽子堕心'那样博大深厚底感情呢？"① 对此，冯友兰当时只是简单回答说："至于先天下而忧乐的感情，正是'有情而无我'。若其有我，他一定是先天下之乐而乐，后天下之忧而忧。"② 但是，冯友兰所说的"有情无我"是强调无我，而不是强调有情；他所说的有情也只是"不能无情"罢了，并没有主张、利用积极的情感的意思。这显然是因为，在这里冯友兰只讲无小我的一面，而没有讲有大我的一面，偏于"无"，而未能重视"有"，所以不能提出如何对待积极情感的说明。《新原人》中虽然讲了无私我、有大我，却没有提及像《定性书》所说的境界。

由于冯友兰在《新原人》的境界说中并没有把玄学和道学应付情感的方法作为一种人生的境界，亦由此而受到熊十力的质疑。冯友兰答熊十力书中说：

---

① 《三松堂全集》第五卷，第447页。
② 同上书，第448页。

第十六章 冯友兰论中国哲学中的"有情与无情"

先生所说"无相之境",相当于《新原人》所说同天境界,……先生所说无相,《新原人》亦说"在同天境界中人是有知而又是无知底"。先生说真宰,《新原人》亦说"在天地境界中底人,是无我而又有我底",在天地境界中底人自觉他的"我"是宇宙的主宰。先生说"不舍事而未尝有取",《新原人》亦说,在天地境界中底人"是有为而无为底"。先生若就此诸节观之,或可见吾二人条流之合,于此亦甚多也。[①]

熊十力所说的"无相之境"和"不舍事而未尝有取",其实与前述程明道、王阳明所说的"物来而顺应""情顺万物而无情""不要著一分意思"是一致的,而冯友兰在《新原人》中确实没有涉及这一点。

冯友兰从早年起,通过对道家、玄学(主要是庄子和郭象)的研究,分两个方面切入精神境界的问题,一个是神秘主义,以万物一体为主题;一个是应付情感,以有情无我为核心。他对宋明道学的理解也是从这里切入的。

十年前,我出版了《有无之境——王阳明哲学的精神》,自以为颇多发明。近来重读冯友兰先生的书,始知许多问题已经被先生在多年前点出,"应付情感"的问题即是其中之一。故将先生的论点叙述如上,以见先生的体会之深和贡献之大。

[①] 《三松堂全集》第十四卷,第34页。

第十七章　冯友兰《新原人》的境界伦理学

众所周知，在冯友兰先生的"贞元六书"中，《新原人》一书最受关注，其主题是讲四种境界。冯先生此书所谓的"境界"是指人生境界，他晚年更强调他所说的境界就是"精神境界"。从伦理学史来看，西方伦理学从来不讨论人的精神境界问题。虽然西方哲学史上也有个别哲学家谈到过与境界相关的哲学精神阶段，如克尔凯郭尔所提出的审美阶段、伦理阶段、宗教阶段，都可以看作与境界有关，但西方哲学始终并未把境界问题看作伦理学的一部分，只在宗教哲学中有所涉及。冯先生"贞元六书"始于《新理学》的新实在论建构，而终于《新原人》的境界学说，整个体系落脚在中国哲学的传统，对现代中国哲学做出了重要贡献。

人生境界的讨论亦属人生哲学。"人生哲学"的概念晚近已

第十七章　冯友兰《新原人》的境界伦理学

很少见提起，人生哲学似乎已经不被认为属于哲学的领域。古代从亚里士多德到斯多葛学派认为研究人生即是伦理学，所以，对人生哲学的讨论更多地被归属于古代伦理学的讨论，而在现代伦理学中却已经找不到人生哲学的地位。不过，在20世纪前期的中国，情况并不完全如此，当时人生哲学颇受重视，如冯先生就特别重视人生哲学，他在美国作的博士论文的主题即是人生哲学。他在其早年的《人生哲学》中指出，哲学包含三大部分，即形上学、知识论和人生论，人生论的目的在求一对于人生的道理，伦理学是人生论的一部分。

20世纪90年代以来，很多学者都谈到冯先生晚年对新理学体系的回归，其实，冯先生晚年并没有完全回到新理学，特别是在形上学方面。虽然冯先生晚年重新强调共相和殊相问题在哲学史上的根本重要性，但他吸收了黑格尔和马克思对具体共相的哲学思维之后，重新建立了他对共相殊相的哲学理解，对新理学的形上学做了改造。而冯先生晚年真正完全回到新理学时期的思想是关于精神境界的思想。甚至可以说，"精神境界"是冯先生从前期到后期始终不变的一个基本思想，因为，即使在50年代他深入批判自己的新理学体系时，他最想不通的也是关于批判其精神境界论的问题。[①] 而且，晚年冯先生不仅没有改变其境界说，对《新原人》的境界论也有了更进一步的理解。[②]

---

　① 冯友兰的《四十年的回顾》中有"质疑与请教"一节，其中表示对《新原人》的"境界说"遭遇的批判"有些想不通的地方"。《三松堂全集》十四卷，河南人民出版社，2000年，第1066页。
　② 这主要是指在《三松堂自序》中对《新原人》的"大全"的理解。

一 境界论的开始

《新原人》是冯先生"贞元六书"的第四种,他自己认为,此书虽写在《新事论》《新世训》之后,但实为继《新理学》之作,"读者宜先观之"。这就是说,《新原人》一书虽然写于《新理学》《新事论》《新世训》之后,但其基本思想在《新理学》一书中已经开始提出。

早在《新理学》一书最后一章"圣人"中,冯先生区别了才人和圣人,才人是有才学之人,圣人是有全德之人。他说:

> 上所说之心理状态,亦可以说是一种精神境界。才人之在此境界中者,仿佛觉已超过经验,超过其自己。在此境界中者,虽仍是其自己而已超过其自己;在此境界中,虽亦是一种经验,但已超过普通日常所有之经验。此种精神境界,在所谓圣域中有之。才人只于其创作之俄顷,能至此境界。才人虽能入圣域而不能常在圣域,虽有圣域中之一种境界,而不能有其全境界。能常在圣域,能有圣域之全境界者,是圣人。①

这里就已经提出精神境界,特别提出了圣人的境界是"超过经验、超过自己"。才人在其创作领域只能偶尔达至这种境界,圣

---

① 《冯友兰文集》第四卷,长春出版社,2008年,第137页。

第十七章　冯友兰《新原人》的境界伦理学

人则可常有、常住在此境界。

《新理学》也提出了从天的角度以观万物而对事物得到一种了解：

> 知天则能从天之观点，以观万物。从天之观点，以观万物，则见各类事物，皆依照其理。各理皆是至善，依照各理者，皆是所谓"继之者善"。《中庸》说："万物并育而不相害，道并行而不相悖，大德川流，小德敦化，此天地之所以为大也。"此正是从天之观点以观万物。以万物为相害者，皆是站在一事物之观点上说。如使人致病之微菌，站在人之观点，可以说是害人，但从天之观点看，则此种微菌，并非有意害人，亦只是欲遂其生而已。从天之观点以观事物，则对事物有一种同情底了解。①

> 在社会底生活中，人之行为之最社会底者，是道德底行为。我们对于道德底行为，可有两种看法：一是从对于社会之观点看，一是从对于天之观点看。从对于社会之观点看，则人之道德底行为，是尽其社会的一分子的责任；从对于天之观点看，则人之道德底行为，乃是尽其宇宙的一分子的责任，即是尽人道。若从此观点看，则人之行道德底事，即是"事天"。张横渠《西铭》，即是从事天的观点，以看人之道德底行为。他以事亲之道，说事天。②

从天之观点，以观事物，则对于事物，有一种同情底

---

① 《冯友兰文集》第四卷，第139页。
② 同上书，第140页。

> 了解。在此所谓超乎自己之境界中，对于事物之同情，亦继续扩大，以至宋明道学家所谓"万物一体"之境界。此境界宋明道学家名之曰仁。①
>
> 在超乎自己之境界者，觉其自己与大全，中间并无隔阂，亦无界限；其自己即是大全，大全即是其自己。此即所谓"浑然与物同体"，此即是上文所说之大仁。②

这里所说的超乎自己，与大全同体的境界就是《新原人》所说的"天地境界"。可见在《新理学》中虽然没有提出"天地境界"的概念，但确实已经明确提出了这种境界。事实上，天地境界是冯先生境界说最主要的特识和创新处。四种境界说主要的意义并不是提出功利境界、道德境界的分别，而是提出在道德境界之上还有天地境界。

应该说这也是和冯先生对道家的认识相联系的，因此，在接下来的第五节"道家之浑沌"中，冯先生说：

> 对于一切不作分别，不作思议，不作言说，则一切底分别，对于我们即不存在。我们所觉者，只一浑然一体之大全。所谓"离形去智，同于大通"（《庄子·大宗师》），即说此境界。所谓玄同，所谓浑沌，俱是说此境界。能至此境界者，即所谓真人，至人。③

---

① 《冯友兰文集》第四卷，第141页。
② 同上书，第142页。
③ 同上。

第十七章　冯友兰《新原人》的境界伦理学

冯先生还指出：

> 道家之人，常自比于婴儿，婴儿亦是只能感而不能思者。此种见解，是错误底。道家修养所到底境界，与动物本来所有底境界，之大不同处，在于有自觉与无自觉。道家之至人，于觉浑然一体之大全时，自觉其觉浑然一体之大全。至于动物，虽处浑然一体之大全中，但并不觉之，或并不自觉其觉之。有自觉与无自觉之区别甚大。①
>
> 用道家之方法，我们亦可得一超过自己之境界。《庄子·天下》篇所说"与天地精神往来"，即系描写此境界者。②

这里所说的道家修养所到的境界就是《新原人》所说的"天地境界"。这种境界观与冯先生自己所说的，从其早期《一种人生观》开始便努力"为神秘主义保留一个地盘"有关。对道家境界的了解是冯先生通向神秘主义和境界哲学的主要基础。

冯先生在更早的《人生哲学》第二章"浪漫派道家"第七节"万物一体"中说："若此则万物与我，皆混同而为一矣，混同二字用于此最妙，盖此等之'为一'乃由混而不为区别以得之者也。郭象所谓'与物冥'即是此意。至此境界，则可'乘天地之正，而御六气之辨，以游无穷矣'。此言毫无神秘主义，

---

① 《冯友兰文集》第四卷，第143页。
② 同上。

盖此乃顺万物之自然之结果也。"① 1927年以后，冯先生不再认为万物一体非神秘主义，而认为万物一体即是神秘主义，他说："总之，宋明诸哲学家，皆以一种神秘主义底境界为最高境界。"② 这个时期的《中国哲学的主要贡献》一文中也明确提出了"境界"的重要性。

后来他在《新原人》说："下文第七章说到同天境界。在同天境界中底人，自同于大全。大全是不可思议底，亦不可为了解的对象。在同天境界中底人所有底经验，普通谓之神秘经验。"③

应该说，正是冯先生对神秘主义境界的认识引导了他以神秘主义境界为基础而提出四种境界说，并形成了他对哲学功能的根本理解。

关于境界说，他在新中国成立后曾回忆：

> 在《人生理想之比较研究》序言中，我说，哲学的作用就是规定出来一个理想的人生，作为指导和批判实际人生的标准。因此哲学就是人生理想。我的这个对哲学的看法，以后并没有大变，但是提法不同。以后我常说的是，哲学不能给人积极的知识，但是能提高人的境界。
>
> 《新理学》从无极而太极讲起，最后一章则讲圣人，认为圣人之所以为圣人，不在他有很多的积极知识，而

---

① 《人生哲学》，《三松堂全集》第三版第一卷，中华书局，2014年，第36页。
② 《中国哲学中之神秘主义》，载《三松堂学术文集》，第58页。
③ 《冯友兰文集》第五卷，长春出版社，2008年，第7页。

第十七章　冯友兰《新原人》的境界伦理学

在于他有很高的精神境界。以后又有《新原人》专讲境界，《新原道》又提出"极高明而道中庸"，为新原人的境界说作历史的根据。总起来说，"境界说"是新理学的中心思想。①

《新原人》讲的境界是个人的精神境界，故可以说主要是讲心灵、精神的，而不是讲行为的，这在西方伦理学中是没有的。对心灵、境界的关注可以说是中国古代人生思想的特色，古代中国的三教中，佛教追求成佛即是一种觉悟的解脱境界，道家追求的也是一种自由的精神境界，宋明儒学所追求的成圣成贤也是一种精神境界，唐宋以来儒释道三教都是强调通过一定的工夫以达到某种精神境界。《新原人》的境界说以《新理学》为基础，体现了冯先生对中国哲学的一种新的体悟，与旧作《人生哲学》等书所说的境界已经不同。

那么，是不是《新原人》论人生和精神境界与西方伦理学完全无关呢？这又不然。《新原人》中对功利境界的叙述多与西方伦理学的功利主义有对照，如边沁、穆勒等。《新原人》论述道德境界更以康德的存心伦理学为标准。惟其自然境界与天地境界二章与西方伦理学无涉，天地境界属神秘主义，在西方文化中不属伦理学，而见于宗教学。至于自然境界，确与西方哲学的自然主义无关，乃与中国的道家哲学相关联。

---

① 《三松堂全集》第十四卷，河南人民出版社，2000年，第1051页。

二　意义和觉解

在《新原人》的一开始，冯先生提出意义的问题：

> 一件事的意义，则是对于对它有了解底人而后有底。如离开了对它有了解底人，一事即只有性质，可能等，而没有意义。我们可以说一事的意义，生于人对此事底了解。人对于一事底了解不同，此事对于他们即有不同底意义。①

这是说，事物的性质是客观的，是事物客观地具有的，或者说是存在于事物之中的。而意义是人对事物的了解，了解亦即认识，但这种认识不是指对事物的科学式认识，而是了解事物对于人的意义。事物也不只是静态存在的外物，也可以是人正在参与其中的事物。

冯先生紧接着提出觉解的问题：

> 解是了解，我们于上文已有详说。觉是自觉。人做某事，了解某事是怎样一回事，此是了解，此是解；他于做某事时，自觉其是做某事，此是自觉，此是觉。若问：人是怎样一种东西？我们可以说：人是有觉解底东西，或有较高程度底觉解底东西。若问：人生是怎样一回事？我们

---

① 《冯友兰文集》第五卷，第5页。

第十七章　冯友兰《新原人》的境界伦理学

> 可以说，人生是有觉解底生活，或有较高程度底觉解底生活。这是人之所以异于禽兽，人生之所以异于别底动物的生活者。①

冯友兰区别了解和觉，解是了解，觉是自觉。解与觉合而称之为觉解。了解是对意义的了解，觉则是一种意识状态，是主体对其做事的自觉状态。扩大来看，觉解也就是一种心的状态。如他说："人之所以能有觉解，因为人是有心底。人有心，人的心的要素。用中国哲学家向来用的话说，是'知觉灵明'。"②从自觉和灵明来看，觉解明显具有理性的内涵。

按冯先生的思想，严格地说，各种不同的境界就是层序不同的意识自觉状态。所以我们可以说，境界是指心言。这与古代佛教所说的境界的意义是不同的，古代华严宗所说的境界是指事相而言。觉解的思想是《新理学》中还没有提出来的，冯先生在《新原人》中把觉解作为境界说的基础。

> 凡可称为道德底行为，必同时亦是有觉解底行为。无觉解底行为，虽亦可合于道德律，但严格地说，并不是道德底行为。③
>
> 人之有君臣，是有觉解底行为。他于有此种行为时，他可以清楚地了解其行为是怎样一回事，而又可以清楚地

---

① 《冯友兰文集》第五卷，第9页。
② 同上书，第14页。
③ 同上书，第18页。

自觉其是有此种行为。而蜂蚁的有"君臣"，则是无觉解底行为。无觉解底行为，不能是道德底。又例如蚂蚁打仗，每个蚂蚁皆各为其群，奋不顾身。在表面上看，与人所组织底军队，能为其国家打仗，奋不顾身者，似乎没有什么分别。但人去打仗，是有觉解底行为。在枪林弹雨中，前进是极危险底，亦是人所觉解底。奋不顾身底兵士，其行为可以是道德底，此觉解是其是道德底一个必要条件。若蚂蚁打仗，虽奋不顾身，但其行为则只是本能底，无觉解底。所以严格地说，其行为并不是道德底。①

觉解是境界的唯一标尺，所谓境界就是判定觉解的性质和程度。这里所说的，行为合于道德而内心没有道德觉解，这样的行为便不可称为道德行为，在后面关于道德境界的讨论中作了详细的说明。就觉解与本能相对这一点来看，应该说觉解作为一种自觉，是理性的范畴，不是本能、直觉。

有些物不必有心，而凡物皆必有性。一类底物的性，即一类底物所以成此类底物，而以别于别底物者。所谓人性者，即人之所以为人，而以别于禽兽者。无心或觉解底物，虽皆有其性，但不自知之。人有觉解，不但能知别物之性，且于其知觉灵明充分发展时能自知其性，自知其所以为人而别于禽兽者。充分发展其心的知觉灵明是"尽

---

① 《冯友兰文集》第五卷，第18页。

第十七章 冯友兰《新原人》的境界伦理学

> 心"。尽心则知性,孟子说:"尽其心者,知其性也。知其性则知天矣。"关于知天,我们于第七章中,另有详论,现只说,人知性则即努力使此性完全实现,使此性完全实现,即是"尽性"。照上文所说,人所以特异于禽兽者,在其有较高底知觉灵明。有较高底知觉灵明是人的性。所以人的知觉灵明发展至知性的程度,即有上章所谓高一层底觉解。因为知性即是知觉灵明的自知,亦即是觉解的自觉解。人的知觉灵明愈发展,则其性即愈得实现,所以尽心,亦即是尽性。①

这里涉及到性的概念。物的性便是其所以然,是这类物的本质规定性,也是这类物所以区别于其他类物的规定性。人性就是人之所以为人而区别于禽兽的规定性。物有性而不能自知其有性,当然也没有觉解。人有知觉灵明的心,所以自知其性;人能发展其知觉灵明便是"尽心",人能努力使其性完全实现便是"尽性"。人有知觉灵明即有觉解,人对知觉灵明的自知便是"知性"。知觉灵明使人有觉解,知性是对觉解的自知自觉。知性就是所谓高一层的觉解。不过,冯先生在这里似以为人有二性,一为自觉灵明,故说"有较高底知觉灵明是人的性",一为人之所以为人的性,因此他未区别人对知觉灵明的自知和对人之所以为人的自知,他把两者都看作是知性。尽心、知性、尽性的关系是,尽心是前提,尽了心便能知性,知性则能努力实现尽性。

---

① 《冯友兰文集》第五卷,第 19 页。

> 人不但有觉解，而且能了解其觉解是怎样一回事，并且于觉解时，能自觉其觉解。例如我们现在讲觉解，即是了解觉解是怎样一回事；于讲觉解时，我们亦自觉我们的觉解。龟山讲知，朱子讲知，亦是觉解其觉解。这是高一层底觉解。高一层底觉解，并不是一般人皆有底。
>
> 人求尽心尽性，须要发展他的心的知觉灵明。求发展他的心的知觉灵明，他须要求觉解，并求上章所说底高一层底觉解。于上章我们说，有觉解是明，无觉解是无明。但若只有觉解，而无高一层底觉解，则其明仍是在无明中，如人在梦中做梦。①

照此说法，觉解其觉解，是高一层的觉解，这不是一般人所能有的。冯先生为什么要提出觉解其觉解，达到高一层的觉解，《新原人》并没有给出说明。觉解其觉解应是对觉解的反思，是有关觉解的哲学理解。但冯先生这一时期尚未提出哲学是精神的反思。

> 有许多人说，人尽心尽性，可以得到一种境界，于其中人可以得到一种快乐。道学家亦常教人"寻孔颜乐处，所乐何事"。刘稽山作学乐歌，说："乐是乐此学，学是学此乐。不乐不是学，不学不是乐。"此所谓学，是学圣贤之学，乐是乐圣贤之乐。尽心尽性，可使人得到一种境界，

---

① 《冯友兰文集》第五卷，第20页。

第十七章 冯友兰《新原人》的境界伦理学

此正是我们于下章所要说者。在此种境界中，人可有一种快乐，这也是我们所承认底。①

由于宋明理学中有寻孔颜乐处的思想，冯先生在其境界说中对此作了新理学的说明，他承认达到很高的境界可以给人带来一种快乐，但同时指出，以追求快乐为目的只是程度较低的境界，不是圣贤之学：

> 或可说：求孔颜乐处者，所求底快乐，与一般人所求底快乐，有性质底不同。有高等底快乐，有低等底快乐，此二者不可一般而论。于此我们说，关于快乐有性质上底不同之说，我们于第五章中，另有讨论。即令其果有性质上底不同，而所谓求快乐者，必是求"我的"快乐。以求"我的"快乐为目的者，无论其所求是何种高尚底快乐，其境界只是下章所谓功利境界。功利境界，并不是很高底境界，未到最高底境界者，不能是已尽心尽性。圣人并不是以求"我的"快乐为目的底。当然在他的境界中，他是自有一种很大底快乐。不过这一种快乐是在圣人境界中底人所不求而自至底。人到此种境界，则自有此种快乐。但若专以求此种快乐为目的，则永不能到此种境界。②

冯先生认为，境界是主观的状态，追求个人快乐的动机是属于

---

① 《冯友兰文集》第五卷，第23页。
② 同上。

功利境界，不管是追求何种高尚的快乐。而圣人境界带来的快乐不是圣人追求来的，而是不求自来的。可见，觉解不仅是理性，包含人生的态度，如孔颜乐处的境界已经是比理性高一层的精神世界。

三　总论四种境界

在此基础上，冯先生提出了从低到高的四种境界，他说：

> 境界有高低。此所谓高低的分别，是以到某种境界所需要底人的觉解的多少为标准。其需要觉解多者，其境界高；其需要觉解少者，其境界低。自然境界，需要最少底觉解，所以自然境界是最低底境界。功利境界，高于自然境界，而低于道德境界。道德境界，高于功利境界，而低于天地境界。天地境界，需要最多底觉解，所以天地境界，是最高底境界。至此种境界，人的觉解已发展至最高底程度。至此种程度人已尽其性。在此种境界中底人，谓之圣人。[1]

人的境界有高低不同，这是《新原人》最基本的观点。而境界的高低取决于觉解的多少，需要觉解多的境界高于需要觉解少的境界。于是冯先生依据觉解的多少，提出了四种境界说，这

----

[1] 《冯友兰文集》第五卷，第30页。

第十七章　冯友兰《新原人》的境界伦理学

四种境界从低到高是：最低的是自然境界，比自然境界高的是功利境界，比功利境界高的是道德境界，最高的境界是天地境界。

四种境界中，第一是自然境界：

> 自然境界的特征是：在此种境界中底人，其行为是顺才或顺习底。……此所谓顺才，其意义即是普通所谓率性。我们于上章说，我们称逻辑底性为性，称生物学上底性为才。普通所谓率性之性，正是说人的生物学上底性，所以我们不说率性，而说顺才。所谓顺习之习，可以是一个人的个人习惯，亦可以是一社会的习俗。在此境界中底人，顺才而行，"行乎其所不得不行，止乎其所不得不止"；亦或顺习而行，"照例行事"。无论其是顺才而行或顺习而行，他对于其所行底事的性质，并没有清楚底了解。此即是说，他所行底事，对于他没有清楚底意义。就此方面说，他的境界，似乎是一个浑沌，但他亦非对于任何事都无了解，亦非任何事对于他都没有清楚底意义。所以他的境界，亦只似乎是一个浑沌。①

顺才就是顺着本性，顺习就是顺着习惯。冯先生这里所讲还是有些矛盾的，一方面，他定义的自然境界应该是浑沌，什么都不清楚，什么都不了解；另一方面，他又说自然境界的人"亦

---

① 《冯友兰文集》第五卷，第28页。

非对于任何事都无了解,亦非任何事对于他都没有清楚底意义"。于是他又说:

> 有此种境界底人,并不限于在所谓原始社会底人。即在现在最工业化底社会中,有此种境界底人,亦是很多底。他固然不是"日出而作,日入而息""凿井而饮,耕田而食",但他却亦是"不识不知,顺帝之则"。①

本来,从历史和逻辑统一的立场来看,最低的境界应该是原始社会的人,但因为他又说自然境界的人"亦非对于任何事都无了解,亦非任何事对于他都没有清楚底意义",于是他说自然境界的人并不限于在原始社会的人,在现在最工业化的社会中,有此种境界的人也是很多的。这样一来,他把原始社会的人与现代社会大多数人看成境界是一样的,都是自然境界,这个说法恐怕是有问题的,我们在后面再加以分析。

第二是功利境界:

> 功利境界的特征是:在此种境界中底人,其行为是"为利"底。所谓"为利",是为他自己的利。凡动物的行为,都是为他自己的利底。不过大多数底动物的行为,虽是为他自己的利底,但都是出于本能的冲动,不是出于心灵的计划,在自然境界中底人,虽亦有为自己的利底行为,

---

① 《冯友兰文集》第五卷,第29页。

第十七章 冯友兰《新原人》的境界伦理学

> 但他对于"自己"及"利",并无清楚底觉解,他不自觉他有如此底行为,亦不了解他何以有如此底行为?在功利境界中底人,对于"自己"及"利",有清楚底觉解。他了解他的行为,是怎样一回事。他自觉他有如此底行为。他的行为或是求增加他自己的财产,或是求发展他自己的事业,或是求增进他自己的荣誉。他于有此种种行为时,他了解这种行为是怎样一回事,并且自觉他是有此种行为。[①]

在这个说法中,自然境界的人似乎与动物一样,是出于本能的冲动,而没有心灵的计划。功利境界是人自觉其对名利的追求,其实,人对名或利的追求没有全无自觉的。由于冯先生所说的功利境界是对自己的利益的追求,所以这个功利境界实际是"私利境界"。其实,在冯先生下面的界说中,功利境界不只是对私利的追求,同时也代表了一种对个人与社会关系的理解,即个人与社会是对立的,这属于个人主义的立场。其实,把个人和社会关系的理解置于功利境界,似没有必要,反而让人觉得支离了。价值与境界应有区别。

第三是道德境界:

> 道德境界的特征是:在此种境界中底人,其行为是"行义"底。义与利是相反亦是相成底,求自己的利底行为,是为利底行为;求社会的利底行为,是行义底行为。

[①] 《冯友兰文集》第五卷,第 29 页。

在此种境界中底人，对于人之性已有觉解。他了解人之性是涵蕴有社会底，社会的制度及其间道德底政治底规律，就一方面看，大概都是对于个人加以制裁底。在功利境界中底人，大都以为社会与个人是对立底。对于个人，社会是所谓"必要底恶"。人明知其是压迫个人底，但为保持其自己的生存，又不能不需要之。在道德境界中底人，知人必于所谓"全"中，始能依其性发展。社会与个人，并不是对立底。离开社会而独立存在底个人，是有些哲学家的虚构悬想。

　　人不但须在社会中，始能存在，并且须在社会中，始得完全。社会是一个全，个人是全的一部分。部分离开了全，即不成其为部分。社会的制度及其间底道德底政治底规律，并不是压迫个人底。这些都是人之所以为人之理中，应有之义。人必在社会的制度及政治底道德底规律中，始能使其所得于人之所以为人者，得到发展。①

可见冯先生所说的道德境界的特征有两点，一点是行为者主观地行义，自觉地行义，行义即践行道德价值，追求社会的利。另一点是行为者对个人和社会的关系能正确理解，知道部分不能离开全体，个人不能离开社会全体，个人必须在社会中发展完善。

　　第四是天地境界：

　　　　天地境界的特征是：在此种境界中底人，其行为是

---

① 《冯友兰文集》第五卷，第29页。

第十七章 冯友兰《新原人》的境界伦理学

> "事天"底。在此种境界中底人,了解于社会的全之外,还有宇宙的全,人必于知有宇宙的全时,始能使其所得于人之所以为人者尽量发展,始能尽性。在此种境界中底人,有完全底高一层底觉解。此即是说,他已完全知性,因其已知天。他已知天,所以他知人不但是社会的全的一部分,而并且是宇宙的全的一部分。不但对于社会,人应有贡献;即对于宇宙,人亦应有贡献。①

天地境界的特征也有两点,一点是行为者主观地"事天"而行,从天即宇宙的角度看问题。另一点是在理解个人与社会全体的关系之基础上,还能理解个人和宇宙全体的关系。个人只有达到对宇宙的全体理解,才能真正达到知性尽性。

冯先生强调,行为和境界不同,境界不是以外在行为来划分的,而是以内在觉解来划分的:

> 此四种境界中,以功利境界与自然境界中间底分别,及其与道德境界中间底分别,最易看出。道德境界与天地境界中间底分别,及自然境界与道德境界及天地境界中间底分别,则不甚容易看出。因为不知有我,有时似乎是无我或大无我。无我有时亦似乎是大无我。自然境界与天地境界,又都似乎是浑沌。道德境界与天地境界中间底分别,道家看得很清楚。但天地境界与自然境界中间底分别,他

---

① 《冯友兰文集》第五卷,第30页。

们往往看不清楚。自然境界与道德境界中间底分别,儒家看得比较清楚。但道德境界与天地境界中间底分别,他们往往看不清楚。①

用冯先生晚年的说法,自然境界是原始的混沌,天地境界是后得的混沌。但对儒家而言,儒家最高的境界是天人合一或万物一体,并不是混沌,对儒家尤其是理学家自己而言,道德境界与万物一体的境界的分别是清楚的。最后,冯先生提出,人的境界和他所作的事不是一回事,他说:"虽在天地境界中底人,其所做底事,亦是一般人日常所做底事。"又说:"在不同境界中底人,可以做相同底事,虽做相同底事,但相同底事,对于他们底意义,则可以大不相同。此诸不相同底意义,即构成他们的不相同底境界。"② 这说明,人的境界的不同,并不能体现在行为上,不同境界的人所作的事可能是相同的。所以人之境界的不同,不是从行为去看,而是从其内心去看。这与现代伦理学关注行为不同。冯先生的境界说心事两分、心行两分,是以心为主,不是以事为主,是唯心论(这里说的唯心论与一般所说的唯心论不同),不是事功论。对于人的评价,不是看其所作的事,而是看其心的境界。这是《新原人》主题思想所决定的,而我们觉得,其体系若能趋向心事合一、心行合一,则能在哲学上更进一层。

---

① 《冯友兰文集》第五卷,第34页。
② 同上书,第35页。

第十七章 冯友兰《新原人》的境界伦理学

四 对"自然境界"的反思

以下,我们对冯先生的四种境界依次提出一些思考,以图在冯先生境界说的基础上,使有关境界哲学的分析继续向前深入。先看自然境界,冯先生说:

> 我们于上章说,在自然境界中底人,其行为是顺才或顺习底。过原始生活底人,其行为多是如此底。小孩子及愚人,其行为亦多是如此底。所以小孩子及愚人的境界,亦多是自然境界。因为过原始生活底人,小孩子及愚人,其境界多是自然境界,所以说自然境界者,多举他们的境界为例。道家常说黄帝神农时候底人的情形,常说及赤子,婴儿,愚人等。于说这几种人底时候,他们所注意者,并不是这几种人,而是这几种人于普通情形下所有底境界。①

什么是自然境界?照这里所说,典型的自然境界是原始人、小孩子、愚人的境界。这样的境界应该是觉解最低的,最低到近于无:

> 上所说底几种人,"少知寡欲","不著不察",他们的境界有似乎浑沌。

---

① 《冯友兰文集》第五卷,第37页。

> 先秦底道家所谓纯朴或素朴,有时是说原始社会中底人的生活,有时是说个人的有似乎浑沌底境界。他们要使人返朴还纯,抱素守朴。①
>
> 先秦底道家赞美浑沌。……他们赞美素朴,赞美在原始社会中底人,婴儿及愚人的生活。用我们的话说,他们赞美自然境界。②

这种最低的觉解,是少知、无知,不著、不察,素朴、浑沌。但另一方面,冯先生又用顺才、顺习来说明自然境界,应该说这还是两种性质不同的意识状态。如果说,自然境界的是觉解接近于无的愚人、小孩子的境界,那么,这样的境界实在不必提出来作为人生精神境界的一种,因为境界说是要提高普通人的精神境界,而冯先生所说的愚人、小孩的自然境界是低于普通人的境界,以此为最低境界只有逻辑的意义,没有现实意义。尤其是把这种愚人、小孩的境界称作自然境界,不甚恰当。自然就其直接意义应该就是普通人,"自然"的另一意义应该是道家推崇的自然的人生态度。冯先生的说法容易使人把道家的自然的人生态度混同于愚人、小孩的境界,是不恰当的。因为道家的自然的人生态度已经是"超"自然了,即超越了人的直接现实境界。

> 在同天的境界中,其境界有似乎自然境界。道家于此

---

① 《冯友兰文集》第五卷,第38页。
② 同上。

第十七章 冯友兰《新原人》的境界伦理学

> 点,或分不清楚。①
>
> 过原始生活底人,小孩子,愚人的境界,固多是自然境界,但有自然境界者,不一定都是这几种底人。在任何种社会中底人,任何年龄底人,任何程度底智力底人,如所谓智力测验所决定者,其境界都可是自然境界。例如美国的社会,是高度工业化底社会,然其中底人,但随从法律习惯,照例生活者,亦不在少数。他们照例纳税,照例上工厂,照例领工资,亦可以说是"不识天工,安知帝力"。他们并不是小孩子,亦不尽是智力低底人。他们生活在最近代化底环境中,而其境界还是自然境界。②

现代美国社会中的人多数是随从法律习惯、照例纳税的人,这些人的境界是不是就是最低的类似原始人、傻子、小孩的一种境界?应该不是。其实,原始人也会有求生存的意识。在历史上,即使是在最闭塞的农村中生活的农民,也知道养家糊口,养家糊口的意识就已经不是不知不觉的浑沌境界了,养家糊口是中国普通人最普遍的功利意识,可见功利意识也不都是否定性的。传统社会最普通的农民也有孝的观念,也会受到社会道德文化的影响,而不可能是不知不觉的浑沌生活。现代社会的人更是如此,现代社会的工人,不仅受社会文化的影响,还可能有阶级自觉。任何文化都是超越自然状态的。所以,除了傻子和一岁以下的小孩子,没有不受社会文化影响的人,这样的

---

① 《冯友兰文集》第五卷,第 40 页。
② 同上书,第 43 页。

人是不可能没有任何自觉的,他们的境界也就不可能是冯先生所说的自然境界。

> 孟子说:"由仁义行,非行仁义也。"行仁义当然亦是依照仁义行,不过不仅只是依照仁义行。于依照仁义行的时候,行者不但依照仁义行,而且对于仁义有了解,自觉其是依照仁义行。此是有觉解地依照仁义行。有觉解地依照仁义行谓之行仁义。若虽依照仁义行,而对于仁义并无了解,亦不自觉其是依照仁义行,则虽依照仁义行,而不能说是行仁义,只能说是由仁义行。没有人,其行为可以完全不合乎仁义。此即是说,凡人的行为,都必多少依照仁义。但有些人依照仁义行,只是顺才或顺习,所以只是由仁义行,而非行仁义。此所谓"民可使由之,不可使知之"。此亦即是说,一般人对于道德,多是由之而不知。就其由之而不知之说,其境界亦是自然境界。①

冯先生在这里把孟子的话解释反了②,其实孟子所说的"由仁义"与《论语》的"由之"不同,是主动自觉依据内在动力行仁义行,"行仁义"是无自觉地行仁义、合于仁义。但冯先生作的这一区分,即自觉依照和不自觉依照是不同的,这是完全可以成立的。但是不自觉依照道德规则,应该是指很多不自愿地依照道德规则,勉强自己作合于道德原则的行为,是有选择的

---

① 《冯友兰文集》第五卷,第31页。
② 熊十力当时在给冯先生的信中指出此点。

第十七章 冯友兰《新原人》的境界伦理学

行为,这样的人的境界也绝不是自然的境界。

> 即智力最高底人,其境界亦可以是自然境界。①

唐君毅《人生九境》中讲的境界是综合认知和道德、宗教境界,而冯先生则把智力活动的意识状态排除在外,只注重人生觉解,于是智力最高的人却有可能被归属于最低的境界,这显然有其不合理处,其中必然有其问题。我们认为,智力最高的人的精神境界不可能是与愚人、小孩一样的最低境界。

> 我们于上文说:无论何人,其行为必多少合乎道德规律,但他可只是由之而不知,有些人,是所谓"生有至性"底。有许多人的传记,碑文,墓志等,说他们"孝友出于天性","孝友天成"。对于有些人,这些话固然只是恭维之词,但亦不能说事实上绝没有这一类底人。譬如韩非子所谓"自直之箭,自圆之木",虽为数不多,但亦不能说是绝对没有底。这种人顺其所有底天然倾向而行,自然很合乎某道德规律,或竟超过某道德规律所规定底标准。虽是如此,但其人却未必了解某道德规律的意义,亦不自觉其行为很合乎某道德规律,或竟超过某道德规律。这种行为,我们称之为自发底合乎道德底行为。这种行为,就其本身说,是自然的产物。就有此等行为者在此方面底境界说,

---

① 《冯友兰文集》第五卷,第43页。

其境界是自然境界。①

秉性淳厚，自发地合乎道德规律，在冯先生的分类中，也属于自然境界，被看作是最低的境界，与小孩子愚人一般。这恐怕也是不合理的。其实，小孩、愚人智力虽不发达，自利意识却很直接，并不是行为都自发地合乎道德规则的。而秉性醇厚的人不用努力要求自己，行为便能自发合乎道德，就其不必用力修养而言固可说是自然，不用人为，但此种境界与小孩、愚人还是不同的。

　　　道德底行为，及艺术，学问，事功等各方面的较大底成就，严格地说，都是精神的创造。艺术，学问，事功等方面的成就，其比较伟大者，都不是专凭作者的天资所能成功底。作者的境界，虽可以是自然境界，但其活动则不能只是自然的产物。作者但凭其兴趣以创作，于创作时，可以不自觉其天才，亦可以不自觉其创作的价值。他可以有许多伟大底创作，但他不自觉其创作是创作，更不自觉其是伟大。由此方面说，他的创作是顺才底。就其顺才而不觉说，其境界是自然境界。②

这也是说，自然境界的人可以在各方面得到较大的成就，如艺术，如学问，甚至如道德；反过来说，在艺术、学问等方面有

---

① 《冯友兰文集》第五卷，第 44 页。
② 同上书，第 45 页。

第十七章　冯友兰《新原人》的境界伦理学

大成就的人可能只是最低的境界，甚至道德行为有较大成就的人，其境界可能是自然境界；作者凭兴趣进行创作，便是自然境界，这种说法使得自然境界的意义变得很模糊。事实上，即使大多数伟大作品的作者在创作时都不自觉其伟大，难道他们的精神境界只是最低的境界如愚人、小孩的境界吗？冯先生还把所有无意于惊人成名的活动，都看作这种自然境界："有意于出语惊人以成名者，其境界是功利境界。随其兴趣，无意于出语惊人者，其境界是自然境界。"① "无意于"的自然，可以是近于道家的态度，和愚人、小孩的自然并不是一个层次的意识状态，这也是需要加以分析的。

五　对"功利境界"的反思

> 我们于本章论功利境界。所以在本章中，我们专论人以求他自己的利或快乐为目的底行为。②
> 我们只说，大多数底人的行为，或普通人的大多数行为，都是以求他自己的利为目的底。人于有以求他自己的利为目的底行为时，其境界是功利境界。③

"境界"本来与"行为"不同，但冯先生常常不自觉地结合两者，这说明在他看来，境界的讨论不能完全与行为相分离。

---

① 《冯友兰文集》第五卷，第45页。
② 同上书，第50页。
③ 同上书，第53页。

如上所述，我们认为，在人生哲学中提出小孩子、愚人的境界其实没有意义，境界应该就常人而言。因此，功利境界就是常人的境界，亦即是人的最低的境界。冯先生也承认"大多数普通人的行为，都是为其自己的利底行为。大多数普通人的境界都是功利境界"①。但功利境界有两种，一种是自利不害人，一种是自利而害人，前者有所自律，而后者毫无自律，后者无疑是比前者低的境界。这一点在冯先生的书中只提了英雄和奸雄之分，并没有在一般的意义上加以明确区分。

由于在西方伦理学中有所谓功利主义，所以冯先生在阐发功利境界时不时以西方的功利主义哲学为对照：

> 所以在功利境界中底人，都是"为我"底，都是"自私"底。边沁以为，凡人的行为，无不以求快乐或避痛苦为目的。边沁说："自然使人类为二最上威权所统治。此二威权即是快乐与苦痛。只此二威权，能指出人应做什么，决定人将做什么。"（边沁《道德立法原理导言》）避苦痛亦可说是求快乐。所以边沁可以更简单地说：人的行为的目的，都是求快乐。亦可以说，自然使人类为一惟一威权所统治，此惟一威权，即是快乐。②

冯先生在讨论功利境界时引用边沁的思想，显然是因为在西方伦理学中边沁是所谓功利主义的代表。然而，西方伦理学从近

---

① 《冯友兰文集》第五卷，第49页。
② 同上书，第50页。

第十七章 冯友兰《新原人》的境界伦理学

代到现代,其所谓功利主义并不是指为求个人私利的行为,而是要求增加全体的幸福。不过功利主义自古希腊以来也包含了快乐主义,故冯先生界定功利境界是求其私利或求其快乐的境界。

西方近代伦理学功利主义的代表还有穆勒(又译密尔),所以冯先生也引用了穆勒的话,不过也是引用其论快乐的思想:

> 穆勒说:人若对于高等快乐及低等快乐均有经验,他一定愿为苏格拉底而死,不愿为一蠢猪而生。为苏格拉底而死的快乐与为一蠢猪而生的快乐,有性质上底不同。但照上文所说底,快乐是不能比较底。即令其可以比较,我们还可以问:一个人为什么愿为苏格拉底而死,不愿为一蠢猪而生?①

边沁已提出人的快乐有多种,如简单的快乐有十四种,简单的痛苦有十二种,还有复杂的快乐与痛苦。穆勒则不再把快乐作为生活的目标,而提出内涵广泛的幸福作为基础。冯先生对西方功利主义伦理学只是为我所用,并没有按其原貌原意来定义其所说的功利境界,只是借用其中有用的东西如快乐主义作为辅助说明,所以他所说的功利境界与功利主义伦理学有所不同,也不奇怪。

> 若人在宇宙间,只以对付过日子为满足,则在功利境

---

① 《冯友兰文集》第五卷,第51页。

界中底人,即可对付而有余。若世界上所有底人,其境界都不高过功利境界,人类仍可保持其存在,并仍可保持其对于别种生物底优越地位。人类可以是万物之灵,可以"夺取造化之机","役使万物",如道教中人所希望者,如近代人所成就者。只须人人各真知其自己的利之所在,则虽人人都为其自己的利,而亦可以"并育而不相害","并行而不相悖"。不但如此,而且可以"分工合作",互相辅助,以组织复杂底社会,以创造光辉底文化。①

所以只须各个人各真知其自己的利之所在,他们即可组织复杂底社会,创造光辉底文化。这种人的境界是功利境界。事实上大多数底人,都是功利境界中底人。我们的现在底社会,事实上大部分是这一种人组织底。我们的现在底文化,事实上大部分亦是这一种人创造底。②

如果人只有为己谋私利的功利境界,就既可以过日子,也可以保持人类的存在,保有人类对别种生物的优越性,也可以夺取造化、分工合作,可以创造光辉的文化,那么从人类文化的角度来看,人为什么还要追求更高的境界?冯先生甚至认为,人类古往今来的文化大部分都是功利境界的人所创造的。(这涉及冯先生所说的光辉的文化是什么。我想冯先生所指应该是希腊神话故事、雕塑、组织城邦这样的文化行为。人类的事业是不能止于此的,人类的精神追求也不可能止于此,必须有精神的

---

① 《冯友兰文集》第五卷,第53页。
② 同上书,第55页。

第十七章　冯友兰《新原人》的境界伦理学

文化、道德的文化。）显然仅仅从人类文化创造的方面是不能论证更高的精神境界之必要性的。这也说明冯先生此书对提高境界的必要性没有提供充分的证明。

> 一切利他的行为，都可以作为一种利己的方法。古今中外，所有格言谚语，以及我们的《新世训》，虽都是"讲道德，说仁义"，但大都是以道德仁义作为一种为自己求利的方法。老子书中，有许多地方，都把合乎道德底行为，作为一种趋利避害的方法。如说："非以其无私耶，故能成其私。""夫惟不争，故天下莫能与之争。"无私不争，是合乎道德底行为，但老子都将其作为一种为自己求利的方法。①
>
> 快乐论者或功利论者的此种说法，若作为一种处世底教训看，亦有其用处，但作为一种道德哲学看，则说不通。②

《新世训》、快乐论、功利主义，冯先生认为可以作为处世术，但这些处世术属于功利境界，不是道德境界。他们的行为可以合乎道德，但不是为道德而道德，他们的出发点是为了有利于个人。冯先生说，他们的行为是合乎道德的行为，但不是道德行为，也不是道德境界。这在道德境界部分还会讨论。我们所关注的是，在冯先生看来，从功利境界的人来看，古人的道德

---

① 《冯友兰文集》第五卷，第55页。
② 同上书，第56页。

教训和外人所见的利他行为都可以作为自己求利的手段，最直接的办法就是把这些作为处世的方法，比如把忠恕仁义作为处世的方法，而不是实现道德的方法。换言之，对功利境界的人而言，去行忠恕仁义的行为，在动机上是为了自己求利的目的，比如赢得世人的掌声。功利境界的人，其作出合乎道德的行为，不是为了道德本身，而是为了对自己有利：

> 在功利境界中底人，有合乎道德底行为，是将其作为求其自己的利的方法。但以为道德行为不过是如此，则即是对于道德，未有完全底了解。而照此种说法，以做道德底事者，其行为只是合乎道德底行为，而不是道德行为。其境界是功利境界，而不是道德境界。①

境界是就主观而言，既然这些合乎道德的行为，其动机是为自己求利，当然是功利境界。伦理学中康德一派认为，从功利境界出发的行为，即使合乎道德，也不能说是道德行为。但在这里有一个问题，"境界"是以心论，故完全以主观世界而论定，但"行为"不是主观的，为什么一切行为的性质要依照其主观动机而论定？这里为什么专取康德的立场？这一点冯先生此前并没有加以论证。

冯先生论功利境界，特别引人注目的是关于才人、英雄的论点。他说：

---

① 《冯友兰文集》第五卷，第 56 页。

第十七章 冯友兰《新原人》的境界伦理学

> 立言底人,谓之才人。他们有很多底知识,或伟大底创作,但不常有很高底境界。立功底人,谓之英雄。他们有事业上很大底成就,但亦不常有很高底境界。英雄又与所谓奸雄不同。英雄与奸雄的境界,都是功利境界。在功利境界中底人,其行为可以不是不道德底,可以是合乎道德底,但不能是道德底。其行为可以不是不道德底,但亦可是不道德底。其以不道德底行为,达到其利己底目的,以成其利己底成就者,谓之奸雄。其以不是不道德底行为,以达到其利己底目的,以成其利己底成就者,谓之英雄。奸雄的行事,损人利己。英雄的行事,利己而不损人,或且有益于人。历史上底大英雄,其伟大底成就,大部分都是利己而且有益于人底。就其有益于人说,其人其事,都值得后人的崇拜。但就其利己说,其成就不是出于道德底行为,其人的境界,是功利境界。①

才人是在文化创作方面有大成就的人,英雄是在事业建功方面有大成就的人,但这些成就属于"事",而境界则论"心",所以从《新原人》来看,文化创作和事业建功方面有大成就的人,他们的心的境界不一定是高的境界,因为境界的判定和事功无关,只看其主观的世界,不决定于其外在的行为和成就是否有益于人。然而冯先生所理解的英雄只是功利境界而有大成就的人,而排除了英雄可以包括既有成就又有很高境界的人,在这

---
① 《冯友兰文集》第五卷,第 56—57 页。

一点上他的分析还需要完善。所以他说"英雄与奸雄的境界，都是功利境界"，英雄的建功立业出于利己而不损人，奸雄的建功立业出于利己而损人。英雄与奸雄的动机都是利己，所以都是功利境界。在伦理学上说，英雄的行为是合道德的，奸雄的行为是不道德的（反道德的），但都表示道德的行为必须不是从利己出发，而从道德本身出发。

冯先生关于英雄与奸雄的区分，提示我们功利境界内部的重要分别，也就是我们前面提到的，功利境界有两种，一种是自利不害人，一种是自利而害人。这两种人其实有很大的差别。自利不害人的人不见得是英雄，他们的行为可以完全合乎《新世训》的要求，成为被现代社会肯定的人，自利不害人而且有益于人的人，更为现代社会所推重；而自利害人的人及其行为，是真正为人们所不齿的人。把这两种人同归于一种功利境界，在实践上有所不妥，由此可见唯心的境界论的缺陷，即在综合论评人物方面之乏力。冯先生的分析支点在英雄与奸雄两个具体的类型，而没有把这种分别看作功利境界内部重要的类型分别。

> 无论哪一种底学问，只要能成为一种学问，无论哪一种艺术，只要能成为一种艺术，总是有益于人底。不过才人研究学问，或从事创作的目的，可以只是为求他自己的利。若其目的是如此，则他的境界是功利境界。①

---

① 《冯友兰文集》第五卷，第57页。

第十七章 冯友兰《新原人》的境界伦理学

才人也是如此,其动机虽为自己求利,但可在艺术、文学等领域有大成就,有益于人。而虽然才人可有文化上的大成就且有益于人,但他们的动机多是为了求其自己的利益,所以其境界还是功利境界。从这个角度看,才人与英雄是一类的。

冯先生之所以突出英雄和才人的问题,明显地与宋明理学论英雄事功的讨论有关联,南宋的朱熹和陈亮就此曾有一场著名的辩论。冯先生说:

> 我们必须分别才人英雄的境界与其所有底成就。此二者不可混而为一。一件文艺中底作品,一件政治上底成就,如其是伟大底,其伟大是各从其所依照底标准判定底,与其作者的境界的高低,不必相干。①
>
> 从前道学家,似以为才人、英雄的境界既低,则其成就亦必无足观,这也是他们的一种偏见。②
>
> 所以以为才人英雄既能有伟大底成就,所以其所常有底境界,亦必是很高底,这亦是常人的一种偏见。才人英雄所常有底境界,虽不是很高底。但他们的成就,可以是伟大底。他们的成就,事实上可以有利于社会,有利于人类。除此之外,他们的为人行事,亦往往表现一种美的价值,如作为自然中底一物看,亦往往是可赏玩赞美底。③
>
> 在此种境界中底人,其行为虽可有万不同,但其最后

---

① 《冯友兰文集》第五卷,第57页。
② 同上书,第58页。
③ 同上书,第59页。

底目的，总是为他自己的利。他不一定是如杨朱者流，只消极地为我，他可以积极奋斗，他甚至可牺牲他自己，但其最后底的，还是为他自己的利。他的行为，事实上亦可是与他人有利，且可有大利底。如秦皇汉武所做底事业，有许多可以说是功在天下，利在万世。但他们所以做这些事业，是为他们自己的利底。所以他们虽都是盖世英雄，但其境界是功利境界。①

对于历史人物或现实人物，个人的精神境界不应是人物评价的唯一尺度，甚至不应是主要的尺度。冯先生所讲的，正如陈傅良总结朱熹的观点，是"功到成处不必有德"，这是对的。但问题是对重大历史人物，道德境界的评价不能成为唯一的尺度，而要综合看其对人类文化和历史的贡献。可见《新原人》的境界说是不能作为人物评价的综合体系。当然，《新原人》的境界说本来也不是针对人物评价而立的，但是因为冯先生论述中常常提到历史人物如秦皇汉武等，就会使人觉得其境界说在评价历史人物上角度太狭窄，不能对历史人物做出合理的综合评价。

此外，冯先生指出英雄才人与圣贤的不同：

> 而英雄才人与圣贤，则绝不是一类的人。英雄与才人都是功利境界中底人，而圣贤则是天地境界或道德境界中

---

① 《冯友兰文集》第五卷，第29页。

第十七章　冯友兰《新原人》的境界伦理学

底人。这并不是说，圣贤不能有如英雄所有底丰功伟烈，不能有如才人所有底巨著高文。圣贤亦可以有如才人英雄所有的成就，但才人英雄不能有如圣贤所有底境界。①

英雄才人是功利境界中的人，贤人是道德境界中的人，圣人是天地境界中的人，冯先生虽然没有这样细分，但其逻辑应该是如此。英雄的概念本身就包含了成就事功的意义，而圣贤的概念则不涉及成就，而只是最高境界的人格。圣贤的概念虽不涉及成就，但圣贤可以有很高的成就，如英雄与才人的成就一样。

冯先生还认为，英雄和才人可以是自然境界的人：

有此种境界底人，亦不限于只能做价值甚低底事底人。在学问艺术方面，能创作底人，在道德事功方面，能做"惊天地，泣鬼神"底事底人，往往亦是"行乎其所不得不行，止乎其所不得不止"，"莫知其然而然"。此等人的境界，亦是自然境界。②

不过才人、英雄的为人行事的此方面，多是"天机玄发"，不自觉其然而然。例如项羽不肯回王江东，不过因其不堪"父老怜而王我"，并非有意藉此表示其倔强。由此方面说，才人、英雄于有此等行为时的境界，是自然境界。其可赏玩赞美，亦是"为他底"，而不是"为自底"。③

---

① 《冯友兰文集》第五卷，第 57 页。
② 同上书，第 29 页。
③ 同上书，第 59 页。

自然境界是最低的境界，由于冯友兰把心和行，把境界和行为完全分离甚至分裂，于是在他的《新原人》中，就出现了一般人看来的不合理之处，即在学问、事功、道德、艺术方面做出惊天动地事业的人，即其所谓才人和英雄，却可以只是最低境界的人。这说明其理论必有其局限之处。其中包含的问题与朱熹和陈亮的辩论有一致的地方。

六　对"道德境界"的反思

　　人与人的社会底关系，谓之人伦。旧说，君臣，父子，夫妇，兄弟，朋友，谓之五伦。这亦是人伦。不过我们于此所谓人伦，则不必指此。五伦是以家为本位底社会中底人伦，我们于此所谓人伦，则是指任何种类底社会中底人伦。①

　　其所应做底不同底事，即是其职。②

　　尽伦尽职的行为，是道德底行为。凡道德底行为，都必与尽伦与尽职有关。③

伦是伦理关系，尽伦是完成伦理义务，伦理与道德有别，伦理是客观的，道德是主观的，所以，按冯先生对道德的认识，不能抽象地说尽伦尽职就是道德行为，因为尽伦尽职也可能只是

---

① 《冯友兰文集》第五卷，第63页。
② 同上书，第64页。
③ 同上。

第十七章 冯友兰《新原人》的境界伦理学

合乎道德的行为。只有主观上为求尽伦尽职的行为才是道德行为。

> 在功利境界中底人，其行为是为利底；在道德境界中底人，其行为是行义底。为利者其行为是求其自己的利。行义者，其行为遵照"应该"以行，而不顾其行为所可能引起底对于其自己的利害。①

这里用"义"的动机和"利"的动机来区别道德的行为和非道德的行为，道德境界和功利境界。这里的利益动机应是指个人利欲的动机。其实，照冯先生在前面所说，"利"也可以是社会之利，求社会的利便是义。则求社会的利是否属于"应当"，这是应该加以分析的。

> 例如有两个军人，都去冲锋陷阵。其一冲锋陷阵，为底是想得到上面的奖赏，或同伴的称誉。其一则以为，这是尽军人的职，此外别无所为。这两个军人的行为，表面上是相同的，但其里面则有很大底不同。前一人的行为，一般人或亦认为是道德行为。但一般人亦以为，后一人的行为，其道德的价值，比前一人的行为更高。为什么更高？岂不是因为无所为而为底行为，是更合于道德的理吗？如无所为而为底行为，是更合于道德的理，则有所为而为底

---

① 《冯友兰文集》第五卷，第 64 页。

行为，简直是不合于道德的理。所以有所为而为底行为，虽可以是合乎道德底，但并不是道德底行为。①

这里所说的有所为，都是指个人利欲的动机。强调无所为而为，是宋代以来理学道德论的传统，宋明理学的"无所为而为"指的是行为没有任何个人功利的动机。

  又有些人以为，凡反对快乐论者，必不重视快乐。或以为，凡重视快乐者，必是快乐论者。或以为，凡注重义者，必是不注重任何利者，凡注重任何利者，必是不注重义者。这些以为，都是错误底。这些人都有一种思想上底混乱。哈体门在其伦理学中，分别意向所向底好，及意向的好。例如人以酒食享其父母，其行为是孝。在此等行为中，酒食是意向所向底好，孝是意向的好。酒食并不是孝，但在此等行为中，孝藉此可以表现。又如教人以孝，其行为是忠。在此等行为中，孝是意向所向底好，忠是意向的好。孝并不是忠，但在此等行为中，忠藉此可以表现。若如此分别，则求他人的利，其行为是义。在此等行为中，他人的利是意向所向底好，义是意向的好。此两种好，不在一层次之内。②

  不过梁惠王讲利，是讲如何使其自己得利。他问："何以利吾国？"其国就是他自己。孟子讲利，是讲如何使人民

---

① 《冯友兰文集》第五卷，第 65 页。
② 同上书，第 66 页。

第十七章 冯友兰《新原人》的境界伦理学

得利。其所讲底利，是所谓意向所向底好，而不是意向的好，其意向的好是仁义。所以讲如何使人民得利，不是讲利，而是行仁义。①

根据哈体门，"意向"和"意向所向"是不同的，"意向"是主观的动机，"意向所向"是意向借以表达的外在形式，因此，善也可以分为意向的善和意向所向的善，意向的善是主观的动机，意向所向的善是意向善藉以表现的行为形式。义是道德，是一种对道德的了解，所以义是意向，是境界。照冯先生前面所说，求他人的利即是义，这是就心而言，但似不能说求他人的利的行为是义，因为行为可以是"合乎"义的。在这里，冯先生肯定他人的利是"意向所向的好"。但意向是境界，意向所向却不是主观世界，便不是境界。义的意向，才是境界；求他人的利的行为是行为，不是境界。冯先生说求他人的利的行为是义，这是逻辑上不一致的。

> 若有此等行为者之所以有此等行为，乃纯是其与别人痛痒相关的情感使然，他的境界，即是自然境界。他的此等行为，虽是合乎道德底，但并不是真正地道德底。若有此等行为者，确有见于此等行为的道德价值，此等行为的意向的好，为实现此价值，此意向的好，而有此等行为，他的行为，即是道德行为，他的境界，即是道德境界。他

---

① 《冯友兰文集》第五卷，第66页。

于实现此价值,此意向的好时,他心中若不兼有与别人痛痒相关的情感,而只因为"应该"如此行,所以如此行,则其行为,即是义底行为。若其兼有与别人痛痒相关的情感,则其行为,即是仁底行为。仁底行为有似乎上所说底在自然境界中底人的行为,但实不同,因其亦是在觉解中实现道德价值底行为也。在西洋哲学史中,关于在自然境界中底人的合乎道德底行为,与在道德境界中底人的道德行为的不同,康德分别甚清。但康德所说道德行为,只是义底行为,而不是仁底行为。道德行为又可分为义底行为与仁底行为二种,康德似尚未见及。①

与古典儒学不同,古典儒学认为与别人痛痒相关的情感是仁的情感的发端,所发的行为是仁的行为。而冯先生认为这种境界不是道德境界,是自然境界。这种说法把古典儒学肯定的仁之端看作最低的如愚人小孩的境界,这是我们不能赞成的,这只能说冯先生受康德的影响太大。冯先生还认为,只有从道德的认识出发,加上与人痛痒相关的情感因素,所发的行为才是道德行为,其境界才是仁的道德境界。没有这种情感的因素,只从道德的认识出发,是一般的道德境界。这种突出仁、指出康德见义不见仁的看法,才是很值得重视的看法。但是这里对道德境界与道德行为的关系并没有清楚地说明,按冯先生的逻辑,道德行为应该是跟着道德境界来的,有仁的道德境界,即有仁

---

① 《冯友兰文集》第五卷,第68页。

第十七章　冯友兰《新原人》的境界伦理学

的道德行为,有义的道德境界,始有义的道德行为,而不应直接就道德行为来讲。此外,冯先生的道德境界没有讲明良知的意义,以及行为出于良心属于什么境界。

> 严格地说,只有对于道德价值有觉解底,行道德底事底行为,始是道德行为。因此有道德行为者的境界,必不是自然境界。艺术作品是艺术活动的结果,其结果有艺术价值,但艺术活动的本身,则不必有艺术价值。道德行为的道德价值,则即在其行为本身。其行为本身若不是为道德而行底行为,则其行为只可以是合乎道德底,而不能是道德底。一个人可以凭其兴趣,或天然底倾向,而有艺术底活动,但严格地说,一个人不能凭其兴趣,或天然底倾向,而有道德底行为。此种行为,可以是合乎道德底,而不能是道德底,有此种行为底人,是由道德行,而不是行道德。①

"道德价值在其行为本身"这一说法是不合其体系的,严格地说,按冯先生的思想体系,行为本身并不能区分道德不道德,只能从内心的动机区分道德和不道德。所以,道德行为的价值不在行为本身,而在其动机如何。冯先生重视动机的观点是康德式的观点:

---

① 《冯友兰文集》第五卷,第45页。

康德在此点有与我们相同底见解。他以为真正道德底行为，必是服从理性的命令底行为。若是出于天然底倾向，而不得不然者，则其行为虽可以是不错底，但只可称之为合法底行为，而不能称之为道德底行为。例如一人见孺子将入于井，而有自发底恻隐之心，随顺此感，而去救之。另有一人，则因有仇于孺子之父母，坐视不救。从二人的行为的外表看，前一人的行为是不错底，后一人的行为是错底。但就二人的行为的动机说，后一人的动机固是不道德底，但前一人的动机，亦不是道德底。所以前一人的行为，虽是不错底，但只能说是合法底，而不能说是道德底。上文所说自发底合乎道德底行为，都不是自觉地服从理性的命令行为，所以其行为，虽很合乎某道德规律，但不能说是道德底行为。用康德的话说，其行为只是合法底。用我们的话说，其行为只是合乎道德底。①

这就是康德的形式主义看法，与儒学不同。人见孺子将入于井，而发恻隐之心，而去救之，对此传统儒学是完全肯定的。而照康德与冯先生的说法，则这不是道德行为，也不是道德境界，而是自然境界，比功利境界还低。可见，冯先生理解的道德境界与康德一致，但与传统儒学不同。

　　或可说，这一种说法，似乎是太形式主义底。我们若

---

① 《冯友兰文集》第五卷，第45页。

第十七章　冯友兰《新原人》的境界伦理学

> 予道德底行为,下一定义,以为必须对于道德价值有觉解,为道德而行底行为,方是道德行为;则自发底合乎道德底行为,当然不能说是道德行为。①
>
> 于此我们说,普通行道德底事底人,其境界不一定即是道德境界。他行道德底事,可以是由于天资或习惯。如其是如此,则其境界即是自然境界。他行道德底事,亦可以是由于希望得到名利恭敬。如其是如此,则他的境界,即是功利境界,必须对于道德真有了解底人,根据其了解以行道德,其境界方是道德境界。这种了解,必须是尽心知性底人,始能有底。我们不可因为三家村的愚夫愚妇,亦能行道德底事,遂以为道德境界是不需要很大底觉解,即可以得到底。愚夫愚妇,虽可以行道德底事,但其境界,则不必是道德境界。②

他认为,道德境界要很大的觉解,但道德行为不需要很大的觉解。能行道德之事,不必是道德境界。但冯先生过于夸大道德境界与道德行为的距离,也会导致不小的流弊,即轻视道德行为。另一方面,人有恻隐之心,是其人性的表现,是其德性的表现,不是人的最低境界;而遮蔽了人性的私欲动机,不能说比人性不受遮蔽的表现境界更高。可见,冯先生当时在这方面受康德形式主义伦理的影响是很大的。此外,三家村的愚夫愚妇能行道德行为,其内心若无私意,用孟子的话说,是其本心

---

① 《冯友兰文集》第五卷,第46页。
② 同上书,第32页。

未曾受到污染，应当高于功利动机的境界，不宜将之视为低于私利的境界。

七　对"天地境界"的反思

> 神秘经验有似于纯粹经验。道家常以此二者相混，但实大不相同。神秘经验是不可了解底，其不可了解是超过了解；纯粹经验是无了解底，其无了解是不及了解。①

人如何才能从天的角度看问题？冯先生强调要以知天为本，知天就是在哲学上掌握宇宙、大全、道体的概念，有了知天，然后可以事天、乐天，达到同天的境界。同天的境界就是天地境界。

> 宗教使人信，哲学使人知。上所说宇宙或大全之理及理世界，以及道体等观念，都是哲学底观念。人有这些哲学底观念，他即可以知天。知天然后可以事天，乐天，最后至于同天。此所谓天者，即宇宙或大全之义。②

宗教是信天，哲学是知天，宗教的信天也能达到超道德的境界，但《新原人》强调的是从哲学的知天来达到超道德的境界，这种超道德的境界冯先生称之为天地境界。

---

① 《冯友兰文集》第五卷，第7页。
② 同上书，第77页。

第十七章　冯友兰《新原人》的境界伦理学

> 天民在社会中居一某位,此位对于他亦即是天位。他于社会中,居一某伦,此伦对于他亦即是天伦。他于居某位某伦时所应做底事,亦即是一般人于居某位某伦时所应做底事。不过他的作为,对于他都有事天的意义。所以一般人做其在社会中所应做底事,至多只是尽人职,尽人伦。而天民做其在社会中所应做底事,虽同是那些事,虽亦是尽人职,尽人伦,而却又是尽天职,尽天伦。①

能知天者,不但他所行底事对于他另有新意义,即他所见底事物,对于他亦另有意义。②

不同的人可以作相同的事,但各人对这一件事的理解不同,即此事对各人的意义不同,从而各人的境界即不同。冯先生的境界说是从心上立论,故其说法能自圆其说。冯先生特别强调人的做事对社会的意义和人的做事对宇宙的意义即对天的意义,仅有对社会意义的觉解是尽人伦,而有对宇宙意义的觉解是尽天伦。

> 于事物中见此等意义者,有一种乐,有此种乐,谓之乐天。③

在天地境界中底人的最高底造诣是,不但觉解其是大全的一部分,而并且自同于大全。如庄子说:"天地者,万

---

① 《冯友兰文集》第五卷,第78页。
② 同上书,第79页。
③ 同上书,第80页。

物之所一也。得其所一而同焉，则死生终始，将如昼夜，而莫之能滑，而况得丧祸福之所介乎？"得其所一而同焉，即自同于大全也。一个人自同于大全，则"我"与"非我"的分别，对于他即不存在。道家说："与物冥。"冥者，冥"我"与万物间底分别也。儒家说："万物皆备于我。"大全是万物全体，"我"自同于大全，故"万物皆备于我"。此等境界，我们谓之为同天。此等境界，是在功利境界中底人的事功所不能达，在道德境界中底人的尽伦尽职所不能得底。得到此等境界者，不但是与天地参，而且是与天地一。得到此等境界，是天地境界中底人的最高底造诣。亦可说，人惟得到此境界，方是真得到天地境界。知天事天乐天等，不过是得到此等境界的一种预备。①

冯先生对天地境界的定义是自同于大全，所以也称之为同天境界。自同于大全，也就是与大全为一，与天为一，与共相合二为一，这是一种精神境界。

> 知有大全，则似乎如在大全之外，只见大全，而不见其中底部分。知大全不可思，则知其自己亦在大全中。知其自己亦在大全中，而又只见大全，不见其中底部分，则可自觉其自同于大全。自同于大全，不是物质上底一种变化，而是精神上底一种境界。所以自同于大全者，其肉体

---

① 《冯友兰文集》第五卷，第80—81页。

第十七章 冯友兰《新原人》的境界伦理学

虽只是大全的一部分,其心虽亦只是大全的一部分,但在精神上他可自同于大全。①

《新原人》所说的天地境界无疑是以神秘主义为其原型的,"天地境界"的定义与"神秘主义"的定义对冯友兰是完全一致的。正惟如此,他明确肯定:同天的境界,本是所谓神秘主义底。②

"天地境界"的主要特征是"自同于大全",而"大全是不可说底、亦是不可思议、不可了解底",自同于大全者的境界是超越了一切分别的、混沌的境界。由于天地境界中的人自同于大全,我与非我的分别已不存在,所以他感觉到"万物皆备于我"。天地境界包括四个阶段:知天、事天、乐天、同天。人如果自觉了解到自己不仅是社会的一部分,而且是宇宙即大全的一部分,这就是知天;知天的人对他的所作所为,自觉地看作是对宇宙所尽的义务,这就是事天;事天的人在其行为和事物中获得了一种超道德的意义,从而产生一种乐,如古人所说的孔颜乐处,有这种乐,叫作乐天。天地境界的最高阶段是同天。

由于冯友兰在《新原人》的境界说中并没有把佛教的精神境界包含其中,由此而受到熊十力的质疑。《新原人》出版后不久,熊十力有书来,对冯先生的境界说有所商榷,冯友兰答熊十力书曰:

> 先生所说"无相之境",相当于《新原人》所说同天境

---

① 《冯友兰文集》第五卷,第81页。
② 同上书,第82页。

界,……先生所说无相,《新原人》亦说"在同天境界中人是有知而又是无知底"。先生说真宰,《新原人》亦说"在天地境界中底人,是无我而又有我底",在天地境界中底人自觉他的"我"是宇宙的主宰。先生说"不舍事而未尝有取",《新原人》亦说,在天地境界中底人"是有为而无为底"。先生若就此诸节观之,或可见吾二人条流之合,于此亦甚多也。①

熊十力所说的"无相之境"和"不舍事而未尝有取",取自佛教,其实与新儒家程明道、王阳明所说的"物来而顺应""情顺万物而无情""不要著一分意思"也是一致的,而冯友兰在《新原人》中确实没有涉及这一点。这显示出,冯先生的境界说,还没有完全包容佛教的境界思想。

不仅没有包容佛家的境界,冯先生的系统中,道家的精神境界也没有完全包容其中。冯先生只是以同天的境界来包容道家境界的所谓神秘主义的一面,但对道家所讲的"自然"境界却没有表达出来。冯先生的自然境界与道家崇尚自然的人生态度是不同的。而道家自然的境界在宋明理学中也被吸收,最明显的就是陈白沙。这种超功利的"自然境界"与冯先生所说的最低如愚人小孩的境界是根本不同的,是比较高级的人生境界。

---

① 《致熊十力》,《三松堂全集》第十四卷,第34页。

第十七章 冯友兰《新原人》的境界伦理学

八

黑格尔指出,道德是涉及心灵的,有关个人良心、动机、目的、意图等内在意识,是意识的主观世界,是内在性和主观性的世界。他说:"在道德中,意志返回到它自己的主观性",意志是内在状态,家庭、国家、社会是客观制度。道德如果客观化、现实化,就成为社会伦理。但是黑格尔未能指出,道德涉及的是意识的主观世界,但道德意识是主观世界的一部分,意识的主观世界要远大于道德意识,而包含非道德、超道德等各种意识,冯先生的境界说正是面对这一包含各种不同层次的意识世界。

境界是主观的,那么人们怎么认知、评断某一个人的精神境界呢?其实也并不难。言为心声,行为心形,对于一个人的精神境界,人们通过观察其言辞行为,是可以观察到其内心的,而且这种了解可以达成共识,表明其具有客观性。所以,一个人的精神境界到达哪种层次,并不是他个人独知自知的,而是别人可知可了解的,尽管深藏不露的例外是有的。

《新世训》可以说是一种德行伦理学,但它偏重在非道德的德行,而《新原人》则把非道德的德行降低为功利境界。《新原人》承认非道德的动机可以作出合乎道德的行为,但因《新原人》的基点是作为主观世界的精神境界,评价系统的基点发生了变化,对于非道德的动机的评价结论便不同了。《新原人》不是德行伦理学类型,而可以说是境界伦理学类型。

为什么冯先生倡导境界论，而不是注重德性论呢？这不能不说是由于他在早期受到道家思想的影响，而这在相当程度上成了他的哲学思维的路径依赖。因为先秦儒家重德性论，而道家重境界论，冯先生在20年代受道家影响较大。他后来提出的自然境界、天地境界都和他20年代开始的对道家的理解有直接关联。不过，如果我们考虑到50年代是强调革命觉悟的时代，相比而言，境界似比德性更适合说明这个时代人民精神的变化，虽然冯友兰的境界说与冯契的德性说都远不及觉悟说普遍而有力。

与《新世训》相比，《新原人》可以说与之大不相同。广义地看，二书都属于伦理学范围的著作，前者讲人生方法，后者讲人生境界。主要的区别是，《新世训》是讲"行"的，而《新原人》是讲"心"的。近代西方伦理学关注在道德行为、道德品行，而《新世训》的关注在非道德的德行，《新原人》则关注在超道德的境界，这些都与西方伦理学主流不同。境界是中国古代伦理学关注之点，近代西方哲学伦理学的精神要求已经降低，自然也就不重视而且放弃了追求崇高的精神境界，最多重提德性而已。

其实，不仅西方伦理学没有把精神境界作为一个重要的关注点，近代以来的中国伦理学史著作，受西方的影响，也未能突出此点。如张岱年先生的《中国伦理思想研究》中讲了人性论、修养学说，但没有涉及境界论。晚近中国哲学的研究关注了工夫论，但也没有突出境界论，其实如我早在《有无之境》中已经明确指出的，在宋明理学中基本的问题是本体论—工夫论—境界论，三者一体不可分割。当然，宋明理学所讲的本体

第十七章 冯友兰《新原人》的境界伦理学

是心性本体,与一般所说的本体论的本体有所不同。

古代儒家哲学,除了孟子,先秦汉代的儒学的道德论主要是德行论,并不突出心的概念,宋明理学才突出心的概念。但先秦道家已经很注重心的概念,并影响到荀子虚一而静的思想。但秦汉的儒学主流仍是德行论,不是心德论。西方伦理学当然始终不把心的问题作为重要的伦理学问题,而始终围绕道德行为来展开。

如果把道德境界作为核心,可以说《新原人》在以道德境界为中心的同时,一方面关注在道德境界之下的自然境界、功利境界,以求把自然境界、功利境界提高为觉解更高的道德境界;另一方面关注在道德境界之上还有更高的觉解阶段,即天地境界。在这个意义上,《新原人》提出了一种境界伦理学。在冯先生看来。古代道家和儒家都以自己的方式上达至天地境界,而与古代儒家道家不同的是,冯先生的新理学主张天地境界的达到要以哲学理性为基础为方法,而不是以精神修养为方法。

境界说的提出,主要是要解决什么问题呢?是解决对人物的评价,还是提出一种精神提升的目标?如果说境界论只是对人物的一种评价体系,应该说其标准过于单一,不能评断历史人物的总体及其贡献,这是我们在读《新原人》时常常感觉到不满的。所以,《新原人》应明确申明其体系并不针对人物评价,亦不承担历史人物评价的功能,以免除读者的疑惑。但作为人生哲学,指引人生境界,致力精神的发展,则境界说的确有重要意义。应该说,境界论的提出不是为了建立人物评价的基点,而是致力于提升人的精神境界。

事实上，中国文化中对人物的评价不总是历史评价，也不总是行为评价，而是在现实生活中多直指人心。如说"这个人太功利""这个人太自我""这个人不怎么样""这个人太假""这个人一心往上爬"，这些说法表示"这个人"缺乏优秀的德性，也表明"这个人"达不到君子的人格境界。这是中国文化在现实生活中常见的评价语言。

不过应当指出，这样的人并不一定犯道德错误，或作出不道德的行为。这表明在中国文化中，对人的评价中，对人心、对人格境界很为看重，人们对人格的评价不是只看他的行为，而是看他的人心。说"这个人太假"，是说缺乏真诚的德性，德性是分而言之。说"这个人不怎么样"，是说人格境界不高，境界是总而言之，境界适合于对人心的总体评价。可见，境界论与德性伦理确有接近之处，但又有所区别。

当然，当一个人把功利的追求当作根本追求时，这样的人虽然精神境界不高，但并不一定在生活中就犯道德错误，并不一定在生活中就作不道德的行为。只是说，这样的人较境界高的人容易犯道德错误，特别在关键时刻，这应该是可以说的。而在实际生活中，我们看到的是，有些人虽然精神境界不高，但并不一定会犯道德错误。

可以说，这样的人在现代社会已经成为常态人，这些人的境界甚至被合理化为韦伯所说的"资本主义精神"。这可能是古典人格和现代人格的根本分别，贵族人格和平民人格的根本分别。那么，对现代人来说，在合法性行为之外，我们还能期待更高的精神境界吗？也就是说，在合法性行为之外，我们还能

第十七章　冯友兰《新原人》的境界伦理学

提出道德境界和超道德境界吗？这个时代，道德境界的君子已经十分难得，超道德境界还有意义吗？《新世训》只要求人行为"合于"道德规则，《新原人》则要求人行为"出于"道德原则，更提示人可以达到更高的境界即天地境界，亦即"超乎"道德境界的境界，这在今天还有没有意义？

应该说，道德境界和超道德境界的意义是必须肯定的，这就是，对功利境界与合法性行为以上的精神境界的追求，是人性的内在要求，是精神的内在要求，人在内心是不满足于合法性行为的功利境界的，人对人格境界的内在要求高于现代社会的常态人，这是人类几千年生活所积累的对人的自身发展的追求和理想。人对事业卓越的追求与人对精神超越的追求没有任何冲突。一个作家要求自己写出最好的小说，这不是功利，不是私欲，是对人生繁荣发展的合理追求。

伯纳德·威廉姆斯说："我们最深的伦理信念往往更像古希腊的伦理思想，而不那么像后启蒙运动的道德系统"，"近代伦理学和现代道德哲学已经把古代伦理学的'我应该如何生活'转变为'人要服从什么道德规则'的问题"。[①] 可以说，冯先生的《新原人》及其境界思想，更像古代伦理学的思想，因为现代道德哲学已经把人生意义、人生境界的问题抛诸脑后，完全为"资本主义"精神所局限了。我认为，境界伦理学在当代社会仍有重要的意义，值得进一步发展。

境界伦理学是冯友兰先生奠定的，而作为伦理学的一种形

[①] 伯纳德·威廉姆斯：《道德运气》，徐向东译，上海译文出版社，2007年，第10、15页。

态,境界伦理学应该进一步完善或多样化,应该有更多的学者对境界伦理学进行研究。这里,我想结合当代生活实际,简要提出对冯先生境界说一些改良和修正的想法。在继承冯先生把精神境界作为人生境界的前提下,第一,取消冯先生所谓的"自然境界",而以大多数普通人的功利境界为最低层的境界,其中又可分为几层,即利己害人、利己心强而不害人以及有利己心而不强。在现代社会要对一般的合理利己境界加以宽容,有所肯定。第二,以无功利境界为第二层次的境界,亦可分为几层,儒家的道德境界、道家的自然境界,佛教的无相境界,以对治功利境界,改造人生的精神境界。第三,以终极关怀境界为第三层境界,其中又可分为几层,社会理想境界、万物一体的境界、东西方古今宗教境界,作为更高的精神境界。这里所说的更高,并不一定仅指此类境界在个体心灵实现的难度,亦是指此种境界可能掌握群众的广度和可能发生的巨大转化作用。于是,在我们的改良体系中,有三个层次,共九种境界。

这种体系是把一般人的功利境界作为最低的境界,在功利境界之上,道德境界是否定功利,自然境界是淡化功利,无相境界是取消功利,它们都是中国文化中固有的对治功利之心的精神系统。而这里所说的终极关怀境界则包括儒释道之外其他宗教尤其是西方宗教的信仰,也包括其他政治社会信仰如共产主义信仰。信仰的特色是能迅速改变庸常的功利生活境界,而迅速提升信仰者的精神境界,使之焕然一新,获得新的人生意义,以及全新的人生态度。冯先生的《新原人》一书中没有提到这种信仰境界,在1949年后他对《新原人》的反思中也忽视

第十七章 冯友兰《新原人》的境界伦理学

了这一点。本来,他应该面对中华人民共和国成立初期革命给青年人带来的巨大精神变化而调整《新原人》的境界说,包容革命信仰的境界。虽然,革命境界不同于道德境界,也不同于宗教境界,特定的革命境界也不一定和其他宗教的信仰境界一样是恒久的,但在转化、改造人的精神境界方面有同样明显的作用。而冯先生执着旧说去解释新的现实,与对旧说的改进失之交臂。

2015/10/6

(以此文纪念冯友兰先生诞辰120周年)

"博雅英华·陈来著作集"后记

我的学术著作,以往三联书店曾帮我汇集为"陈来学术论著集"十二卷出版,我心存感谢,自不待言。目前三联版此集的版权即将到期,北京大学出版社有意以博雅英华的系列出版我的著作集的精装版,这使我既感意外,又十分高兴。

我曾在北京大学服务三十年,其间2004年开始,学校让我关心、过问出版社的工作,因此与北大出版社结下了难得的缘分。2009年我转到清华大学后,与北大出版社仍继续合作,出版了《孔夫子与现代世界》《北京·国学·大学》《从思想世界到历史世界》等书;前两年《有无之境》和《诠释与重建》还在北大出版社出版了"博雅英华"系列的精装本,受到读者的欢迎。这次精装版著作集的出版,对我而言,体现了北大出版社对一位老朋友的情谊,这使我深感温暖。

这次北大出版社准备把《有无之境》和《诠释与重建》之

"博雅英华·陈来著作集"后记

外我的其他著作也都作为博雅英华系列出版。在北大出版社出版的著作集,与三联版相比,有一些变化:《古代宗教与伦理:儒家思想的根源》此次出版的是增订本,增多一章;《古代思想文化的世界:春秋时代的宗教、伦理与社会思想》附加了余敦康先生的评介。《朱子学的世界》是以《中国近世思想史研究》的朱子学部分为基础,增入了近年来写的朱子论文,合为一集;《现代儒家哲学研究》是《现代中国哲学的追寻》增订新编本;《近世东亚儒学研究》则是《东亚儒学九论》的增订本。其他各书如《竹帛〈五行〉与简帛研究》《朱子哲学研究》《朱子书信编年考证》(增订版)《有无之境:王阳明哲学的精神》《诠释与重建:王船山的哲学精神》《宋明理学》《宋元明哲学史教程》《传统与现代:人文主义的视界》则一仍其旧,不做改变。

衷心感谢张凤珠等出版社领导,感谢田炜等编辑朋友,使我有这个荣幸,把北京大学出版社出版的自己的著作集,献给读者。

陈来
2016年5月26日